草之杯盤借語笑
昏之燈火話平生

子愷畫

看花携酒去 酒醉插花归

子愷畫

满山红叶女郎樵

子恺画

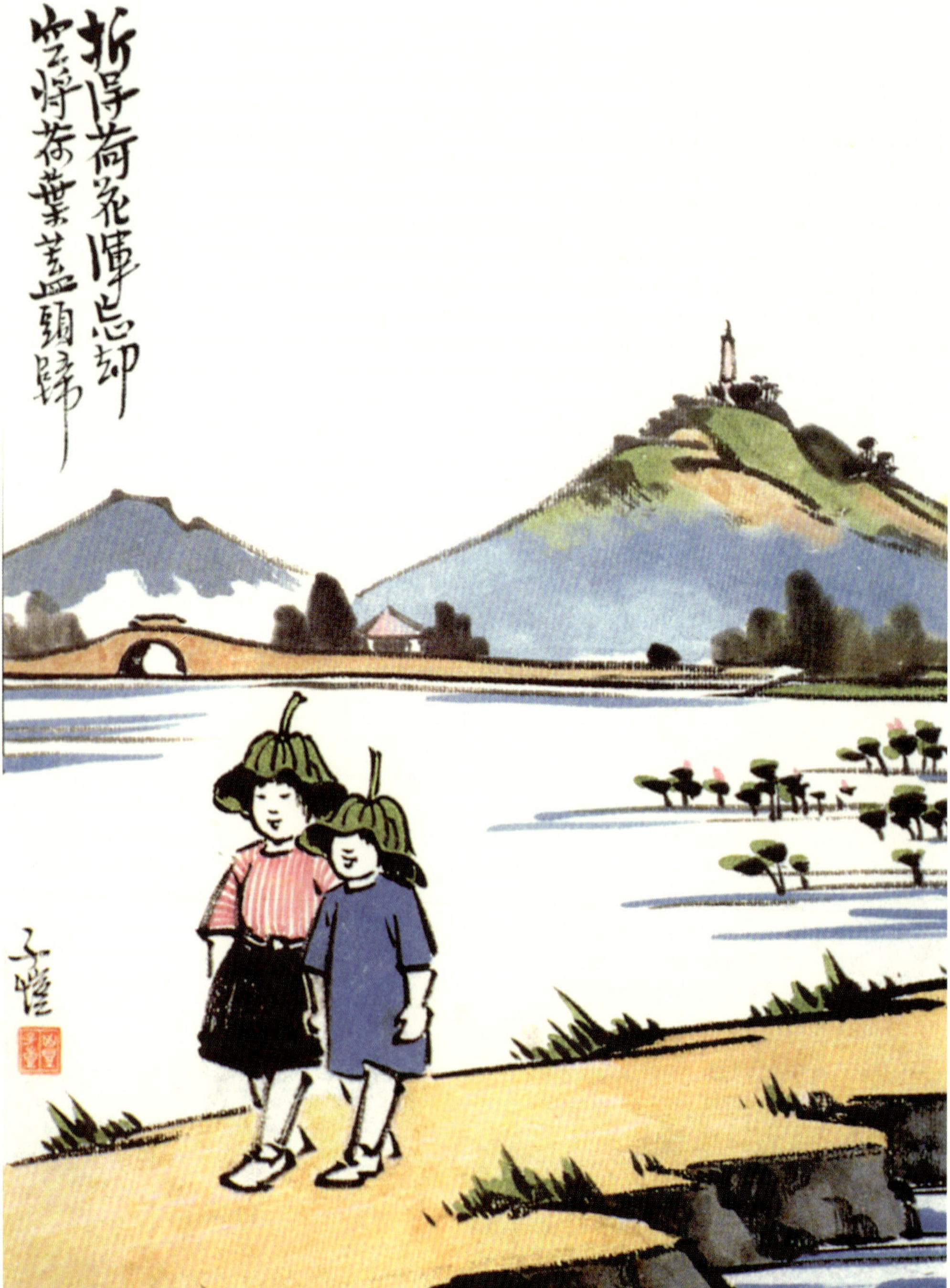
折得荷花渾忘却
空將荷葉蓋頭歸
子愷

四月西湖春垂柳惹行人

子愷畫

七月西湖荡，
蓮臉雜花紅

瑞雪映晴空
儿童塑雪翁
雪翁開口笑
預祝大年豐

辛丑春節
子愷並題

文汇传记

文汇传记

陈　星　著

游艺人生

丰子恺传

文匯
出版
社

就丰子恺研究而言，笔者已经历了三十余年的探索。然而，真正做出一丁点儿成绩，却是从1997年开始的。该年10月，杭州师范大学成立了我国高校中唯一的弘一大师、丰子恺研究机构——弘一大师·丰子恺研究中心，笔者在该中心从事研究工作。工作性质使然，笔者开始制订丰子恺研究计划，并将其作为一项十分严肃的学术工作来对待。

1998年，笔者出版了《丰子恺新传》(北岳文艺出版社1998年1月版)。所谓"新传"，是相对于"旧传"而言。笔者曾写过一本17万字的《人间情味——丰子恺传》，由北岳文艺出版社于1991年1月出版。由于体例的关系，此书采用的是小说形式。人物传记有多种写法，此可谓仁者见仁，智者见智。但笔者却把那本书给否定了。否定的原因主要有二：一是笔者认为像丰子恺那样的智者，他的思想境界和处世行为不是我辈能体会把握的，笔者没有资格妄自虚设描绘；二是自从那本书出版后，不少人在撰写介绍丰子恺的文章中，居然盲目照抄，把我当初虚构的情节也当作"正史"来一本正经地介绍，甚至有时连标点符号也照抄不误。为此，北岳文艺出版社同意让我为丰子恺重新写一本传记。当然，这仅是一部新传，并非详传。

2001年9月，笔者编撰出版了一部《丰子恺年谱》（西泠印社出版社）。此前的丰子恺年谱（或称年表）已有三种，即潘文彦撰写的《丰子恺先生年表》（香港时代图书有限公司1979年5月版）；丰华瞻编的《丰子恺年谱》（收宁夏人民出版社1988年11月版《丰子恺研究资料》）；丰一吟、丰陈宝撰写的《丰子恺年表》（收浙江文艺出版社、浙江教育出版社1992年6月版《丰子恺文集》文学卷三）。潘文彦撰写年谱时正处于百废待兴的年代。由于资料的匮乏，"文化大革命"刚结束时的特定的历史环境，使这份年表显得较为简约（两万余字）。丰华瞻撰写的年谱，其篇幅、内容与潘文彦撰写的年谱基本相同，由于撰写时间较潘谱晚且新内容较少，姑且不论。丰一吟、丰陈宝编撰的年表，无论在篇幅上还是在内容上都有了进一步的拓展和更新。遗憾的是，该年表"横向"资料不够充分，而"纵向"阐述亦显"线条"过粗。有感于此，笔者综合当时人物年谱的体例，选取了传主生平事迹及当时社会评价和评论择要等几个要素来编写，并附录传主逝世后他人编辑出版的传主主要著作目录。2014年11月，笔者又在中国社会科学出版社出版了《丰子恺年谱长编》，2017年1月复出版修订版，此著获第八届教育部人文社会科学研究优秀成果二等奖。笔者所期望达到的目的只有一个，即为研究者提供一份尽可能详尽的丰子恺生平事迹材料和丰子恺研究史的线索材料。

2004年3月，笔者出版了《丰子恺漫画研究》（西泠印社出版社）。自从丰子恺的第一本漫画集《子恺漫画》于1925年12月出版以来，他的漫画就如雨后春笋般地不断问世，且风靡全国达数十年，至今也仍有着很大的影响。据统计，丰子恺一生出版了五十余本漫画集（不包括其身后他人编辑出版的版本），单从这个数字看，在中国漫画史上也是鲜见的。关于丰子恺漫画的研究，应该是与丰子恺漫画的诞生同时开始的。在这方面做出过成绩的有毕克官、丰一吟、丰陈宝、潘文彦等。此外，国外学者，尤其是澳大利亚、美国、挪威、日本、法国的研究者似乎对此项研究投入颇大，发表了一些很有质量的学术论文，一些日本学者甚至也将丰子恺漫画研究作为自身学术事业的主攻方向。然而，一个基本的事实是，时至今日，还没有一部系统研究丰子恺漫画的论著问世。本书就是在这样的情况下撰写的。本书的撰写，严格按照学术体例进行，也获得了一定程度上的学术认可，并于2004年11月获得首届"子恺杯"全国漫画理论奖二等奖；2006年获得第十三届浙江省哲学社会科学优秀成果二等奖。此外，印制此书的萧山日报印刷厂将此书申报全国印刷优质图书，被国家新闻出版总署列为2004年度全国优质印刷图书。

《新月如水——丰子恺师友交往实录》是应中华书局之约撰写的一部关于丰子恺与其师友交游的著作，于2006年9月出版。同时代文化人之间的交往和比较是学术研究中的一项重要内容。这种尝试能丰富学术研究的内涵，扩大学术研究的视野，对人物研究本身和对历史的宏观审视都将是十分有益的。换句话说，通过这样的"横向"联系，或许能使读者获得意料之外的"纵向"规律性的认识。基于这样的考虑，便有了这部著作。此书出版后，引来了一些书评。其中笔者很喜欢2006年11月27日《中国经济时报》上刊载的慕毅飞撰《追忆一群赤子般的人》一文。该文罗列了书中讲到的关于丰子恺等文人们极具"童心"的事例，写曰："陈星教授……把自己写的'丰子恺师友交往实录'一书，取名为《新月如水》，无疑寓意丰子恺师友之情如月皎洁，如水清纯。封面用丰子恺那幅《人散后，一钩新月天如水》漫画，切题应景，仿佛师友乍离，余茶尚温，留一脉真情供人回味。全书分'师生情怀''同门与同人''文友与艺友'和'附录：异国艺缘'四辑，笔触传神，叙述简朴，史料翔实，细节化地再现了丰子恺和他二十八位师友的感人形象。用'物以类聚，人以群分'来形容，似有几分轻慢，但随着李叔同、夏丏尊、马一浮、曹聚仁、章锡琛、郑振铎……相伴着丰子恺联袂而出，或行或吟，或喜或嗔……你会禁不住笑浮出一句戏评：真是一群孩子！"

写完以上诸书，笔者曾窃以为在丰子恺研究方面已做出了一定的成绩，似有"告老还乡"之想。于是开始撰写《丰子恺研究学术笔记》（太白文艺出版社2007年7月版），期望将其视为学术总结。这是一部专题性的学术笔记，所述内容均须有实证依据，而不是仅靠回忆或耳闻。写这部笔记的目的主要是想把笔者所经历的有关丰子恺研究的往事介绍给读者，并把我所知道的有关信息提供给研究者，以帮助读者和研究者了解过往的丰子恺研究情形，以对读者和研究者进一步了解、研究丰子恺有所帮助。接着，笔者又写了《丰子恺研究史料拾遗补论》（团结出版社2009年8月版）。此著可视为《丰子恺研究学术笔记》的续集。此二书出版后，获得了同人的好评。然而，更重要的，也是笔者始料未及的是，撰写此二书，居然改变了原先的自我定位。笔者发现，不仅过往的丰子恺研究界疏忽了大量的学术史料，笔者本人的研究亦大有修正补充之必要。因为在撰写这两本书的时候，笔者查访了众多民国时期的史料，也获取了许多同人提供的信息，终于认定在丰子恺研究方面还存有未被开垦的处女地。笔者决定要对自己的过往研究做一次全面的补正工作。这便是撰写《丰子恺评传》的缘由。

《丰子恺评传》的撰写力图做到评与传的结合。评的部分归纳了本人对丰子恺生平和艺术的基本观点；传的部分则系在以往研究的基础上补充了大量新发现的史料。此著严格以学术体例撰写，可看作是本人对过往的丰子恺研究著述的一次整体归纳和总结。书中内容若与笔者以往的著作有史料和观点上的出入，当以该著为准。《丰子恺评传》于2011年10月由山东画报出版社出版，目前版权期已过，蒙文汇出版社不弃，今以现书名出版。

第一章　童年及杭州求学时期

概　述　003
第一节　书香世家　005
第二节　入浙江省立第一师范学校　010
第三节　寄宿舍的校园生活　015
第四节　师从李叔同、夏丏尊　019
第五节　告别校园　034

第二章　上海专科师范学校时期

概　述　049
第一节　创办上海专科师范学校　050
第二节　参与创办《美育》杂志　057
第三节　青皮橘子的自伤　061

第三章　游学日本时期

概　述　069

第一节　窗外的天空　069

第二节　情系夏目漱石　075

第三节　"巧遇"竹久梦二　081

第四节　蕗谷虹儿的趣味　085

第四章　白马湖时期

概　述　095

第一节　人文白马湖　096

第二节　开艺术教育之新风　103

第三节　散文与漫画创作的起步　111

第四节　告别白马湖　120

第五章　立达学园与开明书店时期

概　述　129

第一节　"己欲立而立人，己欲达而达人"　130

第二节　"子恺漫画"及其影响　135

第三节　儿童的崇拜者　154

第四节　音乐教育的先驱　164

第五节　缘缘堂的命名与皈依弘一法师　172

第六节　编绘《护生画集》　180

第七节　装帧艺术的翘楚　193

第六章　缘缘堂时期

概　述　219

第一节　缘缘堂赋形　220

第二节　三访马一浮　224

第三节　文画双馨　231

第四节　西湖别寓　244

第五节　辞缘缘堂　249

第七章　抗战时期

概　述　259

第一节　逃难路上的负暄之乐　261

第二节　抗战宣传　265

第三节　三绘《阿Q正传》　267

第四节　任教桂林师范　271

第五节　护生画辩与逃难"看风景"　275

第六节　浙大谈艺　287

第七节　天下何人不识君　294

第八节　续作护生画与绘佛千尊　298

第九节　悼丐师　312

第十节　沙坪小屋　318

第八章　卜居西湖时期

概　述　*331*

第一节　重返江南　*333*

第二节　居邻葛岭招贤寺　*337*

第三节　佳朋善友　*344*

第四节　儿童文学创作　*359*

第五节　宝岛风情　*363*

第六节　"今日我来师已去"　*367*

第九章　日月楼时期

概　述　*383*

第一节　"星河界里星河转"　*386*

第二节　期文化之互交　*402*

第三节　耳目一新　*412*

第四节　续作护生画　*418*

第五节　山雨欲来风满楼　*422*

第十章　最后的时光

概　述　*431*

第一节　苦难境遇　*432*

第二节　"暂时脱离尘世"　*436*

第三节　大师去矣　*449*

第一章

童年及杭州求学时期

1898—1919

概述

1898年11月9日（农历九月二十六日），丰子恺生于今浙江省桐乡市石门镇（时称石门县玉溪镇）丰同裕染坊店内厅楼上。乳名慈玉。

1902年，因庚子之变而推迟的乡试科于次年补行。辛丑年（1901）十月是光绪帝三十"万寿圣节"，按例应加开恩科。故均推迟至1902年一并补行。秋，其父斛泉第四次赴杭州应试，中举（补行庚子辛丑恩正并科第八十七名举人）。祖母去世。因此不得出仕，在家设塾授徒。

1903年，丰子恺在父亲座下读私塾。学名丰润。曾读《三字经》《千字文》《千家诗》等。弟丰浚生。

1904年，丰子恺萌发作画之念。曾在《千家诗》上端"二十四孝"木板画上用染坊店中红、黄、蓝三色的颜料涂抹。开始描《芥子园画谱》。

1906年秋，丰子恺的父亲死于肺病，终年四十二岁。父去世时，膝下有七女二男。长女丰瀛，字寰仙；次女丰游（又名幼），字梦仙；三女丰满，字庭芳（后皈依弘一大师，法名梦忍）；四女丰绮；五女丰潜贞；六女丰庚；丰润（丰子恺）排行第七；八女丰雪珍；丰润之弟丰浚，字景伊，小名慧珠，排行第九。另有遗腹子，次年产下，男孩，取名蔚兰，小名兰珠，四岁夭折。

1907年，丰子恺转入另一所私塾读书。从塾师于云芝。曾读《幼学琼林》《论语》《孟子》等。

1908—1909年，丰子恺因在私塾中以《芥子园画谱》印描人像终被老师知悉，命作孔子像，悬于塾中，令诸生晨夕礼拜。所谓作像，乃是用放大格的办法照范本中画像放大画出。故丰氏自幼便负有"小画家"的盛名。

1910年，私塾改为"溪西两等小学堂"。校址在石门湾西竺庵。曾从金可铸老师学唱李叔同的《祖国歌》，并与同学一起边唱《祖国歌》边宣传用国货。

1911至1912年，溪西两等小学堂原有高等部分之学生归入新办的崇德县立第三高等小学校。为便于选举，地方上盛行简化名字，丰润亦被改名为丰仁。1912年

2月，政府通令剪辫子，丰润（仁）未经母亲同意即将辫子剪去。

1913年，崇德县举行会考，丰仁成绩优异。崇德督学徐芮荪爱其才，央媒为长女徐力民说亲，许配丰仁。是年丰仁与徐力民定亲。

1914年初，以第一名成绩毕业于崇德县立第三高等小学校。因当时各校已改为秋季始业，丰仁在母校又滞留半年。是年2月，丰仁在《少年杂志》上发表文言文寓言四篇。

1914年夏，丰子恺同时报考杭州的三所学校，揭晓时，甲种商校以第一名录取，第一中学以第八名录取，浙江省立第一师范学校以第三名录取。他最后选择了浙江省立第一师范学校。该校为五年制，是年录取新生80余人，分甲乙两班，丰仁被分在甲班。

1915年，师从李叔同学习音乐。后又学习绘画。对此二科发生强烈兴趣，于是对其他各科便不很经意，常常借故请假到西湖写生。在名师指点下，他确定了一生之事业。1916年起，由夏丏尊先生任教国文，以为李叔同是"爸爸的教育"，夏丏尊是"妈妈的教育"。认为学生对两位贤师的敬爱完全相同。他虽然专心学习绘画、音乐，但对中国文学的进一步研究与日本文的业余学习，始终未曾放松。此后他一直将夏丏尊当成自己的文学启蒙者。

1917年，已初通日语，曾代老师李叔同接待过来西湖写生的日本画家三宅克己等。又参加校中"桐阴画会"等艺术社团。

1918年，在浙一师《校友会志》第16期上发表《晨起见园梅飘尽口占一绝》《溪西柳》《春宵曲》《浪淘沙》《朝中挫》《满宫花》《减兰》《西江月》8首诗，署名丰仁。在学校期间，曾一度自名丰仍。该年8月19日，李叔同先生祝发入山。李叔同出家后成了弘一法师。剃度前，将其用品、画具、作品等分赠友人和学生。丰子恺得到的物品中有李叔同在俗时的照片、一卷李叔同亲笔书写的自作诗词（题名为"前尘影事"）、《人谱》一册，另有一部残缺的原著《莎士比亚全集》等。

1919年3月，曾回故乡石门。3月13日（农历二月十二日），与徐力民女士结婚（旧俗以农历二月十五为"百花生日"，此日称"花朝日"。另一说为二月十二日）。5月，画会同人假杭州平海路原省教育会二楼举行第一次作品对外展览，并请弘一法师检阅指导。会后，全体画会会员与弘一法师合影留念。7月，毕业于浙江省第一师范学校。

第一节　书香世家

1898年11月9日（农历九月二十六日），丰子恺出生于浙江省石门县玉溪镇（今桐乡市石门镇）。丰子恺幼女丰一吟在《我的父亲丰子恺》一书中描述其父的出生地时是这样说的："大运河经镇上时分出一条支流，拐一个弯，形成一条与大运河相平行的后河。后河的西岸有一排房子，坐西朝东，其中有一家'丰同裕染坊'。这是一所三开间三进的古老楼房。染坊店为第一进，客厅为第二进，灶间为第三进。三开间的中央一间，楼上就是本书主人公丰子恺的诞生之地。"[1]

石门镇原属崇德县管辖。明宣德五年（1430），从崇德县分出桐乡县。石门以寺弄为界，一分为二，东属桐乡，西属崇德。后金太宗皇帝爱新觉罗·皇太极于1627年始用"天聪"年号，至1636年改用"崇德"年号。清康熙登基后，为避讳改崇德县为石门县，直至1914年复称崇德县。崇德县改石门县时，石门镇改为玉溪镇。1958年，崇德、桐乡两县合并，统称桐乡县。1993年，桐乡撤县改市。石门镇乃春秋末吴越分疆地，处浙江省杭、嘉、湖平原之中心。京杭大运河流经石门镇时拐了一个大弯，故又称石门湾。丰子恺的祖父丰肇庆（小康），早丧。祖母沈氏。父丰鐄，字迎年，号斛泉，又号鹤旋。母钟云芳。丰子恺出生时，丰家已有女六人。丰子恺排行第七，为长男。后有一妹二弟，二弟后夭亡。丰氏祖上从浙江金华汤溪迁入，世代均为诗书礼仪之家。

丰子恺的父亲丰鐄是清朝的末代举人（补行庚子辛丑恩正并科第八十七名），加上他家有祖传下来的染坊，所以也算得上是出生在名门望族。丰子恺自六岁起在父亲座下读书，越三年，即1906年，其父病逝。父亲去世后，丰子恺转入于云芝的私塾继续求学。1910年，私塾改为溪西两等小学堂，后又更名为崇德县立第三高等小学校。

丰子恺自幼聪慧，并从小就养成了绘画的兴趣。他本人在《学画回忆》一文中曾以略带调侃的语气介绍说：

童年时的丰子恺与姑母合影

假如有人探寻我儿时的事，为我作传记或讣启，可以为我说得极漂亮："七岁入塾即擅长丹青。课余常摹古人笔意，写人物图，以为游戏。同塾年长诸生竞欲乞得其作品而珍藏之，甚至争夺殴打。师闻其事，命出画观之，不信，谓之曰：'汝真能画，立为我作至先师孔子像！不成，当受罚。'某从容研墨伸纸，挥毫立就，神颖晔然。师弃戒尺于地，叹曰：'吾无以教汝矣！'遂装裱其画，悬诸塾中，命诸生朝夕拜焉。于是亲友竞乞其画像，所作无不惟妙惟肖。……"百年后的人读了这段记载，便会赞叹道："七岁就有作品，真是天才，神童！"2

就实际情况而言，丰子恺接下去是这么解释的："我七八岁时……《千家诗》每页上端有一幅木板画……我家开着染坊店，我向染匠司务讨些颜料来，溶化在小盅子里，用笔蘸了为书上的单色画着色……自以为得意。"（"七岁入塾即擅长丹青"）"后来，我在父亲晒书的时候找到了一部人物画谱，翻一翻，看见里面花样很多，便偷偷地取出了，藏在自己的抽斗里……亏得红英（引者按：此乃丰家之女仆）想工好，教我向习字簿上撕下一张纸来，印着了描……大约十二三岁的时候（父亲已经弃世，我在另一私塾读书了），我已把这本人物谱统统印全……同塾的学生看了都很欢喜，大家说'比原本上的好看得多'！而且大家问我讨画……"（"课余常摹古人笔意，写人物图，以为游戏。同塾年长诸生竞欲乞得其作品而珍藏之"）"有一次，两个同学为交换一张画，意见冲突，相打起来，被先生知道了。先生审问之下，知道相打的原因是为画；追求画的来源，知道是我所作，便厉声喊我过去……我偷眼看先生，见他把我画谱一张一张地翻下去，一直翻到底……明天早上我到塾，先生翻出画谱中的孔子像，对我说：'你能看了样画一个大的吗？'……大姐教我，用一张画方格子的纸，套在画谱的书页中间。画谱纸很薄，孔子像就有经纬格子范围着了……我依照她的指导，竟用柳条枝把一个孔子像的底稿描成了……着上色彩，一个鲜明华丽而伟大的孔子像就出现在纸上……先生看了点头。次日画就粘贴在堂名匾下的板壁上。学生们每天早上到塾，两手捧着书包向它拜一下……"（"甚至争夺殴打。师闻其事，命出画观之，不信，谓之曰：'汝真能画，立为我作圣先师孔子像！不成，当受罚。'某从容研墨伸纸，挥毫立就，神颖晔然。师弃戒尺于地，叹曰：'吾无以教汝矣！'遂装裱其画，悬诸塾中，命诸生朝夕拜焉。于是亲友竞乞其画像，所作无不惟妙惟肖。"）

此后丰子恺就有了"画家"的美名。他自己是这么说的："自从我的'大作'在塾中的堂前发表以后，同学们就给我一个绰号'画家'。"[3]后来他还有过表现的机会，比如受老师之托画"龙旗"等。然而，"画家"也好，"大作"频出也罢，就连丰子恺自己也没有把这当一回事，而恰恰是将此当成自嘲的故事，以为是"可耻的回忆"。[4]

诚然，这"小画家"的美名听起来多少有些令他感到心虚，不过，

丰子恺（前排右一）在丰同裕染坊前留影

就在1914年2月，未满十六岁的丰子恺在《少年杂志》第4卷第2期"儿童创作园地"栏目上发表了四篇寓言：《猎人》《怀挟》《藤与桂》和《捕雀》。每则寓言都有副标题，用以点明意旨。鉴于这些寓言是迄今为止发现的丰子恺最早的文章，特予录存，人们从中可看出少年时的丰子恺就已有了良好的驾驭语言的能力和立己立人的大志。

猎 人
——戒贪心务寡欲

秋高风厉，草木枯落。猎人裹糇粮，挟弓矢，入山觅兽踪迹。半日，若无所获，倦坐石上，意甚懊丧。忽见草间兔睡方酣，大喜过望。将弯弓射之。俄有鹿过高原，猎人见鹿之大也，遂舍兔而逐鹿，鹿行因（因）速，相距又远，不之及，亟而取兔，则兔已醒而逸矣，大恨而归。丰仁曰：贪心一起，每易失败，寄语少年，勿如猎人之两无所得也；斯可矣。

怀夹
——戒诈伪务正直

某儿性钝，读书苦不能熟，每受师责；乃将日间所读之书，夜抄出之，明日怀以上课，私自取观，所答无一谬者。儿大喜，于是每日如此，迨行毕业试验，先生将数年之所授，约略举问。某儿无怀夹，瞠目不能答一题，竟至曳白。先生省其伪，斥令退学。某儿既退学，父母责之，同学轻之，惭愧无地，然已莫及矣。丰仁曰：天下欺人之事，适所以自欺，向使某儿人一能者己十之，人十能者己千之，何患不能如人哉！乃不此之务，一期作伪，遗憾终身，夫亦可哀也已。

藤与桂
——戒依赖务自立

青藤盘于古屋之上，自以为得计也，俯视屋左老桂，笑而谓之曰："君具其昂昂之干，何自甘于卑污，日与儿卉伍乎？我虽柔如棉絮，而力能攀附，竟得凭空而上，悠然四顾，无有能与我并之者，君亦可谓不善自谋矣。"桂不以答。已而屋倾，压藤且断。桂乃笑谓之曰："君固善于自谋，今日何之若此？"藤惭无藏身地，遂愤而死。丰仁曰：人无自立之精神，惟以依赖为事，鲜有不失败者。吾辈少年，其慎思之。

捕雀
——戒移祸务爱群

猎人罗得一雀，将杀之。雀哀鸣乞命曰："君能纵吾，吾将诱吾之群入汝罗以报。"猎人笑释之。已而雀固诱其群至，猎人张其罗，并捕之，雀竟与群同死。丰仁曰：猎人固属太忍，然如此雀之居心不良，乌可存于天地间哉！故杀之者，猎人焉，非猎人也。

丰子恺当时叫"丰仁"。"子恺"则是此后他考入浙江省立第一师范学校后才有的号。

对于儿时的生活，丰子恺自述有三件事情是他不能忘怀的。第一件事是养蚕。桐乡是著名的蚕乡，养蚕在当地百姓的劳作中占有很重的地位。丰家也一样，每年养蚕的规模都很大。丰子恺说："我所喜欢的，最初是蚕落地铺。那时我们的三开间的厅上、地上统是蚕，架着经纬的跳板，以便通行及饲叶。蒋五伯挑了担到地里去采叶，我与诸姐跟了去，去吃桑葚。蚕落地铺的时候，桑葚已很紫而甜了，比杨梅好吃得多。……蒋五伯饲蚕，我就以走跳板为戏乐，常常失足翻落地铺里，压死许多蚕宝宝……""蚕上山后，全家静默守护，那时不许小孩子们吵了，我暂时感到沉闷。然而过了几天，采茧，做丝，热闹的空气又浓起来了。"[5]可知，丰子恺对于家中养蚕的记忆，主要是儿时觉得此事新奇和好玩。第二件事是中秋赏月时的吃蟹。丰子恺回忆他父亲嗜蟹，详尽描述了父亲吃蟹时的种种细节，并说到了七夕、七月半、中秋、重阳等节候，家中缸里满是蟹，那时，不仅父亲可以吃，家里人都有的吃，而且每人得吃一大只，或一只半。"尤其是中秋一天，兴致更浓。在深黄昏，移桌子到隔壁的白场上的月光下面去吃。更深人静，明月底下只有我们一家人，恰好围成一桌，此外只有一个供差使的红英坐在旁边。大家谈笑，看月亮，他们——父亲和诸姐——直到月落时光，我则半途睡去，与父亲和诸姐不分而散。"[6]丰子恺嗜蟹，或许就是其儿时受父亲影响。第三件事是与邻居，豆腐店里的王囡囡一起钓鱼。王囡囡比丰子恺大，丰子恺称他为大阿哥。丰子恺说："我起初不会钓鱼，是王囡囡教我的。他叫他大伯买两副钓竿，一副送我，一副他自己用。……他教给我看，先捉起一个米虫来，把钓钩由虫尾穿进，直穿到头部。然后放下水去，他又说：'浮珠一动，你要立即拉，那么钩子钩住鱼的颚，鱼就逃不脱。'我照他所教的试验，果然第一天钓了十几头白条，然而都是他帮我拉钓竿的。"[7]此后，丰子恺开始自己一人去钓鱼，收获颇丰。当然，丰子恺对儿时的记忆，肯定不会只是这三件事，不过是他为了写《忆儿时》一文，需要提炼些材料罢了。

第二节　入浙江省立第一师范学校

1914年春，丰子恺在崇德县立第三高等小学校以第一名的成绩毕业。在学时，他成绩优异。丰子恺自述："我在学时一味用功，勤修课

浙江省立第一师范学校校舍

程表上所有的一切功课，但除了赚得一百分以外，我更无别的企图与欲望。"[8]邻居兼亲戚沈蕙荪先生是小学校里的校长，在他的鼓励下，丰子恺的母亲决定将儿子送到省城杭州去投考中学。恰巧沈校长的儿子沈元君也要到杭州投考，丰子恺可以由沈校长一并带去杭州。1914年夏天的一个早晨，母亲为儿子准备行装，临行前，她让儿子吃了糕和粽子，意思是"高中"，希望他能考上省城里的一所好学校。

关于母亲的这一决定，丰子恺后来解释说："母亲决定命我投考杭州第一师范。这是母亲参考沈先生的说明，经过了仔细的考虑而决定的。母亲的意思：一则当时乡里学校勃兴，教师缺乏，师范毕业可以充当教师；二则我家没有父兄，我将来不能离家，当教师则可在家乡觅职，不必外出；三则师范取费低廉，毕业后又可不再升学，我家堪能担负。"[9]

丰子恺到杭州后，看见这里的学校林立，规模都比他在家乡见过的要大；他又见这里书坊和图书馆里的书堆积如山，内容也都比他过去所见过的丰富得多。见此情景，丰子恺居然把母亲的话暂时忘却，也忘记了自己的家庭境遇和其他的条件。他担心落第回乡，又听说有同时投考数所学校的办法，便同时报考了三所学校：甲种商校、第一中学和浙江省立第一师范学校。结果，他居然同时被这三所学校录取，甲种商校录取为第一名，第一中学录取为第八名，浙江省立第一师范学校录取为第三名。

在家里的时候，丰子恺的母亲曾经吩咐过他，说商业学校毕业后必定在外地谋职，而丰家只有他一个男孩，今后他需要返回故乡做事；中学毕业后须升高级学校或大学，而他的家境已供不起他的学费。他唯一的选择应该是读师范学校，将来可以在家乡的学校谋一个教师的职位。丰子恺最后确实是选择了浙江省立第一师范学校，这样的选择与母亲的吩咐正好吻合，但他的这一选择并非体谅母亲的一番苦心，用他自己的话来说，就是："但看学校的形式，觉得师范学校规模最大，似乎最能满足我的知识欲。我便进了师范学校。"[10] 故他的这一选择只是与母亲的意见偶然相合。在丰子恺看来，他进入浙江省立第一师范学校只是偶然，"并不是抱了作小学教师的目的而入师范学校的"。[11] 是年，该校录取新生八十余人，分甲、乙两班，丰子恺被分在甲班。

近代浙江师范教育走向成熟的标志是浙江官立两级师范学堂的创办。1905年，浙江巡抚张曾敭奏请以省城贡院旧址改建为全浙师范学堂。他的这一奏请于1907年获准，此即浙江官立两级师范学堂。学堂分优级师范和初级师范两部，优级师范培养中学师资，初级师范培养小学师资。1908年春，新校舍在杭州旧贡院的废墟上建成：七进崭新的二层教学楼，建筑风格与日本东京高等师范相同，连带其附属建筑——健身房、附属小学、音乐与手工教室、食堂宿舍等，使这里一时成了浙江省最大的一所学府，成了全浙师范教育的中心。1908年5月14日，学校正式开学。年底，学校又设立了当时全省规模最大的模范小学（后称附属小学），次年正月，浙江高等学堂附属两等小学改为浙江官立两级师范学堂附属两等小学堂，并迁至新校舍。1912年民国政府成立，临时政府教育部规定师范学堂改称师范学校，中等师范教育以造就小学教员为目的。于是，浙江官立两级师范学堂于4月1日更改校名为浙江省立两级师范学校。同时，两级师范之优级师范部分停办（时教育部将各省优级师范归并为高等师范），初级师范续办。鉴于辛亥革命后学校已部分停办优级师范，主办初级师范的实际，浙江省议会于1913年通过《筹设省立师范学校决议案》，规定各旧府设立一所师范学校，因而从1913年7月起，校名改为浙江省立第一师范学校，正式停办优级师范，初级师范改称普通师范。

校长经亨颐对当时浙江的教育有着诸多不满。1913年4月，他写下了《全浙教育私议》，历数当时教育的状况，表达了改革的意愿。同时，他在学校里提倡德、智、体、美、群五育并重[12]，尤重德育。德育，他称之为"人格教育"，并通过校务会议定下了"勤慎诚恕"四字校训，经亨颐自书一匾，将其悬挂于学校的礼堂。对于学生，经亨颐主张因材施教，重视个性发展；对于学校行政，经亨颐知人善任，唯贤唯能，绝不用私人的职权谋求私利。随着新文化运动的到来，经亨颐又适时在学校里提出了要以"与时俱进"为办学的总方针，推行人格教育，传播新文化。这使学校在建校之初就形成了令人瞩目的办学特色，并使学校成为浙江新文化运动的中心。在浙江省立第一师范学校，经亨颐的教育理念与夏丏尊的求实作风以及李叔同的人文情怀相呼应，充分体现了"立人"的时代主题。像经亨颐这样如此有抱负且重视人格教育的校长，在办学过程中也十分重视实现人格教育的一个重要抓手——美育与艺术教育。1917年8月他做了一次题为《最近教育思潮》的演讲，归纳了人格教育的15个要点，其中就有这么几条："人之精神，不但自知力而成，有较深之感情意志作用为根据，以之内省直觉；又有自由活动之萌芽，而含有开辟新生活新价值之创造力。""教材不可偏重科学，须重艺术；而为情之修养，又当一变宗教教授，而改正意志锻炼之方法。"[13]他直截了当地提倡美育，针对当时世道人心的实际状况，强调："非先去社会心理上腐烂之秽膜不可。其法为何？莫如提倡美育……倘能稍知美意，即可脱离恶俗之污秽，一如栽植草木，已除其蔓芜，去其污秽矣。"[14]如果说蔡元培是在王国维等美育思想基础上提出了中国学校美育的实施规划，那么，经亨颐则是将此规划落实在具体的办学过程中。对于艺术课程的自修时间，经亨颐主张在时间上予以保证。他在《始业式训词》中曾这样表示："校长与诸教员研究之结果，对于此问题，已拟有办法，今日特为诸生言之，可籍作自修之标准。前言教授与自修时间为三与一之比，而各教科性质不同，且各学年支配不一。主科各国文、数学，自修时间宜多，乐歌、手工，虽非主科而为技能教科，自修时间亦宜多。余所授教育，如能悉心听讲，约经教授四时，自修一时必能了解。数次经验，均如此预计。修身虽亦为主科，与教育及其他非主科各教科均可一律论。故特以国文、数学、乐歌、手工，教授自修，定为二与一之比，其他教科定为四与一之比。"[15]经亨颐将乐歌、手工与国文、数学同等看待，足见其对艺术课程的重视。[16]

1912年春，经亨颐以过去专科中独缺高级艺术师资科，请艺术教师姜丹书拟订培养方案，并决定于该年秋季开办一班高师图画手工专修科，学制三年，招生29名。此为浙江有艺术专科之始。[17]为充实艺术教育师资，1912年秋，经亨颐从上海请来了李叔同。

李叔同到浙江省立两级师范学校任教，客观上正逢国内缺乏艺术教师。他的同事姜丹书先生在《弘一大师永怀录·传一》中说过："方清之季，国内艺术师资甚稀，多延日本学者任教。余先民国一年受聘入是校，而省内外各校缺乏艺师也如故；于是校长经子渊氏，特开高师图画手工专修科，延聘上人主授是科图画及全校音乐。上人言教之余，益以身教，莘莘学子，翕然从风。"[18]李叔同的到来，可谓给当时的艺术教育界注入了活力。

丰子恺抱着"似乎最能满足我的知识欲"的想法进入浙江省立第一师范学校。但这一选择既令他失望，又令他欢欣和庆幸。

令他失望的是："……我因不惯于寄宿舍的团体生活，又不满足于学校的课程——例如英文从ABCD教起，算学从四则教起——懊悔当初不入中学校。这曾使我自己消受长期的懊恼，而对于这学校始终抱着仇视的态度。"[19]令他欢欣的是，预科以后，可学的知识学科渐渐多了起来，学习成绩也很好，考试分数屡列第一名。更令他庆幸的是，学校里有著名校长经亨颐和像李叔同、夏丏尊、姜丹书、单不厂等大批优秀教师。可以说，丰子恺是怀着这样的双重心理进入了一个崭新的学习环境，开始了他五年的杭州学校生活。

第三节　寄宿舍的校园生活

　　丰子恺入学的时候，全校学生约四五百人，共分10个班级。学校里的自修室不按班次分配，而是根据舍监旨意混合编排，每一自修室24人，自预科至四年级的各班学生都有。学校这样做的本意是为了各级学生相互联络感情，切磋学问，但实际效果并非如学校所愿。丰子恺回忆道："我初入学校，颇有人生地疏，举目无亲之慨。我的领域限于一个被指定的座位。我的所有物尽在一只抽斗内。此外都是不见惯的情形与不相识的同学——多数是先进山门的老学生。他们在纵谈、大笑，或吃饼饵。有时用奇妙的眼色注视我们几个新学生，又向伴侣中讲几句我们所不懂的，暗号的话，似讥讽又似嘲笑。"[20] 就在丰子恺感觉到这种不自在的时候，他在自修室里看到了一位同样枯坐着的新生，他叫杨家儁，又名伯豪，浙江余姚人。他俩同在新生中的甲班，被分在同一自修室，也许是惺惺相惜，他俩便成了好朋友。丰子恺说："我的攀交伯豪，并不是能赏识他的器量，仅为了他是我最初认识的同学。他的不弃我，想来也是为了最初相识的原故，决不是有所许于我——至少他看我是一本色的小孩子，还肯用功，所以欢喜和我谈话而已。"[21]

在浙江省立第一师范学校就读时的丰子恺

伯豪的年岁比丰子恺稍长，也有着独立的思想与卓越不凡的志向。丰子恺在考学时曾同时选择了三所学校，根本的原因是担心考不取而还乡。对此，伯豪很不以为然，以为丰子恺并非诚心诚意来读师范学校。对于学校的宿舍规则，有束缚学生的弊病，丰子恺对此只能忍耐。伯豪不然，他会说："我们不是人，我们是一群鸡或鸭。朝晨放出场，夜里关进笼。"[22]对于这样的生活，丰子恺在《寄宿舍生活的回忆》一文中将其比之于关猴子："寄宿舍生活给我的印象，犹如把数百只小猴子关闭在个大笼子中，而使之一齐饮食，一齐起卧。小猴子们怎不闹出种种可笑的把戏来呢？十多年前，我也曾做了一只小猴子而在杭州第一师范学校的大笼子中度过五年可笑的生活。"[23]果然，伯豪在许多方面开始反抗了，而且敢作敢当。他逃学，用逃学的时间看他自己喜欢的书籍。丰子恺劝他："你为什么不肯上课？听说点名册上你的名下画了一个大圈饼。说不定要留级，开除，追缴学费呢！"伯豪却答曰："那先生的课，我实在不要上了。其实他们都是怕点名册上的圈饼和学业分数操行分数而勉强去上课的，我不会干这种事。由他什么都不要紧。"[24]幸好这学期校方对伯豪并没有做出处理决定。第二学期，伯豪照例来校。丰子恺也经常在周日跟他一起到西湖的山水间游玩。对于游玩，伯豪也有自己的主张，他以为，游西湖，应该是无目的地漫游，不必指定地点，应到别人所不去的无名之地。有一回他俩去了雷峰塔后面的荒野中，坐在无人迹的地方。临走时，伯豪拿出两个铜板来放在一块大岩石上，说下次来取。两三周后他俩旧地重游，果然看见铜板还在原处，只是已经泛青。丰子恺以为自己是一个庸愚无知的小学生，而伯豪却有新颖而卓拔不群的举止言语，其一举一动都对自

丰子恺的同学杨伯豪

己有莫大的吸引力。又有一次，他俩一同去山上玩。在回来的路上，伯豪突然对丰子恺说这是他们最后一次的游玩了。丰子恺这才知道他已下定了决心要脱离学校。就是这样的一位有性格的同学、好朋友，在新学期开学的时候，不复再见他的身影。

对于跟丰子恺一起到西湖游玩，伯豪曾有十首诗，其中八首发表在《浙江省立第一师范学校校友会志》第6期上，题曰《夏时乙卯元日偕丰君子颛赴西湖游》。八首诗如下：

去年曾报来年春，抛掷春光又一旬。
作客方惊离索久，出门忽忆岁华新。
数群都是青红子，空巷从无卖买人。
苇索桃符驱百鬼，家家椒酒乐天伦。

今朝一样是星期，民物缘何雍且熙？
多为痴呆新卖后，顿成宇宙太平时。
椒花酒满家中乐，爆竹声喧客里悲。
寄慨他乡风俗异，梦魂遥向后园驰。（家宅号后园）

一年已过一年来，如水韶光去弗回。
岁历更新何足贺，选无进步宾堪哀。
常嗟片息便衰老，能得几时是幼孩。
人世青春留不住，伊谁笑口却长开。

我负韶华十几春，韶华毕竟不负人。
游凭紫气来催兴，祚属青阳始换新。
风骨弗殊前岁景，吾身还是去年身。
山光湖色如何好，缓步同行达水滨。

西湖岸上对清流，偕友欣然上小舟。
鼓棹直前行似箭，凝眸遥望兴偏幽。
黄妃隐见西峰上，宾椒高擎北山头。

自笑游春何太早，堤边柳叶未全抽。

忠臣万世共瞻望，青史扬名岳鄂王。
遣像巍巍塑庙里，雄心凛凛葬祠旁。
千秋翰墨余香袅，半壁江山饮憾长。
可笑奸人多事事，当年富贵在何方？

孤山徐访百花魁，绿萼红葩处处开。
是地春光何早到？谁家雅士欢迟来。
亭前鹤子今奚在，林下梅妻孰与陪？
日夜佛徊吾未卜，湖中缓缓鼓搓回。

昔闻父老说杭州，争说西湖景不侔。
幸值良辰探胜境，恨无佳句赋清流。
盈提水色盈天碧，满地风光满眼幽。
安得年年元旦日，扁舟一扁此间游。

　　伯豪的离去，对学校而言，少了一个"累赘"，对同学们而言，少了一个话题，而对丰子恺而言，则少了一个要好的同学。后来听说伯豪在家乡做了一名小学教师。他也和平常人一样结婚、生子，为了家庭而奔走……1929年3月12日，伯豪患病去世。对于对伯豪的思念，丰子恺专门写过一篇《伯豪之死》，文章最后说："世间不复有伯豪的影踪了。自然界少了一个赘累，人类界少了一个笑柄，世间似乎比以前安静了些。我少了这个私淑的朋友，虽然仍旧战战兢兢地度送我的恐惧与服从的日月，然而一种对于世间的反感，对于人类的嫌恶，和对于生活的厌倦，在我胸中日渐堆积起来了。"[25]此文写于1929年，正是丰子恺年过三十写了散文《秋》的那一年。他以为自己的年龄也已告了立秋了，心境也变成秋天了。有了这样的心境，再得知好朋友去世，丰子恺心中堆积起对生活的厌倦也可以理解了。

　　浙江省立第一师范学校有校友会。经亨颐曾解释过成立校友会的目的："教育之作用，不外以我益友。朋友为五伦之一。师友者，师弟关系之朋友也。约言之即非疏泛之朋友。同学亦非疏泛之朋友……全体校友，人人具教育者之资格，人人非疏泛之朋友。故以我益友之一语，直可谓我校友会唯一之要义。"[26]"吾校友会宗旨有敦笃友谊之语，亦一道德的法则。不但所以图现在学校生活之圆满，亦所以图将来社会生活之圆满。他如父母不可不孝顺，兄弟不可不敬爱，亦不过一道德的法则，所以图家庭生活之圆满……本校学生籍贯达六十五县以上，同堂三百七十八十人，可为求友之大方便。此吾校友会自然之特色，亦余力创人格说苦心之所在。全体校友不可忽焉可也。"[27]校友会的成员包括在校师生和离校教职工及毕业后的学生。根据《浙江省立第一师范学校校友会志》，丰子恺在学校里也担任过一些公共职务。《浙江省立第一师范学校校友会志》第6号记载：丰子恺担任了1915年上半学期校友会的庶务一职。《浙江省立第一师范学校校友会志》第10号记载：丰子恺担任了文艺部干事；而在《浙江省立第一师范学校校友会志》第13号上则记曰："本届职员录，文艺部，言论：丰仁君。"

第四节　师从李叔同、夏丏尊

　　每当丰子恺在学校里取得了好成绩，他在放假回家时就会向母亲汇报。母亲自然高兴，当假期结束而要返校的时候就又让他吃糕和粽子。也由于他在学校里的成绩好，深得国文教师单不厂先生之器重，并根据丰氏名仁，专门为他取号曰子颛（"颛"音"倚"。安静、和乐之意，后将"颛"改为"恺"，意同）。[28]此后"丰仁""丰子恺"同时使用，有时亦称"丰仍"，毕业后较少再用"丰仁"。丰子恺确是一位讨教师喜爱的学生。艺术教师姜丹书说他"面庞儿是天生团团的，方富而健硕，行为举止，循规蹈矩，不苟言笑，颇有大人张智。他各门功课都好，而于文艺尤为资性所近，格外见长。那时，校长是经亨颐先生，学风正当隆盛之时，艺术教师是我与李叔同二人，叔同教图画音乐，我教图画手工（现称劳作）。子恺的音乐，是叔同所教，图画是我们二人所教，但我只能说是领领路，毕竟他的天才比我高，造诣也比我深了"。[29]然而，丰

在浙江省立第一师范学校任教时的李叔同

子恺的成绩虽然好，但他母亲的这糕和粽子总也有失去效力的时候。三年级后，丰子恺的成绩一落千丈，甚至都没有到小学校里去实习。幸好有前两年的好成绩，待丰子恺毕业时，他的平均成绩尚得了第二十名。这种情况的出现，主要的原因居然是他决心跟从李叔同学习艺术科，而疏远了其他的课程。他自己的表白是："三年级以后，课程渐渐注重教育与教授法。这些是我所不愿学习。当时正梦想将来或从我所钦佩的博学的国文先生而研究古文，或进理科大学而研究理化，或入教会学校而研究外国文。教育与教授法等，我认为是阻碍我前途的进步的。但我终于受着这学校的支配，我自恨不能生翅而奋飞。"[30]然而，就在他又一次感到烦恼的时候，他的学习生活中"又来一种新奇的变化。我们的图画科改由向来教音乐而常常请假的李叔同先生教授了"。[31]

丰子恺并不是图画手工专修科的学生，但他却也在公共艺术课上得到了李叔同的指导。他自己的回忆是："我十七岁的时候，最初在杭州贡院的浙江省立第一师范学校里见到李叔同先生（即弘一法师），那时我是预科生，他是我们的音乐教师。"[32]对于上李叔同的音乐课，丰子恺在不同的文章里多有详细的描述。

李叔同在学校的《白阳》杂志（浙师校友会于1913年春印行）上发表过《春游》，是中国第一首合唱曲（三部合唱），词曲均出自李叔同之手。此歌节奏明快，歌词是：

春风吹面薄于纱，春人妆束淡于画。

游春人在画中行，万花飞舞春人下。

梨花淡白菜花黄，柳花委地芥花香。
莺啼陌上人归去，花外疏钟送夕阳。

　　丰子恺后来在《绘画与文学》一书中谈及"文学中的远近法"时，
以《春游》歌为例，解说了李叔同是用画家的眼睛观察春游之景的妙
处："'万花飞舞春人下'，就这一句看，末脚一个'下'字很奇怪，除非
人用催眠术腾空行走，花怎会在人下面飞舞呢？但看了上句，'游春人
在画中行'，便知道作者早已点明用着看画一般的'平面化'的看法了。
把春郊的风景当作一幅画看时，便见远处的人在画面上的位置高。近处
的飞花在画面上的位置低。可见这'下'字非常巧妙，绝不是凑韵而用
的。照实际上想，游人与飞花皆在地上，应说万花飞舞春人'旁'才
对。但这样说便灭杀诗趣与画意了。"[33] 歌词中"莺啼陌上人归去，花外
疏钟送夕阳"写得很有意境：傍晚，游春的人在莺啼声的伴奏中，踏在
郊外的小路上归返，而花簇飞头时，晚钟正好悠悠地敲响，一时花香、

浙江省立第一师范学校音乐教室

钟声、夕阳融为一体，真不知能勾起多少游人的感兴。

在当时的浙江省立第一师范学校里，由于李叔同的大力提倡，学校里的师生对艺术教育都十分重视。据丰子恺在《李叔同先生的教育精神》一文中介绍，当时学校就有开天窗的专用图画教室；有单独坐落在校园花丛中，拥有两架钢琴、五六十架风琴的音乐教室。对于一所中等学校而言，这样的艺术教学配置不要说在当时，就是在现在也是极为可观的了。丰子恺在同一篇文章里还说，在这所学校里"课程表里的图画、音乐钟点虽然照当时规定，并不增多，然课外图画、音乐学习的时间比任何功课都勤：下午四时以后，满校都是琴声，图画教室里不断的有人在那里练习石膏模型木炭画，光景宛如一艺术专科学校"。[34] 就是在这样一所学校里，丰子恺开始师从李叔同，接受正规的音乐和美术教育。

对于老师李叔同的最初印象，丰子恺在《为青年说弘一法师》一文中是这样描述的：

我们走向音乐教室（这教室四面临空，独立在花园里，好比一个温室）。推进门去，先吃一惊：李先生早已端坐在讲台上。以为先生还没有到而嘴里随便唱着、喊着、或笑着、骂着而推进门去的同学，吃惊更是不小。他们的唱声、喊声、笑声、骂声以门槛为界而忽然消灭。接着是低着头，红着脸，去端坐在自己的位子里。端坐在自己的位子里偷偷地仰起头来看看，看见李先生的高高的瘦削的上半身穿着整洁的黑布马褂，露出在讲桌上，宽广得可以走马的前额，细长的凤眼，隆正的鼻梁，形成威严的表情。这副相貌，用"温而厉"三个字来描写，大概差不多了。[35]

李叔同上课非常认真。他总是在上课之前先在教室里的黑板上清清楚楚地写好这堂课所授的内容，然后端坐在讲台上静候学生们的到来。他的这种认真精神，就连最顽皮的学生也不敢散漫。每到上他的课，学生们个个提前入室，从未有人敢迟到。丰子恺虽然不是一个会给教师找麻烦的学生，但他在开始时也是对李叔同有畏惧之心的。所谓"还琴"就是一例。

当时李叔同一般是每星期教授一次弹琴。他先把新课弹奏一遍给学生听，然后约略指导一番弹奏要点，就让学生各自用课余时间去练习，并要求在一周后由学生再来弹给他听。这便是所谓的"还琴"。每次轮到丰子恺"还琴"，他往往是在十分钟内了结盥洗和吃饭二事，然后携着弹琴讲义先到练琴房去再"抱一下佛脚"，接着便在心中带着一块沉重的大石头似的步入还琴教室。善于描写的丰子恺在《甘美的回味》一文中又为人们描述了当他步入教室后的情景："我们的先生——他似乎是不吃饭的——早已静悄悄地等候在那里。大风琴上的谱表与音栓都已安排妥帖，显出一排雪白的键板，犹似一件怪物张着阔大的口，露出一口雪白的牙齿而蹲踞着，在那里等候我们的来到。"[36]1928年，丰子恺写有《颜面》一文，再次谈到了这件事："我小时候从李叔同先生学习弹琴，每弹错了一处，李先生回头向我一看。我对于这一看比什么都害怕。当时也不自知其理由，只觉得有一种不可当力，使我难于消受。现在回想起来，方知他这一看的颜面表情中历历表出着对于音乐艺术的尊敬，对于教育使命的严重，和对于我的疏忽的惩戒，实在比校长先生的一番训话更可使我感动。古人有故意误拂琴弦，以求周郎的一顾的；我当时实在怕见李先生的一顾，总是预先练得很熟，然后到他面前去还琴。"[37]所以，李叔同平时的言语虽然不多，但同学们个个怕他，也个个爱他。怕的是李叔同那种威严，爱的是李叔同的人格。

其实丰子恺在儿童时代就已接触到李叔同创作的歌曲。1905年，李叔同作了《祖国歌》，1910年，丰子恺13岁时在故乡的小学里读书，其老师金可铸先生就教他们这一班学生唱过这首歌，并一面唱一面游行，以宣传用国货。当时的丰子恺并不知道这首歌的作者为何人，只觉此歌激发了自己的爱国情怀。到了浙一师后，他认识了李叔同，并知道自己小时候所唱《祖国歌》的作者就是自己的这位"温而厉"的老师李叔同先生。可想而知，这时丰子恺的欣喜之情十分炽烈。[38]

在李叔同创作的歌曲中，有一些是他既作词又作曲的，如《春游》《留别》《早秋》等（《春游》被列为20世纪中国华人音乐经典）。但在他的歌曲中，更多的是选曲配词的作品。李叔同在这一时期的歌曲作品中，《送别》的影响最大，直到今天，其歌词"长亭外，古道边，芳草碧连天……"还在无数中国人的嘴边吟唱。李叔同作歌，讲求淡雅脱俗，追求意境，因而感动了大批青年学生，润泽了大批青年的爱美之心，培养了人们崇高的情操。丰子恺于1927年曾编《中文名歌五十曲》，他在序言中就竭力把他的这位老师赞扬了一番："西洋名曲所以传唱于全世界者，因为它们都有那样优美的旋律；而李先生有深大的心灵，又兼备文才与乐才，据我所知，中国能作曲又作歌的乐家，也只有先生一人。"[39]

李叔同在教育教学过程中始终体现着"温和"与"认真"的特性。比如丰子恺说："对学生态度是和蔼可亲。从来不骂人。学生犯了过失，他当时不说，过后特地叫这学生到房间里，和颜悦色、低声下气地开导他。态度的谦虚与郑重，使学生非感动不可。"[40]李叔同的同事夏丏尊先生说："李先生教图画、音乐，学生对图画、音乐，看得比国文、数学等更重。这是有人格作背景的缘故。因为他教图画、音乐，而他所懂得的不仅是图画、音乐；他的诗文比国文先生的更好，他的书法比习字先生的更好，他的英文比英文先生的更好……这好比一尊佛像，有后光，故能令人敬仰。"[41]

李叔同还在《白阳》杂志上发表过《近世欧洲文学之概观》《西洋器乐种类概说》和《石膏模型用法》。其中《石膏模型用法》有四章：《石膏模型为学图画者最良之范本》《收藏法》《教室之选定及室内之设备》和《图画之材料》。文章十分强调石膏模型在绘画练习过程中的作用。李叔同在浙江省立第一师范学校使用石膏模型进行美术教学乃全国之首创。[42]此文中的一些观点可录存于下：

自来图画专门之练习，每取古代制作品及其复制品为范本。但近来于普通教育图画之练习，亦采用此法。其范本以用石膏制之模型为主。

普通教育设图画科，不仅练习手法，当以练习目力为主。此说为今日一般教育家所公认。因眼所见之物体，须知觉其正确之形状。此种知觉之能力，为一般人所不可缺。但依旧式临摹画之方法以养成此种之能力，至为困难。于是近半年以来，欧美各国之普通教育，以实物写生为图画之正课，即用兼习临画者，亦加以种种限制。因临画之教式，教以一定之描写法，利用小巧手技似甚简便；然能减杀初学者之独创力，生依赖定式之恶习惯，且于目力之练习毫无裨益。教学图画者，当确信实物写生为第一良善之方法。

实物写生，取日常所用简单之器具为范本，固属有益。但初学者练习图线，以单纯之直线曲线构成之物体为宜。又练习阴影，以纯白之物体为宜。石膏模型，仿实物之形状，以美妙之直线与曲线构成，其色纯白，阴影处无色彩错乱之虞。阴阳浓淡之程度，容易判别。故学图画者，当确信石膏模型为实物写生用第一完全之范本。

石膏模型写生，在目前的美术教学中为一司空见惯之手段。但在李叔同的那个年代，他循循善诱地提出这一练习方法，复又在学校里使用石膏模型进行美术教学，实为一开创性的举动。丰子恺曾回忆过李叔同上课时的一些情形："李先生的教法在我觉得甚为新奇：我们本来依照商务印书馆出版的《铅笔画帖》及《水彩画帖》而临摹；李先生却教我们不必用书，上课时只要走一个空手的人来。教室中也没有四只脚的桌子，而只有三只脚的画架。画架前面供着石膏制的头像。我们空手坐在画架前面，先生便差级长把一种有纹路的纸分给每人一张，又每人一条细炭，四个图钉（我们的学习用品都是学校发给的，不是自备的）。最后先生从讲桌下拿出一盆子馒头来，使我们大为惊异，心疑上图画课大家得吃馒头的。后来果然把馒头分给各人，但不教我们吃，乃教我们当作橡皮用的。于是先生推开黑板……教我们用木炭描写石膏模型的画法。"[43]

丰子恺跟从李叔同学起了绘画后，他体会到了艺术与英、数、理、化的不同滋味。此后，他渐渐疏远其他功课，而埋头于美术，居然成了学校里绘画成绩的佼佼者。由于对音乐、美术课的偏爱，丰子恺在学校里不仅能弹钢琴、画画、治篆刻，他还被推为学校"桐阴画会"的负责人。从四年级开始，他经常借故请假到西湖写生，几乎没有学过有关教育方面的课程。

丰子恺在美术上的每一个进步，李叔同都及时地看在眼里。丰子恺同样在《为青年说弘一法师》里说：有一天晚上，他到李叔同的房里去汇报学习情况（他当时任年级的级长），当汇报完毕正要退出时，李叔同叫住了他，并用很轻但极严肃的声音和气地对他说："你的画进步很快！我在南京和杭州两处教课，没有见过像你这样进步快速的人。你以后可以……"[44]聪明的丰子恺明白了老师的意图，他在《旧话》一文中

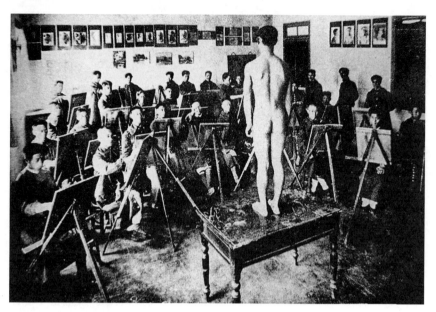

1914年，李叔同在浙江省立第一师范学校采用人体模型进行美术教学（后排右二为李叔同）

认为："李先生当时兼授南京高等师范及我们第一师范两校的图画，他又是我们最敬佩的先生之一。我听到他这两句话，犹如暮春的柳絮受了一阵强烈的东风，要大变方向而突进了。"[45]果然，丰子恺方向大变。他认为，"当晚这几句话，便确定了我的一生。可惜我不记得年月日，又不相信算命。如果记得，而又迷信算命先生的话，算起命来，这一晚一定是我一生中一个重要关口，因为从这晚起，我打定主意专门学画，把一生奉献给艺术，直到现在没有变志"。[46]丰子恺后来曾将《为青年说弘一法师》一文做过修改，以《怀李叔同先生》之题重新发表时却删去了这段话，删除的确切原因不得而知，或许是他后来觉得这样说未免过于唐突。因为确立一生的志向总离不开日积月累的艺术实践和生活积累，只靠那一晚李叔同的一席话未必就能成为人生的"关口"。其实，与其说这是一个"关口"，还不如说这是一个缘。但丰子恺毕竟是决心投身于艺术了。他说师从了李叔同之后，"窃悟其学之深邃高远，遂益励之，愿终身学焉"。[47]另一方面，李叔同能用一席话打动丰子恺的心，这里还有李叔同个人的品格、魅力在起作用。丰子恺在《我与弘一法师》一文中是这样表述他心目中的李叔同先生的："他从来不骂人，从来不责备人，态度谦恭，同出家后完全一样；然而个个学生真心的怕他，真心的学习他，真心的崇拜他。我便是其中之一人。因为就人格讲，他的当教师不为名利，为当教师而当教师，用全副精力去当教师。就学问讲，他博学多能，其国文比国文先生更高，其英文比英文先生更高，其历史比历史先生更高，其常识比博物先生更富，又是书法金石的专家，中国话剧的鼻祖。他不是只能教图画音乐，他是拿许多别的学问为背景而教他的图画音乐。夏丏尊先生曾经说：'李先生的教师，是有后光的。'像佛菩萨那样有后光，怎不教人崇敬呢？而我的崇敬他，更甚于他人。"[48]

在丰子恺心目中，李叔同就是这样一个伟大的形象。李叔同表扬他、开导他、鼓励他，他自然欣喜万分，也决意倾心追随。

在李叔同这方面，他自从认了丰子恺这样一个可以造就的弟子后，便从多方面培养和启发他。当时，西洋艺术理论多从日本介绍到中国来。于是，李叔同就又单独教授丰子恺日文。如此，丰子恺与他的李先生的接触日益频繁，其深厚弥笃、永恒持久的师生情谊从此牢固地建立起来了。

李叔同无疑是丰子恺艺术上（这里指"技艺"方面）的启蒙老师，但他对丰子恺的影响更重要的还于在思想、情操和艺术修养等方面，即他给予丰子恺的主要东西是一颗艺术家的心灵。

李叔同是一位注重人格修养的艺术全才。据丰子恺在《先器识而后文艺——李叔同先生的文艺观》中说：他的案头却总放着一册明代刘宗周著关于古来贤人嘉言懿行的《人谱》，并且还在封面上写着"身体力行"四个字，每个字旁又加上一个红圈。李叔同常对丰子恺说一些书中有关做人与艺术的准则。他把其中"士先器识而后文艺"的意思讲给丰子恺听，要求他首重人格修养，次重文艺技术，要做一个好的文艺家，必先做一个好人。他认为一个文艺家若没有"器识"，无论技艺何等精通熟练，亦不足道。所以他告诫丰子恺："应使文艺以人传，不可人以文艺传。"这种告诫对丰子恺来说非常及时，丰子恺说："我那时正热衷于油画和钢琴技术，这一天听了他这番话，心里好比开了一个明窗，真是胜读十年书。从此我对李先生更加崇敬了。"[49]李叔同后来在出家时把《人谱》送给了丰子恺。丰子恺也将此书视作珍宝收藏，后由于抗战炮火，此书毁于一炬。但他在逃难期间，偶尔在成都的旧书摊上见到了一册《人谱》，立即将其买下，一直保存在身边。可见，李叔同的这一教导是在丰子恺的内心里扎下根了的。这也正像丰子恺在《新艺术》一文里所讲的："有艺术的心而没有技术的人，虽然未尝描画吟诗，但其人必有芬芳悱恻之怀、光明磊落之心，而为可敬可爱之人。若反之，有技术而没有艺术的心，则其人不啻是一架无情的机械了。"[50]

丰子恺在李叔同的启迪下走上了艺术之路，他在老师李叔同的人格精神滋养下形成的那颗艺术心始终主导着他的创作。跟老师一样，丰子恺以博爱、深广的心灵去看天地间一切有情无情的物事；他相信艺术家所见的世界是一视同仁、平等的世界；艺术家的心，对于世间万物都应给予热诚的同情。姜丹书在评说丰子恺的时候则说："尤其当时以经颐渊先生为校长，夏丏尊和堵申甫两先生司训育，在我们共同主倡'人格教育'的主张下，涵濡培养，有如种花壅根，后来所开的美丽之花，固不止他一人，然而他的作品中，无论是画或是文，都反映着'人格教育'的因素，尤其他能将弘一（李叔同）的禅味完全学了来，所以他的造诣，有与众不同之处。"[51]

跟李叔同一样，夏丏尊也是学生们敬佩的一位师长。夏丏尊具有多愁善感的性格，这种性格导致了他在对待学生的学习、生活上也有了跟李叔同不同的教育方式。

丰子恺在浙江省立第一师范学校时的国文教师夏丏尊

夏丏尊生于清光绪十二年（1886）农历六月十五日，浙江省上虞县松厦乡人，小名钊，名铸，字勉旃，1912年改字丏尊。夏丏尊祖上一度经商，其父寿恒却是一位秀才。夏丏尊有兄妹六人，他是兄妹中唯一的读书人。夏丏尊十五岁那年中秀才，十六岁奉父命赴上海东吴大学的前身中西书院深造，半年后返乡，十七岁入绍兴府学堂读书。1905年，十九岁的夏丏尊负笈东瀛，入东京宏文学院，两年后考入东京高等工业学校，因未领到官费，遂于1907年辍学回国。

1908年，夏丏尊在浙江官立两级师范学堂（后改校名为浙江省立第一师范学校）任日文翻译，先后还任舍监、司训育，并兼授国文、日文。1912年，对于两级师范和夏丏尊本人来说都是历史性的一年。因为就在这一年，经亨颐先生接任了两级师范的校长。而就在这一年的秋天，经亨颐为了加强学校的艺术教育，从上海请来了李叔同来校执教。自此，夏丏尊便与李叔同成了志同道合的朋友。

夏丏尊是一位忧国忧民且具有一副古道热肠的人，但也正如他自己所以为的那样，在那个时候，他身上的少年名士气息已铲除将尽，只想在教育上做一些实际的工作。因此，从另一个角度上讲，他并不热衷于政治，他跟李叔同一样，也不愿意参与社会政治活动。1912年，社会上一时盛传要进行普选。夏丏尊不愿当选，便改名叫"丏尊"，以代替读音相近的"勉旃"，有意让选举人填写"丏"字时误写为"丐"而成废票。当然，此后并未实行所谓的普选，但他的性情则由此而流露无遗。从此，人们也就叫他夏丏尊。

丰子恺对夏丏尊的教育教学态度也有详细的介绍："夏先生与李先生对学生的态度，完全不同。而学生对他们的敬爱，则完全相同。这两位导师，如同父母一样。李先生的是'爸爸的教育'，夏先生的是'妈妈的教育'。"在学校里，事无巨细，夏丏尊几乎都要操心。他看见年纪小的学生玩狗，会说："为啥同狗为难！"放假的日子，学生们要出门，他高声大喊："早些回来，勿可吃酒啊！"学生笑着连说："不吃，不吃！"赶快走路。走得远了，夏先生还要大喊："铜钿少用些！"[52]夏丏尊关心学生，学生也都信任他，遇到有向学校请愿的事情，学生们都爱去找他，若是他觉得学生的意见合理，便会当作他自己的意见，想方设法去交涉，丰子恺的一幅漫画《某件事》即是其写照。

夏丏尊在任教后不久成了学校的舍监。这个吃力不讨好的职务是一般教师不愿意担任的。但夏丏尊出于对学生的关爱，居然自愿表示承担。关于这事，夏丏尊自己有《紧张气氛的回忆》一文。他说："我的最初担任舍监是自告奋勇的，其时是民国元年。那时学校习惯把人员截然划分为教员与职员两种，教书的是教员，管事务的是职员，教员只管自

丰子恺以夏丏尊为原型创作的漫画《某事件》

己教书，管理学生被认为是职员的责任。饭厅闹翻了，或者寄宿舍里出了什么乱子，做教员的即使看见了，照例可'顾而之他'或袖手旁观，把责任委诸职员身上。而所谓职员者又有在事务所的与在寄宿舍的之分，各不相关。舍监一职，待遇甚低，其地位力量易为学生所轻视。狡黠的学生竟胆敢和舍监先生开玩笑，有时用粉笔在他的马褂上偷偷地画乌龟，或乘其不意把草圈套在他的瓜皮帽结子上。至于被学生赶跑，是不足为奇的。舍监在当时是一个屈辱的位置，做舍监的怕学生，对学生要讲感情。只要大家说'×先生和学生感情很好'，这就是漂亮的舍监。"他还在文章中说："我做舍监原是预备去挨打与拼命的，结果却未遇到什么，一连做了七八年。到后来什么都很顺手，差不多可以'无为卧治'了。"[53]这些文字可知当时舍监的难做，更可知夏丏尊是本着一种对学生、对学校极其负责的精神在做教师的。

夏丏尊除了做舍监，还教国文。他的教育思想是很开明进步的。那个时候，五四运动将近，夏丏尊顺应时代潮流，在学生们做惯了"太王留别父老书""黄花主人致无肠公子书"之类的文题后，果断要求学生写自己亲身经历的事情。他的具体要求很简单，那就是："不准讲空话，要老实写。"有一回，他布置学生写作文。一位同学写父亲客死他乡，文中说自己"星夜匍匐奔丧"。夏丏尊看后就去问这位同学："你那天晚上真个是在地上爬去的？"一句话，问得这位学生惭愧得满脸通红。又有一位同学，在文章中颇有一些消极和牢骚，说是要"乐琴书以消忧，抚孤松而盘桓"。夏丏尊读后又厉声问道："你为什么来考师范学校？"[54]

夏丏尊就是这样一个力戒矫揉造作而提倡朴实文风的国文教师。

夏丏尊这种实事求是的作风对丰子恺影响很大，因而使他对写文章的兴趣大增。可以这么说：丰子恺写作能力的提高，是夏丏尊一手辅导的结果，而此后也是在夏先生的热情鼓励之下逐步走向成熟的。关于这一点，丰子恺自己最清楚。丰子恺在《旧话》一文中有过这样的回忆："我在校时不会作文。我的作文全是出校后从夏先生学习的。夏先生常指示我读什么书，或拿含有好文章的书给我看，在我最感受用。他看了我的文章，有时皱着眉头叫道：'这文章有毛病呢！''这文章不是这样做的！'有时微笑点头而说道：'文章好呀……'我的文章完全是在他这种话下练习起来。"丰子恺还说："以往我每写一篇文章，写完之后总要想：'不知这篇东西夏先生看了怎么说。'因为我的写文，是在夏先生的指导鼓励之下学起来的。"可见，丰子恺把他自己在文学上的发展完全归功于夏丏尊了。诚如他自己断定的那样："我倘不入师范，不致遇见李叔同先生，不致学画；也不致遇见夏丏尊先生，不致学文。"[55]

在文学创作上，丰子恺的名字与夏丏尊是紧紧联系在一起的。诚如前述，丰子恺对文学感兴趣，得益于夏丏尊当年在杭州浙江省立第一师范时的教诲，而经过白马湖时代，中国文坛上遂在无形中形成了"白马湖作家群"。白马湖作家群的主将，当首推夏丏尊、丰子恺和朱自清，而此三者相较，朱自清的文路与夏、丰二人又略有区别，前者质朴中显清隽，后者质朴中见醇厚。所以，研究者们往往乐意把夏丏尊与丰子恺的散文作品置于同一个视角加以研究，以为他俩的散文同出一炉，一个偏重抒情（夏丏尊），一个侧重说理（丰子恺）。

夏丏尊的头大而圆，加上学生与他的距离近，所以有同学给夏丏尊取过一个诨名——"夏木瓜"。每当有同学被李叔同和颜悦色、平心静气地开导之后，往往会这么说："我情愿被'夏木瓜'骂一顿，李先生的开导真是吃不消，我真想哭出来。"但是，被称作"夏木瓜"的夏丏尊，跟学校里另一个被称为"夏木瓜"的夏震武则完全是两个人。夏震武并非头大而圆而被称作"夏木瓜"的，恰是由于他的思想顽固不化而有了这么一个封号。那是在1909年冬，夏震武来校做了新校长。他到任的第一天，就当众谩骂进步教师，污蔑革命党人。他说："神州危矣，立宪哄于廷，革命哗于野，邪说滔天，正学扫地，髡首易眼，将有普天为夷之惧。"此言一出，当即引起正在学校任教的许寿裳、鲁迅等众多教师的反对（这其中就有夏丏尊）。鲁迅等教师集体辞职。此风波持续了三个星期，最后以夏震武被迫去辞而告结束，这场风波亦称"木瓜之役"。

李叔同与夏丏尊有着共同的教育理想，这促使他俩合作写了一首《浙江省立第一师范学校校歌》。这首歌由夏丏尊作词，李叔同谱曲。歌词曰：

人人人，代谢靡尽，先后觉新民。可能可能，陶冶精神，道德润心身。吾侪同学，负斯重任，相勉又相亲。五载光阴，学与俱进，磐固吾根本。叶蓁蓁，木欣欣，碧梧万枝新。之江西，西湖滨，桃李一堂春。

浙江省立第一师范学校的前身是浙江省立两级师范学校。两级师范时学校里也有校歌，其歌词是这样的：

功如忠肃，学似文成，自古名贤数浙人。山川钟毓，代有奇英，六百同堂步后尘。文章惊海内，科学究专门，新旧中西一贯行。今日为多士，他年铸国民，教育前途定有声。

可以明显地发现，两级师范时期的校歌颇有一些"豪气"，像"自古名贤数浙人""他年铸国民，教育前途定有声"等都有这样的意味。相比之下，《浙江省立第一师范学校校歌》的格调就有几分亲情与温馨了，像"陶冶精神，道德润心身""相勉又相亲""西湖滨，桃李一堂春"等。这当然就跟李叔同、夏丏尊提倡艺术教育、感情熏陶有直接的关系。

丰子恺能遇上这样的两位优秀教师，这是他的福气。他此后在艺术事业上的成功，很大程度上是得力于这两位老师的帮助。

除了李叔同和夏丏尊，丰子恺与另一位艺术教师姜丹书也一直保持着较为密切的关系。姜丹书原籍江苏溧阳，1885年生，曾在南京两江师范学堂就读图画手工专修科，毕业后即赴杭州浙江两级师范学堂任教（后改名为浙江省立两级师范学校、浙江省立第一师范学校），他与李叔同是当时校内仅有的两名专任艺术教师。

姜丹书是一位对艺术教育颇有见解的老一辈艺术教育家。他曾在《现代中国艺术教育概观》中说："人世间若无艺术，便成沙漠的世界；若有艺术，便成锦绣的世界。所以一国的教育政策不可不重视艺术。原来艺术是一件事，教育又是一件事，艺术不是教育，教育亦不是艺术。若任其艺术自艺术，教育自教育，各走各路，不相关涉，殊途而不能同归，则就艺术而论，未必能为有力的发展，且只能在其本位上自盛自衰、自兴自替，未必影响到整个文化的全面，更谈不到浸入整个文化的骨里；同时

丰子恺在浙江省立第一师范学校时的老师姜丹书

就教育而论，亦是偏缺的教育，好似一个歪西瓜，不能成为圆湛美满的佳果。所以艺术与教育二者，必须要连锁起来，成为所谓'艺术教育'，方能发挥其美化人生，润色世界的功用。"他还在文中分析了旧式教育与学校教育，乃至艺术教育的发生："我国整个的教育制度，因清季对外屡次战败而根本改变，至光绪三十一年，于是废科举，兴学堂。科举时代的教育是塾师教育；塾师教育与学校教育，实是艺术教育变动中划时期的分界线。因为塾师教育是遗弃艺术的教育，或可说是排斥艺术的教育……对于艺术二字，绝对无关。（书法是科举的一种工具，所以唯有习字是例外。）但一入学堂时代，便情形大异，真是所谓穷则变，变则通。这是近四五十年来艺术教育转变的近因。"56

姜丹书任教图画手工课。任教期间，中国师范学校教学方案有美术史课程，如在教育部颁行的"师范学校课程标准"上，在图画课程内就列有"美术史（得暂缺之）"一项。在姜丹书当时看来，"美术史"的内涵丰富，既包括西洋美术史，也包括中国绘画史，而所涉及的点和面都很多，诸如建筑、雕塑、绘画、工艺美术、书法等各方面都应兼顾。这确实是当时艺术教育界遇到的一个难题。之所以如此，教育部在制定这个课程的同时，已经考虑到一般图画教师的困难，故注明"得暂缺之"

四字。然而，此课程毕竟可以提高美术教育质量，充实学生的艺术史知识，应该列入教学计划。于是，姜丹书毅然承担美术史的教学任务，并努力钻研，查找资料，终于历经数年编纂了五年制师范学校用《美术史》及《美术史参考书》各一部。编撰此书，在姜丹书本人看来是一件义不容辞的工作。他说："再追溯一师在民国初年尚是始创时期，我们做实际工作者在那新兴的艺术教育园地上，当然要做一些开辟道路的工作和克服困难的措施。"[57]此书后经教育部审定通过于1917年由商务印书馆出版，为中国第一部美术史著。[58]该书用通史体例，分中国美术史和西洋美术史上、下两篇，章节内容的具体情形如下：上篇为中国美术史；下篇为西洋美术史。上篇共四章：第一章论建筑（第一、二节为历代建筑，第三节为建筑装饰）；第二章论雕刻；第三章论书画；第四章论工艺美术。下篇共九章：第一、二、三、四章依次介绍埃及、东方列国、希腊、罗马等美术史情况；第五、六章介绍中世纪美术和宗教美术等；第七、八、九章介绍近世美术等。此著篇幅有限，仅两万余字，故不免有所缺失。这也许正是他随后就出版《美术史参考书》的一个原因。[59]《美术史》上篇还附说书法和印章；下篇附说东方印度等国的美术。《美术史》采用《巴拿马运河图》为插图。该图系姜丹书兼任浙江女子师范学校时设计，由学生吴善蕙刺绣而成。此图曾于1915年获巴拿马运河落成典礼之万国博览会荣誉奖。他其后出版的《艺用解剖学》和《透视学》二书也成了中国现代美术教育的优秀教材。

第五节　告别校园

　　毕业，对于丰子恺来说就是要离开自己敬爱的老师。然而，实际上，在丰子恺毕业的前一年，他就送别了李叔同先生——一次对他颇有震撼力影响的事件——李叔同出家为僧。

　　杭州自古佛教气息甚浓。李叔同说过："杭州这个地方，实堪称为佛地，因为那边寺庙之多，有两千余所，可以想见杭州佛法之盛了……当民国二年夏天的时候，我曾在西湖的广化寺里面住了好几天，但是住的地方，却不是出家人范围之内，那是在该寺的旁边，有一所叫作痘神祠的楼上……当时我住在里面的时候，有时也曾到出家人所住的地方去看看，心里却感觉得有意思呢！"[60]

李叔同对出家人的生活有兴趣，但身为教师，几年来，仍以全身心投入学校的艺术教育之中。然而，1916年夏日的一天，夏丏尊在一本日本杂志上看到了一篇介绍断食修炼的文章，觉得新奇，便介绍给李叔同看。夏丏尊在《弘一法师之出家》一文中说："有一次，我从一本日本的杂志上见到一篇关于断食的文章，说断食是身心'更新'的修养方法，自古宗教上的伟人，如释迦，如耶稣，都曾断过食。断食能使人除旧换新，改去恶德，生出伟大的精神力量。并且还列举实行的方法及应注意的事项，又介绍了一本专讲断食的参考书。我对于这篇文章很有兴味，便和他谈及，他就好奇地向我要了杂志去看。以后我们也常谈到这事，彼此都有'有机会时最好把断食来试试'的话，可是并没有作出过具体的决定，至少在我自己是说过就算了的。"[61]夏丏尊说过就算了，但是李叔同却是认真的。他自然无意去做释迦、耶稣那样的"圣人"，但既然这篇文章中说断食有许多好处，包括对身体疾病的疗效，李叔同决心一试。

李叔同预定农历十一月为实行断食的时间。李叔同在日本杂志上看到的有关断食修炼的文章与天理教教义相关，但亦合道教之主张。丰子恺记曰："他本来常读性理的书，后来忽然信了道教，案头常常放着道教的经书……他的朋友日本画家大野隆德、河合新藏、三宅克己等到西湖来写生时，他带了我去请他们吃一次饭，以后就把这些日本人交给我，叫我引导他们（我当时已能讲普通应酬的日本话）。他自己就关起房门来研究道教。有一天，他决定入大慈山去断食……"[62]

断食是要有一处幽静的地方的。根据西泠印社社友叶品三先生的推荐，他选中了虎跑寺。李叔同在虎跑寺实行的断食十分顺利。在断食期间，李叔同不但不觉得痛苦，反而感到身心灵化，似有仙象。他平时大多以写毛笔字打发时辰，他各种书体都写，笔力丝毫不减，而心气比平时更灵敏、畅通，有一种脱胎换骨的样貌。于是，他根据老子"能婴儿乎"之意改名李婴。

李叔同的原意只是来试试断食后的感觉的，并无其他更多的期望。

但他这回亲临佛寺，对僧人的生活更加亲近起来。他经常看见有一位出家人从他的窗前轻轻走过，每至此时，他都会羡慕其与世无争的超凡气象。有时他会向僧人借佛经来看，企图在经书中探觅另一种人生。断食是道人规矩，李叔同当然明白这一点。所以，他也在断食后自称"欣欣道人"。断食后的李叔同拍了一张照片，也写过纪念性质的书幅。其中一幅赠朱稣典的横幅代表了他当时的第一感受。此横幅只有两个大字——"灵化"，落款处写道："丙辰新嘉平入大慈山断食十七日，身心灵化，欢乐康强。"

　　如果从外在的现象看，李叔同的这次断食倒是真的促进了他的身体健康。然而，这不过是表面的现象。因为在他的内心里，从此对僧人的生活开始向往起来。不久，李叔同经常与卜居在杭州的一条陋巷里以静居读书为乐的国学大师马一浮交往，从他那里获取了不少关于学习佛教的经验。丰子恺说："但他学道的时间很短。断食以后，不久他就学佛。他自己对我说，他的学佛是受马一浮先生指示的。"[63]

　　马一浮，乳名锡铭，幼名福田，号湛翁，晚号蠲叟，或蠲戏老人。浙江绍兴人。1883年4月2日生于四川成都，此时正值其父马廷培任四川仁寿县知县。马廷培虽为官，却是一个忠孝两全之人。据载他为官时，其母仙逝，因未被获准回绍兴原籍奔丧，遂有退出官场之意。1888

国学大师马一浮

年，马廷培携妻带子返回浙江，马一浮时年五岁。马一浮自幼聪颖过人。十岁时所作五言律诗即有惊人之句。十一岁那年，马家请了一位颇有声望的举人郑墨田来家里教他读书。可未过多久，郑墨田即请辞。马廷培以为儿子不听教诲，或何处得罪郑氏。但一了解，方知马一浮才智过人，郑墨田自愧不能胜任，为了不耽误这"神童"的前程，才提出辞教。此后，马一浮以自学为主，他的过人才智终于在他十五岁那年的县试上得到了表现。这一年，马一浮赴绍兴城参加县试，同场应试者还有鲁迅、周作人兄弟。结果，马一浮名列榜首。

李叔同年长马一浮三岁，但在佛学方面，他一直把马一浮视作良师。这种情况跟苏曼殊颇为相似。苏曼殊在1916年12月25日复刘半农的信中说过："此间有马处士一浮，其人无书不读，不慧曾两次相见，谈论娓娓，令人忘机也。"[64]李叔同也对丰子恺说过："马先生是生而知之的。假定有一个，生出来就读书，而且每天读两本（他用食指和拇指略示书之厚薄），而且读了就会背诵，读到马先生的年纪，所读的还不及马先生之多。"[65]值得注意的是，李叔同早在断食之前就已与马一浮的有关佛教活动发生了关系。1914年，马一浮与一些佛教学者在杭州成立了"般若学会"，旨在"求得超越虚幻不实的世俗认识，以证悟般若智慧"。当时作为新思潮中心的浙江省立第一师范学校的许多师生，如李叔同、夏丏尊、潘天寿、姜丹书、刘质平、丰子恺等均加入了该会。[66]

李叔同出家前与弟子刘质平（左）、丰子恺（右）合影留念

李叔同受马一浮的影响而对佛教更为亲近这是事实，对此李叔同本人并不否认。他同样在致刘质平的信中说："自去腊受马一浮大士之熏陶，渐有所悟。"[67]

李叔同于民国七年（1918）正月十五日这天拜了悟法师为师行了皈依礼，取法名演音，号弘一。李叔同皈依后，打算暂以居士身份修行，研佛读经更勤。他要做的，是赶紧结束课业，准备在暑假后不再续任浙一师教职，这样便可专心念佛。他当然想到了丰子恺的继续深造。于是，他把丰子恺介绍给1918年春来华的三宅克己、大野隆德等日本画家，陪同他们在杭州的活动；又请夏丏尊接替他承担丰子恺的日文辅导。出家前，李叔同整理在家的俗物，把平生所绘油画，所作书法等作品以及各种物品、图书等赠予友生和相关学校。他还特意把一包平生收藏的篆刻封在西泠印社的壁中……在李叔同看来，时值此时，他已完成了红尘中的使命。

1918年农历七月十三日，李叔同正式出家为僧。李叔同入山前，即农历四月十五日（公历5月24日）与丰子恺、刘质平在照相馆合影纪念，并亲自在照片上题字："弘一将入山修梵行，偕刘子质平、丰子恺颉摄影。戊午四月十五日。"此照为丰子恺留下的唯一与弘一法师李叔同合影照片。

李叔同出家时的送行者中有何人，说法不一。依照丰子恺在《为青年说弘一法师》一文中所述，弘一法师在出家前一天的晚上，把丰子恺、叶天底、李增庸三位学生叫到他自己的房中，几乎把室内的所有东西都送给了他们。第二天，三位学生送先生至虎跑。此外，根据丰子恺《李叔同先生的爱国精神》一文可知，李叔同在出家前还将自己在俗时的一个亲笔自撰手卷送给丰子恺。诗词手卷中有一《金缕曲》，题目是《将之日本，留别祖国，并呈同学诸子》。丰子恺说："我还记得他展开这手卷来给我看的时候，特别指着这阕词，笑着对我说：'我写这阕词的时候，正是你的年纪。'"[68]丰子恺后来在弘一法师圆寂后曾把此手卷上的诗词制版刊在了《前尘影事集》[69]里。从此，一代杰出的艺术大师李叔同成了佛门高僧——弘一法师。

丰子恺在浙江省立第一师范学校读书时师从李叔同，并在老师的指导下做过课余绘画组织"桐阴画会"的负责人。"桐阴画会"这个名称的来由，是因为学校的校园里种有许多梧桐树。每到夏天，同学们都爱在树荫下自修学习。有一次，同学们在谈及清代画家秦祖永有《桐阴论画》的著述，便提出了"桐阴"二字，于是大家都觉得有意义，便用作画会的名称。桐阴画会是学校里的一个课外美术社团，主要从事西洋画学习和交流。一向爱好国画的沈本千1918年秋入学时，李叔同已出家为僧。尽管他没能赶得上师从李叔同，但他却能在"桐阴画会"里与丰子恺成为学画的同道。沈本千自幼喜爱国画。有一次，他在自修教室里画画，正巧被一个名叫朱胆石的同学看见，便上前对沈本千说："你也喜欢画画？我们这里有个画会，我可以介绍你参加。"于是朱胆石带着沈本千找到了当时已小有名气的丰子恺。朱胆石是个率直憨厚的人，由于沈本千长得矮小，他一开口就对丰子恺说："这个小鬼头，画得很不错，要参加画会。"丰子恺听后，像是有意纠正朱胆石的话似的说："是小弟弟。"随后他端过一把椅子，他们就谈开了。起初，沈本千颇有顾虑。因为他知道"桐阴画会"是研究西洋画的，而他自己一向喜爱中国画，怕参加了画会后与自己的志趣不合。丰子恺耐心地向他解释："中西画法不一样，画理是不相违背的。曾学国画，再画西画，也有帮助，如能融会贯通，更是画艺的一种进步。"随后丰子恺拿过一本自己的速写簿，告诉沈本千："这是速写簿，携带着可以随时随地描写所见事物，是练习，也是记录。"沈本千看到速写簿中第一张画是铅笔速写，画的是一位老婆婆，左手挽着竹篮，右手携着小孩向前走着。画上还有"清泰门外"四字。沈本千觉得此画有很浓厚的生活气息，便要丰子恺借他描绘。丰子恺随手撕下这张画就送给了他。岂料，六十年以后，沈本千在偶然检读旧书时，竟然发现这张画还安然无恙地被夹在旧书里，成了现今能见到的丰子恺最早的画稿了。[70]

沈本千在丰子恺的鼓励下加入了该画会。如今，他为人们留下了一段关于他于1918年秋赴杭州虎跑（李叔同的出家之地）向弘一法师请教绘画问题的回忆，并记录了当时弘一法师开导他的一番话：

中国画重在写神，西画重在写形。由于文化传统的不同，写作材料的不同，技法、作风、思想意识上种种不同，形式内容也作出两样的表现。中画常

迄今发现最早的丰子恺画作《清泰门外》

在表现形象中，重主观的心理描写，即所谓"写意"；西画则从写实的基础上，求取形象的客观准确。中画描写以线条为主，西画描写以团块为主，这是大致的区别。初习绘画，不论中西，都要经过写形的基本练习，你向来学国画，现在又经过了练习西画写生，一定感觉到西画写生方法，要比中国画写形基本方法更精密而科学的。中画的"丈山尺树、寸马豆人"不若西画的远近透视、毫厘可计；中画的"石分三面，墨分五彩"，不若西画的阴影、光线、色调各有科学根据。中画虽不拘泥形似，但必须从形似到不拘形似方好；从形似到形神一致，更到出神入化。中画讲笔墨，做到"使笔不可反为笔使，用墨不可反为墨用"，从而"寄兴寓情，当求诸笔墨之外"。宇宙事物既广博，时代又不断前进。将来新事物，更会层出不穷。观察事物与社会现象作描写技术的进修，还须与时俱进，多吸收新学科，多学些新技法，有机会不可放过。[71]

弘一法师的一席话，坚定了沈本千的学画信心。此后，他经常与同学一起去寺中向弘一法师求艺，他的画技也有了很大的进步。1919年5月，桐阴画会在杭州平海路省教育会二楼举行首次对外画展。弘一法师应邀前来参观指导。会后，全体画会会员与弘一法师合影留念。弘一法师参观展览走到沈本千的水彩画《湖边山，山上云》前时，微笑地首肯赞许。沈本千此后苦练西洋画逾十年之久，后又攻国画创作，终于形成了他那构图得当、讲究透视且不失深远意境的中国画风格，在海内外都具有广泛的影响。他一生对弘一法师李叔同抱有感激之情。

除桐阴画会，从一些史料中还可知浙江省立第一师范学校里还曾有过"漫画会"，或其他艺术社团称谓如"洋画研究会""寄社"等。吴梦非先生在他的《"五四"运动前后的美术教育回忆片断》一文中做了这样的证明："我们的课外组织有'漫画会''乐石社'（研究金石雕刻）等，并出版《木板画集》，这是自画、自刻、自己印刷的作品，其中有李叔同、夏丏尊等的木刻。"[72]另据李鸿梁《我的老师弘一法师李叔同》一文："我们出过一本版画集（木刻集），自己刻，自己印，自己装订。法师刻了一幅模仿小孩画的人像。"[73]结合中国版画史，吴梦非、李鸿梁的回忆告诉人们，在李叔同作为艺术指导的艺术团体里就已有木刻创作了，并且还出版了《木版画集》。按照中国版画的分期，这就证明李叔同是现代中国较早的木刻艺术倡导者和作者之一。[74]李叔同的这项具有"先锋性"的工作在以往经常被人们忽视。

丰子恺在校期间还与教师陈龢有较多的交往。比如，丰子恺的姐姐去世后，就曾由陈龢写过一篇《丰女士传》，全文如下：

丰子恺在浙江省立第一师范学校时期的习作

丁巳仲秋，余忝列武林师范讲席。有崇德丰生仁，颇具才笔，尤工艺事。询其家世，则其父斛泉先生故名孝廉也。不幸早世（逝）。生兄弟六人，皆知自兴于学，而伯姊寰仙女士为尤贤（胜）。群季幼读，皆经其指授者也。今秋丰生遭姊丧。及返校，以状来乞传。余维学之不讲久矣，而女子尤失学。如女士者，非所谓德言功容兼修邪？按状女士讳某字某，幼承庭训，娴于内则姑妹精女红，擅绘事，从受业焉，久之有出蓝之誉。年二十有一，父弃养，矢志不嫁，上奉寡母，而下抚诸弟，谨视勤诲，勖以继述，兼师保之劳焉。时邑之荐绅，谋兴女校，特延主校事。女士挈其女弟子某共任教授，或者尼之，且逆虑其不终。谢之曰：事之济否，愿力行何如耳？于是追俗为制，与时通方。挟持既裕，从游者咸得所欲以去。及期，向往者益众，乃增横舍，更廊规模，迄今六载。视初创时学额且什倍。陶铸之余，蔚然成材，人咸称之。女士则谓："首事诸公，明定章程，吾维守成而已，何力之有也。"盖不矜不伐如此。卒以积劳致疾卒于戊午某月某日年三十有三。

赞曰：女士之丧，有识者咸怀哀悼，谓其守贞不字似北宫婴儿子。继父之业似伏胜女。有林下之风则似谢道蕴，而设帐授徒，又仿佛宣文君也。余谓女士之学，未知于古人何如。而孝于其亲，友于兄弟，诲人不倦，执事有原。恪其志行，昔人所称端操有踪幽闲容者，庶几不愧。乌乎！足以风矣。[75]

1918年，丰子恺在《浙江省立第一师范学校校友会志》第16期上发表《晨起见园梅飘尽口占一绝》《溪西柳》《春宵曲》《浪淘沙》《朝中措》《满宫花》《减兰》和《西江月》8首诗，署名丰仁。此为迄今所发现丰子恺最早的诗词作品。

1919年3月，丰子恺曾回故乡石门。3月13（农历二月十二日），与徐力民女士结婚（旧俗以农历二月十五日为"百花生日"，此日称"花朝日"，另一说为二月十二日）。曾经在学校里的好友伯豪寄来了几首贺诗，其中一首写道："花好花朝日，月圆月半天。鸳鸯三日后，浑不羡神仙。"[76]

1919年7月，丰子恺毕业于浙江省立第一师范学校。

注释：

1　丰一吟：《我的父亲丰子恺》，团结出版社2007年1月第1版，第3页。

2、3、4　丰子恺：《学画回忆》，载1935年3月《良友》第103期。

5、7　丰子恺：《忆儿时》，载1927年6月10日《小说月报》第18卷第6号。

6　同上。在此文中，丰子恺还写道："自父亲死了以后，我不曾再尝这种好滋味。现在，我已经自己做父亲，况且已经茹素，当然永远不会再尝这滋味了。唉！儿时欢乐，何等使我神往！"其实丰子恺茹素并不彻底，嗜蟹在他的生活中更是没有改变。

8、9、10、19、43、55　丰子恺：《旧话》，载1931年6月1日《中学生》第16号。

11　丰子恺：《我的苦学经验》，载1931年1月1日《中学生》第11号。

12　范寿康在《经亨颐先生传》一文中称："先生主持教育……主张发展，自文学、艺术、科学、数学以至体育、运动，无不注重。举凡陶铸个人身心各方面之知、德、体、美、群五育，无所不包，而目标则在于培养正直、坚强、学识兼备之人才，为国家服务。"见《范寿康教育文集》，浙江教育出版社1989年11月版。

13　经亨颐：《最近教育思潮》，收张彬编《经亨颐教育论著选》，人民教育出版社1993年10月第1版，第110页。

14　经亨颐：《全浙教育私议》，载1913年4月《教育周报》第3、5期。

15　经亨颐：《始业式训词》，载《浙江省立第一师范学校校友会志》第10期。

16　姜丹书在《经亨颐先生传》中记曰："是时，一般校风，犹有科举余习，首重文科，次数理，而轻视艺术与体育，惟是校并重，故所造就师资皆优秀，而文艺程度特高，毕业生逾出任大学教授者颇多；兵式中队操，简练精熟，后立革命军功者亦不少，此皆先生办学得力处。"收《姜丹书艺术教育杂著》，浙江教育出版社1991年10月第1版，第251页。

17　姜丹书在《浙江五十余年艺术教育史料》一文中说："浙江五十余年艺术教育史话，当从浙江两级师范学堂（连带包括省立第一师范学校）说起，因为它是浙江培养师资最早的园地。"见《姜丹书艺术教育杂著》，浙江教育出版社1991年10月第1版，第147页。

18　姜丹书：《弘一大师永怀录·传一》，收《弘一大师永怀录》，大雄书局，1943年版，第1页。

20、21、22、24　丰子恺：《伯豪之死》，载1929年11月10日《小说月报》第20卷第11号。署名：子恺。

23　丰子恺：《寄宿舍生活的回忆》，收《丰子恺文集》（文学卷一），浙江文艺出版社、浙江教育出版社1992年6月第1版，第166页。

25　丰子恺：《伯豪之死》，载1929年11月10日《小说月报》第20卷第11号。署名：子恺。有资料曾言丰子恺在学校曾与一位体育教师发生冲突。不确。丰子恺在《伯豪之死》中有曰："我们的体操先生似乎是一个军界出身的人……我现在回想起来背脊上还可以出汗。特别因为我的腿构造异常，臀部不能坐在脚踵上，跪击时竭力坐下去，疼痛得很，而相差还有寸许……那体操先生虽然是兵官出身，幸而不十分凶。……后来他请了一个助教来，这人完全是一个兵，把我们都当作兵看待。说话都是命令的口气，而且凶得很。他见我跪击时比别人高出一段，就不问情由，走到我后面，用腿垫住了我的背部，用两手在我的肩上尽力按下去。我痛得当不住，连枪连人倒在地上。又有一次他叫'举枪'，我正在出神想什么事，忘记听了号令，并不举枪。他厉声叱我：'第十三！耳朵不生？'我听了这叱声，最初的冲动想拿这老毛瑟枪的柄去打脱这兵的头；其次想抛弃了枪跑走；但最后终于举了枪。……但是照当时的形势，假如我认真打了他的头或投枪而去，他一定和我对打，或用武力拦阻我，而同学中一定不会有人来帮我。因为这虽然是一个兵，但也是我们的师长，对于我们也有扣分，记过，开除，追缴学费等权柄。……我充分看出了这形势，终于忍气吞声地举了枪……"

26　经亨颐：《校友会开会辞》（丁巳二月十九日），载《浙江省立第一师范学校校友会志》第11、12号合刊。

27　经亨颐：《校友会开会辞》，载《浙江省立第一师范学校校友会志》第13号。

28　单不厂（1877—1929），名丕，号不厂，浙江萧山人，生于海宁。1913年任浙江图书馆编辑；1914年起任教浙江省立第一师范学校；1920年任北京大学国文系讲师兼图书馆主任，后为教授；1925年任浙江图书馆馆长，一年后任上海中央研究院中文科主任兼汉文图书室主任。著有《宋儒年谱》《二程之异同》《宋代哲学思想史》等。

29 姜丹书：《我与丰子恺》，收《姜丹书艺术教育杂著》，浙江教育出版社1991年10月第1版，第287页。

30、31、45 丰子恺：《旧话》，载1931年6月1日《中学生》第16号。在丰子恺的表述中，从李叔同学画的时间有差异。在《为青年说弘一法师》（载1943年《中学生》战时半月刊第63期）中丰子恺说："我二年级时，图画归李先生教。"在《画家之生命》（载1920年4月《美育》第1期）中也说："乙卯予从李叔同先生学西洋画，写木炭基本练习数年……"

32、35、44、46、62、63 丰子恺：《为青年说弘一法师》，载1943年《中学生》战时半月刊第63期。

33 丰子恺：《绘画与文学》，开明书店1934年5月版。收《丰子恺文集》（艺术卷二），浙江文艺出版社、浙江教育出版社1990年9月第1版，第466页。

34、40 丰子恺：《李叔同先生的教育精神》，收《缘缘堂随笔集》，浙江文艺出版社1983年5月第1版，第359页。

36 丰子恺：《甘美的回味》，载1931年9月1日《中学生》第17号。

37 丰子恺：《颜面》，载1929年2月10日《小说月报》第20卷第2号。署名：子恺。

38 《祖国歌》是否系李叔同所作，学界有争议。参见笔者《〈祖国歌〉的作者和李叔同出家后与其日妻告别的问题》一文，收《弘一大师考论》，浙江人民出版社2002年7月第1版，第149页。

39 丰子恺、裴梦痕编：《中文名歌五十曲》，开明书店1927年8月版。

41、52、54 丰子恺：《悼丏师》，载1946年5月16日《川中晨报》的《今日文艺》副刊第11期。

42 阮荣春、胡光华著：《中国近现代美术史》"中国近现代美术大事年表（1911—1949）"的"1912年"条目中记曰："李叔同于浙江两级师范任教，用日本购置的石膏模型让学生练习写生，是中国美术教育中的创举。"天津人民美术出版社2005年6月第1版，第276页。

47 丰子恺：《画家之生命》，载1920年4月《美育》第1期。署名"丰子颛"。原文标点为句读。

48 丰子恺：《我与弘一法师》，载1948年12月12日《京沪周刊》第2卷第99期。

49 丰子恺：《先器识而后文艺——李叔同先生的文艺观》，收《丰子恺文集》（文学卷二），浙江文艺出版社、浙江教育出版社1992年6月第1版，第533页。

50 丰子恺：《新艺术》，载1932年9月11日《艺术旬刊》第1卷第2期。

51 姜丹书：《从头话丰子》，收《姜丹书艺术教育杂著》，浙江教育出版社1991年

10月第1版，第290页。

53　夏丏尊：《紧张气氛的回忆》，收《夏丏尊文集·平屋之辑》，浙江人民出版社1983年2月第1版，第167页。

56　姜丹书：《现代中国艺术教育概观》，收《姜丹书艺术教育杂著》，浙江教育出版社1991年10月第1版，第106页。

57　姜丹书：《浙江五十余年艺术教育史料》，收《姜丹书艺术教育杂著》，浙江教育出版社1991年10月第1版，第153页。

58　姜丹书在介绍该书出版情况时说："后来被部督学钱家治（字均夫，杭州人，留日东京高师，前任浙江两级师范教师，著名物理学家钱学森之父）见到了，大为赞许。上海商务印书馆听到了，乃于民国六年（1917）争取去出了版，并通过教育部审定，准予发行，也就解决了供应一般师范学校和美术学校（那时全国只有一个小型的上海私立美专）在这个教材上的需要问题。"见姜丹书《浙江五十余年艺术教育史料》一文，载《姜丹书艺术教育杂著》，浙江教育出版社1991年10月第1版，第153页。

59　据吴梦非《"五四"运动前后的美术教育回忆片断》一文，李叔同在浙江省立第一师范学校时也写过一本《西洋美术史》。吴梦非本人曾在老师出家后提出过出版的建议，未获同意，以致原稿散失。如此说来，李叔同至少是中国较早写《西洋美术史》的人。如果李叔同在出家之前就出版此著，或许会是中国第一部西洋美术史著。

60　释弘一：《我在西湖出家的经过》，载1937年《越风》杂志《西湖》增刊。

61　夏丏尊：《弘一法师之出家》，载《夏丏尊文集·平屋之辑》，浙江人民出版社1983年2月版，第244页。

64　《苏曼殊文集》（下），花城出版社1991年8月第1版，第628页。

65　丰子恺：《陋巷》，收《丰子恺文集》（文学卷一），浙江文艺出版社、浙江教育出版社1992年6月第1版，第202页。

66　参见冷晓：《杭州佛教通史》，杭州市佛教协会编，2002年7月印行，第177页。

67　李叔同致刘质平函，收《弘一大师全集八·杂著卷、书信卷》，福建人民出版社1992年9月第1版，第94页。

68　丰子恺：《李叔同先生的爱国精神》，曾载1957年3月29日《人民日报》。

69　《前尘影事集》，上海康乐书店1949年7月版。

70　参见沈本千：《湖畔同窗学画时——记丰子恺》，载《西湖》1980年第4期。

71　沈本千：《一代高僧弘一法师》，载《浙江文史资料选辑》第26辑，浙江人民出版社1984年6月第1版，第118页。

72　吴梦非：《"五四"运动前后的美术教育回忆片断》，载《美术研究》1959年第3期。另在阮荣春、胡光华著《中国近现代美术史》中亦记曰："'东方画会'是中国近现代美术史上最早的西画艺术团体之一，1915年初成立于上海城内西门附近……它比李叔同于1916年左右在杭州发起的'洋画研究会'要早一些……"见天津人民美术出版社2005年6月第1版，第51页。同书"中国近现代美术大事年表（1911—1949）"的"1916年"条目中又记曰："李叔同在浙江杭州省立第一师范学校发起'洋画研究会'，李叔同兼任会长。"第278页。丰一吟在《艺术家丰子恺的一生》中曰："丰子恺在校中积极参加课余组织'桐阴画会'（后改名'洋画研究会'）和金石篆刻组织'乐石社'（后改名为'寄社'）。"见《现代美术家画论作品生平——丰子恺》，学林出版社1987年10月第1版，第273页。

73 李鸿梁：《我的老师弘一法师李叔同》，载《浙江文史资料选辑》第26辑，浙江人民出版社1984年6月第1版，第98页。

74 中国版画的分期以民国为起点称为"现代"。参见李允经著：《中国现代版画史》，山西人民出版社1996年10月第1版，2006年1月第3次印刷，第3页。

75 陈羹：《丰女士传》，载1918年《浙江省立第一师范学校校友会志》第16期。

76 转引自丰一吟：《我的父亲丰子恺》，团结出版社2007年1月第1版，第58页。

第二章

上海专科师范学校时期

—— 1919—1921 ——

概述

1919年夏，丰子恺毕业于浙江省立第一师范学校。此时，他的学长吴梦非、刘质平正在上海创办培养图画音乐及手工教员的学校，即上海专科师范学校——中国第一所私立的艺术专科师范学校，遂约丰子恺一起参与创办。

同年，丰子恺在东亚体育学校兼任图画音乐课，并在其校刊第1期（12月出版）上发表《图画教授法》一文，为迄今发现丰子恺最早的艺术理论文章。同时还在爱国女学、城东女学等学校兼课。是年，与姜丹书、张拱璧、周湘、欧阳予倩、吴梦非、刘质平等人发起成立中华美育会。

1920年，在东亚体育学校校刊第2期上发表译文《素描》，为迄今发现最早的丰子恺的译作。中华美育会于是年4月20日出版了中国第一本美育学术刊物《美育》，丰子恺为编辑之一，并任广告部主任。该刊主张"'美'是人生的一种究竟的目的，'美育'是新时代必须做的一件事"。该刊创刊号由弘一法师题刊名，吴梦非任总编辑，共出版7期。丰子恺在《美育》第1期上发表了《画家之生命》，在第2期上发表了《忠实之写生》，在第5期上发表了《文艺复兴期之三大画杰》，在第6期上发表了《文艺复兴期之三大画杰（续）》，在第7期上发表了《艺术教育的原理》等文。该年8月28日（农历七月十五日），长女丰陈宝（即阿宝）生。弟丰浚死于肺病。丰浚曾于该年在杭州中学毕业，全省会考第一名。

1921年春，为了解西洋艺术之概况，向亲友借贷，于是年早春搭"山城丸"号客轮去日本游学。赴日前，专程往杭州闸口凤生寺向弘一法师告别。此次在杭亦曾与同学叶天底告别。叶天底曾有《告别丰子恺》一文。

第一节　创办上海专科师范学校

　　丰子恺入浙江省立第一师范学校是偶然，故他在校学习的目的也就不会是做一名小学教师。关于这个问题，丰子恺本人回答得很清楚，他说："但我于暑假时在这初级师范毕业后，既不作小学教师，也不升学，却就在同年的秋季，来上海创办专门学校，而作专门科的教师了。这种事情，现在我自己回想想也觉得可笑。但当时自有种种的因缘，使我走到这条路上。因缘者何？因为我是偶然入师范学校的，并不是抱了作小学教师的目的而入师范学校的。……在四年级的时候，我的兴味忽然集中在图画上了。甚至抛弃其他一切课业而专习图画，或托事请假而到西湖上去作风景写生。所以我在校的前几年，学期考试的成绩屡列第一名，而毕业时已降至第二十名。因此毕业之后，当然无意于作小学教师，而希望发挥自己所热衷的图画。"[1]他的家境已不允许他继续升学，而这时候的母亲，亦白发渐多，他自己也已娶了妻室。丰子恺感到了求职的压力。有一位表兄介绍他在家乡做小学的循环指导员，每月三十元薪金，母亲劝他就职，但丰子恺不愿意，他说："一则我不甘心抛弃我的洋画，二则我其实不懂小学的办法，没有指导的能力。"[2]毕业后的丰子恺，曾一时不知去向。正在踌躇之际，他的同校学长吴梦非、刘质平计划在上海创办培养图画音乐及手工教员的学校，正在招募同

在浙江省立第一师范学校毕业时的丰子恺

李叔同的弟子吴梦非（前排左一）、丰子恺（前排中）、刘质平（前排右）及再传弟子钱君匋（后排右）和丰子恺幼女丰一吟（后排左）

人。刘质平知道丰子恺无升学计划，又不甘心放弃图画，就拉他一起创办学校，他遂于毕业后与吴梦非、刘质平一起在上海小西门黄家阙路一弄内租屋创办了上海专科师范学校——中国第一所私立的艺术专科师范学校，任美术教师，授西洋画及日语等课程。

对于为什么要创办上海专科师范学校，吴梦非的解答有三，一是："一般学校很藐视图画手工音乐等艺术科，都以为这种功课，和实际生活毫无关系，这不过是一种太平世界聪明伶俐者的玩意儿，哪能和理化英算等理知教科相比较？我们对于这种误解，很想矫正他。"二是："我于五年前在江浙几处中等以上学校担任艺术科教授，总觉得为学校境况所束缚，不能称心如意地发展我对于一校的艺术教育的计划。恰巧那时有和我最表同情的刘质平君新从日本返国，他很热诚地极端主张创办本校，并且征得丰子恺君的同意，于是我们便毅然决然的要尝试我们的计划了，所以本校创办人有刘质平、丰子恺和我三个人。"三是："要改进艺术教育不得不先从学校中艺术科教员上着想，当时教育部调查全国学校最缺乏的教员，结果，便是图画、音乐、手工这几科，况且国立的高等师范设有图画手工音乐专修科的很少，至于各省省立师范学校虽然都有艺术科，但是培养成万能的小学教员，却为我们极端不敢赞同。我们为全国艺术教育计划，非设专科师范不可，所以本校初办时定名为'上海专科师范学校'……"3

在《美育》第3期上刊有《上海专科师范学校美育概况》一文，详细介绍了该校的基本教学情况：

上海专科师范学校以研究艺术教育为宗旨，自创办以来各省向学者颇形踊跃，现有高等师范科及普通师范科两级共三班。兹将其美育概况分条约略述之如次。

一、图画教授之现况

该校图画分西洋画、中国画二种。西洋画以写生为主。新生进校后则授铅笔写生，俟稍有把握则加授木炭写生。木炭画为该校唯一之基本练习，学生咸重视之。水彩、油画等，规定于第二学年授之。此外，有几何图法及图案几何图。普通科自平面教起，高等科自立体教起，图案均系学生自出意匠，绝对不许抄袭。中国画初则用临摹，此后亦拟逐渐加入写生。云现任图画教师共七人：

李超士君（西洋画）　　丰子颛君（西洋画）

周隐盦君（中国画）　　高晓山君（中国画）

李鸿梁君（西洋画）　　郭伯宽君（西洋画）

吴梦非君（西洋画）

二、音乐教授之现况

该校音乐分乐理、声乐、器乐三大部。各部新生进校后必授以五线谱，乐理甚注意现有学生，除熟谱本谱外，已能作曲。声乐以专唱音程（基本练习）之时间居多，间亦选唱名家之歌曲及中小学唱歌教材等。器乐分洋琴（Piano）、风琴（Organ）二种，可以自由认定学习，凡阿林（Violin）则于课外授之，现有学生已有能弹奏Beethovon之Sonata者。现任音乐教师共六人：

刘质平君（乐理、器乐）　　孙续丞君（声乐）

傅彦长君（声乐）　　彭凡子君（器乐）

李鸿梁君（声乐）　　　　　吴梦非君（声乐）

三、手工教授之现况

该校手工对于纸、细工等颇思废止。新生进校后即授粘土工及竹工，逐渐加授木、金工等。教材方面除趋重实用外，均带美术工艺之性质。现有学生颇知劳动之趣味，亦有终日勤工者。此科教授由手工教育家郭伯宽君独任之。

四、文学教授之现况

文学与美育有密切关系，故该校亦颇注重其内容，以教授诗词等美文为主，并授国语及小学等课。现在学生大都能作诗歌。现任教师二人：（一）胡寄尘君任诗词等；（二）萧蜕公君任小学国语等。

五、外国语教授之用意

该校之外国语向有英语、日语二种。本以养成学生能看外国书报为目的。因吾国关于艺术教育之书籍，实可谓无一善本，势非参考外国书不可，现该校再欲添设法语科，任学生认习一种或二种，拟即选浅近艺术书类为读本云。现任教师二人：（一）沈韫芳女士任英语；（二）丰子颉君任日语。

六、课外研究会之组织

该校于本学期起减少授课时间，于课外任学生组织各项研究会（另有规程），各会均有导师及干事主持一切。会名规定如下：

风景画研究会、漫画研究会、国画研究会、图案研究会、弹琴研究会、风琴研究会、唱歌研究会、作曲研究会、凡阿林研究会、篆刻研究会、国乐研究会、玩具研究会、美术工艺研究会、诗词研究会、书法研究会、新剧研究会、外国语研究会、国语研究会等。以上所举，有成立者，亦有未成立者。

七、设备上之计划

该校各主科均设特别教室，图案教室概用画架，写生标本以石膏模型为主。现有之模型均系西洋之名雕刻，尚拟陆续添置手工教室，现只有竹木工教室（粘土工兼用），课桌系特制。金工教室闻即须设备。音乐教室洋琴、风琴、凡阿林均完备，黑板画五线谱，课桌系单座，其它一切设备闻将逐渐扩充，以期完善云。

此外，上海专科师范学校也带领学生赴外地进行野外写生，[4]承担中华美育会主办的夏季图画音乐讲习会。[5]

关于上海专科师范学校创办的时间，文献资料表述不一。《上海美术志》的表述是："（1919年）5月，上海艺术专科师范学校创立，开始招生。校长吴梦非，教务主任刘质平。校址在南市小西门外黄家阙路。设有高等师范科和普通师范科。高等师范科内分设有图画音乐部、图画手工部。普通师范科内不分部，图画、手工、音乐均为主课。"[6]丰一吟等著《丰子恺传》的表述是"学校成立于1920年，校址就在小西门黄家阙路"[7]。丰一吟著《潇洒风神——我的父亲丰子恺》称此校创办于1919年。[8]盛兴军主编《丰子恺年谱》1919年条目正文称该年秋丰子恺等创办上海专科师范学校，而该条目对吴梦非的注释又称"1920年创办我国第一所专门培养艺术师资的'上海专科师范学校'"。[9]而姜丹书在《我国五十年来艺术教育史料之一页》中称："1920年（民九），浙江两级师范毕业生吴梦非、刘质平、丰子恺共同筹设此校于上海，推吴梦非为校长。"[10]可见，上述史料对于该校创办时间的表述并不一致。根据《二十世纪上海美术年表》1919年6月条目："吴梦非、刘质平、丰子恺创办上海专科师范学校，由吴氏任校长、刘氏任教务主任，因三人均系李叔同的学生，颇为注重艺术教育。因经费不足，李叔同写了大量字画交吴梦非变卖后充作学校资金。（《申报》）"[11]7月4日条目记曰："上海专科师范学校刊出招生广告，称：本校专授图画、音乐、手工三科，以养成中小学校专科教员，冀促进美育，辅导工艺为目的。先招普通师范科新生四十名。该校由吴梦非、丰子恺、刘质平创办，吴梦非任校长、丰子恺任教务主任。学校仿德国学制，分普通师范、高等师范两部，以图画、手工、音乐为主科，以日本正则洋画讲义为主要参考教材，崇尚写实画风。先后开办七年，培养了中小学美术师资近八百人，为中国第一所高等美术师范学校。（《申报》）"[12]同样根据《申报》，1919年7月3日起至7月7日，每日连续刊登上海专科师范学校招生的广告；1919年8月10日、12日、14日、16日、18日又隔日刊登该校的招生广告；1919

年8月25日至9月1日，也隔日刊登了该校"上海专科师范学校续招新生"的广告。由此可知，上海专科学校成立的时间应是1919年6月，同年秋开学。然而，回顾该校历史，1924年秋季曾扩大招生，改组为上海艺术师范大学。1927年因经济困难，与东方绘画学校合并，改称上海艺术大学。一条十分不寻常的记载出自1927年1月《上海艺术大学章程》（特刊），该刊居然也记载该校创办于1920年，由吴梦非、刘质平、丰子恺等人发起；初称上海专科师范学校，后改称上海艺术师范大学。[13]

出现以上时间出入的缘由可能比较复杂，但一个基本的事实是，该校于1919年7月已经发出招生广告，在1920年2月29日、3月1日的《申报》上又有该校新的招生广告，而1920年6月《美育》第3期上刊出的《上海专科师范学校美育概况》一文中则有这样的介绍："上海专科师范学校以研究艺术教育为宗旨，自创办以来各省向学者颇形踊跃，现有高等师范科及普通师范科两级共三班。"也就是说，1920年6月的时候，该校已经拥有两级的学生。可见，该校于1919年确实是招生的。故在事实上，1919年6月，上海专科师范学校已经存在，并于秋季开学。其实，证明该校成立的时间，主要创办人吴梦非的说辞最值得重视。他在《上海艺术师范五周年的回顾》一文中十分明确地说道："中华民国八年，正当'五四'学潮澎湃的时候，亦正是上海艺术师范诞生的日子，到现在才有五周年的历史……"[14]他又在《"五四"运动前后的美术教育回忆片段》一文中说："'五四'运动这一年（民国八年），我和丰子恺、刘质平三人感到国内艺术师资的缺乏，经过协议，以私人财力创办了'上海专科师范学校'。"[15]

1920年春，上海专科师范学校决定招收女生，《二十世纪上海美术年表》3月1日条目记曰："上海专科师范学校，决议自本学期起添招女生，实行男女同校。其中高等师范科图画音乐部十名，普通师范科十名。评论谓：'吴梦非的上海专科师范学校登报招收女生二十名，大胆率先实行男女同学，开风气之先。'（《民国日报》）"[16]

上海专科师范学校的创办人都是李叔同、姜丹书的学生。此诚如李叔同出家后所说："任杭州教职六年，兼任南京高师顾问者二年，及门数千，遍及江浙。英才蔚出，足以承绍家业者，指不胜屈，私心大慰……

凡油画、美术、图籍，寄赠北京美术学校（尔欲阅者可往探询之），音乐书赠刘子质平，一切杂书零物赠丰子子恺（二人皆在上海专科师范，是校为吾门人辈创立）。"[17]

就在创办上海专科师范学校的同时，丰子恺还与吴梦非、刘质平一起在上海东亚体育学校任教，丰子恺任音乐、图画课，并在其校刊《上海东亚体育学校校刊》第1期（1919年12月出版）上发表《图画教授法》一文，为迄今发现的丰子恺最早的艺术理论文章。在该刊的第2期上，也有他最早的翻译作品《素描》。此文原作者为日本的久米桂一郎，每段译文后有丰子恺的感想文字和注解。[18]丰子恺曾写有《直到世界末——上海艺术师范五周纪念》一文，可看作是他自己对创办该校和在该校任教的最好史料。[19]

丰子恺同时还在爱国女学、城东女学等学校兼课。其中他在城东女学的兼课，尤其值得一说。城东女学的校长杨白民是李叔同的好友。[20]他很早就致力于女子教育事业。1908年，城东女学在中国人自办的女学中还率先设立了文艺专修科。李叔同在留学回国的第二年曾任城东女学教职，任文学、音乐课。1915年，李叔同的学生刘质平也在该校担任乐理、声乐、钢琴和西洋画的教学。1916年刘质平在李叔同的鼓励和资助下赴日本留学，入东京音乐学校专修音乐理论与钢琴，并在课余研究艺术教育。1918年李叔同落发为僧，他于是年返国。自此，将毕生精力献之于中国的音乐艺术教育事业。归国之初，刘质平在城东女学文艺专修科任主任。文艺专修科的学生可根据自己对艺术的爱好和特长选学音乐、国画或西画。虽然由于办学条件简陋，规模不大，人数甚少，成绩也未见显著，但从历史的观点来看，继两江师范于1906年创办图画手工专修科之后，这所私立女学能把艺术课作为专修科目的做法本身，在中国艺术教育史上，不无探索性的积极意义。丰子恺不仅自己在该校兼课，也将妻子徐力民送到该校读书。丰一吟在《潇洒风神——我的父亲丰子恺》一书中这样介绍："结婚后才几天，丰子恺得知徐力民婚前曾在崇德教过多年书，便马上让她到振华女校去试教。为了培养妻子对美术的素养，一个多月后，又带妻子到上海，把她送进李先生的好友杨白民先生创办的城东女学专修科去学习图画。"[21]

第二节　参与创办《美育》杂志

初出茅庐的丰子恺对艺术事业的追求十分积极。1919年冬，吴梦非、刘质平和丰子恺三人又与其他同类学校的刘海粟、姜丹书、张拱璧、吕澂、欧阳予倩、周湘等联合成立了中国第一个美育团体"中华美育会"，并在1920年4月20日创刊出版了中国第一本美育学术杂志——《美育》。

据《美育》第1期"美育界纪闻"栏目《中华美育会组织的经过》记载：

中华美育会从去年由上海专科师范和爱国女学的教职员发起以来，陆续接到南京高等师范，北京大学、北京高等师范，山东齐鲁大学第一师范、第三中学，浙江第一师范、女子师范、第二师范、第七师范，福建第一师范、第十一中学，江西第一师范、第二中学，上海美术学校、中华美术学校，南通伶工学社，江苏第一师范、第二师范、第二工业，上海城东女学、亚东体育学校、南洋女子师范等校教职员来函加入，已有会员数百人。定于本年暑假里面开大会时选举职员。先由负责会员组织一个美育杂志社，每月出版这一种杂志，作为言论机关……

《美育》第1期还刊载了"本志编辑者"名单，丰子恺为编辑之一。另据刊内第58页"本志广告部白"，丰子恺还担任《美育》广告部主任。

《美育》杂志的主将其实就是李

弘一法师题写的《美育》杂志创刊号封面

叔同当年的同事和学生，如总编辑吴梦非，音乐编辑主任刘质平，编辑李鸿梁、丰子恺都是李叔同的学生；手工编辑主任姜丹书，文艺编辑主任欧阳予倩，编辑姚石子、胡寄尘、萧蜕公等均是李叔同当年的同事或同道。[22] 这就不难看出《美育》的编者与李叔同事业的承继关系。《美育》各期的内容也如此。以第1期为例，封面由李叔同题写，刊前有李叔同的油画作品《女》，并附李叔同小传；该期除了《本志宣言》共发表文章18篇，其中李叔同当年的学生、同事或同道的文章就占8篇，分别是：吴梦非《美育是什么？》、姜丹书《我于手工教育的新主张》、李鸿梁《图画教育的改造》、欧阳予倩《民主的文艺与贵族的文艺》、丰子恺《画家之生命》（署名丰子颉）、欧阳予倩《什么叫社会剧？》、姜丹书《化学的木材雕刻法》、胡寄尘《写景文（上篇）》。其中丰子恺更是在《画家之生命》一文的开头就直截了当地说："乙卯予从李叔同先生学西洋画，写木炭基本练习数年。窃悟其学之深邃高远，遂益励之，愿终身学焉。戊午五月，先生披须入山，所业几废，自度于美术所造未深。今乃滥竽教授，非始愿也。惟念吾师选识宏正，予负笈门墙数年，受益甚多。兹不揣谫陋，述其鄙见如次。"

《美育》第1期上发表的《李叔同小传》为吴梦非所写，文如下：

李叔同先生，高士也。岸、哀、息、婴皆其名。籍平湖，迁居天津。家本世阀，而先生则厌之。清光绪间，游海上，结交知名士。旋留学日本东京美术学校，专究西洋画，暇则旁及音乐。卒业返国历任浙江两级师范及南京高等师范图画、音乐教师，实开吾国美育之先导。民国七年夏，剃度于西湖虎跑寺。是年冬即于灵隐寺受戒焉，法名演音，号弘一。生平杰作以油画为最。出家时除布施外，均由北京国立美术学校保管。先生尤长书法，兼工诗词，所作歌曲亦甚多。

《美育》第1期上的《本志宣言》可看出该刊的办刊宗旨：

现在中华民国的气象，比较"五四运动"以前，觉得有点儿生色了。一辈已经觉悟的同胞，今天在这儿唱"新文化运动"，明天在那儿唱"新文化运动"。究竟这个运动，是不是少数人能够做到吗？我想起来必定要多数人合拢来，像古人说的"铜山西崩洛钟东应"去共同研究发挥，才能觳得到美满的结果。

我们美育界的同志，为了这个缘故，所以想趁着新潮流，尽力来发挥我们的事业，你道我们的事业是什么呢？就是"艺术教育的运动"。这个运动的基础，就在"学校教育"和"社会教育"的里面。

我国人最缺乏的就是"美的思想"，所以对于"艺术"的观念，也非常的薄弱。现在因为新文化运动呼声，一天高似一天，所以这个"艺术"问题，亦慢慢儿有人来研究他，并且也有人来解决他了。我们美育界的同志，就想趁这个时机，用"艺术教育"来建设一个"新人生观"，并且想救济一般烦闷的青年，改革主智的教育，还要希望用美来代替神秘主义的宗教。

我们美育界的同志，公认"美"是人生一种究竟的目的，"美育"是新时代必需尽力去做的一件事，所以会集全国的同志，创设一个中华美育会，发刊这一种杂志，区区的意思，无非想艺术教育，有个大大的发展就是了。现在这本杂志诞生以前，恐怕有人怀疑他的内容，所以要写了几句简括的宣言：

本志是我国美育界同志公开的言论机关。亦就是鼓吹艺术教育，改造枯寂的学校和社会，使各人都能够得到美的享受之一种利器。

丰子恺在《美育》上先后发表过《画家之生命》《忠实之写生》和《艺术教育的原理》《文艺复兴期之三大画杰》《文艺复兴期之三大画杰（续）》等文章。丰子恺在《美育》第2期上刊登的《忠实之写生》（署名丰子颉）。从文章中可看出年轻的丰子恺颇有点初生之犊不畏虎的闯劲。他的言论作为一家之言通过刊物传播出去，也产生了一定的社会影响。比如，丰子恺的《忠实之写生》发表后，引来了读者的疑惑。在《美育》第3期上的"通讯"栏目中，有读者写道：

读贵杂志《忠实之写生》"宇宙间之一切物体云云至井底之蛙"一段，所论色彩既诚学者均忌单纯，何以同时又反对复杂按单纯云者？是否即纯粹单用一色"黄"或"青"，而不混合他色之谓复杂云者？又是否即用黄、青二色，同时混合而成别一色？抑系先染黄色，复染青色于黄色之上之谓？此中消息，甚微，毫厘千里。仆本门外汉，于美术素无研究，故作此外行语。然心所谓疑，发为此问，欲一知其究竟。倘能于通讯栏内详晰分言，则贻惠读者不少矣。即颂撰安。

以下按语是编辑部对该读者的答复：

按丰君此篇，宗旨系诚学者对于写生宜取忠实之道，切不可杜撰。承询"宇宙……蛙也"一段所云，并非反对复杂之色彩。窃揣其意，盖斥某大家之喜用复杂色彩，都是杜撰，正所谓非忠实之道耳。请观文中有"鄙见甚以为非忠实之道"一语即可明了。总之美术非容易事，决不能一蹴而几，必经过忠实苦心之研究，方能融会贯通。初学者切不可因西洋新派画（指未来派后期印象派等）之影响而改变忠实研究之毅力。上海近有新自巴黎归国之美术家李国士君，窃见其作品实不知其经过几许忠实之研究。其用色之复杂，有非门外汉所能识者，窃思巴黎为西洋美术之中心点，吾侪所谓未来派、印象派，李君必目濡耳染久矣，而其作品仍不失为忠实，可谓得西画之正宗耳？聆君之言或非寻常之流，盍往师事李君可乎？至来函云云，近因丰君返里，久未到申。尚希稍待，当由丰君于第四期详细答复。兹先为解释如是。编辑部白。[23]

《艺术教育的原理》发表于1922年4月《美育》杂志第7期。在这篇论文里，丰子恺认为："艺术教育的疏忽的损失，似微而实大。美国是偏重实际的国家，专门在原因结果的系统中教育青年，结果使人民变了机械的枯燥的生活，影响到社会很大……艺术附属在科学里面去，学生的精神上，缺少了一项艺术的享乐的和安慰的供给，简直可以说变成了不完全的残废的人，不可称为真正的完全的人。"他对艺术教育的强调，是建立在对"人"本身的强调的基础上，认为人只有在摆脱了"原因结果的系统"的状态下，才能获得一种自由，从而保持人的精神、意识或人格的独立。

丰子恺的老师李叔同曾于1914年在浙江省立第一师范学校采用男性裸体为高师图画手工专修科上过人体写生课，开中国人体美术教学之先河。丰子恺也在《美育》第7期上发表了他的人体素描习作（木炭画）一幅，署名"丰子颢"。这是迄今发现的丰子恺最早发表的人体习作。根据王震编《二十世纪上海美术年表》1920年7月条目记曰："上海美术学校始雇女子模特儿（刘海粟《上海美专十年回顾》)。"[24]而丰子恺在1922年4月《美育》第7期上也有了女性人体画（此画作于1921年丰子恺游学日本之时），此亦足见丰子恺在此问题上的态度。事实上，丰子恺此后还担任过人体写生课教师。1924年暑期，上海艺术师范举办"上海艺术师范第四届暑期学校"，开设一系列艺术课程。1924年5月《艺术评论》第

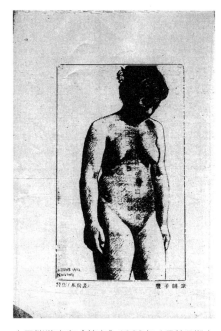

丰子恺发表在《美育》1922年4月第7期上的人体习作

57期上有《上海艺术师范第四届暑期学校章程》，公布该校当年暑期教学的方案，其中丰子恺和周天初一起被列为"木炭人体写生"教师。该公告中特别加了"附注"，写道："本届实习课程中最重要的：绘图组中为'人体写生'，校中雇定女模特儿，以便学员补作基本练系——裸体写生……"由此可见，人体模特写生教学在当时仍被看作是一种前卫的教学手段，而该校则乐意开办，丰子恺却成了主要教师。

第三节　青皮橘子的自伤

丰子恺虽然在上海专科师范学校任教西洋画，但他终于以为这是一件勉强的事。他后来反省自己："我所有关于绘画的学识，不过在初级师范时偷闲画了几幅木炭石膏模型写生，又在晚上请校内的先生教些日本文，自己向师范学校的藏书楼中借得一部日本明治年间出版的《正则洋

画讲义》，从其中窥得一些陈腐的绘画知识而已。我犹记得，这时候我因为自己只有一点对于石膏模型写生的兴味，故竭力主张'忠实写生'的画法，以为绘画以忠实模写自然为第一要义。又向学生演说，谓中国画的不忠实写实，为其最大的缺点；自然中含有无穷的美，唯能忠实于自然模写者，方能发见其美。"[25] 这从西洋画的基础训练上讲，当然无可厚非，但他向学生所灌输的美术思想，则多少有失之偏颇之处。比如，他"以为绘画的忠实摹写自然为第一要义"。又向学生演说，"谓中国画的不忠实于写实，为其最大的缺点，自然中含有无穷的美，唯能忠实摹写者，方能发见其美"。他还把自己在读书时费了17个小时画成的维纳斯头像给学生看，用以鼓励他们的忠实写生。

开始的时候，丰子恺的这种主张和教学手段尚能搪塞一阵，他说："当一九二〇年的时代，而我在上海的绘画专门学校中厉行这样的画风，现在回想起来，真是闭门造车。然而当时的环境，颇能容纳我这种教法。因为当时中国宣传西洋画的机关绝少，上海只有一所美术专门学校，专科师范是第二个兴起者。当时社会上人士，大半尚未知道西洋画为何物，或以为美女月份牌就是西洋画的代表，或以为香烟牌子就是西洋画的代表。所以在世界上看来我虽然是闭门造车，但在中国之内，我这种教法大可卖野人头呢。"[26] 但随着上海的美术事业日益发展，绘画机构逐日增多，从东西洋留学归来的画家时有所闻，丰子恺开始觉得自己的观念和教学已出现危机，他又在上海的日本书店里购得一些美术杂志，从中可窥知一些最新世界美术发展的消息以及日本画界的盛况。于是，他觉得自己从前在《正则洋画讲义》中所得的西洋画知识实在太陈腐、太狭窄了。当时的中国，美术教育相对落后，别的美术学校其实也未必有更先进的教学方法，但丰子恺已清醒地认识到自己正面临着教学上的危机："……但我对于自己的信用已渐渐丧失，不敢再在教室中扬眉瞬目而卖野人头了。我懊悔自己冒昧地当了这教师。"[27] 终于有一次，他用一只半生半熟的橘子做标本让学生写生，但就是这只青皮橘子使他产生了自伤之念，以为自己犹似一只半生半熟的青皮橘子，现在带着青皮卖掉，给学生当成习画的标本。丰子恺终于悟到这是一条误人误己之途，若再如此混下去，其后果不堪设想。

丰子恺在上海专科师范学校实际只任教了一年半左右的时间。由于他对自己的知识结构和教学能力产生了怀疑甚至否定，他发愿要去了解世界，希望和他的老师李叔同一样去日本留学，做个美术家而归国。然而，他的主观愿望与现实情况出现了矛盾。因为他的家境不好，况且已有妻室，尽管东凑西借，所得只勉强可维持他在日本10个月的费用。[28]丰子恺下定了决心，即便只有短短的10个月，也愿以精进勤奋的态度出国学习。临行前，他特意到了杭州，向当时在闸口凤生寺中的老师弘一法师告别。此次在杭亦曾与同学叶天底告别。叶天底曾有《送别丰子恺》一文。此文以往没有引起人们足够的注意，文章是这么写的：

　　丰子恺是我最敬爱的同学，杭州别后，已将三年，昨天忽来和我话别，赴东京二科画会去。正想借此机会畅谈一会，不想怎么一来我底喉头却住了，就把心里所想的写出来。

　　子恺跑过来对我说："你几时去？""我明天去了。"就此便分手了！我默默对着他坐了半天——竭力想出一句话：子恺，就去了吧！什么别离聚首，别被黄梅涛浪沉浸了，什么你先我后，别被野樱花诱惑了，什么东亚西欧，陶成了"象牙塔"中的骷髅、尸块！只是一个地球！敬爱的子恺，去罢！子恺，也该去了！少吃些渠们的生鱼冷饭，已经饱看了那烦恼的愁容了，省得成胃病！已经饱听了那些无聊的叹声了，少装点渠们的军国思想，已经饱尝了干枯的滋味了。免得成痼疾！凄凄的景象，子恺，去罢！却是绝好的画材。[29]

　　1921年早春，丰子恺搭上了山城丸客轮，驶向日本。

注释：

1　丰子恺：《我的苦学经验》，载1931年1月1日《中学生》第11号。

2　丰子恺：《旧话》，载1931年6月1日《中学生》第16号。

3　吴梦非：《上海艺术师范五周年的回顾》，载1924年7月14日《民国日报·艺术评论》第63期。上海专科师范学校后改校名为上海艺术师范大学。

4　《美育》第6期上的"美育界纪闻"栏目中有《上海专科师范之写生旅行》："上海专科师范普通师范科二年甲级生本年暑假可以毕业。兹该校为该级练习风景写生起见，于四月二号起举行写生旅行，以普陀为目的地，期以一星期由教师率领出发云。"

5　《美育》第3期上刊出《中华美育会第一次夏季图画音乐讲习会简章》,曰
　　"利用夏假鼓吹美育,期于短时间内传布图画音乐之智识技能"。授课时间是每日
　　午前七时至十一时。吴梦非、李鸿梁、丰子恺均为授课教师。入会者,男会员住
　　上海专科师范学校,女会员住城东女学。

6　徐昌酩主编:《上海美术志》,上海书画出版社2004年12月第1版,第614页。

7　丰一吟等著:《丰子恺传》,浙江人民出版社1983年2月第1版,第31页。

8　丰一吟著:《潇洒风神——我的父亲丰子恺》,华东师范大学出版社1998年10
　　月第1版,第70页。

9　盛兴军主编:《丰子恺年谱》,青岛出版社2005年9月第1版,第100页。

10　姜丹书:《姜丹书艺术教育杂著》,浙江教育出版社1991年10月第1版,第124页。

11　王震编:《二十世纪上海美术年表》,上海书画出版社2005年1月第1版,第
　　90页。该校教务主任一职似经常变动。《二十世纪上海美术年表》1919年6月
　　条目记载刘质平担任该职,而7月4日条目记丰子恺为教务主任,1920年2月
　　29日条目则又曰刘质平为教务主任。

12、16　王震编:《二十世纪上海美术年表》,上海书画出版社2005年1月第1版,
　　第90页。

13　同上,第218页。有关上海专科师范学校的历史,姜丹书在《我国五十年来
　　艺术教育史料一页》的原文是:"1920(民九),浙江两级师范毕业生吴梦非、
　　刘质平、丰子恺共同筹设此校于上海,推吴梦非为校长。此校是艺术师范性
　　质,以图画、手工、音乐为主科。我在此校亦兼课三四年。到了民十三、四
　　年间,与周劲豪的'东方绘画学校'合并,改称'上海艺术大学',不久即停
　　办。并分裂出一部分,由陈抱一、丁衍镛等主持,称'中华艺术大学',不久
　　亦停办。此校所出人才亦不少,知名之士如唐学咏、徐希一、钱君匋、周大
　　雄等皆是专科师范出身。"见《姜丹书艺术教育杂著》,浙江教育出版社1991
　　年10月第1版,第128页。

14　吴梦非:《上海艺术师范五周年的回顾》,载1924年7月14日《民国日报》副
　　刊《艺术评论》第63号。

15　吴梦非:《"五四"运动前后的美术教育回忆片段》,载1959年《美术研究》第
　　3期。

17　弘一法师致李圣章,收《弘一大师全集八·杂著卷、书信卷》,福建人民出版
　　社1992年9月第1版,第148页。夏丏尊在《弘一法师之出家》一文中也说:
　　"在这七年之中,他想离开杭州一师有三四次之多,有时是因为对于学校当局
　　有不快,有时是因别处来请他,他几次要走,都是经我苦劝而作罢的。甚至
　　于有一个时期,南京高师苦苦求他任课,他已接受聘书了,因我恳留他,他
　　不忍拂我之意,于是杭州南京两处跑,一个月中要坐夜车奔波好几次。他的

爱我，可谓已超出寻常友谊之外，眼看这样的好友因信仰的变化要离我而去，而且信仰上的事不比寻常名利关系，可以迁就。料想这次恐已无法留得他住，深悔从前不该留他。他若早离开杭州，也许不会遇到这样复杂的因缘的。"见《夏丏尊文集·平屋之辑》，浙江人民出版社1983年2月版，第244页。

18 《上海东亚体育学校校刊》第1、2期附"本校现任教职员一览表"，其中介绍丰子恺的文字是："姓名：丰仍，字：子恺，年岁：二十，籍贯：浙江崇德，职务：音乐图画教员，通讯处：黄家阙路专科师范。"参见张伟著：《尘封的珍书异刊》，百花文艺出版社2004年1月第1版，第149页。

19 丰子恺：《直到世界末——上海艺术师范五周纪念》，载1924年《艺术评论》第63期。

20 杨白民（1874—1924）名士照，字白民，娄县枫泾镇人。洪杨难发，全家便移居上海草鞋湾，继迁城东竹行弄。其父原在上海经营米业，收入较丰，为同辈人赞许，并有才商之美称。其父对杨白民督课甚严，从不溺爱。杨白民自幼聪颖，能体察父亲之意，学习十分勤勉，应试屡列前茅。善绘事，尤工兰竹，曾师从其外祖父、江南名画师朱梦庐。18岁时与詹练一女士结婚。20岁时任职于沪北约翰书院（圣约翰大学）。1901年东渡日本，考察女子教育。在日时曾参与义勇队活动，提倡革命，以推翻清政府。继而觉悟到救国之道当为教育，1903年回上海，筹创女学，后在自家设立女学社，即城东女学（又称城东苦学社、城东女学社）。杨白民自任校长，并兼教职。1924年9月7日在上海病逝。遗女六：雪琼（1895—1926）、雪瑶（1898—1977）、雪玖（1902年5月31日—1990年9月25日）、雪珍（又名真，1907年2月11日—1995年7月）、雪子（又名珠，1910年—1995年5月）、雪仇（1915年4月16日—1997年6月）。

21 丰一吟：《潇洒风神——我的父亲丰子恺》，华东师范大学出版社1998年10月版，第68页。

22 《美育》主编吴梦非在《"五四"运动前后的美术教育回忆片段》（载1959年《美术研究》第3期）中说："我们并编辑过一种杂志，名为'美育'。由我和丰子恺、刘质平、欧阳予倩、姜丹书等主编……"

23 此后的《美育》第4期上并未发表丰子恺本人就此问题的解答。

24 王震编：《二十世纪上海美术年表》，上海书画出版社2005年1月第1版，第101页。

25、26、27 丰子恺：《我的苦学经验》，载1931年1月1日《中学生》第11号。

28 关于丰子恺筹款赴日，他本人在1930年的表述是："在1921年的早春，向我的姐夫周印池君借了四百块钱（这笔钱我才于二三年前还他。我很感谢他第一个惠我的同情）……""但到了东京之后，就有许多关切的亲戚朋友，设法接济我的经济。我的岳父给我约了一个一千元的会，按期寄洋钱给我，专科师范的同人吴刘二君，亦各以金钱相赠，结果我一共得了约二千块钱，在东京维持了足足十个月的用度……"见丰子恺：《我的苦学经验》，载1931年1月1日《中学生》第11号。

29 叶天底：《送别丰子恺》，转引自杭州一中七十五周年校庆筹备办公室1983年4月编《杭州第一中学校庆七十五周年纪念册》，第204页。此文作于1921年3月。叶天底（1898—1928），原名天瑞，浙江上虞人，烈士。能文善画，深受李叔同赏识。在"一师风潮"时曾被军警殴伤。1920年8月22日在上海与同学俞秀松、施存统等发起成立社会主义青年团。1925年与张闻天一起创建中共苏州独立支部，任支部书记。1928年在浙江陆军监狱遇害。

第三章

游学日本时期

概述

1921年春，丰子恺赴日本学习艺术。在东京，先后入川端洋画学校及二科画会学习油画，同时在音乐研究会学习小提琴，又入英语补习学校听课。在美术方面，对日本漫画家竹久梦二的漫画表示了极大的兴趣。丰子恺曾回忆：当他在旧书摊上发现竹久梦二漫画集的时候，"我当时便在旧书摊上出神……寥寥数笔的一幅小画，不仅以造型的美感动我的眼，又以诗的意味感动我的心……我不再翻看别的画，就出数角钱买了这一册旧书，带回寓中仔细阅读"。

在东京，丰子恺除学习上述各科，还涉猎东京音乐会、展览会，参观玩具厂、工艺美术厂，访旧书摊，钻图书馆，还学习过俄语。丰氏为学，认真，刻苦，钻研，有恒，接触面广，速度快。在日本，停留10个月，因金尽返国。在归国的轮船中翻译俄国作家屠格涅夫小说《初恋》。

在日本，丰子恺还到过西京及横滨等地，结识了陈之佛、黄涵秋、关良等学友，归国后一直同他们保持亲密的友谊。对于这次赴日，丰氏自谓："这一去称为留学嫌太短，称为旅游嫌太长，成了三不像的东西……因为这时候我已觉悟了各种学问的深广，我只有区区十个月的求学时间，决不济事。不如走马观花，呼吸一些东京艺术界的空气而回国吧。"为此，他曾将此行称作"游学"。该年10月6日（农历九月初六），次女林先（又名林仙、宛音）生。是年冬回国。

第一节　窗外的天空

1918年李叔同专心修行的时候，他的日本朋友三宅克己、大野隆德等来到杭州，丰子恺曾代替老师陪同他们活动。此可谓丰子恺第一次有机会与日本画家进行直接的交流。在与日本画家的言谈中，丰子恺获知了不少关于日本美术家有趣的信息。比如，有一天晚上在西湖旅馆，大野隆德说日本西洋画大家黑田清辉（也就是李叔同的老师）喜猿，凡泥塑木刻之假猿均视为宝贝，如果有人送他一件物品，上面绘一猿，他则欣然受之；又有西洋画家严谷一六之子严谷小波喜马、杉浦非水喜虎等。这些信息，丰子恺在此后的谈艺文章中也有所涉及，并将此视为画家的嗜好来介绍给读者。[1]这次他亲赴日本学习艺术，自然会珍惜机会，可谓入宝山誓不空返。

他只能在日本停留10个月的时间。他说："这一去称为留学嫌太短，称为旅行嫌太长，成了三不像的东西。"[2]所以他干脆就称其为"游学"。

丰子恺自己大略地介绍了他在日本10个月时间的学习情况：

我在这十个月内，前五个月是上午到洋画研究会中去习画，下午读日本文。后五个月废止了日本文，而每日下午到音乐研究会中去学提琴，晚上又去学英文。然而各科都常常请假，拿请假的时间来参观展览会，听音乐会，访图书馆，看opera以及游玩名胜，钻旧书店，跑夜摊（yomise）。因为这时候我已觉悟了各种学问的深广，我只有区区十个月的求学时间，决不济事。不如走马观花，吸呼一些东京艺术界的空气而回国吧。幸而我对于日本文，在国内时已约略懂得一点，会话也早已学得了几声。到东京后，旅舍中唤茶、商店中买物等事，勉强能够对付。我初到东京的时候，随了众同人入东亚预备学校学习日语，嫌其程度太低，教法太慢，读了几个礼拜就辍学。自己异想天开，为了学习日本语的目的，向一个英语学校的初级班报名，每日去听讲两小时。他们是从A boy，A dog教起的，所用的英文教本与开明第一英文读本程度相同。对于英文我已完全懂得，我的目的是要听这位日本先生怎样地用日本语来解说我所已懂得的英文，便在这时候偷取日本语会话的诀窍，这异想天开的办法果然成功了。我在那英语学校里听了一个月讲，果然于日语会话及听讲上获得了很多的进步。同时看书的能力也进步起来。本来我只能看《正则洋画讲义》一类的刻板的叙述体文字，现在连《不如归》和《金色夜叉》（日本旧时很著名的两部小说）都会读了。我的对于文学的兴味，是从这时候开始的。[3]

对于学习外国语，丰子恺除了上文所讲到的办法，当然也有苦学的精神。他找了一本美国作家华盛顿·欧文的《见闻杂记》，这读本中有许多难记的生词，于是他到旧书店买了一本《见闻杂记》的讲义录，内有详细的注解和日译文。他就用这本讲义录自修，限定自己在几个星期之内把书中所有的生字抄写在一张图画纸上，把每字剪成一块块的纸牌，放在一只匣子里，每晚像摸数算命一般地从匣子里探摸纸牌，温习生字。未过多久，书中全部生字皆能记诵，全书亦能通读。为此，丰子恺不无得意地说："照我当时的求学的勇气预算起来，要得各种学问都不难：东西洋知名的几册文学大作品，我可以克日读完；德文法文等，我都可以依赖各种自修书而在最短时期内学得读书的能力；提琴教则本《Homahnn》五册，我能每日练习四小时而在一年之内学毕；除了绘画不能硬要进步以外，其余的学问，在我都可以用机械的用功方法来探求其门径。"[4] 当然，丰子恺并未像他所说的去做，而是继续他的"走马观花"，因为他在日本只有短短的10个月的求学时间。

丰子恺在日本用了很多时间学习音乐。他并没有进入专门的音乐学校，而是到两所私人开设的音乐研究会去学习。第一次到音乐研究会去学习是在1921年的春天。他买了一张会员证。这个研究会每天下午1时至6时开放，但会员来的迟早则由自己决定。因为研究会开办，就是为了有职业的人利用业余时间来进修音乐。所谓的研究，其实也只是先由教师指导20分钟，然后就由学员自己在练习室里练习。丰子恺每天都早早在一点钟就来到研究会，一直到关门时才离开。研究会里有男女教师各一人，男教师教已有基础的老学生，女教师教刚来的新学生。丰子恺来此学习算是初学者，自然就是师从这位女教师。他在《记东京某音乐研究会中所见》中说："有生以来，向女先生受教，这是最初次，又是最后次。我最初感到一种无名的不快，但受教了几天，就释然了。"[5]这位女教师曾叹息："中国音乐是神圣的，可惜失传了。"此言又使丰子恺感慨万千，于是他赞同这样的评论："他们这种勤学苦干的精神，令人觉得明治维新到今天不过几十年，把一个国家弄到这种田地，并非偶然。"[6]

在音乐研究会里，丰子恺感受较深的一件事就是日本人的苦学精神。比如他在音乐研究会里看到一位日本同学，这位同学是一位来自乡下的学医的中年人。此人虽学医，却为了提高音乐艺术修养而来。丰子恺亲眼看到他是如何不耻下问，不怕嘲笑，虽然音阶全然摸不准，但仍视音乐为神圣的事业而苦学不辍。在他的身上，丰子恺体会到"日本学生的勤学苦干的精神，真是可以使人叹服的"。[7]东京的音乐空气使他在后来有了一种甘美的回味，他似乎也学得了日本学生的刻苦精神，他后来回忆说："记得那正是盛夏的时候。我每天下午一时来到这音乐研究会的练习室中，对着了一面镜子练习提琴，一直练到五点半钟而归寓。其间每练习五十分钟，休息十分钟。这十分钟间非到隔壁的冰店里喝一杯柠檬刨冰，不能继续下一小时的练习。一星期之后，我左手上四个手指的尖端的皮都破烂了……犹如一种肉刑！"刻苦的练习，也换来了回报，与一些日本同学相比，丰子恺的进步也令日本同学尊敬。丰子恺说："我在那里熟习了三册提琴教则本和几曲 light opera melodies。和我同室而同时开始练习提琴的，有一个出胡须的医生和一个法政学校的学生。但他们并不每天到会，因此进步都很迟，我练完第三册教则本时，他们都还只练完第一册。他们每嫌先生的教授短简而不详，不能使他们充分理解，常常来问我弹奏的方法。"[8]

丰子恺在这所音乐研究会里一共学习了6个月，拉完了3册练习曲。他并不想要成为一个专业音乐家，他学习音乐的目的是提高音乐的素养，掌握一点拉琴的技艺，所以在他对练习的课本感到枯燥后，就又向设在东京最热闹的电车站之一的春日町附近小弄内的一家音乐研究会报名。这家研究会的主人姓林，后来丰子恺就称他为林先生。林先生有许多学生，丰子恺初到时还为此大吃一惊："那扶梯所导入的长方形房间中，四周有许多人围着一张长方形矮桌，在靠墙脚的席地上正襟危坐。矮桌上放着一只形似香炉的香烟灰缸，此外别无他物。这印象现在我想起了还觉得诧异，好似谁从庙里搬来许多罗汉像来，用香炉供养在家里。"[9]原来这些人也都是来等候受教的。这里的学费比上次去的研究会贵一点，每人每月六元，还不是每天授课，一周只授三次。丰子恺来到这里，是要实际拉一些小提琴独奏的短曲，尤其是他当时酷爱的《小夜曲》。林先生并不反对，他要丰子恺自己买一册《轻歌剧旋律》，并特许他每天都可以来研究会学习，只是要在下午三四点钟以后。这位林先生是一位性情中人，他穿一身和服，头发蓬松。学生演奏时，他在一旁伴奏，情绪好的时候，他在伴奏时还会手舞足蹈；同时那毛发蓬松的颜面又随了曲趣而做出种种表情来，以助长音乐的气势。所以，丰子恺表示，他在东京时最大的乐事，就是练熟了乐曲而去请林先生伴奏。有一次，丰子恺自己的课已经上完，但他为了听同学上课，就逗留在等候室里不回去。一直到全体学生的课都结束了，林先生开门出来，见丰子恺还留在这里，就请他小坐。他们谈了许多关于音乐的问题。林先生又问了一些中国的情形和丰子恺个人的情况。他也乐意谈个人的事情。他说他是一个独身者，曾经在本国的一所音乐学校毕业，又到过德国研究音乐。回来后就在这条弄内开设私人会所，教授音乐，至今已有10年了，他还说他自己是一个以音乐为生活的人。丰子恺对林先生的印象一直很深。他说："人间制作音乐艺术，原是为了心灵的陶冶，趣味的增加，生活的装饰。这位先生却屏除了一切世俗的荣乐，而把全生涯贡献于这种艺术。一年四季，一天到晚，伏在这条小弄里的小楼中为这种艺术做苦工，为别人的生活造幸福。若非有特殊的精神生活，安能乐此不倦？"[10]丰子恺回国后翻译或编写了许多日本音乐理论书籍，为普及西洋音乐做出过很大的贡献。他在日本的音乐学习经历对他后来的作为有着直接的影响。

丰子恺也惊奇于日本的"裸体问题"。旧时日本人洗温泉通常都是男女混浴，即便是在20世纪上半叶也是如此。丰子恺游学日本是在1921年，后来他写了一篇《日本的裸体画问题》，其中在写到洗澡时是这么说的："他们的浴池，不分男女；或虽分男女而互相望见。他们把洗浴看作同洗面一样的常事，自然避不得许多。在小旅馆中，往往在同一浴池的中央的水面上设一块板壁，以为男女之分。池上空气和视线虽被隔断，池内的水仍是共通。而且板的下端离水面尚远，两方的洗浴者可以从这隙处互相窥见其下体。"[11]

同样令丰子恺感到新奇的是日本女性穿着的开放。丰子恺记述了这样两件事，一是："日本女子的服装结束，就不及中国这般严密。她们的胸部露出，通行赤足，而且不穿裤子。这在中国人看来是何等的放浪！但在日本人视为当然。我记得有一次在东京乘电车，车厢里拥挤得很，和许多人站在车尾的月台上。车在某站停了一停，正要开动的时候，一位妇人急忙地跑来搭车了。她的一脚跨上扶梯，车子已经开动。她的呼声不能被驾驶员所听见，她的跳车技术又不高明，她终于从车梯上翻到路上，两脚朝天，大风吹开她的裙子，把她的下体向月台上的群众展览了。这异国人的我觉得又惊又奇；但看站在月台上的日本人的态度，似乎惊而不奇。他们大家喊'危险'，而没有一个人取笑她。我想这未必是他们道德高尚的表示，大概是司空见惯的缘故吧。"二是："我有一次去访住'贷间'的（即分租人家的余屋的）朋友，在门口连打了几声招呼。里面发出稔熟的女主人的答应声。我推门进去，原来女主人正在门边小间里洗浴，这时候赤条条地开出浴室门来，用一手按住小腹而向我行鞠躬礼，口中说着'失礼'，请我自由上楼去看我的朋友。"[12] 从丰子恺描写的沐浴情形，似乎可以感觉到日本人在裸体问题上的开放。其实并非完全如此。人们应该更注意到丰子恺在同一篇文章中所写到的另一种情形，且看：

看了这样的民风而推想，近代西洋的裸体美术潮流侵入日本，一定是毫无问题的。其实却不然，问题反比一向严禁女子裸体的中国闹得厉害。据他们的画家石井柏亭氏的记述，从明治廿年闹起一直闹到大正末年，还是没有完全闹清楚。而且其中可笑的事尽多。明治美术史上因此添上了一层滑稽的色彩。[13]

接着丰子恺又讲述了几段石井柏亭所述的事例和日本近代美术界的实际状况，来证明日本美术界并不是一向就能在裸体问题上一帆风顺的。明治二十二年，日本《国民之友》杂志刊载美妙斋主人的小说，用女主人公的裸体画为插图，引起了旧派美术家的攻击；某画报，发表美人入浴图，有论者以为有害风化。虽然这些画有浮世绘的趣味，并不代表纯正的裸体美术，但该年《绘画丛志》第28卷的卷头就又发表了野口胜一的《裸体画美人论》，同样排斥裸体美术，以为画中女性裸体会令少年男子动心。如此等等，丰子恺列举了大量的实例来说明日本这个在生活中人体解放的国家居然在裸体绘画方面十分保守。尤其是在文章的结尾部分，丰子恺所列举的两例，十分令人惊讶。第一件事是明治三十六年的白马会第八回展览会。凡警察认为不可公开的，须移入特别室。第二件事是明治四十年所发生的"阴茎切断事件"。当年日文部省第二次展览会上，有朝仓文夫的裸男雕像和新海竹太郎的雕塑《二裸女》。当局认为犯禁，就用锯子将男雕像上的阴茎锯去，又用厚纸剪成树叶形，用图钉钉在《二裸女》的阴部。这两座受过宫刑的雕像后来仍被送入特别室。为此丰子恺认为："中国的当局在这一点上比日本的当局高明，对于中国的美术界不曾做出'腰卷'及'阴茎切断'之类的笑柄。但也没有像日本当局对于日本美术界那样的关心和建设。"[14]此可谓漫画家的语言。

作为一个学美术的人，丰子恺对日本的女模特似乎并没有什么好印象。这是因为，日本人身材普遍矮小，女子更甚，而矮的部位全在两条腿上。他以为日本女性平时穿着长袍，踏在半尺把高的木屐上，这还看得过去。等到脱了衣裳，除了木屐，站在画室里的台上，望去样子真是难看，只见肥大的一段身体，四肢短小如同乌龟的脚。对于这样的情况，就连日本画家也不满意。当时就有一位很有名望的日本画家对丰子恺说：日本模特十分难选，虽然也有好的，但都是富贵家的名媛，她们生活富裕，营养合理，也能使自己这矮种的日本女人变得苗条可爱。但她们是不肯来当女模特的。

丰子恺在日本感受到的新奇越多，就越是觉得自己留学的时间短暂，也就越来越觉得画家的难做。他在洋画学校学画的休息时间里，总是无聊地燃起一根香烟，反复思量自己的前程。他其实没有别的选择，只能是抓紧每一天的时间来了解日本文化。浅草的歌剧馆、神田的旧书店、银座的夜摊，到处都留下了他的足迹，他还到东京以外的西京、横滨，贪婪地汲取各种文化营养，甚至连玩具厂也没有放过，他以为玩具是美术、教育与工业三者的密切合作的产物。

第二节　情系夏目漱石

在丰子恺了解日本漫画的同时，由于学习外文的需要，他读了许多日文原版的文学作品。其中有《不如归》和《金色夜叉》。丰子恺在《我的苦学经验》里说："我对于文学的兴味，是从这时候开始的。"[15]当然，影响丰子恺的文学创作的因素肯定不限于此，但这毕竟是他文学的一种启蒙。

《不如归》的作者德富芦花是日本明治时代的小说家。他在作品中，通过女主人公浪子的一生写出了日本妇女的悲惨命运。作者信奉基督教，向往自由、平等、博爱。《金色夜叉》的作者尾崎红叶的创作风格深受井原西鹤的影响。《金色夜叉》是日本明治初期著名的写实小说，作品描写社会中的高利贷剥削。文笔隽永，风格清新，表达流利畅达。这两部作品应对丰子恺后来的文学创作有过影响，比如他早期散文中的博爱观念和朴质文风等。然而，就日本文学而论，对丰子恺文学创作产生重要影响的，还是日本近代文学史上最杰出的作家夏目漱石——现实主义的创作方法、潇洒自如的写作风格、超脱尘世的思想——都在丰子恺散文中有迹可循。即便是在丰子恺的晚年，这种影响仍然存在，只是在不同的历史阶段有其特殊的内涵而已。日本学者曾以中国最像艺术家的艺术家来称颂丰子恺，而丰子恺却说："艺术家这顶高帽子，请勿套到我头上来，还是移赠给你们的夏目漱石、竹久梦二……"[16]丰子恺对其景仰之情，可见一斑。

丰子恺最早接触夏目漱石的作品就是在他游学日本之时。他在《我的苦学经验》一文中说："Stevenson和夏目漱石的作品，是我所最喜熟读的材料。"[17]究其实，夏目漱石对丰子恺的影响主要在于两个方面：一是丰子恺在夏目漱石的身上吸取了日本近代现实主义文学的共性的东西，基本成分实际上仍然是现实主义和人道主义。这里所说的现实主义就是打破语言、情节的种种旧框框，作品运用白话，内容是现代问题；这里所讲的人道主义也是承认人的价值，尊重人的愿望，是一种比较笼统的从对民众的苦难发出的怜悯与同情，企求人类的各种问题能够得到公正合理的解决。其实质，在某种意义上，仍然是学习近代西方现实主义文学的产物。丰子恺此后的文学创作，在这方面表现得很明显。二是夏目漱石在某些作品中反映出来的追求超然脱俗的人生态度影响了丰子恺。究其实质，这是作者在嫉恨黑暗现实的同时，遁入了桃花源的乌托邦境界，以此来消除自己苦闷的心境。这也可说是个性的东西。这样一种共性和一种个性，影响了丰子恺的散文创作，成了他散文作品的一个显著特征。

1900年前后，在日本近代自然主义文学运动盛行之时，夏目漱石在日本文坛上异峰突起而自成一大家。他的代表作《我是猫》（1905），以现实主义的手法，独创性的幽默笔调，从一只猫的眼光观察人世间的一切事物，对社会的腐朽、庸俗和丑陋进行了深刻的批判。他在文学创作中，主张对人生和社会进行真实的批判。夏目漱石是最早留学英国的日本近代作家。他的创作及其指导思想受过西方文学思潮的影响，加上他的中国古典文学造诣颇深，经过长期的努力，形成了他关注人生，抨击社会恶习的现实主义创作态度。他的笔法轻快洒脱，富于机智，是明治文坛上新江户艺术的主流。丰子恺受其影响，在他此后的散文作品中，比如《秋》（1929），以对春的厌恶来抒发自己内心对污浊社会的憎恶。丰子恺在文中写道："我现在对于春非常厌恶。每当万象回春的时候，看到群花的斗艳，蜂蝶的扰攘，以及草木昆虫等处处争先恐后地滋生繁殖的状态，我觉得天地间的凡庸、贪婪、无耻，与愚痴无过于此了！"[18] 这就让人们想起夏目漱石的小说《旅宿》（1906）中的一句话："苦痛、愤怒、叫嚣、哭泣，是附着在人间的。我也在三十年间经历过来，此中况味尝得够腻了。"[19] 这种对社会恶习同样的感受正是丰子恺崇拜夏目漱石的思想根源。丰子恺在《秋》中就又说了："夏目漱石三十多岁的时候曾经这样说：'人生二十而知有生的利益；二十五而知有明之处必有暗；至于三十的今日，更知明多之处暗亦多，欢浓之时愁亦重。'我现在对于这话也深有同感。"[20]

夏目漱石小说《旅宿》对丰子恺的影响确实很大。夏目漱石出生于没落的町人家庭，受到过东方禅宗哲学和老庄思想的影响，又受到西方近代唯美主义文学的熏陶，他在痛击时弊的同时，又在创作上表现出一种寻求超脱现实的唯美主义文学倾向。在《幻影之盾》（1905）、《一夜》（1905）等随笔中，表现了一种梦幻式的浪漫之美。1906年写的小说《旅宿》更是描绘了一个超脱世俗的世界。作品写一个脱离社会各种利害关系的画师，来到山清水秀的风景区，寻找超脱世俗的境界，以无心和稚心来尽一个艺术家的天职，竭力渲染风景绮丽的世外桃源，用自己的理想装点这个美的世界。画师就像人生的旅客，以超然物外的立场写诗作画。作品充分表露了夏目漱石的人生态度，用作品中的话说就是暂时脱离尘世。丰子恺受这部作品的影响，并不是说他也像夏目漱石那样写了一部类似《旅宿》的小说，而是在他早期散文作品中，显露出了这一影响的创作轨迹。

丰子恺在《东京某晚的事》一文中写道："我在东京某晚遇见一件很小的事，然而这件事我永远不能忘记，并且常常使我憧憬。"原来，某个夏天的晚上，丰子恺和四五个中国人相约到神保町去散步，他们"一面闲谈，一面蹀步，蹀到了十字路口的时候，忽然横路里转出一个伛偻的老太婆来。她两手搬着一块大东西，大概是铺在地上的席子，或者是纸窗的架子吧，鞠躬似地转出大路来。她和我们同走一条大路，因为走得慢，跟在我们后面"。老人有向他们求助的意思，但一同散步的某君却并不乐意。虽然丰子恺当时也并无主动帮助老人的举动，却给他的内心留下了阴影："我每次回想起这件事，总觉得很有意味。我从来不曾从素不相识的路人受到这样唐突的要求。那老太婆的话，似乎应该用在家庭里或学校里，决不是在路上可以听到的。这是关系深切而亲爱的小团体中的人们之间所有的话，不适用于'社会'或'世界'的大团体中的所谓'陌路人'之间。这老太婆误把陌路当作家庭了。""这老太婆原是悖事的，唐突的。然而我却在想象：假如真能像这老太婆所希望，有这样的一个世界：天下如一家，人们如家族，互相爱，互相帮助，共乐其生活，那陌路就变成家庭，这老太婆就并不悖事，并不唐突了。这是多么可憧憬的世界！"[21]但是在那个时代，丰子恺的期望也只能是理想。于是乎，他曾寄托宗教。但又无力遁入佛门，于是便自然地进入了一个纯真的儿童世界。在这个世界里，丰子恺常用成人世界的隔膜与儿童的天真对照，反映自己对理想生活的向往，寄托自己的人生感情，他热情地称颂因年幼无知但尚能保持彻底的真实而纯洁的儿童生活。这其实也与夏目漱石《旅宿》的基本精神是一致的。初看起来，这类作品与两位作家主张反映现实、关切人生的创作态度相矛盾，其实是辩证的统一。夏目漱石在《旅宿》中曾说："我所喜爱的诗，不是鼓吹世俗人情的东西，是放弃俗念，使心地暂时脱离尘世的诗。"这种暂时脱离尘世的态度，其实只是作者的一种自我安慰而已。夏目漱石在作品中借画师的口道出了他自己的感慨。当画师听了山村老翁述说不久将出征满洲战场的青年命运时，作者写道："这梦一般的、诗一般的春天的山村中，若以为只有啼鸟、落花和涌出的温泉那就错了。现实世界会超山越海闯进这平家后裔所住的古老的孤村里来。"[22]可见，作者并没有真正忘记现实，也不可能忘记现实。夏目漱石之所以要暂时脱离尘世，是出于他对现实社会的失望。而像《旅宿》这样的作品其实也是对现实社会的曲折的抗议。丰子恺欣赏夏目漱石的品格，说："夏目漱石真是一个最像人的人。今世有许多人外貌是人，而实际很不像人，倒像一架机器。这架机器里装满着苦痛、愤怒、哭泣等力量，随时可以应用。即所谓'冰炭满怀抱'也。他们非但不觉得吃不消，并且认为做人应当如此，不，做机器应当如此。"[23]这是丰子恺写于"文革"时期的《暂时脱离尘世》（1972）一文中的话。丰子恺先后两次翻译夏目漱石的《旅宿》，第二次翻译完全不参照第一次的译本，由此可见其对《旅宿》的喜爱。丰子恺甚至说："知我者，其唯夏目漱石乎？"[24]

大凡中国现代作家，都不同程度地受到过外国文学作品和文艺思想的影响。就丰子恺而言，这种影响也十分明显，既体现在他的创作方面，也体现在他的一些文艺理论著作里。当然，丰子恺也强调民族性，比如他说："中国人到外国留学，就模仿外国风，学得同外国人一样，今人学古人，学得同古人一样，都是不自然的事。同时他的作品一定不好，因为其中缺乏国民性及时代精神。"[25]丰子恺究竟在夏目漱石那里吸取了哪些实质性的东西？这须探讨一番夏目漱石的精神内核。夏目漱石早年在正冈子规的鼓励下，曾写过不少汉诗、汉文，编辑过一本可被称之为他最初作品的《木屑录》。1890年，夏目漱石进入东京帝国大学，在校期间曾用英文翻译了《老子哲学》《方丈记》一类的著作，受中国文化影响不浅。他的汉文造诣颇深，有很强的操纵语言文字的能力。代表作《我是猫》具有行云流水般的明快笔调，实非一般日本作家可比。他的这些特点，丰子恺应该明白。尤其是夏目漱石身上有着东方禅宗哲学、老庄思想的影子，《旅宿》中流露的超脱思想，更是为推崇陶渊明的丰子恺所倾心。在夏目漱石那里，丰子恺似乎感到了日中文化的某些相通之处。此如同丰子恺在介绍自己翻译日本作家作品后表示："原来我们两国人民，风俗习惯互相通似，所以我们互读译文，觉得比较欧美文学的译文更加亲切……所以我译述时的心情，和往年译述俄罗斯古典文学时不同，仿佛是在译述我国自己的古书。"[26]丰子恺喜爱夏目漱石，应该也是因为夏目漱石的作品很有与中国传统文学相通之处。

就作品的写作而言，丰子恺早期散文中的部分作品也很明显地具有夏目漱石的影子。日本学者西槙伟著有《门前的彷徨——试论丰子恺〈法味〉（1926）与夏目漱石〈初秋的一日〉（1912）、〈门〉（1910）》和《异文化的对话——论丰子恺〈缘〉与夏目漱石〈凯贝尔先生〉》。[27]前者详细分析了丰子恺《法味》一文在情节安排和表达方法上参考了夏目漱石的《初秋的一日》和《门》；后者详细分析了丰子恺《缘》与夏目漱石《凯贝尔先生》在情节与表达方面的关系。以《法味》与《初秋的一日》为例，丰子恺在《法味》开头部分写道：

同行者是他的老友，我的先生S，也是专诚去访他的。从上海到杭州的火车，几乎要行六小时。我在车中，一味回想着李叔同先生——就是现在的弘一法师——教我绘画音乐那时候的事。对座的S先生从他每次出门必提着的那只小篮中抽出一本小说来翻，又常常向窗外看望。车窗中最惹目的是接续奔来的深绿的桑林。

夏目漱石《初秋的一日》的开头则是：

车窗外阴云起伏，不一会儿雨下了起来。蒙蒙的细雨，在我眼中它是一种冷寂的颜色，草木都被淋湿。因为近来多雨，一行三人都随身携带着橡胶雨衣，不必担心被雨淋湿，现在雨衣派上用场，可是谁也没有显出高兴的样子。他们以这一天岑寂的情绪，推想将来要到来的两天后黑暗的夜色。

"十三号要是下雨可就糟了。"Z自言自语地说道。

"如果下雨，很多人会生病的。"我也有气无力地回答。

J一言不发地看他在站前买的报纸。雨不知不觉地大了起来，窗玻璃上有很多细碎的露珠。在这静寂的车厢里，我想起几年前英国埋葬爱德华皇帝的时候，曾经有五千多人休克昏倒。

在西槙伟的论文里，还分别就二文中的相似文字一一做了介绍，同时也就《法味》与夏目漱石《门》做了类似的对比，结论是丰子恺《法味》与夏目漱石《初秋的一日》《门》"无论是主题还是文章的结构、表达技巧，都有很多类似之处"，所以可以推出这样一个结论："丰子恺在走上文学创作的道路、开始尝试写作的时候，他曾经仔细地读过夏目漱石的作品，并把它们拿作参考。"[28] 尽管西槙伟也分析了两人作品中的不同及丰子恺的独到之处，但事实上这一结论是无可否认的，不仅如此，西槙伟在《异文化的对话——论丰子恺〈缘〉与夏目漱石〈凯贝尔先生〉》一文中进一步就丰子恺的《缘》与夏目漱石的《凯贝尔先生》做了比较，得出了三个结论：一是二文的主要题材都是师生之间的亲密交往，他们塑造的老师形象同样以苍茫的暮色为背景；二是二文均显露出对书籍视而不见的态度；三是"异文化的对话"，如德国学者凯贝尔在日本与几个学生的对话、弘一法师与基督教徒谢颂羔对话的场面等，再一次说明了丰子恺受夏目漱石影响十分之深。此外，像丰子恺《华瞻的日记》等散文，也有类似的情况。

在丰子恺散文创作的起步阶段，有些文章中的文字还不够成熟，其中比较明显的是滥用"的"字。比如《剪网》一文中有几处就很拗口："……都是足以妨碍事物的本身的存在的真意义的。"这种情况到30年代初期也还存在。如《小白之死》的头一句："战后的江湾的荒寂的夏日的朝晨，我整理了茶盘和纸烟匣，预备做这一日的人。"开头连用四个"的"字实无必要，而"预备做这一日的人"读起来亦觉别扭。这种情况或许也是他受日本语言影响较深所致。

日本在中国现代文学向西方文学学习借鉴之时，常常是起了中间人的媒介作用。丰子恺一生翻译出版了30余部外国艺术理论著作和文学作品，内容涉及各个文化艺术门类，其中有许多是从日本文艺理论著作和作品中译介过来的。

第三节　"巧遇"竹久梦二

对于丰子恺而言，日本的漫画无疑给了他十分重大的影响。丰子恺说："我没有一一详考世界各国的漫画史。但回忆过去所读的美术的书籍，觉得关于漫画的记载，任何一国都不及日本的热闹而花样繁多……

只有日本，大画家往往就是大漫画家……"²⁹丰子恺来到日本，当然是把学习美术作为重要的目的，虽然他只能是走马观花般的学习。但奇迹居然就发生了。有一天，他在东京神田区一带的一个旧书店觅书，偶然间见到一册《梦二画集·春之卷》。³⁰随手拿起来，从尾至首倒翻过去，看到里面尽是一幅幅用毛笔勾勒出来的简笔画。此书看似简陋，就连书页的边上也没有切齐，但他却被书中寥寥数笔，酷似速写的小画所吸引。他翻到题为《同班同学》的一页上，细心欣赏起来。这究竟是怎样的"同班同学"呢：一辆人力车上坐着一个女子，梳着丸髻（表示已经嫁人），穿着贵妇人的服装，肩上架着一把当时日本颇为流行的障阳伞，手里拿着一大堆包装精美的物品。在日本，人力车不像在中国那么廉价，一般坐人力车的人，不是病人就是富人。这位女子如此装束坐在人力车上，显然是一位贵太太了。这位贵太太，正与路旁一个女人点头招呼。而路旁的这个女人，蓬头垢面，背上负着一个婴儿，一件笨重的大领口衣襟的衣服包裹了这母子俩。显然，这女人也出嫁了，却是一个贫贱之妻。画笔极为简约，而画题《同班同学》意味特别深长。有了这样一幅在丰子恺看来是新颖别致的画，他便不再详读别的画了，掏出几角钱就买了这一本画集，带回寓所去仔细阅读。因为喜欢这种画，丰子恺便留意调查作者竹久梦二的情况。后来他知道此君是一位专写这种趣味深长的毛笔小画的画家。他的作品曾于明治末年在日本画坛热闹过一阵子，丰子恺发现他的画册的时候已经沉寂了。对于丰子恺而言，竹久梦二为何沉寂，以致连他的画册也沦落到旧书摊上而只卖几角钱一本，他无意追究。他只是喜欢这种画风，并决心效仿而光大。

丰子恺对梦二画风钦佩的原因在于："竹久梦二的画，其构图是西洋的，其画趣是东洋的。其形体是西洋的，其笔法是东洋的。自来综合东西洋画

竹久梦二漫画《同班同学》

法，无如梦二先生之调和者。他还有一点更大的特色，是画中诗趣的丰富。"[31]在竹久梦二以前的日本漫画家，他们的主题基本上全是诙谐、滑稽、讽刺、游戏。竹久梦二则非常注意寻求深沉而严肃的人生滋味，使人看了以后能够对人生得到真挚的感受并抽发出一连串的遐想。用丰子恺的话来评说，梦二的画即是无声之诗。他甚至说："日本竹久梦二的抒情小品使人胸襟为之一畅，仿佛苦热中的一杯冷咖啡。"[32]在竹久梦二的作品中，丰子恺体验到了从未有过的漫画艺术的趣味，他"寥寥数笔的一幅小画，不仅

竹久梦二（左）与女友合影

以造型的美感动我的眼，又以诗的意味感动我的心"。[33]同样令丰子恺倾心的还有竹久梦二漫画的简洁表现法、坚劲流利的笔致、变化而又稳妥的构图，以及立意新奇、笔画雅秀的题字。他终于在无意中找到了他要找的"宝贝"。他认为像他这种情况的人，有一点西洋画的基础，又无心无力绘作油画、水彩画且对文学有着浓厚兴趣的人，最适合从事这类漫画的创作。于是他又开始有意识地搜寻竹久梦二的其他画册。他知道竹久梦二除了"春之卷"，还有"夏之卷""秋之卷"和"冬之卷"。就在丰子恺执着于寻觅竹久梦二漫画的时候，他的钱已经用完。10个月的限期也已经到来。好在丰子恺在日本时结识了陈之佛、黄涵秋、关良等画友。黄涵秋后来就为丰子恺找到了竹久梦二的其他画册。

竹久梦二（1884—1934），日本冈山县邑久郡人。早年自早稻田实业学校毕业后，苦学自修成才，成了日本著名的漫画家。在一般日本人的印象里，竹久梦二是以他绘画事业后期的"美人画"而著名的。而在丰子恺这里，他所感兴趣的则是竹久梦二的另一类画，即早期的漫画。

丰子恺回国后曾以极大的兴趣学习竹久梦二的画风。他学竹久梦二，有时干脆就是模仿，如《穿了爸爸的衣服》《一江春水向东流》《用功》《遐想》《江头》等；有的是受到梦二的启发，例如梦二有《春之人》，丰子恺也就有了一幅《燕归人未归》，其立意相同。丰子恺另一幅《任重道远》其实也与竹久梦二的一幅画构图相同。再如竹久梦二有一幅描绘一位身穿围裙的女子，手持镰刀，仓皇地追着一只偷吃食物的猫，而丰子恺也有过一幅题为《仓皇》的画，表现的内容几乎与梦二的这幅画一样。类似的画例还很多。丰子恺的这类画，其模仿的痕迹十分明显。[34]

许多评论家常说丰子恺漫画的标题起着画龙点睛的作用。这或许也是受了竹久梦二的影响之故。丰子恺在《绘画与文学》一文里谈及梦二的漫画时说："这种画的画题非常重要，画的效果大半有了画题而发生。"[35]他又说："画题用得巧妙，看了也胜如读一篇小品文。梦二先生正是题画的圣手……他的画善用对比的题材，使之互相衬托。加上一个巧妙的题目，犹如画龙点睛，全体生动起来。"[36]可见，丰子恺很注重漫画的标题，而这也是受了竹久梦二影响。

在绘画的表现方法上，丰子恺也有不少向竹久梦二借鉴之处，其中最为明显的是，竹久梦二笔下的人物有许多是不画眼睛的。这对丰子恺颇有启发。他认为竹久梦二这种表现方法正符合中国"意到笔不到"的绘画美学原则。于是他在自己的人物漫画上，也经常不画眼睛，有时竟连耳朵鼻子也不画。他认为："作画意在笔先。只要意到，笔不妨不到；非但笔不妨不到，有时笔到了反而累赘。"[37]

竹久梦二漫画与丰子恺漫画之比较一例

竹久梦二漫画与丰子恺漫画之比较一例

　　丰子恺漫画受竹久梦二的影响是很明显的。这十分正常，况且丰子恺在漫画艺术上对竹久梦二的崇拜之情是他从来不曾讳言的。但是，这样的仿画，比之于丰子恺众多的漫画作品，其数量微乎其微。这样的艺术借鉴，最终不能是亦步亦趋的单纯模仿。在丰子恺看来，留学不过参访外国之所长，非欲用夷变夏。由于民族传统的不同，个人文化修养、气质以及对生活感受的差异等诸多因素，使丰子恺与竹久梦二的画风也具有不同的特色。丰子恺深受竹久梦二漫画风格的影响，但他终于还是在中国自己的泥土上找到了发挥的天地。也可以这么说：丰子恺是中国艺术家中实现从借鉴、消化到形成自己特色的较成功的范例。

第四节　蕗谷虹儿的趣味

　　丰子恺也受到另一位日本漫画家蕗谷虹儿的影响。
　　日本画家兼诗人蕗谷虹儿（1898—1979）以绘画技法的细腻著称，被誉为工笔漫画家，虽然如此，他的画意则颇为深邃。他在画集《悲凉的微笑》自序里这样说："我的艺术，以纤细为生命，同时以解剖刀一

蕗谷虹儿（左）与夫人合影

般的锐利的锋芒为力量。"然而，一个基本的事实是，在虹儿的画作中，多半是表现女性的，而且特别擅长表现女性的温柔。对于表现女性，他自己说过："描女性，则选多梦的处女，且备以女王之格，注以星姬之爱罢。"[38]

对于这样的一位日本画家，如今在中国很少有人介绍。更有甚者，有的论者居然还误认蕗谷虹儿为女性画家。[39]在现代中国，对蕗谷虹儿介绍较详的是鲁迅，还曾为之出版过《蕗谷虹儿画选》。丰子恺对这位与自己同龄的日本漫画家的画风也很欣赏。1921年冬他从日本游学回国后，也曾画了许多模仿蕗谷虹儿画风的画。丰子恺在1927年的第二本漫画集《子恺画集》里就收入了多幅这类画稿。朱自清在这本画集的跋里记述这类画时说："还有一个重要的不同，便是本集里有了工笔的作品。子恺告我，这是'摹虹儿'的。虹儿是日本画家，有工笔的漫画集；子恺所摹，只是他的笔法，题材等等，还是他自己的。这是一种新鲜的趣味！落落不羁的子恺，也会得如此细腻风流，想起来真怪有意思的！集中几幅工笔画，我说没有一幅不妙。"[40]然而，像这种工笔漫画，除了在丰子恺的装帧漫画中时有所见，在他的漫画创作中尚属少数，但有一点是很值得回味的，即虹儿擅长表现女性的温柔，而丰子恺摹他的漫画也基本都是表现女性温柔一面的。从这方面而论，看来丰子恺也是很了解虹儿的绘画特色的。

蒄谷虹儿本名一男,主要作品有《蒄谷虹儿画谱》(五辑)、《我的画集》和《梦迹》等。鲁迅十分欣赏虹儿的绘画,自1928年起将其作品介绍给中国读者。1928年11月,鲁迅在《奔流》第1卷第6期上刊出虹儿的诗与画《坦波林之歌》,次年1月又编辑《蒄谷虹儿画选》作为"艺苑朝华"第四辑由朝花社出版,收图12幅,并翻译了虹儿自作的配画诗11首一并刊印。比如《萌芽》一图,诗是这么写的:

丰子恺仿蒄谷虹儿画风的漫画一例

我不能说什么话,
她也不能说什么话,
两人默默地摘了花……

蝴蝶一双跳了舞,
小鸟儿一对来唱了歌,
雄花和雌花呀开着花……

她是默默地给我花,
我也默默地送她花,
分离是多么的凄凉呵……

读了此诗,人们很可以从这位画家和诗人那里体会到一份温柔的情怀,细腻地将少男少女的初恋萌芽表现了出来。再如《月光波》一画的配诗:

丰子恺仿蒄谷虹儿画风的漫画一例

月，从煌煌的太空，将那光的网，投在地面上。

我的心，颤栗于这海底之夜，舍沉重的体质，而浮游于月光。

月呀！将那光的网，赶快，收上去罢……将我，我的心，献在你今宵的收获里……

丰子恺也有过一篇散文，题目是《青年与自然》，写于他在白马湖春晖中学教书的时期，当时他刚从日本游学归来不久。丰子恺在写到月的时候说："这泛爱的月真是慈母似佑护青年，真已完全酬答青年对月的祈愿了。试看瑞烟笼罩的大地上，万人均得浴月的柔光。这正是表示月的泛爱，且助人与人的爱。"[41] 不能说丰子恺在写这篇散文时也受了虹儿的影响，但也能看出丰子恺的艺术心境与虹儿多少有其相似性。

当然，相对于受竹久梦二的影响，丰子恺模仿蕗谷虹儿画风的作品只是少数，而且这些仿画大多也只是集中出现在1926至1928年间。可以这样认为，丰子恺对蕗谷虹儿画风的接受，丰富了子恺漫画的表现力，更为他创作装饰画提供了可资借鉴的艺术元素。

丰子恺受日本漫画的影响，也不仅是竹久梦二、蕗谷虹儿两位，北泽乐天也是他感兴趣的画家。他在《谈日本的漫画》中曾说："北泽乐天，现在正是一位中年画家。比梦二时代稍后，其画亦比梦二时髦。他

蕗谷虹儿作品画例

的画法，采入西洋风比梦二更多更显，有几幅完全西洋的版画一样。因此笔情墨趣，远不及梦二之丰富；画意亦远不及梦二之深沉。但在另一方面，广罗各种社会的现象，描摹各种问题的纠葛，这画家的观察与搜集的努力，是可以使人叹佩的。"[42]北泽乐天有一幅《道德书的缺陷》，而丰子恺则有一幅《钻研》，同样是讽刺一些读书人的虚荣和虚伪。这样的情况也出现在丰子恺的连环漫画上。北泽乐天曾有《云的变化》，丰子恺则有《风云变幻》；北泽乐天有《主妇权的消长》，丰子恺则有《乘风凉》等。此外，像冈本一平的漫画也对丰子恺有过较大的影响。冈本一平重视漫画的文学性，而他又是一位夏目漱石的追随者，从这两方面来研究丰子恺对冈本一平的接受是很有意味的课题。

跟许多中国人一样，他们在国内时看不到自己国家的长处，而一到国外，反而看得更加清楚了。丰子恺在日本虚心地学习，但他也在日本美术家的言论中领悟到了当初在国内时不易领悟到的东西。比如他读到了这样的文章："支那绘画是日本绘画的父母。不懂支那绘画而欲研究日本绘画，是无理的要求。"另一位日本学者又说："日本一切文化，皆从中国舶来；其绘画也由中国分支而成长。恰好比支流的小川对于本流的江河。在中国美术中加一种地方色，即成日本美术。"[43]深究起来，这种观点倒也近于事实。从古代起，日本的佛教画是中国元魏、后齐文化的余映；日本飞鸟时代的绘画竟也是受初唐时代的影响；奈良时代的美术又是盛唐美术的折射。多少年来，日本不断派人到中国学习，这就像丰子恺如今到日本学习一样。然而，丰子恺此时深有感触的是如今中国画坛似乎远不及日本画坛来得热闹，他问自己：难道是这"父母"衰老了吗？

丰子恺越是在日本感受到

从日本归国后的丰子恺

新鲜的事物，就越是感到自己留日的时日短暂。他当然希望自己能有更多的学习时间，但他的学费本不是自己的钱，除了初来日本时身上带了部分向亲友借来的钱，他在日本的其他费用还是他到了东京后由他的岳父在乡下约了一个一千元的会才按期寄到日本来的。为了他的游学，他母亲还卖去了一宅租屋，三姐又卖去了饰物。这样的境况，他也只能回国了。好在凭着他的勤奋，毕竟已学到了基本的现代艺术理论和技艺，更重要的是他在竹久梦二的漫画中找到了自己将来的努力方向。

注释：

1 丰子恺：《画家之生命》，载1920年4月《美育》第1期，署名"丰子颉"。原文标点为句读。

2、3、4、15 丰子恺：《我的苦学经验》，载1931年1月1日《中学生》第11号。

5、6、7 丰子恺：《记东京某音乐研究会所见》，载1936年2月1日《宇宙风》第10期。

8 丰子恺：《甘美的回味》，载1931年9月1日《中学生》第17号。

9 丰子恺：《林先生》，载1936年3月1日《宇宙风》第12期。

10 同上。

11、12、13、14 丰子恺：《日本的裸体画问题》，载1936年9月《宇宙风》第3卷第1期。

16 丰子恺：《读〈读缘缘堂随笔〉》，载1946年9月《中学生》第179期。

17 同2。Stevenson指英国小说家史蒂文森。

18、20 丰子恺：《秋》，载1929年10月10日《小说月报》第20卷第10号。

19、22 ［日］夏目漱石著，丰子恺译：《旅宿》，收《夏目漱石选集》（第二卷），人民文学出版社1958年6月第1版。

21 丰子恺：《东京某晚的事》，载1927年7月10日《小说月报》第18卷第7号。

23、24 丰子恺：《暂时脱离尘世》，收《丰子恺文集》（文学卷二），浙江文艺出版社、浙江教育出版社1992年6月第1版，第663页。

25 丰子恺：《艺术修养基础·艺术的性状》，收《丰子恺文集》（艺术卷四），浙江文艺出版社、浙江教育出版社1990年9月第1版，第87页。

26 丰子恺：《我译〈源氏物语〉》，载1962年10月10日香港《文汇报》。

27 ［日］西槙伟：《门前的彷徨——试论丰子恺〈法味〉（1926）与夏目漱石〈初秋的一日〉（1912）、〈门〉（1910）》，载《永恒的风景——第二届弘一大师研究国际学术会议论文集》，中国文化艺术出版社2008年1月第1版，第74

页；《异文化的对话——论丰子恺〈缘〉与夏目漱石〈凯贝尔先生〉》载《如月清凉——第三届弘一大师研究国际学术会议论文集》，中国广播电视出版社2010年10月第1版，第177页。

28 ［日］西槙伟：《门前的彷徨——试论丰子恺〈法味〉（1926）与夏目漱石〈初秋的一日〉（1912）、〈门〉（1910）》，载《永恒的风景——第二届弘一大师研究国际学术会议论文集》，中国文化艺术出版社2008年1月第1版，第74页。

29、31、42 丰子恺：《谈日本的漫画》，载1936年10月1日《宇宙风》第26期。

30 丰子恺在致《导报》半月刊编辑的信中说："该亲友将箱中之书抄一目录寄来，见内有日本老漫画家竹久梦二全集，亦在目录之中，甚为欣喜。此乃弟昔年宝藏书之一。此书在战前早已绝版，乃弟亲自在东京神田区一带旧书店中费了许多心血而搜集者，在今日此书当更难得。"见《丰子恺文集》（文学卷三），浙江文艺出版社、浙江教育出版社1992年6月第1版，第437页。

32 丰子恺：《漫画浅说》，载1925年11月《小说月报》第16卷第11号。

33、35 丰子恺：《绘画与文学》，开明书店1934年5月版。

34 丰子恺此后第一部漫画集《子恺漫画》的封面《一江春水向东流》也有竹久梦二《春雨》的痕迹。也有论者以为丰子恺此画更了了中国近现代画家陈师曾的影响。陈师曾在《太平洋报》上曾发表《无题》一画，画面上是一个作沉思状的人物俯首看着桥下的流水。（参见郭长海、郭君兮编著：《陈师曾漫画集》，黄山书社2009年12月第1版，第81页。）

36 丰子恺：《漫画艺术的欣赏》，曾载1935年6月《中学生》第56期。

37 丰子恺：《我的漫画》，收《缘缘堂随笔集》，浙江文艺出版社1990年10月第1版，第309页。

38 参见鲁迅《蕗谷虹儿画选·小引》，朝花社1929年1月版。

39 杨里昂、彭国梁主编的《跟鲁迅评图品画》（岳麓书社2003年12月第1版）第243页中说："蕗谷虹儿（1898—1979），本名一男，日本女画家兼诗人……"

40 朱自清：《〈子恺画集〉跋》，开明书店1927年2月第1版。

41 丰子恺：《青年与自然》，载1922年12月1日《春晖》第3号。署名"子恺"。

43 参见丰子恺：《中国美术在现代艺术上的胜利》，载1930年10月《东方杂志》第27卷第1号。

第四章

白马湖时期

概述

1921年冬,丰子恺回国后,复任教于上海专科师范学校,同时又在吴淞中国公学中学部兼课,并结识陈望道、朱光潜、匡互生等友人。是年1月4日,文学研究会在北京成立。后丰子恺为会员。

1922年初,丰子恺在上海南市三在里租屋。5月6日(农历四月初十),甥女宁馨(又名宁欣,小名软软)生。宁馨为丰氏胞姐丰满之女,自幼跟随丰子恺成长,丰子恺视同己出。初秋,由夏丏尊介绍去浙江上虞白马湖,任春晖中学图画、音乐教职。在春晖中学任教期间,同事除夏丏尊及校长经亨颐,先后还有匡互生、刘薰宇、朱自清、朱光潜、刘延陵等。授课之余,钻研文艺理论,并开始用毛笔作简笔画,画风受日本漫画家竹久梦二、中国画家陈师曾等人影响。作画题材多古诗意境。9月,参加"妇女评论社",成为该社社友。11月5日(农历九月十七日),女儿三宝生,两岁时天折。12月16日,在春晖中学校刊第4期发表漫画《经子渊先生的演讲》《女来宾——宁波女子师范》,此乃迄今所发现丰子恺最早发表的漫画。

1923年春,家属陆续迁往白马湖畔。丰子恺有《山水间的生活》一文发表在校刊《春晖》上,文章说:"我的家庭在山水间已生活了一月多了。我对于山水间的生活,觉得有意义……我觉得上海虽热闹,实在寂寞,山中虽清静,实在热闹,不觉得寂寞。就是上海是骚扰的寂寞,山中是清静的热闹。"丰子恺宅边有自植杨柳一枝,因而名其居曰"小杨柳屋"。教课之余时常跟夏丏尊、朱自清、朱光潜、刘薰宇等同事欢聚。同时在宁波第四中学、育德小学兼课。夏丏尊译《爱的教育》在《东方杂志》连载,丰子恺为之作插图,并设计封面。(夏译《爱的教育》于1926年由开明书店出版单行本,此书后来风行中国20余年,再版30多次)

1924年3月24日(农历二月二十日),长子华瞻生。漫画《人散后,一钩新月天如水》一画在《我们的七月》杂志上发表。秋后,春晖中学同人与学校当局意见不合,多人辞职。匡互生带一部分学生到上海筹办立达中学,丰子恺亦为该校创办人之一。丰子恺在春晖中学任教期间曾为校歌谱曲(春晖中学取唐代诗人孟郊《游子吟》为校歌歌词)。到上海后,丰子恺复往上海专科师范学校兼课。12月,朱自清诗与散文合集由上海亚东图书馆出版,其封面系丰子恺所绘。

第一节　人文白马湖

丰子恺从日本归来后的最初几个月，仍复任上海专科师范学校教职，同时又在吴淞中国公学中学部等学校兼课。[1]在中国公学中学部，他认识了此后与他缘分很深的朱光潜、匡互生等同道；在专科师范，他与同事陈望道亦意气相投，过从甚密。不过丰子恺在这两所学校供职的时间都不长，前后不到半年而已。1922年初秋，丰子恺即应夏丏尊之邀，来到了静谧而充满野趣的白马湖。

白马湖位于浙江省上虞东北部，距城区约五公里，旧名渔浦湖。周二十余公里，三面环山，重岫叠岳。滨湖诸山三十六涧，悉会于湖。这里有癸巳山、羊山、月山；湖边有渔村农舍，一派田园风光。白马湖的得名有好几种说法。民间传说虞舜避丹朱到上虞时曾在此打鱼，故名。据《水经注》云：该湖创始时，塘堤屡坍，民以白马祭之，故名白马潭。另一种说法出自《上虞县志》：晋时县令周鹏举出守雁门，思上虞景物之胜，乘白马泛铁舟，全家溺于此，入湖中不出，人以为地仙，故名。另有一种说法也来自民间：传说金兵南侵时，康王赵构逃难至此，有白马负之过湖；又说这湖的形状，似一匹平卧的白马，因而得名。无论哪一说，此湖的得名均与白马有关，使其从很早以前就具有了传奇的色彩。[2]

丰子恺的同事朱自清在《春晖的一月》中描述了他初见时的白马湖：

> 湖在山的趾边，山在湖的唇边；他俩这样亲密，湖将山全吞下去了。吞的是青的，吐的是绿的，那软软的绿呀，绿的是一片；它无端的皱起来了。如絮的微痕，界出无数的绿；闪闪闪闪的，像好看的眼睛。湖边系着一只小船，四面却没有一个人，我听见自己的呼吸。想起"野渡无人舟自横"的诗，真觉物我双忘了。[3]

20世纪20年代初，一所崭新的学校在白马湖畔诞生，这就是春晖

白马湖畔的春晖中学旧影

中学。春晖中学的诞生，源于乡绅陈春澜（1837—1919）的热心和同人
的努力。陈春澜十九岁赴上海，先在外商开设的台维洋行做学徒。三
年后改任淳信洋行"跑街"。14年后，他用自己积累下来的资金于光绪
元年投资开办上海春记货栈。由于他为人和善，经营有道，生意得到
了不断发展。光绪十四年（1888）三月，他首办永丰钱庄，收入颇丰，
后又以合资、独资等形式开设了十家钱庄，一时成了商界巨子。陈春
澜58岁时返回故乡上虞，开始筹措资金发展家乡经济，创办了不少公
司。他始终惦记着家乡的教育事业。在资助创办春晖中学之前，陈春澜
已经出资开办了算学堂、上虞县校、春晖学堂等学校。1919年春，83
岁高龄的陈春澜与乡绅王佐商洽在春晖学堂的基础上续办中学事宜，因
信任经亨颐的品性和学识，便与之商量，而此时经亨颐正因"一师风
潮"亦欲返乡办学。1919年12月2日私立春晖中学校董会成立，由热

心春晖创办工作的乡绅王佐任主任校董，经亨颐等10人为校董。校董会成立后，陈春澜写下了致校董会的办学《委托书》。各校董也有联名《答复书》。

1920年1月，经亨颐被推为春晖中学首任校长，负责筹备建校事宜。春晖中学的首届学生于1922年9月10日开学。同年12月2日，学校举行开学典礼。[4]经亨颐本人早已在风潮初起之时就做好了离开浙一师的准备，这从私立春晖中学校董会于1919年12月2日成立，经亨颐等10人为校董和1920年1月他被推举担任校长之职诸事就可见端倪。省城教育界的环境和"一师风潮"的暴发，促使他直接返回了故乡上虞，操持起了春晖中学的创办工作。也是因为"一师风潮"，夏丏尊离开浙一师后，先应湖南第一师范校长范培基之邀，于1920年去了长沙，任湖南第一师范教职。在这所学校里，他结识了一位重要人物，时任教务主任，曾在五四运动中蜚声全国的匡互生。匡互生，湖南省邵阳县宝善乡长沙冲人，生于1891年11月。1915年考入北京高等师范学校数理部预科，次年秋入本科。1919年初巴黎和会开幕。4月30日，和会在美、英、法三国的操纵下，对中国山东问题做出了损害中国利益的裁决。"二十一条"没有取消，还将德国在山东的权利转让给了日本。消息传到国内，国人群起声讨，并强烈要求中国代表拒绝签字。5月2日，北京《晨报》用大字体刊出文章："胶州亡矣，山东亡矣，国不国矣！……国亡无日，愿合四万万民众誓死图之！"5月4日，匡互生参与组织了北京各高等院校学生的示威游行。游行队伍抵达赵家楼曹汝霖宅时，匡互生第一个翻墙破门而入，并举火焚烧。中国的五四运动就此拉开了序幕。匡互生这位"五四"英雄于该年夏毕业，受聘于长沙楚怡小学，次年夏任湖南第一师范的教务主任。匡互生名为教务主任，实际上却是总揽全校事务的主角。他思想开放，大胆地在学校里更新教师队伍，撤换了大批保守迂腐的教师，延聘了许多具有新思想、新观念的教师。夏丏尊就是在这样的气氛中被该校校长邀请来的教师之一。在湖南第一师范，夏丏尊教的是第十五班国文。和在浙江省立第一师范时一样，他提倡发挥学生的真实思想，反对专为古人做注疏。但在那样的时代，要实现自己的教育理想谈何容易。匡互生在学校中的革新举动显然得罪了保守势力。在那些人的眼中，他已成了"媚洋轻中""无政府主义"的典型人物。加上当时长沙局势不宁，匡互生、夏丏尊等便有了出走之念。于是夏丏尊于1921年回到了故乡上虞跟经亨颐会合。1923年，匡互生应夏丏尊的邀请，来到了春晖中学。夏丏尊来到白马湖，肩负起春晖中学许多的日常教育教学工作。他对春晖中学的感受，几乎跟经亨颐一样。夏丏尊在《春晖的使命》一文中就说过：

> 你是一个私立的，不比官立的多窒碍。当现在首都及别省官立学校穷得关门，本省官立中学校有的为了争竞位置、风潮迭起、丑秽得不可向迩的时候，竖了真正的旗帜，振起纯正的教育，不是你所应该做的事吗？ 5

夏丏尊来到春晖中学，但他只希望自己能在教育教学上做一些实际的工作，亦就是老老实实地做一名教师。夏丏尊是文化界德高望重的人物，他很快就召集一大批一流人物云集白马湖。他们当中有匡互生、丰子恺、刘薰宇、朱自清、朱光潜、刘延陵、刘叔琴等。俞平伯是朱自清的好朋友，他们在北京大学时是同学，在浙一师是同事，而在新诗创作、散文创作上又是同道。朱自清在白马湖时，俞平伯刚辞去上海大学的教职，正闲居在杭州。刚到白马湖没有几天的朱自清，看到这里和平幽静的环境和纯正的教育空气，情不自禁地就写信邀请俞平伯去玩，这就是1924年3月9日俞平伯到白马湖的因缘。此日恰是星期天，但春晖中学并不休假。与其说闲着无事，还不如去听一堂老朋友的课。俞平伯在后来《忆白马湖宁波旧游》一文中对此有如下记述：

> 当时以为随随便便的事，现在觉得这机会十分的难得，原是人情之必然。再说，当时即有所感，并不以为太随便，又不必以人远而特致其珍重；因为日记上写着，"学生颇有自动之意味，胜一师及上大也"。固属春晖的学风如此，而老师的教法亦不能无关……6

俞平伯还应夏丏尊之邀，于3月10日在春晖中学做了一次题为《诗的方便》的演讲。

丰子恺是夏丏尊在浙一师时的学生，是他与李叔同共同的得意弟子，请丰子恺来春晖中学任教，这是理所当然。就是在这样一个人文荟萃的白马湖，丰子恺浴于艺术、教育、友情融为一体的文化沙龙，开始了他走向成功的生活。

1922年初秋，丰子恺赴浙江上虞白马湖春晖中学任教。起初他是单身前往，次年春，他便把家人也都接了过去。丰子恺在白马湖畔有"小杨柳屋"。"小杨柳屋"与刘叔琴[7]的寓所相邻；而夏丏尊的"平屋"与刘薰宇[8]的居舍相邻，两对房子毗邻而建，时人戏称为"夏刘""丰刘"。这四家人是不分彼此的，日常生活用品互通有无，绍兴黄酒成甏地往家里买，轮着哪一家开甏，四人便都聚集到哪一家去喝酒。

据丰子恺自己对"小杨柳屋"的解释："因为我的画中多杨柳，就有人说我喜欢杨柳；因为有人说我喜欢杨柳，我似觉自己真与杨柳有缘。但我也曾问心，为什么喜欢杨柳？到底与杨柳树有什么深缘？其答案了不可得。原来这完全是偶然的：昔年我住在白马湖上，看见人们在湖边种柳，我向他们讨了一小株，种在寓屋的墙角里。因此给这屋取名为'小杨柳屋'，因此常取见惯的杨柳为画材，因此就有人说我喜欢杨柳，因此我自己似觉与杨柳有缘。假如当时人们在湖边种荆棘，也许我会给屋取名为'小荆棘屋'，而专画荆棘，成为与荆棘有缘，亦未可知，天下的事往往如此。"[9]在寓所墙角种上一株小杨柳且似觉真与杨柳有缘的丰子恺，此后果真在画中与杨柳结缘，使他的艺术充满了春天的气息。朱自清便又给他下结论了："我们知道子恺最爱画杨柳与燕子，朋友平伯君甚至要送他'丰柳燕'的徽号。我猜这是因为他欢喜春天，所以紧紧的挽着她；至少不让她从他的笔下溜过去。在春天里，他要开辟他的艺术的国土。"[10]丰子恺的"艺术的国土"就是在这白马湖畔的"小杨柳屋"着手开辟了。

在夏丏尊等的召集下，一批实力派作家云集于白马湖，形成了被文学史家称之为白马湖作家群的文学群体，夏丏尊有一篇《白马湖之冬》，写道："我在那时所日常领略的冬的情味，几乎都从风来。白马湖的所以多风，可以说有着地理上的原因。那里环湖都是山，而北首却有一个半里阔的空隙，好似故意张了袋口欢迎风来的样子。"[11]夏丏尊是在写白马湖自然的冬、自然的风，但正好可让我们挪用作比。我们可将"冬的情味"比作白马湖的情味；把风比作他的那些同道，而这些同道的到来，

白马湖畔的丰子恺居舍"小杨柳屋"

恰是他"张了袋口"欢迎来的。众多文人的"进驻"白马湖，一时使白马湖有了人文荟萃、群贤毕至的气象。这个文学群体并没有一个有形的组织，没有竖立任何大旗，也没有什么明确的文学口号，但他们却以自己作品的独特艺术风格给人们留下的一种难以忘怀的文化印象。白马湖作家群有着独特而鲜明的"个性"，即在彼此之间的友情中领取乐趣，在相互之间的艺术熏染中领取乐趣。他们有相近的文学风格，更有共同的理想：以"立人"为基本诉求，张扬艺术，提倡美育，在教育上做一些实际的工作。

丰子恺是这个文学群体中的一位重要人物，他的存在，也使得这个群体有了许多文化话题。朱光潜在白马湖的生活，可以从他的一篇《丰先生的人品与画品——为嘉定子恺画展作》中得到基本的印象：

在当代画家中，我认识丰子恺最早，也最清楚。说起来已是20年前的事了。那时候他和我都在上虞白马湖春晖中学教书。他在湖边盖了一座极简单而亦极整洁的平屋。同事夏丏尊朱佩弦刘薰宇诸人和我都和子恺是吃酒谈天的朋友，常在一块聚会。我们吃饭和吃茶，慢斟细酌，不慌不闹，各人到量尽为止。止则谈的谈，笑的笑，静听的静听。酒后见真情，诸人各有胜概，我最喜欢子恺那一副面红耳热，雍容恬静，一团和气的风度。后来，我们都离开白马湖，在上海同办立达学园……虽然由山林搬到城市，生活比较紧张而窘迫，我们还保持着嚼豆腐干花生米吃酒的习惯。我们大半都爱好文艺，可是很少拿它来在嘴上谈。酒后有时子恺高兴起来了，就拈一张纸作几笔漫画，画后自己木刻，画和木刻都在片时完成，我们传看，心中各自喜欢，也不多加评语。有时我们中间有人写成一篇文章，也是如此。这样地我们在友谊中领取乐趣，在文艺中领取乐趣。[12]

朱光潜的这段文字其实很可以用来概括白马湖作家们的生存状况，他们以友情为重，并不刻意研讨文艺，然而又在彼此的熏染之中使各自的文学艺术成就发扬光大。至于酒，这的确是白马湖同人们不可缺少的传递友情的媒介。

对于白马湖同人们在春晖中学任教时期的喝酒，朱光潜在接受访谈时还有进一步的介绍。他说：

除了夏丏尊先生年岁稍大些外，我们都是二十几岁的人。他们在白马湖有家室的都在湖边盖了日本式的小平房。小屋都是分散的，但相隔没有多少路。我与朱自清先生是单身，住宿舍，两人住在一个楼上。夏先生、丰先生他们常邀大家喝酒谈天。我们都能喝酒。我与朱自清先生总是被人邀请的。当时大家相处得很愉快。[13]

白马湖地处乡间，品牌上等的黄酒难觅。所以，朱光潜还特意提到："在白马湖时候，我曾与夏丏尊、丰子恺先生一起到杭州去游西湖，在碧梧轩品尝过该店著名的老黄酒。"[14]白马湖同人们把喝酒也视为一种艺术。比如朱自清曾在1925年新春时在白马湖给俞平伯写过一封信，其中写道：

新春曾泥醉一次，是喝了"新酒"以后。那一醉真非同小可，一夜不得安眠，尽是梦想颠倒！我自恨不健，不能将那时的难受传些给苦忆江南的老兄，因为此亦为"江南味"也。[15]

这种江南味在他们这群文人看来其实就是欢聚在一起的艺术味，哪怕是"泥醉"其间，亦在所不惜。[16]

第二节　开艺术教育之新风

在春晖中学，丰子恺首先是学校里的美术、音乐教师（兼授英文），他在美育理论和美育实践方面都有较多的努力。

美育在春晖中学有着十分突出的地位，这得力于当时在白马湖的两位后来成为美学及艺术大师级的人物——朱光潜、丰子恺。诚然，春晖中学的美术、音乐课由丰子恺承担，但施行美育仅依靠此等术科教学是不够的，如果仅停留于此，其教育程度也是肤浅的。所以，在上好音乐、美术课之外，朱光潜、丰子恺更注重在理论上，在大自然中使学生具备美的意识。丰子恺在《春晖》校刊上发表了《青年与自然》等谈美文章，同时在谈教学的文章中也没有忘记培养学生美的意识，这种将美育渗透于智育的做法，也是他教学中的一大特色，如《英语教授我观》就是他在谈了英语学习的重要性及学习方法后，特别对诗、韵文的教学提出了自己的看法。他认为除了内容的选择，还须讲求音乐的要素。因为："大凡富于音乐的要素的诗歌文章，必容易动人的感情而读者易于上口，而发生兴味"。[17]进而他又提出了文学与音乐的关系。建议取英美的名词，配上英美的名曲，合成音乐，使学生更切实地体验英美人的思想和精神。

丰子恺为《春晖》半月刊所作的题画

挚诚、挚爱与人格感化是春晖同人在教育上的一大特色，也是他们对自身教育理念与实践的第一要求。选择春晖中学的校歌就是一例。这首校歌采用唐代诗人孟郊《游子吟》的名句：

> 慈母手中线，游子身上衣。
>
> 临行密密缝，意恐迟迟归。
>
> 谁言寸草心，报得三春晖？

此歌由丰子恺谱曲。诗的原意是歌颂母爱，以阳光哺育小草的比喻，歌颂母爱的伟大。诗的最后两个字正好与校名相同，实可谓一首理想的校歌。[18]

丰子恺在春晖中学的教学手段十分灵活，他采用开放式的教学，不拘一格的教学，能最大限度地调动教学双方的积极性，以取得良好的教学效果。上音乐课，他会先将歌曲教唱一遍，然后盖上钢琴跑到教学大楼外面去听学生在教室内的合唱，如果有什么地方唱得不对，或音色不好，他就又跑回来逐一纠正，要求学生重唱；他上美术课，先把自己作为模特来让学生有最直接的形象揭示。他对学生说："不论画什么都要抓住其特点，比如，你们想画一张我的头像，就抓住我的前额宽、下颚尖这个特点，像个狗头似的。"他一边说着一边随手在黑板上画了一个倒置的三角形，添上几笔后，黑板上就出现了一个丰子恺的漫画像，随即又把眼角、嘴边修改几笔，对大家说："你们看，这是因为你们画得好，丰子恺笑了。"说完重新改了几笔，说："这是因为你们画得不好，丰子恺哭了！"[19]春晖中学有时会利用夜晚举行各种活动来丰富学生的课外知识。比如，丰子恺就利用过中秋节的赏月晚会，给学生讲过贝多芬及其《月光曲》。学生魏风江曾回忆说："存在于春晖校园中的那种活泼生动的气氛，是别的学校所见不到的。这完全是匡先生、丰先生等几位教师与学生生活在一起，活动在一起有关系的。"[20]此言得到朱自清的印证：夏丏尊先生"约集了一班气味相投的教师，招来了许多外地和本地的学生，创立了这个中学……让他们按着个性自由发展。学校成立了两年，我也去教书……我教着书，看出学生对文学和艺术的欣赏力和表现力都比别的同级的学校高得多"。[21]

在白马湖期间，丰子恺经常在校内外进行艺术演讲活动。《春晖》第11期（1923年5月1日）有题为《丰子恺赴沪讲演》的信息，曰："本校教员丰子恺先生应专科师范之约，于本月12日赴沪讲演，定10日后回校。"[22]对于学校的艺术演讲，他更是热心，所收到的效果也很好。

《春晖》第15期（1923年7月1日）题为《夏期教育讲习会筹备事项续记》的信息介绍："本校和鄞县、绍县、余姚、萧山和上虞五县教育会共同发起白马湖夏期教育讲习会，准于8月1日开讲一节已经志在前期本报里面。近由本校在上海敦请讲员，承教育界中许多知名士，允为届期莅校，实行讲演，兹将已约定各先生及其所讲题目列后：……音乐图画教授法——丰子恺先生……"《春晖》第16期（1923年10月1日）中还有题为《中秋之夜》的记载："今年中秋在阳历9月25日，适为开学后第一次'五夜讲话'之期，晚餐全体醵资（每人小洋一角）过节，藉破学窗生活的平板干燥。夜，丰子恺先生讲演，话题为'裴德文与其月光曲'，讲毕，即就洋琴弹奏月光曲一遍。乐圣裴德文的坎坷的一生和月光曲清远的音节，都使听众感动而神往了。"丰子恺《裴德文与其月光曲》一文亦刊于《春晖》第16期（1923年10月1日）上。《春晖》第17期（1923年10月16日）"曲院文艺"栏中有学生戚屿璋所写的《中秋日》一文。文中写道：

钟当当的鸣了，我的可喜的世界便快涌现了！急急跑上仰山楼，同学们有许多已坐在椅上。有的拍掌，有的注视着讲坛旁的钢琴，大家都是兴高采烈。先生们来了，我们的视线都钉在他们的面上，室内充满着愉快的沉默！忽而夏先生上坛，报告说："本校自下半年起，星期假已废止，土曜讲演会也随之而打消。今改为五夜讲话。今天是九月二十五，恰好是中秋节，特请恺先生讲演，所讲的题目，是《裴德文与其月光曲》。讲好以后，他还要奏月光曲给我们听。"我们听了真是喜出望外。

……恺先生在掌声雷动中上了讲坛。裴德文苦闷的生涯，听了使我感奋，月光曲的故事，尤使我引起怀古的幽情。半时间悠扬的琴声，使我初听钢琴和音乐没有感情的一个人也很动情！静寂中只有琴声和一个斗火虫的飞声，以外便没有了。听琴声的心，可惜有时被斗火虫侵占了些去了！

一阵掌声，盛会结束了。先生们在步梯上分月饼，每人得两个，拿了便走下楼去……

此文恰是前期《春晖》上报道的丰子恺演讲情形的生动补充。[23]

《春晖》第20期（1923年12月2日）还有关于丰子恺艺术演讲的报道。本期《春晖》为"本校成立纪念号"，刊有刘叔琴《一年来的课外讲演》一文，文中提到一年来的重要演讲者和演讲内容，"丰子恺先生讲的"有《远近法》《艺术》和《裴德文与其月光曲》。可惜目前尚未见有《远近法》和《艺术》二讲的文字记录留存。

丰子恺也参与学校的招生和教学计划的制订及相关教研活动。《春晖》第13期（1923年6月1日）《讨论新学则招生简章及组织大纲》一题中记载："本校暂行学则、招生简章及暂行组成大纲，已于本年度里试行，将近一年了，现由经校长将此项旧章重行增删及修正之后，并于本月廿二日晚上起，邀集本校教员夏丏尊、冯克书、刘薰宇、丰子恺、赵友三及赵恂如诸位先生共同讨论，至廿四日晚上止，共经四晚之久，始将全部新章，悉行议竣。此项新章，除由本校单独印行外，并全数露布学则在本期本报里面，招生简章在下期本报里面，以供读者及各大教育家批评。"《春晖》第23期（1924年1月16日）有题为《测验经过》的记载："本校近欲察验本县高小学生知识，已志前期本刊。这半月中，本校教职员课外的余间，差不多都消耗于这一件事中。各个利用了课余时日，分头先后出发。夏丏尊先生往崧镇，章育文先生往前江及沥海所，徐子梁王伯勋二先生往驿亭百官，刘薰宇陈伯勋二先生往马家堰小越，丰子恺赵友三二先生往上虞中下管及章家埠。回校以后，阅卷统计，又各费了不少的精神和时间。察验结果，见本期刘薰宇先生的文中。"[24]

丰子恺还在春晖中学兼授英文。《春晖》第13期（1923年6月1日）有一题为《朱代校长因事赴绍》的信息，记曰："代理校长朱少卿先生从日本回校后，适值绍县明道女子师范学校发生风潮，朱先生叠经该县士绅的函催，邀往该校代为解决，已经往返两次。现在朱先生又于本月21日赴绍了，所有本校B组和A组的英文，暂托丰子恺先生代授。"《春晖》第14期（1923年6月16日）有题为《王文琪先生代授英文》的信息曰："本校中学部A、B两组英文科，从朱少卿先生赴绍后，暂由朱先生托图画音乐教员丰子恺先生代授，已志前期本报。从前月25日起，本校已聘王文琪先生专行代授英文了。"从时间上推算，丰子恺本次代授英文课，为期1个月左右，但也就是在该年，丰子恺写有《英文教授我观》一文（作者自署写作时间是"1923，耶稣降诞节的前夜"），后刊于1924年1

月1日的《春晖》第22期上。学校也注意到了丰子恺的授课负担，《春晖》第34期（1924年10月16日）有题为《添聘教员》的记载："舍务主任匡互生先生因兼课太多，兼顾无暇，一二年级因人数过多，音乐图画两科，均已分组，致艺术科教员丰子恺先生，亦因任课太多，不能兼授英文，故函聘陶载良先生来校，任匡丰两先生所任课，及一年级级任，已得陶先生允诺，并于本月二日到校矣。"据《春晖》第13、14两期记载，丰子恺于1923年曾有过一个月左右的代授英文的经历，后因新聘英文教师王文琪的到来而结束代课。现据《春晖》第34期记载之文字，丰子恺仍有兼授英文课的情况。[25]

丰子恺在春晖中学做艺术教师，显然活跃了校园的艺术生活。《春晖》第28期（1924年5月1日）有题为《迎春音乐会》的记载，其中请柬的内容是："我们定于4月20日下午1时半在大讲堂演习音乐，披露我们一年来所习得的音乐，敬请先生莅教。"关于这次的音乐会，该文记载曰："那天除本校的全体职教员和学生与会外，又有第四中学[26]和嵊县完全小学两旅行团百余人，真可谓'极一时之盛了'，散会时已经三点半了，那天音乐会的节目是：……"从节目单看，这次的音乐会确实内容丰富，计有合唱、风琴演奏、洋琴演奏和小提琴演奏，而两位演奏小提琴的，其中之一即为丰子恺。此外，丰子恺也带领学生外出野游，丰富学生的经历和扩大视野。《春晖》第26期（1924年4月1日）有题为《中学旅行预志》："中学部有许多同学愿意利用春假中的闲暇，作有益的旅行，在本月24日经公共议决旅行杭州，预定4月2日出发。6日内返校，同行的教职员是丰子恺、匡互生、夏丏尊三先生，学生约30余人。"

丰子恺在春晖中学校刊《春晖》半月刊[27]上发表了许多文章：

第1期（1922年10月31日，存目）《艺术的慰安》

第3期（1922年12月1日）"由仰山楼"栏：《青年与自然》

第6期（1923年1月16日）"五夜讲话"栏：《美的世界与女性》

第8期（存目，时间不详）《本校的艺术教育》

第9期（存目，时间不详）《本校的艺术教育（续）》

第13期（1923年6月1日）"由仰山楼"栏：《山水间的生活》

第14期（1923年6月16日）"由仰山楼"栏：《唱歌的音域测验》

第 15 期（1923 年 7 月 1 日）"由仰山楼"栏：《唱歌音域的测验（续）》

第 16 期（1923 年 10 月 1 日）"五夜讲话"栏：《裴德文与其月光曲》

第 18 期（1923 年 11 月 1 日）"白马读书录"栏：无标题读书札记

第 22 期（1924 年 1 月 1 日）"由仰山楼"栏：《英语教授我观》

第 24 期（1924 年 3 月 1 日）"白马读书录"栏：无标题读书札记

第 25 期（1924 年 3 月 16 日）"白马读书录"栏：无标题读书札记
（待续）

第 26 期（1924 年 4 月 1 日）"白马读书录"栏：无标题读书札记
（续前）

第 28 期（1924 年 5 月 1 日）"白马读书录"栏：无标题读书札记一篇

第 31 期（1924 年 6 月 16 日）"五夜讲话"栏：《艺术的创作与鉴赏》[28]

除了在《春晖》半月刊上发表文章，他还在其他杂志上发表自己的艺术教育见解，如：《从西洋音乐上考察中国的音律》（1923 年 9 月 25 日、10 月 10 日《东方杂志》第 20 卷第 18、19 期连载）、《现代艺术潮流》（1923 年 5 月 1 日、28 日《民国日报》连载）、《小学生的描画能力及其开发指导》（1924 年 2 月《教育杂志》第 16 卷第 2 期）、《中等学校的图画教育》（1924 年 9 月《教育杂志》第 16 卷第 9 期）、《音乐知识》（1924 年《艺术评论》第 49、50、51、52 期连载）、《西洋美术的根源》（1924 年《艺术评论》第 49 期）、《印象派以后》（1924 年《艺术评论》第 52 期）、《曲线与直线的对照美》（1924 年《艺术评论》第 52 期）、《构图上的均衡》（1924 年《艺术评论》第 54 期）、《关于绘画的根本知识》（1924 年《艺术评论》第 55 期）、《直到世界末——上海艺术师范五周纪念》（1924 年《艺术评论》第 63 期）、《艺术的创作与欣赏》（1924 年《艺术评论》第 65 期）等。[29] 从以上"清单"可知，丰子恺在白马湖任教时期对艺术的张扬实可谓不遗余力，可以看出他从日本回国后从事艺术研究的热情。

他在《教育杂志》发表的《小学生的描画能力及其开发指导》一文中写道：

近代新科学之一的"儿童学"进步以来，小学校的艺术教育发达过程上受了一个新的刺激；在图画教授上特别发生新现象，就是生起了儿童的描画活动关联于儿童心理的一个问题。图画与文字同是表现人类的思想感情的记号。图画用原来的形状色彩作为符号，文字则用加约束的一种记号，两者的作用全然相同。用文字表示的思想感情，换用图画来表示，或换用言语来表示，在根本上毫无差异。所以小学生的图画，当然与小学生的心理，即思想感情的发达相关联，而占有与文字文章同样的位置。

中国向来受了科学的造习，在学校里也有注重文字文章而轻描画的倾向。在根本上想来，语言、文字与图画，在小学生应该有同样效用和同样必要。人类的精神界，可分为两区域：可用言语发表的区域，名为"知"；不能用言语发表的区域，名为"识"。知属于理会判断，识属于观察知觉。言语是适应这知界的发表的方便，图画是适应这识界的发表的方便。换句话说，人类生活的内容，有两方面：一是观念的、知识的、间接的动作，例如各种知识思想等抽象的思考；一是实际的、具体的、直接的动作，例如直观事物，表现事物，作造事物的直感的思考。这两方面相对立，造成人类生活的内容。代表这抽象的思考的是言语；代表直感的思考的是图画……

丰子恺在文章中又分题就自己的观点进行了论述，这些题目是"儿童的美的判断力及其指导要点""儿童的描画能力的发达""形象时代的儿童画及其开发指导""儿童画的材料与描写""小学图画指导的二要点"。丰子恺在文章的结尾处还说：

还有一重要的问题，即"暗示的表现"。凡要适切地表现物体的性质，单用这物体表面的形状、凹凸、远近等描写是不足用的。因为单就物体表面的描写，只是理知的问题；绘画成立的本源的要素，是比理知更重要的所谓"感情"的描现。譬如春日的田野中的嫩绿的草，有一种难说的柔软的趣味；岸边的石，有一种粗而坚的趣味；树的干，有一种圆而实的趣味；流着的水，有一种活动而滑的趣味。这是我们从自然观察所得的感情。在绘画上把这感情暗示的地（方）描现出来，是一件必要的事。这等感情可由技巧暗示出来，可因表现的方法而描出来。一切物体描写的目的，是视的能力的发达；即用心的眼明了观看通常的形态，发挥忠实描写物体的能力。故虽然程度低的人，倘有观察事物性质的眼力，就可对于图画发生兴味。教师对于小学生，倘只以理知的，形状大小、高低、远近、凹凸等为唯一练习事项，而不指导他们事物性质的描表法，结果儿童对于图画的兴味枯燥，易生厌倦。所谓事物性质描表的指导，实在就是鉴赏力练习的指导。要先使儿童有观察事物的表情的眼力，然后练习在纸上描表出来的技巧。指导的要点，在于观察。各种花的性质，例如菊花清秀，玫瑰花浓艳，桃李花华丽，藕花清爽等，是练习情调观察的最良的标本。[30]

丰子恺在《中等学校的图画教育》一文中写道：

教育上的图画，应该是与言语同等的一种发表思想的要具。古代的象形文字，本来是画；儿童的思想感情的发表，先用画面后用文字。这可证明图画与言语在人类的思想感情的发表上本来是有同等的重要的位置的。小孩子思想未经锻炼时，说的话多荒诞或异想，画的画也多奇形怪状；思想渐渐精密起来，说话渐合于论理的时候，图画照例也应该渐渐成形起来，与言语同等的进步。即幼儿时代应该画相当于幼儿时代的言语的画，小学生时代应该画相当于小学生时代的言语的画，中学生时代也应该画相当于中学生时代的思想、感情的画，方是图画教育的正则。在目下的中国教育界中，幼儿及小学生的图画容易指导，中学生的图画教育最为困难。因为他们大多数在小学校里没有受过正当的图画教育，从未呼吸过艺术的空气。当他们的思想感情发展进步的时候，偏重了言语的练习，闲却了描画的练习，故入中学后，对于描画觉得眼高手低，描画的能力就退缩了。目下大多数的中等学校的图画教育的弊害，是图画课变成一与思想感情无关的机械性质的描画，与生活没交涉的一种无意义的赘物……[31]

此外，丰子恺也在一些刊物上发表许多论述文艺的文章和译文。如译文《泉上的幻影》（1922年5月10日《东方杂志》第19卷第9期）、《音乐会与音乐》（1922年12月1日《妇女杂志》第8卷第12期）、《使艺术伟大的真的性质》（1923年2月25日《东方杂志》第20卷第4期）、

《艺术教育的哲学》（1923年11月19日、26日，12月3日《民国日报·艺术评论》第31、32、33期）；论文《艺术教育的原理》（1922年4月《美育》第7期）、《现代艺术潮流》（1923年5月1日、28日《民国日报·艺术评论》第5、6期）、《从西洋音乐上考察中国的音律》（1923年9月25日、10月10日《东方杂志》第20卷第18、19期）、《艺术教育问题的特色》（1924年《民国日报·艺术评论》第57、58、59期连载，是译者为上海艺术师范高师科所译）等。

第三节　散文与漫画创作的起步

在白马湖，丰子恺走出了他作为文学家和漫画家的第一步。丰子恺散文创作的起步是从《春晖》半月刊开始的，其中最有代表性的两篇散文就是《青年与自然》[32]和《山水间的生活》[33]。

《青年与自然》是一篇针对学生的美育文章。与朱光潜《无言之美》不同的是，丰子恺在文章的开头所引用的是英国诗人华兹华斯（Wordsworth）诗中的一句话："嫩草萌动的春天的田野所告我们的教训，比古今圣贤所说的法语指示我们更多的道理。"可以想见，丰子恺是要谈自然之美，而且是要跟青年谈自然美，因为他以为："青年是人生最中坚的、最精彩的、最有变化的一部分……唯有极盛的青年期受自然的感化最多。"他谈月，以为"月是有光物体的一种。月的光有一种特有的性质。是天体中最切实的有兴味的东西。所以月给青年的影响更大"。他想让青年们知道，月所带来的美感是主要的。从儿童时代对月的空想，到青年时代对月的思慕、敬畏、求爱，都是给青年期带来一种力——自发的陶冶身心的力。对月的崇拜，会给人以真善美的感受，月又能使人产生爱，"心的爱的世界的状态，可以拿月夜的银灰色的世界来代表的"，它所唤起的感情有月下追念亡父母或友人，或闻见父母友人的语音，又或想起离别的恋人，因月的感化，足以维持纯洁的精神。"这泛爱的月真是慈母似的祈愿了。试看瑞烟笼罩的大地上，万人均得浴月的柔光。这正是表示月的泛爱，且助人与人的爱"。丰子恺也没有忘记提醒青年人，月也是能生愁的。这就须青年适度调节自己的情感，切莫影响于消化、发育、睡眠和健康。花有美的姿态，有芳香的气息，有可爱的颜色，所以花也是能给青年人美的陶冶的。他开导青年人，花能产生同情心，"因为花与青年——特别是女子——在各点上相类似的：生命的丰富、色彩的繁荣、元气的旺盛等，都相类似"。可以这样说：花是青年的象征，爱花如爱己；惜花、葬花又是自伤的表现。花大都在春天开放，而人生的青年期如同春天，即青春，加上青年时代是思想活跃阶段，此一如蓬勃的春天，其绮丽奋发与花的妩媚相似。此外，花还能给青年道德上的感想，白色表示纯洁，赤色表示爱情和繁荣，紫色有王者的象征，玫瑰牡丹有结构上的调和……如此等等，在不知不觉中都给以青年道德上的一种启示，催人联想，励人向上。他最后呼吁："优美的青年们！近日秋月将圆，黄花盛开。当月色横空，花荫满庭之夜，你们正可以亲近着月魄花灵，永结神圣之爱！"丰子恺在教学文章中不忘记培养学生美的意识，这种将美育渗透于智育的做法，是他教学的一大特色。

丰子恺另一篇《山水间的生活》也很有特色。有人曾对他说："山水间虽然清静，但物质的需要不便之外，住家不免寂寞，办学校不免闭门造车，有利亦有弊。"可是在白马湖生活了近一年后，他却觉得山水间的生活有意义，于是便写下了他的感想："我曾经住过上海，觉得上海住家，邻人都是不相往来，而且敌视的。我也曾做过上海的学校教师，觉得上海的繁华和文明，能使聪明的明白人得到暗示和觉悟，而使悟力薄弱的人收到很恶的影响。我觉得上海虽热闹，实在寂寞，山中虽清静，实在热闹，不觉得寂寞。就是上海是骚扰的寂寞，山中是清静的热闹。"丰子恺之所以会有这样的感受，是他对都市的生活已经有了厌倦和恐慌："在火车里的几小时，是在这社会里四五十年的人生的缩图。座位被占，提包被偷等恐慌，就是生活恐慌的缩形。倘嫌山水间的生活的寂寞，而慕都会的热闹，犹之在只乘四五个相熟的人火车里嫌寂寞，要望别的拥挤着的车子里去。如果有这样的人，他定是要描写拥挤的车子而去观察的小说家，否则是想图利去的pickpocket（扒手）。"继而他又谈到教学："我在教授图画唱歌的时候，觉得以前曾在别处学过图画唱歌的人最难教授，全然没有学过的人容易指导。同样，我觉得在社会里最感到困难的是'因袭的打破难'。许多学校风潮，许多家庭悲剧，许多恶劣的人类分子,都是'因袭的罪恶',何尝是人间本身的不良。因袭好比遗传,永不断绝。新文化一次输入因袭旧的社会里,仿佛注些花露水在粪里,气味更难当。再输入一次,仿佛在这花露水和粪里再注入些香油,又变一种臭气。我觉得无论什么改造,非先除去因袭的恶弊终归越弄越坏。在山水间的学校和家庭,不拘何等孤僻,何等少见闻,何等寂寥,'因袭的传染的隔远'和'改造的容易入手'是实实在在的事实。"至于所谓的"闭门造车",丰子恺的理论是:行车不一定要在已成的轨道上,已成的轨道未必会把人们引向正路。所以,他认为:"不造则已,如果要造车,一定非闭门造不可。如果依照已成的轨道而造,所造的车子和以前已有的车子一样,就在已成的轨道上随波逐流地去了。即使已有的车子是好的,已成的轨道是正的,造车的效力也不过加多了车,不是造车的进步。何况已有的车子或者不好,已成的轨道或者不正呢。"最后,丰子恺写道:

"山水间生活,有利亦有弊",这大概是指清静、空气新鲜、生活程度低……等是利。需要不便、寂寞、闭门造车……等是弊。这是要计较两方的利弊长短而取舍的意思。这话的内容和"新思想并不恶、时势变更了不得已而然的。但从前的习惯一概不好,也不能说"的话同是乡愿的话。

这话的变形,就是"凡物都有明暗两方面的"。这话固然不错。但我觉得明暗是一体的。非但如此,明是因为有暗而益明的。仿佛绘画,明调子因暗调子而益美,暗调子因明调子而也美了。断不是明面好,暗面不好。如果取明而弃暗。就是Ruskin(罗斯金)所谓:"自然像日光和阴影相交一般混合着优劣两种要素,使双方相互地供给效用和势力的。所以除去阴影的画家,定要在他自己造出来的无荫的沙漠里烧死!"

爱一物,是兼爱它的明暗两方面。否,没有暗的明是不明的,是不可爱的。我往往觉得山水间的生活,因为需要不便而菜根更香,豆腐更肥。因为寂寞而邻人更亲。

且勿论都会的生活与山水间的生活孰优孰劣,孰利孰弊。人生随处皆不满,欲图解脱,唯于艺术中求之。

处于艺术起步阶段的丰子恺，此时将他在白马湖的生活与艺术生活相联系可谓十分自然。能与众多艺术知己一同共事于白马湖畔，更是他一生中最难忘的一段经历。

丰子恺漫画的起步也在春晖中学。据丰子恺自己回忆，他在白马湖作漫画，缘于春晖中学的一次校务会议。在这次会议上，他对"那垂头拱手而伏在议席上的同事的倦怠姿态"[34]印象颇深，回家后就用毛笔把校务会议上的印象画了出来，并贴在门后独自欣赏。此画激起了丰子恺的极大兴味。此后他就经常把平日信口低吟的古诗词句"译"作小画，又把对日常生活中有感的物事一一描绘出来。每次画完之后，他都会"得到和产母产子后所感到的同样的欢喜"。他开始勤奋作画，"于是包皮纸，旧讲义纸，香烟篓的反面，都成了我的Canvas，有毛笔的地方都成了我的Studio了"。[35]丰子恺最早发表的漫画就是在《春晖》半月刊上。1922年12月16日《春晖》第4期上发表了《经子渊先生的演讲》和《女来宾——宁波女子师范》两幅画，这是目前发现的丰子恺最早发表的漫画。白马湖成了丰子恺漫画艺术的摇篮，同事朱自清回忆说："小客厅里，互相垂直的两壁上，早已排满了那小眼睛似的漫画的稿；微风穿过它们间时，几乎可以听出飒飒的声音。"[36]

研究界时常将丰子恺载于1924年出版的《我们的七月》中的漫画《人散后，一钩新月天如水》视为作者最早公开发表的漫画。《我们的七月》的发行范围比《春晖》广，影响自然也比《春晖》大。但《春晖》半月刊毕竟也是公开出版的刊物。且不说20世纪20年代的中国是否有如今的"内部刊物"和"公开刊物"之说，即便是有"内部"和"公开"之分的话，《春晖》也不能算作是"内部刊物"。《春晖》的创刊与经亨颐、夏丏尊直接有关。经亨颐在1919年3月的《春晖中学校计划书》里就明确指出："而是等事业，影响所及尚不远，况斯校僻在乡间，故又宜刊行学校杂志。此种杂志非如近来各校之校友会志，徒事表彰成绩已也，当以灌输思想学术为主旨，如近来《北京大学月刊》。学校程度虽有分别，而同为教育研究家所居之地，促进社会文化之职责，当然与大学并驾齐驱。将来春晖中学月刊，为全国人民所必读，庶名副其实。春日之晖，普及遐尔，岂独一乡一邑已哉！"[37]于是，在夏丏尊、赵友三等共同努力下，《春晖》半月刊于1922年10月31日创刊。可见，

丰子恺在《春晖》半月刊上发表
的漫画《经子渊先生的演讲》

丰子恺在《春晖》半月刊上发表的漫画《女来宾——宁
波女子师范》

《春晖》并不是一份仅在校内流通的刊物，它"当以灌输思想学术为主旨，如近来《北京大学月刊》""促进社会文化之职责，当然与大学并驾齐驱"。它的目标是"将来春晖中学月刊，为全国人民所必读，庶名副其实。春日之晖，普及遐迩，岂独一乡一邑已哉"。仅就此而论，《春晖》显然已不是一般意义上的校内刊物。

《经子渊先生的演讲》和《女来宾——宁波女子师范》两幅画以往已知，并被收入《丰子恺漫画全集》，[38] 但在《春晖》半月刊中，还有许多丰子恺早期用漫画笔意画的插图。在1923年12月2日出版的《春晖》"本校成立纪念号"上有一篇夏丏尊所写的《一年来的本刊》一文，文中有这样的说明："一年以来，担任编辑者为丏尊，担任发行者为赵友三，图案意匠多出丰子恺君之手，撰著以刘薰宇君为最多。"就目前能见到的《春晖》半月刊中，丰子恺名下的题花或插图有17幅，题头画7幅，人物漫画15幅。另有丰子恺的栏目题名手迹8条，即"由仰山楼""曲院文艺""他山之石""五夜讲话""白马读书录""课余""半月来的本校"和"校闻"。

丰子恺的画引起了夏丏尊、朱自清、朱光潜等人的兴趣。他们几位在此后撰写的文章中，对此多有涉及，我们也能在这些文章中，分享到当年白马湖畔的艺术情味。

丰子恺在《春晖》半月刊上发表的夏丏尊漫画像

夏丏尊和朱自清喜欢丰子恺的漫画。夏丏尊在丰子恺的第一部漫画集《子恺漫画》的序里如此表白：

> 记得：子恺的画这类画，实由于我的怂恿。在这三年中，子恺实画了不少，集中所收的不过数十分之一。其中含有两种性质，一是写古诗词名句的，一是写日常生活的断片的。古诗词名句，原是古人观照的结果，子恺不过再来用画表出一次，至于写日常生活的断片的部分，全是子恺自己观照的表现。前者是翻译，后者是创作了。画的好歹且不谈，子恺年少于我，对于生活，有这样的咀嚼玩味的能力，和我相较，不能不羡子恺是幸福者！[39]

当时，朱自清也跟丰子恺一起观赏、研究过竹久梦二的漫画，并希望丰子恺也像梦二一样，出版一本漫画集。所以，当丰子恺的第一部画集出版之际，朱自清当然是由衷地欣喜。他在代序中的第一句话就是："子恺兄：知道你的漫画将出版，正中下怀，满心欢喜。"他用感性的言词对丰子恺的漫画做了评语："我们都爱你的漫画有诗意；一幅幅的漫画，就如一首首的小诗——带核儿的小诗。你将诗的世界东一鳞西一爪地揭露出来，我们这就像吃橄榄似的，老觉着那味儿。"[40]丰子恺的漫画起步，可谓十分成功。

夏丏尊翻译《爱的教育》一书，可称之为中国现代教育史上的一段佳话。

《爱的教育》的原作者是意大利人亚米契斯，此书出版之后，曾风靡一时。夏丏尊的译本是从日文版转译成中文的。他从1923年起就在他那间白马湖畔的平屋里翻译，并先在上海的《东方杂志》连载（《东方杂志》从第21卷第2期起，分十余次连载），后由开明书店于1926年出版。在此期间，上海虽出现过另外几种翻译版本，但质量均无法与夏丏尊的译笔相提并论。夏丏尊为什么要翻译此书呢？据他自己在序言里说："我在四年前始得此书的日译本，记得曾流了泪三日夜读毕。"他实在是为书中的爱心所打动了。他说："这不是悲哀的眼泪，乃是惭愧和感激的眼泪……书中叙述亲子之爱，师生之情，朋友之谊，乡国之感，社会之同情，都近于理想的世界，虽是幻影，使人读了觉到理想世界的情味，以为世间如此才好。于是不觉就感激了流泪。"[41]丰子恺曾把夏丏尊的教育比同"妈妈的教育"，[42]其实，夏丏尊自己也愿意把自己比作学生的父亲。他在春晖中学为学生上国文预备课时就诚恳地对学生说："今天晚上，我有许多话要同你们说，所以叫你们到这里来。我觉得现在你们实在太颓废、太偏重文艺。此后我们要振作起精神来，好好地过这半年。我们要互相亲爱，请你们把我作你们的义父吧！请你们到我家里来谈谈天，你们有所不知，或有什么苦痛，都请你们来告诉我。我的人格实不足教你们，我自己觉得很不好，血气很盛，总要怒形于色，但我对你们并无恶意，这也正是爱你们呀！你们选择我，一切行为当然由我负责；但你们还要如平日一样，把别位先生的话好好听从，——你们宁可得罪我，切不可得罪别的先生！"[43]诚如唐弢评价夏丏尊时所说："作为教育家，他自己便是'爱'的全部的化身。"[44]夏丏尊翻译《爱的教育》，得到了白马湖作家们的支持与同情。每期稿成，刘薰宇、朱自清便成了最初的读者，并为之校正。朱自清为人们介绍了夏丏尊译此书时的心境："他翻译这本书，是抱着佛教徒了愿的精神在动笔的，从这件事上可以见出他将教育和宗教打成一片。这也正是他的从事教育事业的态度。他爱朋友，爱青年，他关心他们的一切。"[45]丰子恺则为此书作了插图，并精心绘制了封面。夏丏尊译的《爱的教育》于1926年由开明书店出版了单行本，此书后来风行中国二十余年，到1949年3月，此书已再版三十多次，直至今日，有关出版社还在以不同的形式出版。

丰子恺漫画独树一帜，别具一格，但与许多画家一样，丰子恺的漫画也受到过许多方面的影响。这种影响，主要来自日本的竹久梦二，当然也受到过老师李叔同的影响。此不再赘述。在其他方面，丰子恺的漫画艺术风格也有其他的参照系：陈师曾、曾衍东等人的画风对他也颇有影响。

陈师曾（1876—1923），名衡恪，字师曾，号槐堂，又号朽道人或朽者。江西义宁人。他家学渊源，1902年赴日本留学，1909年毕业回

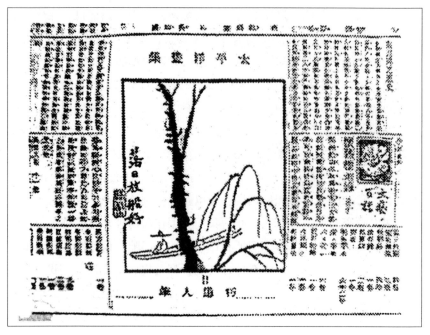

陈师曾发表在《太平洋》报上的画作《落日放船好》

国。他工于诗、文、书法和篆刻，更擅长绘画。他的画，既博且深，又极富创造性。由于陈师曾擅篆刻，又对金石文字很有研究，因而能把金石上的文字和图形的趣味，吸收融化到绘画中去，其作品清奇浑厚，自成一家。值得一提的是，陈师曾作画构图新颖，虚实相生，以大块的空白对实景做衬托，往往能使画意奥妙无穷。陈师曾的风俗人物画在中国近现代画坛上很有地位。他用速写和简笔形式描绘人物，情态生动。他的这类画，不仅在当时画界罕见，而且富有社会意义。丰子恺对陈师曾的画风十分钦佩，他说："国人皆以为漫画在中国由吾创始，实则陈师曾在《太平洋》报所载毛笔略画，题意潇洒，用笔简劲，实为中国漫画之始……忆陈作有《落日放船好》《独树老夫家》等，皆佳妙。"[46] 其实陈师曾发表在《太平洋报》上的许多画也是有题诗词句的，如《东风尔来阿为谁，蝴蝶忽然满芳草》《小楼一夜听春雨，深巷明朝卖杏花》等，这种形式应该也会对丰子恺具有启发意义。陈师曾虽非中国的"漫画鼻祖"，但从丰子恺的表白中可知他对陈师曾绘画风格的推崇，也不难看出他们在作画技巧和风格上的若干联系。陈师曾在中国近现代画坛上产生影响的其实是他精妙绝伦的山水画及花鸟画。但有意思的是，几乎与丰子恺受竹久梦二影响的情况相同，他更看重的则是陈师曾为数不多的风俗人物画和简笔诗意图。"五四"前夕，陈师曾作有《北京风俗图》，以速写、漫画的形式描出生活在社会底层的劳动群体，生活气息浓厚。而他于1912年在《太平洋报》上发表的简笔画更被丰子恺看好。这些具有诗意的简笔画，由李叔同编辑发表，实际上是为陈师曾做艺术宣传。李叔同是丰子恺的老师，丰子恺对这些画记忆犹新，应该也与李叔同有关。

曾衍东，生于1751年，号七道士，曾中举，任湖北咸宁知县等职，63岁被流放至浙江温州，卒年不详。曾衍东能画善文，有"愤世之书"文言小说《小豆棚》传世。丰子恺曾经承认自己的漫画风格受到过曾衍东的影响。从目前的资料看，此说在陈廉贞《丰子恺先生的赠诗》中有过这样的记述。文中引述了丰子恺对作者说的一席话："衡老（引者按：指陈师曾）给我的启发很大，但他的人物画线、条、点染和山水画的皴法、堆叠，都和我的不同。你能看出我人物画的笔法吗？我决不是沿袭明代曾鲸一派的。我是从一个很受日本人器重和爱好的一个中国清代较冷僻的画家那里学来的。""七道士曾衍东确实是清代画坛上的怪杰，他不可能接触西洋人物写生画，但他的笔法简单而予人以质感和灵活性，真是超越了传统的曾鲸写照派，为中国人物画开了新生面。就是他的山水画亦然，简于石涛，而把近山远水，勾勒点染得清雅绝伦，难怪日本画家喜爱他。"[47]可见，丰子恺本人对自己受到曾衍东的影响是直言不讳的。

在白马湖，丰子恺也与外地来的画家有过交往。《春晖》第21期（1923年12月16日）就有一则题为《吴中望君等到白马湖旅行写生》的记载："上海艺术师范学校西洋画教师，青年画

清代画家曾衍东画作一例

家吴中望君慕白马湖风景，于本月9日偕友人张戴二君来白马湖写生旅行。现寓小杨柳屋丰子恺君书室中。吴君很爱湖上风景的清丽，拟勾留数天，多描几幅油画，再回上海云。"

第四节　告别白马湖

丰子恺在白马湖的时间不算很长，前后共两年多一点，1924年冬，他就由白马湖迁往上海，参与创办立达学园。他之所以要告别曾竭力赞美过的白马湖，是因为学校的教师与学校领导层发生了在办学思想上的分歧。虽然主张改革的白马湖同人不少，也深受学生爱戴，但是他们不掌握行政大权，所以，他们越来越感到"寄人篱下"是不可能实现他们自己的教育理想的，终于，一场风波使他们下定了辞别白马湖的决心。

这场风波的导火线是所谓的"毡帽事件"，即学生黄源与一位体育教师的争执。黄源当时还只是一个十七八岁的青年。某日上早操课时，黄源头戴一顶黑色毡帽出现在学校的操场上，遭到体育教师怒斥，并勒令其将毡帽除去。于是，师生间发生了争执。争执的结果，是学校当局要对黄源做记过或开除的处分，而一些思想守旧的教员本来就看不惯学校里的民主作风，乘机压制学生的活动。在这种情况下，匡互生站出来替黄源说话，以为学生行为上的不慎，应该以教育为主，不能简单地用记过、开除一类的行政压制手段。然而，学校行政决意要处分黄源，同时学校还以种种理由开除了另外二十余位学生。原已对此地抱失望态度的匡互生辞职离校。春晖中学终于掀起了轩然大波。黄源回忆道："全校师生挽留不住，匡先生走出校门，沿着湖边煤屑路前往驿亭火车站，同学们紧跟在他身后挥泪送行。群情激愤，送行回校后，不知谁宣布罢课，学校当局也立即采取对策，宣布提前放寒假，师生陆续离校了。"[48]一说匡互生是与丰子恺一起离开的。魏风江在《从春晖中学到立达学园的匡互生先生》一文中描述说："在一个晓风残月的早晨，匡先生丰先生等几位突然离去的老师们，带着不多的几件行李，在驿亭火车站上候车，几个最先获知先生们去意而来送别的学生，依依地立在老师身边，

白马湖同人离开白马湖前的留影

有两三个靠在柳树下呜咽起来。火车带着老师们离站好久以后，学生们还在车站黯然站着，不肯离去。"[49] 此外朱光潜也在《回忆上海立达学园和开明书店》一文回忆说："匡互生就愤而辞去教务主任职，掀起了一场风潮。我对匡互生深表同情，就跟他采取毅然决然的态度，离开春晖中学跑到上海另谋出路。离白马湖时有一批同情我们的学生到车站挽留我们，挽留不住，就跟我们一同跑到上海。"[50]

匡互生、夏丏尊、丰子恺、朱光潜、刘薰宇等都先后离开了白马湖。朱自清在那里续任了半年。他曾给俞平伯写信说："春晖闹了风潮，我们旁皇了多日，现在总算暂告结束了。经过的情形极繁，详说殊无谓。约略言之：学生反对教务主任而罢课，学校提前放假，当局开除学生廿八人，我们反对而辞职；结果我仍被留在此，夏先生专任甬事，丰子恺改任上海艺术师范大学事。此后事甚乏味。半年后仍须一走。"同一封信中又说："我颇想脱离教育界，在商务觅一事，不知如何？也想到北京去，因从前在北京实在太苦了，真是白白住了那些年，很想再去仔细领略一回。如有相当机会，尚乞为我留意。"[51] 暑假后，即1925年8月由俞平伯推荐，朱自清往北京清华大学任中文系教授，1927年1月，他又把滞留在白马湖的眷属接到了北京。[52]

注释：

1　据王震编：《二十世纪上海美术年表》（上海书画出版社2005年1月第1版，第118页，1922年"2月16日"条目）："上海专科师范开学，聘计始复为教务主任兼伦理、教育教师。傅益修为会务主任，丰子恺为图画主任，刘质平为音乐主任，张联辉为手工主任，吕凤子、沙辅卿为中国画教师，李超士为西洋画教师，姜敬庐为手工教师等。（《申报》）"

2　随着时间的推移、自然的变迁和人为的因素，目前的白马湖湖面有很多被侵占或被改造，"白马"之形已较难辨认。又，在中国名曰白马湖的湖有多处，如在湖南涟源市白马镇、贵州安顺宁镇等地都有白马湖，即便是在距离上虞不远处的杭州萧山也有一个白马湖，而在江苏省四邻淮安、金湖、洪泽、宝应四县（市）之地的白马湖，传说其得名也与"白马"有关。参见陈凯军《戏说白马湖》一文，载《中国地名》2000年第3期（总第93期）。

3　朱自清：《春晖的一月》，载1924年4月16日《春晖》第27期。

4　参见春晖中学编：《浙江省春晖中学》，人民教育出版社1999年7月第1版，第27页。

5　夏丏尊：《春晖的使命》，载夏弘宁主编：《夏丏尊纪念文集》，上虞市文学艺术界联合会2001年10月。

6、15　俞平伯：《忆白马湖宁波旧游——朱佩弦兄遗念》，原载《文学杂志》，转引自《白马湖文集》，浙江省上虞市政协文史资料委员会编，1993年10月。

7　刘叔琴，别名祖征，生于1892年，宁波镇海人，曾任浙江省立宁波第四中学校长及立达学园、国立劳动大学教职和开明书店编辑。

8　刘薰宇（1894—1967），生于贵阳。北京高等师范毕业，曾赴法国巴黎大学攻数学专业。著有《开明中学数学教本》《趣味数学》《数学园地》等。刘薰宇在春晖中学任教的时间应该是1922—1925年间。他的住宅靠近夏丏尊的"平屋"，后由朱自清一家居住。

9　丰子恺：《杨柳》，收《丰子恺文集》（文学卷一），浙江文艺出版社、浙江教育出版社1992年6月版，第386页。

10　《子恺画集》朱自清跋，开明书店1927年2月版。

11　夏丏尊：《白马湖之冬》，载1933年12月《中学生》第40号。

12　朱光潜：《丰先生的人品与画品——为嘉定子恺画展作》，载《中学生》战时半月刊第66期，1943年8月。

13、14　毕克官：《朱光潜谈画——关于〈子恺漫画〉》，载《美学史论》第2辑，1982年。

16　丰子恺在开明书店时期，参与了同人作家的"开明酒会"。这个酒会对吸收会员有一个特殊的规定，即一次要能喝五斤绍兴加饭酒。结果，夏丏尊、丰子恺、叶圣陶、郑振铎、章锡琛等白马湖派及同道全部入选。这个酒会每周举行一次，许多重要的组稿活动和雅谈趣事均发生在酒会上。有一次，丰子恺的学生、书籍装帧家钱君匋问夏丏尊关于酒会的情况，夏丏尊说：能喝五斤"加饭酒"便可。于是，开明书店老板章锡琛便衔着香烟道："君匋只能喝三斤半，加入酒会还要先锻炼锻炼。"夏丏尊毕竟仁慈，他接过话题："君匋如果要加入酒会，尺度可以放松一些，打个七折吧！"最后，酒会破例接收钱君匋。第一次，钱君匋勉强喝了四斤，但后来，他居然能毫不费劲地喝五斤了。据他回忆："我们喝酒时并不互相斟酒，每人半斤一壶，自斟自饮，有时把半斤壶翻倒在桌上，就算是饮足五斤了。"当时，章锡琛知道茅盾能背《红楼梦》，郑振铎不信，结果二人打赌，茅盾果真当众表演，令郑氏瞠口呆。这一幕，也发生在酒会上。"开明酒会"成立的时候，朱自清已在北京，朱光潜则已去了欧洲。料想，他们对这酒会是要羡慕至极的。（参见钱君匋《"开明酒会"与王宝和》，载1992年5月5日《文汇报》。）

17　丰子恺：《英语教授我观》，载1924年1月1日《春晖》第22期。

18　丰子恺于1961年写有《为春晖中学四十周年校庆作》一诗："东风浩荡百花明，白马湖畔气象新。今日莘莘群学子，他年尽是接班人。"收《丰子恺文集》（文学卷三），浙江文艺出版社、浙江教育出版社1992年6月第1版，第788页。

19　徐伯鋆：《图画音乐启蒙老师——丰子恺先生》，载《寸草春晖》，春晖中学七十周年校庆筹备委员会编，1991年8月。

20、49　魏风江：《从春晖中学到立达学园的匡互生先生》，收《匡互生与立达学园》，北京师范大学出版社1985年5月第1版，第153页。

21　朱自清：《教育家的夏丏尊先生》，收《朱自清全集》第4卷，江苏教育出版社1996年8月版。

22　所谓"专科师范"当为当年丰子恺参与创办的上海专科师范学校。又据《春晖》第19期的记载，这一计划或有所改变。《春晖》第19期（1923年11月16日）有题为《丰子恺先生赴沪讲演》的记载："上海艺术师范学校屡请丰子恺先生赴沪讲演艺术，迄以课务不果行。本届本校旅行，课务稍闲，遂于旅行期间赴沪应约讲演。"然1923年5月、6月《艺术评论》第5号、第6号上则又连载了丰子恺的《现代艺术潮流——在上海专科师范讲演稿》一文。此外，1924年5月《艺术评论》第57期上有《上海艺术师范第四届暑期学校章程》，公布该校当年暑期教学的方案，其中丰子恺被列为"木炭人体写生""音乐常识""音乐教学法讨论"课的教师。又据王震《二十世纪上海美术年表》（上海书画出版社2005年1月第1版，第138页，1923年"9月6日"条目）："上海艺术师范大学除原有高等师范科和普通师范科外，添设西洋画科。陈抱一为主任，周天初、丰子恺为西洋画科特别讲师。（《申报》）"此说明丰子恺在白马湖春晖中学任教时还受聘外校教职。上海艺术师范大学的前身即上海专科师范学校。

23 斯而中在《忆二十年代的春晖中学》一文中也说："每逢春秋佳节，月白风清之夜，就在'仰山楼'前的草坪上举行露天音乐会，名曰'月光晚会'。由音乐教师丰子恺率爱好音乐的学生演奏钢琴、手风琴等，丰老师还特地为学生们用钢琴演奏裴多芬的'月光曲'。真是凉风习习，柳叶微飘，月光洒地，乐声悠扬。学生们都为美丽的白马湖景色和裴多芬乐曲的优美旋律所陶醉。"见《浙江文史资料选辑》第16辑，1980年6月。

24 《春晖》第22期（1924年1月1日）中《测验上虞各后期小学生知识》记曰："本校为研究上虞县教育起见，拟分期举行测验，现已拟定题目，由本校教员分别于两周内亲到各校测验。结果如何当在本刊公布，以供研究。"又根据刘薰宇发表在《春晖》第23期上的《上虞县属后期小学的测验》一文，所谓的察验的情况是："这次所测的学校，连春晖后期小学部，共12个学校，415个学生。""这次试验共享50题，未做以前先举一个例和被测验的人讲明，然后由他们做，大约每处都费去一小时多一点。"题目大多是人文、史地和科学常识方面的选择题，测验结果不甚理想，各科正确率分别是：社会科47%，言文科39%，算学科45%，自然科38%，体育科30%。刘薰宇在文中指出："由这次的结果，使我们很可看出我们现在所办的教育，实在太空洞了。别的且不必说，就是对于身体也就很不注意了，自己身上有几对肋骨还是有大（多）数的人不知道；媒介疟疾的蚊子，也只有三分之一的人能够答出；至于无病人的体温知道的更不过七分之一的人；受着教育的人尚且是这样，别的人当然只有更甚的了！把自己的身体先就是随便地看，读书做什么呢？"

25 丰子恺通过兼授英文，亦悟得了英语研究的价值。他在《英语教授我观》（载1924年1月1日《春晖》第22期）中就说："一民族的思想的精华，藏在这民族的文学和诗里。一民族的真的精神，也藏在这民族的文学和诗里。第一：在民族精神结合的点上着眼，学英语的学生，有研究英文学和英诗的必要。因为欲谋民族关系或国际的友谊的亲密，使人民研究他国民族文学是唯一的办法。两民族的亲善，全在民族和民族的互相了解。"

26 "第四中学"系指宁波的浙江省立第四中学，春晖中学的许多教师均在校兼课，校长经亨颐也一度兼任该校校长。

27 《春晖》半月刊是20世纪20年代春晖中学的校刊，创刊号出版于1922年10月31日。该报四开四版，在正常情况下每半月出版一期，故也在习惯上称其为《春晖》半月刊"，目前已知出刊48期，为研究春晖中学和白马湖作家群早期活动的重要史料。需要说明的是，《春晖》第2、46、47期目前未见，第7、8、9、10期有存目而未见原刊。该刊的主要栏目有："由仰山楼"（"仰山楼"为春晖中学主教学楼楼名，"由仰山楼"一栏主要发表春晖中学教职员工的意见、议论等。如夏丏尊的《学说思想与阶级》、经亨颐的《人生对待关系》、刘薰宇的《学潮评议》等文章皆发表于这一栏目）、"曲院文艺"（"曲院"为春晖中学早期的学生宿舍，该栏目主要发表春晖中学学生的作品）、"他山之石"（主要发表外来宾客的讲演稿，蔡元培、吴稚晖等人的讲演稿都在该栏目排印）、"五夜讲话"（刊登学校每周五晚上举办的教师课外讲演稿）、"白马读书录"（主要发表学校教职工和学生的读书札记）、"课余"（发表学校师生创作的随笔、杂感）和"半月来的本校"（刊登校闻）。由于该刊为校刊且时间较早，很少有人对此做系统的研究。

28　这部分的篇名中表示所属关系的助动词与表示修饰关系的助词原文用"底"字的，现统一用"的"字。又：《唱歌的音域测验》的续文本应是"《唱歌的音域测验（续）》"，但刊中之续文之标题则为"《唱歌音域的测验（续）》"，今按原文。在以上诸文中，《艺术的慰安》《本校的艺术教育》《本校的艺术教育（续）》和第18期上发表的无标题读书札记因仅存目，故无法见到原文；《青年与自然》《山水间的生活》和《英语教授我观》三篇已收入浙江文艺出版社、浙江教育出版社1992年6月版《丰子恺文集》（文学卷一）；《艺术的创作与鉴赏》已收入浙江文艺出版社、浙江教育出版社1990年9月版《丰子恺文集》（艺术卷一）；《美的世界与女性》《裴德文与其月光曲》已被收入上海三联书店1992年5月版《丰子恺集外文选》（殷琦编）。丰子恺在5期《春晖》半月刊"白马读书录"栏目中的读书札记和分别发表在第14期、第15期上的《唱歌的音域测验》《唱歌音域的测验（续）》，这些文章均有原文留存。

29　宁波朱惠民先生在其博客中公布了丰子恺于1924年12月20日在白马湖写的《由艺术到生活》全文。然未标明发表处。现经查，此文刊于1925年1月1日《四明日报》（新年增刊）。

30　丰子恺：《小学生的描画能力及其开发指导》，载1924年2月《教育杂志》第16卷第2期。

31　丰子恺：《中等学校的图画教育》，载1924年9月《教育杂志》第16卷第9期。

32　丰子恺：《青年与自然》，载1922年12月1日《春晖》第3期。

33　丰子恺：《山水间的生活》，载1923年6月1日《春晖》第13期。

34、35　丰子恺：《〈子恺漫画〉卷首语》，文学周报社1925年12月版。

36　《子恺画集》朱自清跋，开明书店1927年2月版。

37　经亨颐：《春晖中学校计划书》，见张彬编《经亨颐教育论著选》，人民教育出版社1993年10月版。

38　丰陈宝、丰一吟编：《丰子恺漫画全集》，京华出版社1999年2月第1版。

39　夏丏尊：《〈子恺漫画〉序》，载1925年11月《文学周报》第198期。

40　朱自清：《〈子恺漫画〉代序》，载1925年11月23日《语丝》第54期。

41　夏丏尊：《爱的教育》序，开明书店1926年版。

42 丰子恺：《悼丏师》，载1946年5月16日《川中晨报》"今日文艺"副刊第11期。

43 王利民：《平屋主人——夏丏尊传》，浙江人民出版社2005年7月第1版，第104页。

44 唐弢：《从绚烂转向平淡》，载夏弘宁编《夏丏尊纪念文集》，第233页。

45 朱自清：《教育家的夏丏尊先生》，载《朱自清全集》第4卷，江苏教育出版社1996年8月版。

46 丰子恺：《教师日记》，万光书局1944年6月版。

47 陈廉贞：《丰子恺先生的赠诗》，分三部分连载于1980年8月16至18日香港《大公报》。据作者在文中介绍，丰子恺曾承认自己的漫画风格受到过曾衍东的影响。

48 黄源：《"最使我感激、给我鼓励的"老师匡先生》，载《匡互生与立达学园》，北京师范大学出版社1985年5月第1版，第139页。

50 朱光潜：《回忆上海立达学园和开明书店》，载《匡互生与立达学园》，北京师范大学出版社1985年5月第1版，第119页。

51 朱自清致俞平伯函，见陈孝全著《朱自清传》，十月文艺出版社1991年3月版。

52《春晖》第36期（1924年11月16日）有题为《教员赴沪结婚》的记载："章育文先生定于本月9日在上海与裴友松女士结婚。已于1日先期赴沪，筹备一切。闻结婚后拟即居白马湖小杨柳屋云。"按：白马湖畔"小杨柳屋"原为丰子恺的住宅，章育文结婚后拟居此，说明丰子恺等"白马湖同人"应该是于1924年底因与学校当局发生矛盾而离开春晖中学赴沪创办立达中学。或许因"白马湖同人"的离去，《春晖》的编辑工作受到了影响，故直至1925年10月才出版了《春晖》第37期，根据该期《本年度的教职员》记载，丰子恺离开春晖中学赴沪后，春晖中学的艺术科教员改由朱稣典担任。在这份教职员的名录中，夏丏尊、朱自清、匡互生、刘薰宇等均不在册。

第五章

立达学园与开明书店时期

1925 — 1930

概述

　　1925年3月，《苦闷的象征》丰子恺译本由上海商务印书馆出版，系其出版的第一本译著，以后又重版多次。为筹划创办立达中学经费，丰子恺卖去白马湖畔的"小杨柳屋"，得700余元，会同同事筹款共得1000余元。春，与匡互生等同事一起在上海虹口老靶子路租用民房创办立达中学，后因房租太贵又迁至小西门黄家阙路原上海专科师范校舍。3月，"立达学会"成立。夏，立达中学在江湾觅得一地新建校舍，改校名为"立达学园"。丰子恺任校务委员、西洋画科负责人。丰子恺于此期间在江湾同安里租屋，秋迁居安乐里。5月，被聘为《文学周报》上海特约执笔者。其时，郑振铎编辑《文学周报》，转请胡愈之索丰氏画稿发表，并加"子恺漫画"题头。《子恺漫画》于12月在文学周报社出版，此为丰子恺最早的漫画集，次年一月又由开明书店印行。同月，上海亚东图书馆出版丰子恺最早的一部音乐理论著作《音乐的常识》。同年，兼任上海艺术师范大学教师。

　　1926年春，丰子恺与夏丏尊同赴杭州，在招贤寺拜见弘一法师。5月，为《中国青年》纪念五卅惨案专号设计封面。6月为该刊再做封面。夏，弘一法师云游至上海，与法师一同访城南草堂。丰子恺有《法味》一文记之。立达新校舍在上海北郊江湾落成，丰子恺于9月5日迁居永义里（迁入前，曾在西门乐盛里暂住）。秋冬时节，弘一法师自江西返杭州在上海停留，居丰子恺家。弘一法师采用"抓阄"法为丰子恺取宅名为"缘缘堂"。10月，《音乐入门》由开明书店出版。

　　1927年2月，第二本漫画册《子恺画集》由开明书店出版。4月，与立达同事裴梦痕合编《中文名歌五十曲》，由开明书店出版。7月13日（农历六月十五日），次子元草生。秋，弘一法师到上海，住永义里丰宅。丰子恺有随笔《缘》记之。10月21日（农历九月二十六日），在上海江湾镇立达校舍永义里自宅楼下钢琴旁从弘一法师皈依佛门，法名婴行。皈依后的丰氏与弘一法师共同发心编绘《护生画集》。是年，上海成立"著作人公会"，丰氏也签名加入。11月27日上午，与学生陶元庆等同访鲁迅。本年兼任澄衷中学、复旦实验中学教职。

1928年，立达学园西洋画科经费难筹，决定停办。由丰子恺备函介绍教师陶元庆、黄涵秋及学生数十人去杭州，加入西湖艺术专科学校。艺专校长林风眠全部接纳，并邀丰子恺共事，婉谢未至，仍居江湾永义里，专心著译。9月，为钱君匋拟《钱君匋装帧润例缘起》。11月，为弘一法师云水萍踪，居无定所，且风闻政府有毁寺灭佛之议，乃与师友一起发起醵资，为弘一法师筑一常住之处。

1929年，仍居江湾永义里。《护生画集》于2月由开明书店印行，马一浮作序，纂集者为李圆净。5月6日（农历三月二十七日），幼女一宁（后改名一吟）生。是年，任开明书店编辑。6月，重校1922年初译成的《初恋》。此译稿曾于1921年冬在由日回国的轮船上开始翻译，1922年初交商务印书馆，被认为系"诲淫"之作而退回。此书于是年交开明书店出版。秋，受江苏省松江女子中学之聘，兼任该校图画及艺术论两课。同事有摄影家郎静山。

1930年1月，开明书店创办《中学生》杂志，丰子恺任艺术编辑。2月3日（农历正月初五），母钟氏病逝。秋季患伤寒，卧病嘉兴，居嘉兴杨柳湾金明寺弄4号。

第一节 "己欲立而立人，己欲达而达人"

经验让丰子恺等白马湖同人们清醒地意识到，要实现自己的理想就必须走一条自己开创的道路。匡互生以为：以往的学校，校长大半不是纯粹为教育而办教育，教师受校长之聘，完全处于宾客的地位，谈不上是学校的主人；学校内部，自校长到教员，或无自己的主张，或主张意见有相当的分歧；所谓的官厅或校董往往不但无辅助作用，而且对教育事业还有妨碍。所以，要实现自己的理想教育，如果没有自己创办的学校，就绝对没有实现的可能，而且还会出现一种十分痛苦尴尬的局面："如果要坚持呢，必不见容于学校；如果默尔不言呢，良心又不允许他……"[1]于是，匡互生与丰子恺等立即着手创办他们自己的新学校。他们在上海虹口老靶子路租用民房，于1925年春办起了立达中学，后因房租太贵又迁至小西门黄家阙路。同年夏，学校在江湾觅得一块荒地新建校舍，校舍建成后即改名叫立达学园。这"立达"二字，取义《论语》中"己欲立而立人，己欲达而达人"之句。

对于立达中学的诞生，丰子恺曾回忆道："1924年的严冬，我们几个漂泊者在上海老靶子路租了两幢房子，挂起'立达中学'的招牌来。那时我日里在西门另一个学校中做教师，吃过夜饭，就搭上五路电车，到老靶子路的两幢房子里来帮办筹备工作。那时我们只有二三张板桌，和几只长凳，点一盏火油灯。我喜欢喝酒，每天晚上一到立达，从袋中摸出两只角子来，托'茶房'（就是郭志邦君，我们只有唯一的校工，故不称他郭志邦，而用'茶房'这个普通名词称呼他）去打黄酒。一面喝酒，一面商谈。吃完了酒，'茶房'烧些面给我们当夜饭吃。夜半模样，我再搭了五路电车回到我的寄食处去睡觉。——这样的日月，度过了约有三四个礼拜。"[2]

立达学园成立后不久，还成立了"立达学会"。立达学园的阵容十分强大，除了白马湖作家匡互生、丰子恺、朱光潜、夏丏尊、刘薰宇、刘叔琴等，还有方光焘、陶元庆、夏衍、陈望道、许杰、夏承焘、裘梦痕、陶载良、黄涵秋、丁衍庸等一大批文化名流。"立达学会"以修养人格，研究学术，发展教育，改造社会为宗旨而成立。学会成立以后，一时校内外的文化教育界著名人士也纷纷加入，像茅盾、胡愈之、刘大白、郑振铎、周予同以及当时不在立达的其他作家叶圣陶、朱自清等亦参加学会。在匡互生的授意之下，朱光潜执笔撰写了一份"立达宣言"，公开提出教育独立的主张，而之所以称"学园"，是表示"学园"不同于一般的学校。它既能令人联想到古希腊"柏拉图学园"的自由讨论风气，又包涵把青年当成幼苗来培育的更为切实的积极意义。由此可见，立达学园的目的是继续他们在白马湖的事业，是想在自己的手中实现白马湖的理想。这种承前启后的联系，从学园的教师、学生的情况也可以一目了然。因为创建学园的就是匡互生、丰子恺等原春晖同人，学生中也有许多是从白马湖赶来的，其中就包括黄源、魏风江等。

丰子恺为创办立达学园出力甚多。他卖去了白马湖畔的"小杨柳屋"，所得700余元，别的同道又凑合了数百元钱，共1000余元就在虹口老靶子路的租屋上挂起了校牌。学校迁至小西门黄家阙路时，"在那里房租便宜得多，但房子也破旧得多。楼下吃饭的时候，常有灰尘或水滴从楼板上落在菜碗里。亭子间下面的灶间，是匡先生的办公处兼卧室。教室与走道没有间隔，陶先生去买了几条白布来挂上，当作板壁"。[3]办学的条件

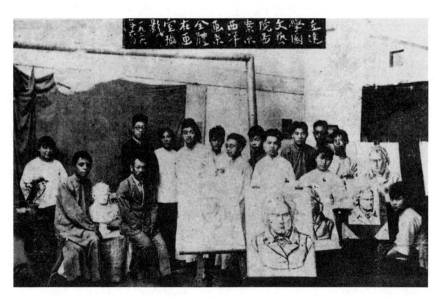
1926年6月，丰子恺（左二）与立达学园文艺院图案系、西洋画系全体学生在画室合影

虽艰苦，但立达同人的办学热情却并不因此而减少，赵景深的一段回忆能透露一点当时的信息："那时我们同在立达学园教书。刘薰宇本来是教数学的，好像也教一班国文；《文章作法》大约是在这时编成的，立达学园是一所特殊的学校，名称就特别，称为学园，不称学校。这是一般热心教育的人办的，要造成一个理想的学校，所以许多教员都在别的学校兼课，不但不受立达的钱，反而'倒贴'钱给学校，例如匡互生卖掉他的田地，丰子恺卖掉他的房屋，这种精神极可钦佩。师生住同样的寄宿舍，同桌吃同样的饭菜，这也是他处所没有的。"[4]立达同人为了实现自己的教育理想，他们的宗旨是："修养健全人格，实行互助生活，以改造社会，促进文化。"[5]

立达学会于1926年9月创刊了《一般》月刊。丰子恺成了这份刊物的主要撰稿人之一。夏丏尊在介绍《一般》时说："《一般》的目的原想以一般人为对象，以实际生活出发来介绍些学科思想。数年以来，同人曾依了这目标分头努力。"《一般》创办后共出刊9卷，每卷4期，至1929年12月停刊。据悉，以"一般"为刊名的刊物在现代中国至少有9家，[6]立达学园创办的《一般》是其中刊期最长，影响最大的一种。目前学界专指的《一般》，就是立达学园所编的这份《一般》。立达学园的宗旨直接反映了立达人的文化理念。同人们在出版书籍、发行刊物方面也可谓不遗余力。其目的只有一个：向广大青少年奉献最精美的精神食粮。这就是他们的"开明风度"，此诚如叶圣陶在1946年为纪念开明书店创办20周年时所写的诗那样："堂堂开明人，俯仰两无愧。"

工作、生活条件虽然艰苦，但这并不影响丰子恺的艺术追求，也就是从这时开始，丰子恺迎来了他艺术生涯中辉煌的时代。

立达的一大特色在于注重艺术教育和劳动教育。艺术教育得力于像丰子恺这样的立达同人对于艺术教育的重视。当时他们深感中国艺术界的幼稚，很想在立达这一块园地上做一番艺术的耕耘，这跟"学园"这个词也十分吻合。其实，"立达中学"之所以要改名为"立达学园"，这跟该校重视艺术教育和主张自由开放式教育有着直接的关系。在艺术教育方面，立达同人中不乏研究艺术的人才。他们觉得当时中国的艺术教育已走向了歧途，以为中国的艺术教育往往免不了商业化的教育，只是借艺术教育之名，来遮掩唯利是图的市侩手腕。所以，他们迫切希望看到能在自己的学校里辟一块园地，来从事真正的艺术教育，设立艺术科就是他们的一个设想。在主张自由开放式教育方面，他们认为，校名改为"学园"还能够表示教育的真正意义。因为教育的真正意义是引导而

立达学园大门

不是模造，是要使被教育者在能够自由发展的环境中发展，这正像园艺家培养花木一样。在立达学园成立的一开始，学校就设立了艺术专门部的西洋画科、图案科。为普及艺术起见，学校还计划设立艺术室，供学生参观，并举行自己的作品展览会，而丰子恺就担任了该校的艺术教师。

丰子恺在立达学园时期编写、编译或翻译了许多艺术读物。美术方面的有《西洋美术史》（开明书店1928年4月初版，编译完毕时间的标注为"戊辰立春，编译完了"）、《现代艺术十二讲》（1929年5月开明书店初版，序言写作时间标注"戊辰重阳后二日记"）等；[7]音乐方面的有《音乐的常识》（序言写作时间标注"1925年岁晚著者在江湾立达学园"）、《孩子们的音乐》（序言写作时间标注"民国十六年九月二十六日子恺三十年诞辰写于江湾缘缘堂"）、《音乐入门》（1931年9版序言曰："这稿子本来是我在立达学园教音乐时所用的讲义"）、《中等教科适用歌曲集》（即《中文名歌五十曲》，序言写作时间标注"1927年绿阴时节子恺识于立达学园"）、《近代二大乐圣的生涯与艺术》（序言写作时间标注"1928年岁暮子恺记于江湾缘缘堂"）、《音乐与生活》（译者序言写作时间标注"1929年元旦后三日译者记于江湾缘缘堂"）等。同时他也写了众多艺术理论文章，如《中国画的特色——画中有诗》（1926年10月作于立达学园）、《美术的照相——给自己会照相的朋友们》（作于1927年元宵，文中采用了匡互生的照片作实例）、《西洋画的看法》（文后标注"丁卯年十一月十一作毕"）、《乡愁与艺术——对一个南洋华侨学生的谈话》（文后标注"于上海江湾立达学园"）、《一般人的音乐——序黄涵秋〈口琴吹奏法〉》，等。仅从以上这份"清单"中即可知丰子恺在艺术教育与教学方面的努力。

丰子恺为立达学园设计了校徽图案，目前经常能见到的有两种，一为一群赤裸的天使簇拥

丰子恺为立达学园绘作的校徽图案之一

着一颗红心，红心正中为绶带状的"人"字，"人"字左右分别为"立"和"达"字。立达学园最终选用的则是另一幅，为三个裸体的幼童拥着一颗大红心，红心正中亦为绶带状的"人"字，"人"字左右分别为"立"和"达"字。也充分体现了立达人更凸显、强调的"立人"理念。

丰子恺其实是为立达学园的创办和发展做出很大贡献的人，但他自己却宁愿把功劳记在他人的身上。一个最明显的例子就是他写

丰子恺为立达学园绘作的校徽图案之二

了一篇《立达五周年纪念感想》，文中说："现在全学园中，眼见立达诞生的人，已经很少。据我算来，只有匡先生、陶先生、练先生、我，和校工郭志邦五个人。""匡先生、陶先生、练先生对他的操心比我深厚得多；然而三位先生还不及郭志邦君的专一。五年间始终不懈地、专心地、出全力地为他服务的，实在只有郭志邦君一人。"[8]接着，丰子恺罗列了郭志邦的事迹：看守门房、收发信件、打钟报时；兵灾时站在前面、开同乐会时退在后面——刻苦、坚忍、谦虚、知足的精神令人钦佩！为此，丰子恺赠予郭志邦一个"立达元勋"的尊号。在立达学园期间，丰子恺还于1925年为复旦大学的校歌作曲。[9]

第二节 "子恺漫画"及其影响

自从郑振铎对丰子恺的漫画《人散后，一钩新月天如水》发生了兴趣，他就记下了丰子恺这个名字。有一次，朱自清要回到白马湖去，郑振铎就向他打听有关丰子恺的消息。后来，丰子恺到上海办立达学园，郑振铎恰好在沪上编《文学周报》，须用插图。于是，他想到了丰子恺，

托人要来几幅，继而不断索画。他把这些画放在一起展示，几乎忘了现实中的苦闷。有一次，郑振铎给丰子恺写信，向他征询是否愿意出版一个集子。于是丰子恺就请郑振铎自己来挑选。一个星期日，郑振铎就约请叶圣陶、胡愈之等一起来到江湾立达学园丰子恺的住处去看画。丰子恺把他的漫画一幅一幅展示出来，郑振铎等看了一遍又一遍，仿佛一个孩子进入一家无所不有的玩具店，只觉得目眩五色，什么都是好的。郑振铎描述自己携着丰子恺的画回家时的心情说："当我坐火车回家时，手里夹着一大捆的子恺的漫画，心里感着一种新鲜的如占领了一块新地般的愉悦。"郑振铎回家后，细细地欣赏了几遍，又与叶圣陶、茅盾一同挑选，除了三幅，其他均没有可弃的东西，这就由文学周报社于1925年12月出版了《子恺漫画》。

《人散后，一钩新月天如水》最初发表在朱自清与俞平伯合办的《我们的七月》（1924）上。作此画时，丰子恺尚在春晖中学任教。事实上，这幅漫画成了丰子恺漫画的成名作。然而，有关这幅画上的"新月"，这些年来成了有心人论说的话题。署名瘦谷的论者有一篇《丰子恺先生的"美丽错误"》发表在2001年4月13日的《新民晚报》上，文章说："我忽然注意到画上的月亮根本不是新月，而是一弯残月。当然，这只是基本的天文知识。"作者的证据是："记得小的时候老师教过，他说残月的时候，月亮看起来正好像是'残'字拼音的字头'C'，新月的凹面则与残月相反……"作者还认为，既然丰子恺说它是新月，郑振铎也说它是新月，那就算是一个"美丽的错误"，就像错版邮票一样，仍然是珍贵的。2004年1月2日，李一

丰子恺的成名作《人散后，一钩新月天如水》

信在《解放日报》"文博"第223期上也刊出《这是新月吗》一文，文中说："新月者，一月里的初升月亮者也，即应该是上弦月。"他的论据是："幼时生活在农村，父老教我鉴别新月与残月的最简便的一个方法，即'镰刀正握是新月，反观镰刀月已残'，就是说，弯弯的镰刀在你劳作时正面冲向你是新月的形象；反之，则是残月的形象。丰子恺漫画中的月亮，正是反观镰刀的形象。"

上述意见的论据有一个共同点，即所依据的都是记忆中的老师、老人之言，虽然老师、老人之言也是经验的概括，但如果用其作为论述的依据，似欠妥当。笔者依据文献和实际勘探，对此问题做如下认识：《现代汉语词典》上"新月"条目对新月的解释有二；一是"农历月初形状如钩的月亮"；二是"朔日的月相（人看不见）。也叫朔月"。这两个解释其实是"广义"和"狭义"的区别。据浙江教育出版社1991年4月版《中国少年儿童百科全书》："在农历的每月初一，当月亮运行到太阳与地球之间的时候，月亮以它黑暗的一面对着地球，并且与太阳同升同没，人们无法看到它。这时的月相叫'新月'或'朔'。"由此可知，农历每月初一时的新月人是看不见的，而《现代汉语词典》上对新月的第一个解释"农历月初形状如钩的月亮"指的是农历每月初一后的几天内出现之"如钩"的月亮。又根据《中国少年儿童百科全书》，新月过后是蛾眉月，只能在傍晚的西方天空中看到，接着是上弦月、凸月、满月，再到下半月的凸月和下弦月、蛾眉月（残月），最终复回至新月。农历每月初一的新月（人看不见）到上半月的蛾眉月当中有数天的时间，在这数天傍晚观察到的月亮也是新月，即《现代汉语词典》中所谓的"农历月初形象如钩的月亮"。那么这形状究竟是如何的呢？笔者在2004年农历四月初四即公历5月22日这天的傍晚拍摄到了月亮的形状——按理应是词典中所说的"新月"之形（此后接连两个月，在农历初四傍晚观察到的月形与拍摄过的月形一致），结果实际拍摄到的月亮凹形是向左上方。笔者又于农历五月二十八日（公历7月15日）凌晨观测到残月之形，结果正是与丰子恺画中月形相同。联想到丰子恺另一幅漫画《晓风残月》，丰子恺在画中把"残月"画成了实际上的新月，而另一幅彩色漫画《杨柳岸晓风残月》中的弯月凹形又朝下方，可知丰子恺在画"新月"或"残月"时是较随意的。当然也不会想到后人对此会如此"较真"。

有人以为对丰子恺漫画中"新月""残月"的辨认没有意义，以为"'新月'乃心中之月"（见李开宇：《"新月"乃心中之月》一文，载《洛阳佛教》2004年第2期），这与气象学中的月形是不同的概念。笔者认为对丰子恺漫画中的某些细节不必过于苛求，只是这幅漫画是他的成名作，才做了如此考辨。

郑振铎在把丰子恺的画作在《文学周报》上做单幅发表的时候，特意冠以"子恺漫画"的题头。

中国古代的漫画历史源远流长，并不比外国晚。但中国古代毕竟没有形成漫画这样的独立画种，"漫画"一词也没有被用在某一类的画种上。

然而，"漫画"一词至少在北宋人晁以道（1058—1129）文中就已出现。晁以道在其《景迂生集》中曰："黄河多淘河之属，有曰漫画者常以嘴画求鱼，有信天缘者，常开口待鱼。"他又为淘河、漫画和信天缘各赋一诗。有关漫画的诗为："漫画复漫画，河尾沙软啄，一尺天钢啄。不解秃倦鱼，浅薄幸有得。谋拙力百费，何处有金翅。饥肠寄暮烟，惭愧信天缘。"可见，晁以道诗文中的"漫画"系鸟名。稍后，宋人洪迈（1123—1202）在其著《容斋随笔》中也写有"漫画"二字，亦为一种鸟。《容斋随笔·瀛莫间二禽》是这样写的：

瀛、莫二洲之境，塘泊之上有禽二种。其一类鹳，色正苍而喙长，凝立水际不动，鱼过其下则取之，终日无鱼，亦不易地。名曰信无缘。其二类鹜，奔走水上，不闲腐草泥沙，唼唼然必索乃已，无一息少休。名曰漫画。信天缘若无能者，乃与漫画均度一日天饥色，而反加壮大。二禽皆禀性所赋，其不同如此。

此外，中国清代也有"漫画"二字，但不是指画种，而是一种行为。如"扬州八怪"之一的金农在《冬心先生杂画题记》中有"漫画折枝数颗，何异乎望梅止渴也"（指枇杷）。这里的"漫画"实际上是指"随意画就"的意思。

以上史料可以说明一个问题，即在中国，至少从宋代起就已出现"漫画"一词。但它的意思却不是指称某类绘画。

"漫画"作为一个复合词,它在中国用于绘画究竟是在何时呢?以往的许多论著皆以为起于郑振铎将丰子恺画作冠以"子恺漫画"之时,即1925年。此说其实缘于丰子恺自己的表述。丰子恺在《漫画创作二十年》一文中是这样说的:"人都说我是中国漫画的创始者。这话未必尽然。我小时候,《太平洋画报》上发表陈师曾的小幅简笔画《落日放船好》《独树老夫家》等,寥寥数笔,余趣无穷,给我很深的印象。我认为这算是中国漫画的始源。不过那时候不用漫画的名称。所以世人不知'师曾漫画',而只知'子恺漫画'。漫画二字,的确是在我的画上开始用起的,但也不是我自称,却是别人代定的。"[10]事实上丰子恺在这段文字中所说的两个问题均不符合事实。首先,中国漫画并非始于陈师曾;其次,在中国,"漫画"一词用于绘画也并不是起于丰子恺的画作。丰子恺此文写于20世纪40年代,虽然当时中国的漫画事业已开展得轰轰烈烈,但从丰子恺的言语中,人们似乎可以认定,有关"漫画"的历史研究和理论研究,当时还未能引起人们的足够重视。否则,像丰子恺这样在全国有重要地位的漫画家,他不应该误认"漫画"二字最先用于他自己的画作上。

那么作为画种的"漫画"一词在中国究竟是从何时开始使用的呢?论者曾有过一些探讨。比如孙晓龙《快乐着的笑的年轮——中国漫画百年回眸》中说:"北京现代出版社1999年出版的一套《老漫画》丛书,比较全面地为现代人展示了1912—1949年解放前大量的旧中国漫画作品,其中提到中国漫画应是从1916年方生在《民国日报》上发表'方生漫画'的那段时间开始的。我想大概是这样,但或许是从还要早一些的1911年《真相

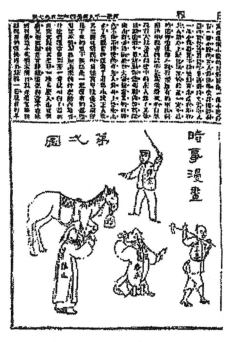

《警钟日报》上的"时事漫画"

画报》的创刊算起罢。"[11]然而就目前的考证结果，在中国，"漫画"一词用于绘画（即如今所说的漫画），是在1904年。从该年的3月27日起，上海《警钟日报》上发表的画作，就冠以"时事漫画"的名称。但由于画幅不多，作者的社会影响也不大，"漫画"这名称也只是昙花一现。直到丰子恺的"子恺漫画"出现，"漫画"一词才普及起来，自此便有了一个统一的称呼。这已成为目前漫画理论界公认的事实。[12]

虽然如此，"子恺漫画"算是中国漫画的"另类"，即不以讽刺、滑稽见长，而是体现出更多的抒情性和诗意。无论是丰子恺本人，还是漫画研究者，皆认为"漫画"一词系从日本引入。丰子恺说："'漫画'二字，实在是日本最初创用，后来跟了其他种种新名词一同传入中国的。日本最初用'漫画'二字的，叫作葛饰北斋。"[13]毕克官认为："'漫画'这个叫法最早是始自日本。日本在德川时代（中国清初），以葛饰北斋为首的八大漫画家，就已开始使用了这个名称，据说含意是'随意画'的意思。此后日本就一直沿用这个叫法。'漫画'名称在中国的起用，是受了日本的影响，这也是可以肯定的。"[14]跟中国使用"漫画"一词的情况大致相同，日本也有一个自"漫画"一词的诞生到普遍认同、统一称谓的过程。1902年，日本现代漫画的开拓者北泽乐天在《时事新报》上主编每周一期的"时事漫画"，从此统一了日本的漫画称谓。至于"漫画"一词在日本是如何起源的，一些学者有过探索研究，甚至以为与中国随笔中的漫画鸟有关。这是另一专题研究的问题，对此不深究。诚如上述，在中国，"漫画"一词作为复合词用于绘画种类，至少已从1904年开始。但是，一个基本的事实是，无论是郑振铎为丰子恺画作起名，还是丰子恺本人乐意接受这一名称，他们最初显然是将"漫画"二字的含意视为感想式的、抒情式的简笔"随意画"，正与文学中的随笔、小品相似。所谓"漫"亦即"随意"之意。此诚如澳大利亚学者白杰明所论述的那样："1921年丰子恺留学日本时期，漫画（manga）一词就是卡通或讽刺画的意思。他对北泽的漫画风格并未留有特别深刻的印象，因为他觉得那只是对西方艺术的一种极明显的模仿方式。以北斋为代表的漫画，'作为绘画的随笔'才是他所感兴趣的，日本艺术家竹久梦二的漫画更是成了他自己作品创作的灵感源泉。"[15]

丰子恺有关对"漫画"的诠释，在他的文章里多次被提到。其中最基本的观点是："总之,漫画二字只能望文生义。漫,随意也。凡随意写出的画,都不妨称为漫画,如果此言行得,我的画自可称为漫画。因为我作漫画,感觉同写随笔一样,不过或用线条,或用文字,表现工具不同而已。"[16]虽然丰子恺也曾顾及到画界多数人对漫画的认识(即具有讽刺、幽默、滑稽等性质的简笔画),也曾采取包容的态度把漫画分成感想、讽刺、宣传三个基本类别,但是他仍然还是在给漫画下了"漫画是简笔而注重意义的一种绘画"的定义后说道:"漫画这个'漫'字,同漫笔、漫谈等的'漫'字用意相同。漫笔、漫谈,在文体中便是一种随笔或小品文,大都随意取材,篇幅短小,而内容精粹。漫画在画体中也可说是一种随笔或小品画,也正是随意取材,画幅短小,而内容精粹的一种绘画。随意取材,画幅短小,故宜于'简笔'。内容精粹,故必'注重意义'。故'简笔'与'注重内容',是漫画的两个条件。"[17]为了配合特定时期(比如抗战)的需要,丰子恺虽然也作过一些宣传性和讽刺性的漫画,但他的漫画创作,基本上可说是"感想式"的。毕克官在《漫画的话与画》一书中介绍说,蔡若虹先生最早将丰子恺的漫画定性为"抒情漫画"。[18]论者毛铭三在《世象漫画琐谈》中则将他的漫画称作"世象漫画",认为他的专集《儿童相》《学生相》《民间相》《都市相》《战时相》等皆属于"世象漫画"一类。[19]在政治色彩浓厚的历史时期,他的这类漫画可能不被普遍认同,但随着艺术空气的宽松,特别是"文革"后,漫画界变得理性了,漫画一词也被赋予更宽泛的意义,丰子恺所谓的"漫,随意也"的观点得以被充分接受。

丰子恺曾自述"第一本书"。1988年5月5日上海《社会科学报》刊出学者作家答读者问的《我的第一本书是什么(续完)》,其中丰子恺的回答是:

(一)《子恺漫画》。

(二)最初,这些画粘在我家的墙壁上。那时我家住在上虞白马湖。有一天,商务印书馆的编辑人郑振铎先生来我家,把这些画拿去,在文学周刊上发表,他们称之为《子恺漫画》。后来章雪村先生办开明书店,我这些画就结集起来,交他出版,就名为《子恺漫画》。二十六年冬,此书纸版在虹口被炮火所毁。我在大后方重画一遍,仍交开明出版,现在名为《子恺漫画全集》分为六册，包括二十六年以前所作。

（三）现在我没有著画，故此项不能填写。

丰子恺的以上文字，来源于1947年12月25日《大公报》。丰子恺所述，原则上没有问题，但容易给读者以歧义，如郑振铎取画的途径和地点及《子恺漫画》的初版本等。故有必要略做说明。

1925年12月文学周报社就出版了《子恺漫画》。至此，丰子恺开始正式走上了作为艺术家的起飞之路。从时间上讲，《子恺漫画》最早由文学周报社于1925年12月出版。但就在不到一个月后，它又在开明书店出版（出版时仍注明其为"文学周报社丛书"）。解释这个问题，可参考1926年1月17日《文学周报》第208期上的一则广告。该广告曰："期待子恺漫画诸君公鉴。子恺漫画已经出版。但为印刷装订所误，致形式不得精美。现经同人议定，以为子恺君这样纯美的作品，却给她穿了一件不很像样的外衣，这就对不起艺术，应该重印才对。印刷局方面也表同意，所以要另起炉灶了。"这"另起炉灶"的版本应该就是开明书店于1926年1月出版的版本了。据开明书店店史，开明书店成立于1926年8月。为什么《子恺漫画》会在开明书店成立之前的半年多就以该书店的名义出版了呢？此问题目前还没有确凿的证据说明，只能认为开明书店在筹备阶段就已经在出书了。目前，《子恺漫画》的开明书店版本还能在图书馆里查得，但文学周报社的版本就不易见到了。"另起炉灶"的原因，文学周报社的版本实际上很少流入书市，甚至可能没有广泛发行。漫画史家毕克官先生曾于1979年在丰子恺子女的家中见过该版本，经他比较，发现文学周报社版本中的六幅画，即《马车》《下午》《团圆》《曲终人不见，江上数峰青》《世上如侬有几人》和

《子恺漫画》封面

《眉眼盈盈处》在开明书店版本中被删去了。[20]

　　所以，丰子恺在《大公报》上的自述，只可看作是一个概述。比如，他的画最早时确是粘在白马湖"小杨柳屋"的墙壁上，但郑振铎后来向他取画，则已是上海的"家"中；开明书店确是在1926年1月出版了《子恺漫画》，但1925年12月，文学周报社就已出版《子恺漫画》，虽然因装订等问题"另起炉灶"。

　　为丰子恺第一部漫画集《子恺漫画》作序文的有：郑振铎、夏丏尊、丁衍庸、朱自清、方光焘、刘薰宇，俞平伯作跋。并有自序一篇。这些序跋文，可视为最早的丰子恺研究文章。郑振铎的《〈子恺漫画〉序》首先发表在1925年11月《小说月报》16卷11期上，夏丏尊的《〈子恺漫画〉序》首先发表在同年同月《文学周报》198期上，朱自清《〈子恺漫画〉代序》首先发表在同年同月《语丝》第54期上。此后，这三篇序文又与丁衍镛、方光焘、刘薰宇的三篇序文以及俞平伯的一篇跋文一起刊发在丰子恺的第一部画集《子恺漫画》上。

　　郑振铎等七人的序跋文，尽管多少带有作者对好友丰子恺的漫画的鼓励、宣传之色彩，但其中不乏对丰子恺漫画的真知灼见。

　　如俞平伯在跋文中写道：

　　我不曾见过您，但是仿佛认识您的，我早已有缘拜识您那微妙的心灵了。子恺君！您的轮廓于我是朦胧的，而您的心影我却是透熟的。从您的画稿中，曾清切地反映出您自己的影儿，我如何不见呢？以此推之，则《子恺漫画》刊行以后，它会介绍无尽数新朋友给您，一面又会把您介绍给普天下的有情眷属。"乐莫乐兮新相知。"我替您乐了。

　　……

　　您是学西洋画的，然而画格旁通于诗。所谓"漫画"，在中国实是一创格；既有中国画风的萧疏淡远，又不失西洋画法的活泼酣恣。虽是一时兴到之笔，而其妙正在随意挥洒。譬如青天行白云，卷舒自如，不求工巧，而工巧殆无以过之。看它只是疏朗朗的几笔似乎很粗率，然物类的神态悉落彀中。这绝不是我一人的私见，您尽可以相信得过……

　　一片片的落英都含蓄着人间的情味，便是我看了《子恺漫画》所感——"看"画是杀风景的，当说"读"画才对，况您的画就是您的诗。

方光焘写道："子恺……展开桌上的废纸，握着手中的秃笔，去画罢！画出那你'说不出'的热情和哀乐，使你朋友见了，可得欢乐，使你夫人见了，可以开怀，使你的阿宝见了，可以临摹，使你的华瞻见了可以大笑！那就是你的艺术，也就是你的艺术生活！又何须我多说呢！"丰子恺的老师姜丹书评价说："子恺的漫画，是另有一功，与他人所作的味道不同，觉得醇厚而有蕴藉，尤妙在题字，只要寥寥数字，便能将全局抓住，深入浅出，余味无穷，言之有物，笔不虚发。"[21]

类似这样的评论，至今仍然成为研究者们经常引用的精彩论断，有的还被用作概括丰子恺漫画的金句。所以，丰子恺漫画研究的起点是很高的。

根据丰子恺漫画创作的实际，可将其漫画分为前后两个时期：1922—1949年中华人民共和国成立为前期；自中华人民共和国成立至1975年作者辞世为后期，而前期是丰子恺漫画创作活动的主要阶段。

丰子恺自1922年发表第一幅漫画一直到1949年，绘画的内容、形式几经变迁。他自己在1947年所写的《漫画创作二十年》一文中曾经对自己前期漫画创作做过这样的回顾：

我作漫画断断续续至今已有二十多年了。今日回顾这二十多年的历史，自己觉得约略可分为四个时期：第一是描写古诗句时代；第二是描写儿童相的时代；第三是描写社会相的时代；第四是描写自然相的时代。但又交互错综，不能判然划界，只是我的漫画中含有这四种相的表现而已。[22]

这种分期法虽然也基本符合他自己当时的创作实际，只要将丰子恺自述的时期视为前一时期的四个阶段即可。但是，我们今天研究探讨他的漫画，则不能简单地用这样的思路来分析问题。因为无论是在他漫画创作的前期还是后期，其漫画创作的内容、风格和表现手法"交互错综"的情况十分常见，实难"判然为界"。若要将丰子恺的漫画做合理的分类，似应将其漫画从内容和形式两方面来分类。就内容而言，笔者拟将丰子恺的漫画分为"儿童漫画""社会漫画""学生漫画""风景漫画""装饰漫画""漫画小说""童话漫画"和"佛教漫画"八类。虽然这样的分类仍有"交错"的嫌疑，如"社会漫画"的涵盖面本来就很广泛，儿童、学生、佛教等似乎都是社会中的一部分。但作为一种特指，这里的"社会"主要指的是凡尘中的成人社会。故单独将"社会漫画"列为一个类别，似也合理。

丰子恺漫画的艺术特色主要在于：首先是意到笔不到的意韵追求。他的许多漫画中的人物都是没有眼睛的，有的甚至连耳朵、鼻子和嘴巴也不画。这并不是丰子恺不懂得"画龙点睛"的道理，而是另有一番用意。一幅题为《村学校的音乐课》的画，丰子恺在作画时寥寥数笔，人物的形态却跃然纸上。画中一个个张着大嘴唱歌的乡村学校的孩子，虽然没有一个被画上眼睛、鼻子，但稍有艺术想象力的读者都会体会出，这里每一个孩子的眼睛里都具有天真和活跃的神气。丰子恺在《漫画创作二十年》一文中说过："作画意在笔先，只要意到，笔不妨不到，有时笔到了反而累赘。"[23]他画脸不写细部，仅描轮廓，外加一张嘴。他认为这样做已经够了，非但够了，有时眉、目、鼻竟不可描，描了使观者没有想象的余地，反而减弱人物画的表情。像《村学校的音乐课》，作者着力在绘画的立意方面，出人意料，又合乎情理，给读者以丰富的想象空间。丰子恺同样在《漫画创作二十年》一文中说，自己曾用简洁的几笔描绘了一个有兴味的幻象，有一次偶尔再提笔详细描画，"结果变成和那幻象全异的一种现象，竟糟蹋了那张画。恍忆古人之言，'意到笔不到'，真非欺人之谈"。因此他说：

丰子恺儿童漫画一例

丰子恺社会漫画一例

丰子恺学生漫画一例

"用寥寥数笔画下最初所得的主要印象,最为可贵。"[24]他又在《漫画浅说》里这样说:"漫画之道,是用省笔法来迅速地描写灵感,仿佛莫泊桑的短篇小说,捉住对象的要点,描出对象的大轮廓,或仅示对象底一部分而任读者悟得其他部分。这概略而迅速的省笔法,能使创作时的灵感直接地自然地表现,而产生'神来'妙笔……凭观者的想象其未画的部分,故含蓄丰富,而画意更觉深邃。"[25]丰子恺显然把中国古代画论中的"意到笔不到"美学思想与自己的创作实践

糅合在一起,进而形成了属于他自己别具一格的漫画风格。丰子恺以为诗是最能体现意到笔不到的美学思想的。他说:"古人云:'诗人言简而意繁。'我觉得这句话可以拿来准绳我所喜欢的漫画。我以为漫画好比文学中的绝句,字数少而精,含意深而长。"[26]他在《随笔漫画》中曾这样说:"我希望一张画在看看之外又可想想。我往往要求我的画兼有形象美和意义美。"[27]他还在《漫画创作二十年》中说:"我自己觉得真像沉郁的诗人,诗人作诗喜沉郁。'沉郁者,意在笔先,神在言外,写怨夫思妇之怀,写孽子孤臣之感。凡交情之冷淡,身世之飘零,皆可一草一木发之;而发之又须若隐若现,欲露不露。反复缠绵,终不可一语道破。'(陈亦峰语)此言先得我心。"[28]由此我们也足见丰子恺对意到笔不到绘画美学思想有着执着的追求。其次是漫画的文学性。丰子恺爱古诗词。他认为"文学之中,诗是最精彩的"。[29]然而正如他自己所说:"我觉得古人的诗词,全篇都可爱的极少。我所爱的,往往只是一篇中的一段,甚至一句。"[30]"余每遇不朽之句,讽咏之不足,辄译之为画。"[31]夏丏尊把丰子恺的这些描写古诗词句的小画称作"翻译",因为这些"古诗词名句,原是古人观照的结果,子恺不过再来用画表现一次"。[32]丰子恺

丰子恺风景漫画一例　　　　　　　丰子恺护生画一例

作这类画，用简洁的几笔，便能将诗句词句的主旨表现得别有韵味。宋代词人李清照擅长表现爱情，这或许也是因为她曾拥有过与赵明诚之间的恩爱生活有关。她有过一首《醉花阴》，是专门为远游的赵明诚写的。词如下："薄雾浓云愁永昼，瑞脑消金兽。佳节又重阳，玉枕纱橱，半夜凉初透。东篱把酒黄昏后，有暗香盈袖。莫道不消魂，帘卷西风，人比黄花瘦。"丰子恺算是吃透了李清照的词意，《帘卷西风，人比黄花瘦》一画的画面上有黄花，有卷帘，当然还有这消瘦的相思女。李后主有词《相见欢》："无言独上西楼，月如钩。寂寞梧桐深院锁清秋。剪不断，理还乱，是离愁。别是一般滋味在心头。"理解《无言独上西楼，月如钩》一画，须从两方面着眼。从构图上看，此画可与《人散后，一钩新月天如水》做比较，二画表现的是相同的情境，只是后者没有人物罢了；从作者本人来讲，作此画时正值1925年——他刚从白马湖回上海不久。按他自己的说法：白马湖的生活是"清静的热闹"，而上海的生活则是"骚扰的寂寞"。[33]好友星散，几时才会有当年那样亲密的欢聚？《世上如侬有几人》画题出自五代南唐李煜《渔父》词。挪威汉学家克里斯托夫·哈布斯迈尔在他的著作《漫画家丰子恺——具有佛教色彩的社会现实主义》中对此画有过这样的评说："渔夫念念不忘的是鱼，他一直是在留心注意。他的全神贯注不会因其周围世界的琐碎事物而受干扰。这是一幅有关如何集中注意力的漫画。当然，丰子恺并不是想说钓鱼活动是一项不错的业余爱好，而是想借此表明处事要目标专一的人生态度。就其简朴的绘画风格而言，这是丰子恺最好的漫画之一。画中的钓鱼竿纹丝不动地垂入水面，正是这种风格特征的完美体现。"[34]就丰子恺漫画的形式风格而论，"这是丰子恺最好的漫画之一"的评价实不为过，但就此画所体现的内容而言，还应该在以上评论的基础上再补充一句：画中还表现了一种恬淡超脱的生活态度，此亦柳宗元所谓的"孤舟蓑笠翁，独钓寒江雪"。你有你的生活方式，我有我的处世态度。丰子恺作这类画，虽取自古诗词句加以描绘，但也并非纯粹地"翻译"，画中人物穿的却是现代服装。为此，丰子恺也有过这样的说明："初作《无言独上西楼》，发表在《文学周报》上时，有人批评道：'这人是李后主，应该穿古装，你怎么画成穿大褂的现代人？'我回答说：'我不是作历史画，也不是为李后主作插图，我是描写李后主所得的体感。我是现代人，我的体感当然作现代相。'"[35]其实丰子恺是要借古诗词的意境来表达现代人的生活。例如《杨柳岸，晓风残月》这幅画，是柳永词《雨霖铃》中的一句。原作写相爱之人别离的情景，然而到了丰子恺的笔下，则成了农民辛勤劳作的写照。需要特别指出的是，"古诗新画"并非只是丰子恺早期漫画中才有的，此后他在各个历史时期中都有这类画出现。这说明他对作这类画是十分有兴味的。丰子恺重视文学与绘画的融通之关系。他曾专门出版过一本叫《绘画与文学》的书（1934年5月开明书店版）。他认为："各种艺术都有通似性。而绘画与文学的通似性尤为微妙。探究时颇多兴味。"丰子恺作漫画则更以文学本身的诗句为题，其画也便随着有了更浓的文学味了。这也就是俞平伯所说的那样，欣赏丰子恺的漫画应该是去"读"，而不是去看。丰子恺追求漫画的文学性是直言不讳的。他这样表示过："我近来作画，形式是白纸上的墨画，题材则多取平日所讽咏的古人的诗句。因而所作的画，不专重画面的形式的美，而宁求题材的诗趣。即内容的美。……我的画虽然多偏重内容的意味，但也有专为画面布局的美而作的。我的朋友，大多数欢喜带文学的风味的前者，而不欢喜纯粹绘画的后者。我自己似乎也如此。因为我欢喜教绘画与文学握手，正如我欢喜与我的朋友握手一样。以后我就自称我的画为

'诗画'。"[36]再其次，丰子恺漫画具有书法笔意。丰子恺是画家，也是书家。他的画自成一家，他的书法同样别具一格。而且，研究丰子恺的漫画，不能不研究他的书法。因为，丰子恺漫画的艺术特色在很大程度上是有赖于其书法的绝妙配合。丰子恺的书法，舒展有度，布局得当，令人胸襟为之一畅。丰子恺很看重书法，认为它"是最高的艺术……艺术的主要原则之一，是用感觉领受。感觉中最纯正的无过于眼和耳。诉于眼的艺术中，最纯正的无过于书法；诉于耳的艺术中，最纯正的无过于音乐。故书法与音乐，在一切艺术中占有最高的地位"。[37]丰子恺的漫画，也常得益于书法。他自己承认，在画笔滞顿时，总是爱写一阵毛笔字，力求从书法艺术中领悟一些作画的味道来。对此，美学家朱光潜给我们留下了证词，他说："书画在中国本来有同源之说。子恺在书法上曾经下过很久的功夫。他近来告诉我，他在习章草，每遇在画方面长进停滞时，他便写字，写了一些时候之后，再丢开来作画，发现画就有长进。讲书法的人都知道笔力须经过一番艰苦的训练才能沉着稳重，墨才能入纸，字挂起来看时才显得生动而坚实，虽像龙飞凤舞，却仍能站得稳。"[38]其实，朱光潜所说的"入纸"，还只是就书法训练对漫画创作的笔力基础而论的。在另一方面，就丰子恺漫画的整体布局和内容旨要而论，他的漫画若是没有题画之书的配合，绝对不会有现在大家公认的成就。我们在看了丰子恺的漫画后，皆知他的画上一般都有题画之书，其风格与其漫画和谐一致。他的书法与漫画如同同时坠地，共同成长的一对孪生兄弟。

丰子恺也十分重视绘画的形式与内容的关系。他在1932年1月《教育杂志》第24卷第1期上发表过《谈图画的形式与内容》一文。全文七千余字，据原刊摘要如下：

一·二八以来，中国注重内容意义的图画相当地发达。抗日救国，航空救国，抵制劣货，提倡国货，收回失地，复兴民族等意义，常常取了图画的形式而表现，或者依附了图画的装饰而宣传。淞沪血战图，投笔从军图，卧薪尝胆图，睡狮图，醒狮图等，是其最普通的例。这种画风影响于学校的图画课，使一·二八以来的图画成绩，内容意义也忽然丰富了。这是我国民的爱国精神的造型的表现。其来源虽然是不幸，其精神都是可喜。但这犹之"颜色之戚，哭泣之哀"，也不过使"吊者大悦"罢了。照艺术科的原理，学校对于这一类注重内容意义的宣传画应取如何的教学方针？我现在就来谈谈关于这个问题的私见。

所谈的既然是艺术，我们先得把艺术的现代的定义看一看。辛克莱说："一切艺术都是宣传。"除了印象派一类纯粹形象美的艺术之外，这话是对的。但我们须得补充说明：艺术的宣传，是"用美的形式来表示一种意义"，使这种意义容易地，强烈地，深刻地印象于群众的心目中，而造成一种时代精神。例如：埃及时代的坟墓建筑（金字塔）用"伟大"美的形式来表示帝王的绝对威权；希腊时代的神殿建筑，用"协调"美的形式来表示共和的自由精神；中世纪基督教时代的寺院建筑（如Gothic），用"崇高"美的形式来表示教皇的无上神圣。这种都是利用艺术来宣传一种主义，藉以收揽群众的。但其所利用之艺术，必须具有一种"美的形式"，方能容易地，强烈地，深刻地把他的主义的意义印象于群众的心目中。倘使没有"美的形式"，而只有赤裸裸的一种意义，其宣传力便不强，同时其物就要变成一种告示，而根本不成为艺术了。

所谓"美的艺术"，必定是暗示的，象征的。例如"伟大"象征帝权，"协调"象征共和，"崇高"象征教权等。凡当非常的时代，艺术必然负着很大的宣传的使命……

　　……

我们的眼睛感到美的时候，其美常不固定在于外界事物上面，而必出现于其人工配合上。所以对于绘画，我们决不能限定描写风花雪月的美，而描写劳工运动的不美，或者描写劳工运动的美而描写风花雪月的不美……

　　……

小学美术课程标准，五六年级的作业要项中有欣赏描写平民生活的西洋画一项。我以为像米叶的作品该是此项作业的适当的材料。其他散见在现行各刊物上的平民生活描写的画，因为描写的对象是中国目前社会的状态，看起来比看西洋人的画更多切身之感，也是可以酌量采取的欣赏的材料。同时也可当作练习作画的模范。因为这等画内容与形式相融合，内容的意义与形式的象征能协力地把一种时代相诉及于吾人的情操。

在丰子恺的漫画作品中，有一些是采用木刻的表现方法发表的。最具有代表性的是他在1943年4月由重庆万光书店出版的画集《画中有诗》。该画集中所收集的，是丰子恺选取古诗句，以现代人的关照而创作的画。丰子恺在自序中明确地说："近来积累渐多，乃选六十幅木刻，以示海内诸友。名之曰《画中有诗》。"[39]其实，丰子恺从他漫画的起步阶段就已经用木刻的形式作画了。在当代的丰子恺研究者中，最早研究这个现象的是毕克官先生。由于朱光潜先生是丰子恺的同代挚友，又由于朱光潜曾经写有一篇题为《丰子恺先生的人品与画品》的文章，毕克官于1979年9月15日拜访了朱光潜，并于1981年6月4日再次造访。关于这两次访问朱光潜的情况，毕克官在《美术史论》1982年第2期上发表了《朱光潜谈画——关于〈子恺漫画〉的两次谈话》一文。此文后来又被毕克官收入《漫画的话与画》[40]一书，同时附文《现代木刻版画的先行者——李叔同和丰子恺》（曾在《美术史论》1993年第4期发表）。毕克官在《现代木刻版画的先行者——李叔同和丰子恺》一文中说道：

> 丰子恺毕业之后创作过木刻，他自己的文章未曾记述，亦未听亲友提过，我个人与丰先生多年过往也从未听他提过这事。最早披露这件事的却是丰先生的挚友、美学老前辈朱光潜先生。我从20年代末叶圣陶先生主编的桂林版《中学生》杂志复刊第66期上发现了朱先生的《丰子恺先生的人品与画品》一文。文中有这样的记述：
>> "酒后有时子恺高兴起来了，就拈一张纸作几张漫画，画后自己木刻，画和刻都在片时中完成，我们传看，心中各自欢喜，也不多加评语……"[41]

当然，丰子恺自己在文中是说过作木刻的，如前述他在《画中有诗》的自序中就有交代；朱光潜也不是第一个披露丰子恺作木刻的人，起码丰子恺出版《画中有诗》就比朱光潜写文早了几个月。但是必须承认，毕克官在文中提出的问题很值得重视。

毕克官在文章中主要说了两层意思。一是李叔同和丰子恺是中国近现代木刻版画的先行者和实践者。其立论的依据是：在1912—1918年间，浙江省立第一师范学校有李叔同、夏丏尊为指导教师的乐石社，丰子恺是成员之一。该社曾印有《木版画集》，都是成员们"自画、自刻、自己印刷的作品，其中有李叔同、夏丏尊等的木刻"。[42]（同时毕克官还以为李叔同在1912年刊于《太平洋报》上的部分广告画也有可能是木刻。）这说明，李叔同倡导并实践木刻，比30年代左翼木刻活动先行了十几年。虽然，乐石社时期的《木版画集》至今未见实物，但比它稍迟几年，即1924年前后，丰子恺的木刻画总算是能见到了。毕克官在文中转述了朱光潜的话："丰先生刻木刻是在白马湖时候，即1923、1924年间。我们大家经常在一起谈天，他常常是当场画好了立即就刻，刻好后就传给我们看。我记得很清楚。他最早的一些画，是亲自作过木刻的。"接着，毕克官写道："而且，朱先生还谈到，丰先生在开明书店办起来之后，许多书籍插图都是丰先生亲手木刻出来的。他呼吁应该收集出版这些画作。"毕克官认为，在丰子恺的第一部漫画集《子恺漫画》中，至少有以下诸画应该是刻出来的：

《阿宝赤膊》。头发的"刘海"部分、裙子前面的双线及"赤膊"二字，都留有明显的刀刻痕迹。
《晚凉》。拖鞋、头发、灯泡及"凉"字都能看出刀痕。
《立尽梧桐影》。整个画面的刻味很深。梧桐的树干有明显的刀刻味。
《爸爸还不来》。门框靠里的那条竖线，其末端的刀痕再明显不过了。
用毛笔信手拈来是出不了这种效果的。

毕克官认为，如果依照朱光潜的回忆，丰子恺早期漫画中运用木刻手段表现的画例可能会更多。这是对研究者的一个启发。比如，按照这样的思路研究问题，目前所见丰子恺最早发表在1922年12月16日《春晖》第4期上的《女来宾——宁波女子师范》或许也是一幅木刻。

这样，问题就被提出来了。丰子恺的这些木刻究竟应该被认作是漫画，还是木刻版画呢？日本学者吉川健一对此就提出过疑问。他在《丰子恺绘画新探》一文中专门有"丰子恺的画，究竟是不是'漫画'"一节。他认为，不应将丰子恺的漫画简单地视为目前所认识的"讽刺漫画"，他承认丰子恺的漫画文学性很强。接着写道："笔者之所以提出丰子恺的画，究竟是不是'漫画'这个问题，除了上述理由外，还因为他一些被大家称之为'漫画'的作品，可能实际上是当初制作的木刻。这样一来，其绘画的性质就不同了，也不太符合丰子恺自身解释的'随意性'（'漫，随意也。凡随意写出的画，都不妨称为漫画……'——见《漫画创作二十年》），因为木刻这个制作行为很难说是'随意性'的。他所说的漫画，'感觉同写随笔一样'（见《漫画创作二十年》）。但目前，包括丰子恺自己都把这些类似木刻的作品归入了他的'漫画'里。"[43]吉川健一将问题提了出来，并倾向于应该先从画种上予以区别，然后具体来考察，"因为至少有不少作品在性质上不属于漫画"。可惜吉川健一没有做出明确的结论，而是说："这个问题只能当作一个课题留待进一步探索，这里姑且按通说的'漫画'来看待，尽管有很多不适当的地方。"笔者以为，应该十分感谢毕克官先生首先对这个问题进行了研究，并就画例做了分析，也同样欣赏吉川健一提出的要将此问题视为学术课题来进行研究的观点。这是一种严谨的治学态度。问题是，今天研究丰子恺漫画，确须对此做出回答，至少得有一个较为合理的解释。

研究这个问题，应从两方面立论。第一，如果将丰子恺的这类画孤立起来看待，可以说它们是木刻，是一种具有漫画意味的木刻。从这个角度看问题，可以将丰子恺视为中国现代木刻较早的实践者。第二，如果从丰子恺本人的角度看问题，它们又是一种漫画。毕克官将其称为"木刻漫画"。[44]（事实上，"木刻漫画"这个称谓在中国现代漫画史上也是被承认的。比如，1936年7月《漫画界》第4期上就发表过王亚曾的民间木刻漫画。）其定位是在"漫画"二字上。站在这样的角度看问题，是符合丰子恺本人实际的，它们是丰子恺漫画的一种表现形式。首先，按照丰子恺的漫画理论，漫画的定义是："漫，随意也。凡随意写出的画，都不妨称为漫画……"[45]所谓"随意"，即不是刻意的。朱光潜已经说得很清楚："酒后有时子恺高兴起来了，就拈一张纸作几张漫画，画后自己木刻，画和刻都在片时中完成，我们传看，心中各自欢喜，也不多加评语……"[46]所谓"片时中完成"很能说明问题，即是"随意"的而不是"刻意"的。在丰子恺看来，他用木刻来作为漫画的表现形式，只不过是工具不同。其次，丰子恺本人从来都将这类画视为漫画，并在他的第一部漫画集《子恺漫画》上就刊布了这类画作。而在丰子恺此后的谈论他自己漫画的文章中，在介绍到其中《爸爸还不来》《阿宝赤膊》

等画时，仍称其为自己的漫画。[47]当然，诚如吉川健一在论文中阐述的那样，丰子恺以木刻为漫画的表现形式应该也受日本漫画家竹久梦二影响。吉川健一说："关键是，这些竹久梦二的作品都是由刻成的木板印刷的，尤其是《梦二画手本》，印得比较模糊，很可能是为了追求这种画风进行过类似的制作。"[48]竹久梦二如此，丰子恺也应该是如此。他的目的不在为作木刻而作木刻，他是借另一种表现形式在发表漫画。其目的应该也是追求某种风格。至于《画中有诗》用木刻刊印，应该不是丰子恺的本意。中国现代印刷业，印制图片一般采用锌版，讲究一点的则用珂罗版。抗战时期西南内地物资匮乏，用木刻印制漫画乃不得已而为之。如今我们从《画中有诗》画册印制的粗糙、呆板而无韵味这一事实也可知其理。

第三节　儿童的崇拜者

丰子恺正式从事散文创作始于1922年。到了立达时期，他的散文艺术趋于成熟，风格特征也开始显现。对于文学，丰子恺自己这样说过："综合起来，我对文学，兴趣特别浓厚。因此，我的作画，也不免受了文学影响。"[49]他还认为："一切艺术之中，文学是与社会最亲近的一种，它的表现工具是人人日常通用的语言，这便是使它成为一种最亲近社会的艺术的原因。"[50]丰子恺文学作品的样式主要是散文，也写过许多诗词，而作为一个极具童心的艺术家，他也有一些儿童文学作品。[51]

丰子恺这时期的散文，从内容而论，主要是叙写此时期的思想状况和他所关注的对象。丰子恺一开始就有很浓的人道主义色彩。他在《东京某晚的事》中向往"天下如一家，人们如家族，互相亲爱，互相帮助，共乐其生活"[52]的理想世界。而一旦这种理想在当时社会中屡屡受挫时，他又有了像《渐》（1928）《秋》（1929）这类感伤的作品。《渐》的头两句，他就写道："使人生圆滑进行的微妙的要素莫如'渐'；造物主骗人的手段，也莫如'渐'。"他宁愿造物主把人的寿命定得更短促些，"这样也许在人类社会上可减少许多凶险残惨的争斗。至于人类中少数几个能胜任百年或千年寿命的人，他们是由于不为'渐'所迷惑，不为造物主所欺，而收缩无限的时间并空间于方寸的心中……故佛家能纳须弥于芥子"。[53]他在《秋》一文里对自己年过而立之年感慨"三十这个概念，仿佛在日历上撕过了立秋的一页"，"自我的年龄告了立秋之后，两年来的心境完全转了一个方向，也变成秋天了"。[54]文中所说的"两年"，不仅指作者当时超过三十岁已两年了，同时也是他尊奉佛教以后的两年。丰子恺于1927年初秋皈依了弘一法师行了三宝礼，饱尝了人间苦味的他希望能在佛教理念中探求生活的真谛。

丰子恺毕竟是生活在现实世界中的人，在他的笔下居然有了众多描写儿童生活的作品，如《从孩子得到的启示》《华瞻的日记》《儿女》《忆儿时》等。写儿童，他的理由是："因为我那时这种生活，或枯坐、默想，或钻研、搜求，或敷衍、应酬，比较起他们的天真、健全、活跃的生活来，明明是变态的，病的，残废的。"[55]他一头扎进了一个"纯真"的儿童世界。在作品中，用人间的隔膜和儿童的率真对照，反映自己对理想生活的向往，寄托情感。他在解释自己的漫画进入到儿童相的时候说："我当时对于我的孩子们，可说是'热爱'。这热爱便是作这些画的最初的动机。"[56]然而，丰子恺对于儿童的爱毕竟还有着深一层的社会原因。他说过："我向来憧憬于儿童生活，尤其是那时，我初尝世味，看见了当时社会里虚伪骄矜之状，觉得成人大都已失本性，只有儿童天真烂漫，人格完整，这才是真正的'人'。于是变成了儿童崇拜者，在随笔中、漫画中，处处赞扬儿童。现在回忆当时的意识，这正是从反面诅咒成人社会的恶劣。"[57]正是由于不满于虚伪倾轧、贪婪凡庸的现实，不堪忍受世俗社会影响下的病态生活，丰子恺才像冰心当年在爱的哲学里避风一样，去称颂因年幼无知而尚能保持彻底地真实而纯洁的

丰子恺漫画《你给我削瓜，我给你打扇》

儿童。丰子恺描绘儿童生活的漫画也一样,这在读者心目中留下的印象往往是最深的。这是因为他自己能以一颗率真的童心去观察儿童,描绘儿童的情趣、意向。他自己这样表白过:"我常常设身处地地去体验孩子们的生活;换一句话说,我常常自己变了儿童而观察儿童。"[58]丰子恺笔下描绘儿童生活的佳作频出。《阿宝两只脚,凳子四只脚》:孩子的想象力有时是会令大人们吃惊的。此画缘于丰子恺家中发生的一件事。有一天晚上,丰子恺的大女儿阿宝拿来妹妹的一双新鞋子,并脱下自己脚上的鞋子穿在了凳子的四条腿上,还得意地叫着:"阿宝两只脚,凳子四只脚。"此时母亲看到女儿只穿着袜子蹲在地上,立刻将其抱到藤榻上,并将四只鞋子从凳子的四条腿上除了下来。这一切均被丰子恺看在眼里,非但作了此图,而且还在文章中替阿宝说话:"当你蹲在榻上注视你母亲动手毁坏的时候,你小心里一定感到'母亲这种人,何等杀风景而野蛮'吧!"[59]此画成了丰子恺漫画中的经典之作。《爸爸还不来》:丰子恺在《谈自己的画》一文中说过,我家"有时连日没有一个客人上门,我妻每天的公事,就是傍晚时光抱了瞻瞻,携了阿宝,到弄堂门口去等我回家。两岁的瞻瞻坐在他母亲的臂上,口里唱着:'爸爸还不来!爸爸还不来!'六岁的阿宝拉住了她娘的衣裾,在下面同他和唱。瞻瞻在马路上扰攘往来的人群中认到了带着一叠书和一包食物回家的我,突然欢呼舞蹈起来,几乎使他母亲的手臂撑不住。阿宝陪着他在下面跳舞,也几乎撕破了她母亲衣裾。"[60]这便是此画的来源。作为父亲,又作为画家,丰子恺说他觉得自己立刻化身为两个人。"其一人做了他们的父亲或丈夫,体验着小别重逢时的家庭团圞之乐;另一个人呢,远远地站了出来,从旁观察这一幕悲欢离合的活剧,看到一种可喜又可悲的世间相。"[61]善于感动是艺术家的本能。《爸爸不在的时候》:对于此画,丰子恺自己曾有真情告白:"我在平屋的南窗下暂设一张小桌子,上面按照一定的秩序布置着稿子、信箧、笔砚、墨水瓶、浆糊瓶、时表和茶盘等,不喜欢别人来任意移动……然而孩子们一爬到我的案上,就捣乱我的秩序,破坏我的桌上的构图,毁坏我的器物。他们拿起自来水笔来一挥,洒了一桌子又一衣襟的墨水点;又把笔尖蘸在浆糊瓶里。他们用劲拔开毛笔的铜笔套,手背撞翻茶壶,壶盖打碎在地板上……这在当时实在使我不耐烦,我不免哼喝他们,夺脱他们手里的东西,甚至批他们的小颊。然而我立即后悔：哼喝之后立刻继之以笑，夺了以后立刻加倍奉还，批颊的手在中途软却，终于变批为抚。因为我立刻自悟其非：我要求孩子们的举动同我自己一样，何其乖谬！"[62]可知，丰子恺在画此画时应该是面带微笑的。

朱自清和俞平伯的同题散文《桨声灯影里的秦淮河》是文坛的一段佳话，而丰子恺与朱自清的同题散文《儿女》则同样亦有可称道之处。从父子亲情上看，这两篇《儿女》所蕴含着的人间情味尤其令人回味无穷。这两篇散文同时刊登在1928年《小说月报》19卷第10号上。这样的安排，显然是他俩的共同朋友，当时《小说月报》编者叶圣陶的良苦用心。[63]正是有了叶圣陶编《小说月报》之因，才有了朱自清和丰子恺同题《儿女》一起在《小说月报》上发表之缘。

当年朱自清和丰子恺都是30岁，各自也都已有5个孩子。这两位曾在白马湖共事且情趣相投的同龄作家，在他们的散文里真切地写出了自己对儿女的感受。

在这两篇《儿女》里，他俩都把父亲与儿女之间的骨肉之情写得极其动人，也同样都提到了父辈对儿女培养教育的责任和义务。然而只要细读这两篇作品，却也不难分辨出两位作家在对待孩子方面的不同心绪。朱自清对自己的儿女虽也有疼爱、依恋之心，但客观上却写了许多由于5个孩子的烦扰而给他带来的苦恼，文章劈头第一句话就坦白："我现在已是五个儿女的父亲了。想起圣陶喜欢用'蜗牛背了壳'的比喻，便觉得不自在。"他在文章中还说道："我曾给圣陶写信，说孩子们的磨折，实在无可奈何；有时竟觉得还是自杀的好。这虽是气愤的话，但这样的心情，确也有过的。"烦孩子烦到了这个程度，那么起因又是什么呢？原来不过是孩子们的吵闹，这是朱自清自己说的：

……每天午饭和晚饭，就如两次潮水一般。先是孩子们你来他去地在厨房与饭间里查看，一面催我或妻发"开饭"的命令。急促繁碎的脚步，夹着笑和嚷，一阵阵袭来，直到命令发出为止。他们一递一个跑着喊着，将命令传给厨房佣人；便立即抢着回来搬凳子。于是这个说，"我坐这儿！"那个说，"大哥不让我！"大哥却说，"小妹打我！"我给他们调解，说好话。但是他们有时候很固执，我有时候也不耐烦，这便用着叱责了；叱责有时还不行，不由自主地，我的沉重的手掌便到他们身上了。于是哭的哭，坐的坐，局面才算定了。接着可又你要大碗，他要小碗，你说红筷子好，他说黑筷子好；这个要干饭，那个要稀饭，要茶汤，要鱼要肉，要豆腐，要萝卜；你说他菜多，他说你菜好……吃饭而外，他们的大事便是游戏。游戏时，大的有大的主意，小的有小的主意，各自坚持不下，于是争执起来；或者大的欺负了小的，或者小的竟欺负了大的，被欺负的哭着嚷着……

其实，朱自清所述的这种情况同样发生在丰子恺的家里，最好的例子是丰子恺有一幅题为《星期日是母亲的烦恼日》的漫画。画面上是几个淘气的孩子在家里打得不可开交，他们把电灯打歪，把痰盂碰翻，任凭母亲愁眉苦脸地吆喝，他们仍是照打不误。然而，画面上是这一片恼人的场面，但人们不难想见作这幅画的丰子恺或许正对此场景发出一种长者的微笑！他似乎对孩子总有一种充分的理解，这也就难怪丰子恺在自己这篇《儿女》一文中表现出了另一番情味了。丰子恺是一个极富有赤子之心的作家，在现代作家中，恐怕很少有像丰子恺那样热爱孩子的。他在文中竭力赞颂儿童："天地间最健全的心眼，只是孩子们的所有物，世间事物的真相，只有孩子们能最明显、最完全地见到。"

他热爱孩子，并在文章中认为自己的心为四事所占据，那就是："天上的神明与星辰，人间的艺术与儿童。这小燕子似的一群儿女，是在人世间与我因缘最深的儿童，他们在我心中占有与神明、星辰、艺术同等的地位。"丰子恺是这样欣喜地来描述自己的孩子：

有一个炎夏的下午，我回到家中了。第二天的傍晚，我领了四个孩子——九岁的阿宝、七岁的软软、五岁的瞻瞻、三岁的阿韦——到小院中的槐树荫下，坐在地上吃西瓜。夕暮的紫色中，炎阳的红味渐渐消减，凉夜的青味渐渐加浓起来。微风吹动孩子的细丝一般的头发，身体上汗气已经全消，百感畅快的时候，孩子们似乎已经充溢着生的欢喜，非发泄不可了。最初是三岁的孩子的音乐的表现，他满足之余，笑嘻嘻摇摆着身子，口中一面嚼西瓜，一面发出一种像花猫偷食时候的"ngam ngam"的声音来。这音乐的表现立刻唤起了五岁的瞻瞻的共鸣，他接着发表他的诗："瞻瞻吃西瓜，宝姊姊吃西瓜，软软吃西瓜，阿韦吃西瓜。"这诗的表现又立刻引起了七岁与九岁的孩子的散文、数学的兴味；他们立刻把瞻瞻的诗句的意义归纳起来，报告其结果："四个人吃四块西瓜。"

对于孩子们的如此"杰作"，他不无得意地在内心里做了评判：这三岁的孩子的音乐的表现最为深刻而完全，最能全般地表出他的欢喜的感情。五岁的孩子把欢喜的感情"翻译"成了诗，略打一点折扣。至于另两个孩子的散文和数学的表现，就比较肤浅一点。但无论是好是坏，他都觉得孩子们把"全部精神没入在吃西瓜的一件事中，其明慧的心眼，比大人们所见的完全得多"。能够首先体会到孩子们有如此可爱之处，能对孩子们做这般尊崇，这与朱自清在文中把带着一群孩子视为"蜗牛背了壳"，并发出"我们家真是成日的千军万马呀"的感叹形成了一种鲜明对比。两篇《儿女》是同时发表的，所以丰子恺《儿女》中所抒写的内容在朱自清写作时未必清楚，但由于同在白马湖生活过，他对丰子恺的儿女观应该是十分清楚才对。这就无怪乎朱自清同样在《儿女》中不得不羡慕好友丰子恺了。他说："我的朋友大概都是爱孩子的……子恺为他家华瞻写的文章，真是'蔼然仁者之言'。……我对他们只有惭愧！"于是他以为："我是个彻头彻尾自私的人，做丈夫已是勉强，做父亲更是不成。"

当然，朱自清并非真的不爱孩子，文章的开头和后半部分其实都在自责，自责之后，便又是郑重地表白："可是近来我也渐渐觉着自己的责任。我想，第一该将孩子们团聚起来，其次便该给他们些力量。我亲眼见过一个爱儿女的人，因为不曾好好地教育他们，便将他们荒废了。他并不是溺爱，只是没有耐心去料理他们，他们便不能成材了。我想我若照现在这样下去，孩子们也便危险了。我得计划着，让他们渐渐知道怎样去做人才行。但是要不要他们像我自己呢？这一层，我在白马湖教初中时，也曾从师生的立场上问过丐尊，他毫不踌躇地说，'自然罗。'近来与平伯谈起教子，他却答得妙，'总不希望比自己坏罗。'是的，只要不'比自己坏'就行，'像'不'像'倒是不在乎的。"尤其是当他接到父亲嘱他好好照管孩子的信时，竟然还哭了一场。他说："我为什么不像父亲的仁慈？我不该忘记，父亲怎样待我们来着！"读到这句话，如果再联想到他的另一个名篇《背影》，那么，大体可以现出朱自清那内疚——充满爱的内疚的神色了。

读了这两篇《儿女》，读者可以感受到，无论作者对孩子的体验如何，无论表现出来的情绪怎样，他们写出来的文章都是真情实感的流露，也都是至爱至仁的表现，他们不粉饰、不奢谈，以率真之文体现着率真之人。

朱自清于1945年在四川成都赠诗于丰子恺。其中一首写道：

> 应忆当年湖上娱，天真儿女白描图。
> 两家子侄各弁冠，却问向平愿了无！ 64

诗中流露出朱自清对两家人在白马湖共同生活的留恋，同时亦对各自的儿女寄托了无限的亲情与希望。丰子恺定会有相同的感受。

丰子恺的内心有着一个十分丰富的童心世界。他写于1926年的《给我的孩子们》一文，其开头就感慨道：

> 我的孩子们！我憧憬于你们的生活，每天不止一次！我想委曲地说出来，使你们自己晓得。可惜到你们懂得我的话的意思的时候，你们将不复是可以使我憧憬的了。这是何等悲哀的事啊！ 65

在他看来，只有孩子的生活才是纯洁无瑕的，才是值得憧憬的，而一旦长大成人，接触这污浊的社会后，就失去了憧憬的价值。所以，他爱孩子，认为人间最富有灵气的是孩子。孩子有着天地间最健全的心眼，天赋的健全的身手与真朴活跃的元气。

丰子恺对孩子的体贴，可以从许多方面得到体现。他在《〈儿童的年龄性质与玩具〉译者序言——儿童苦》一文里表示："我近来深感于世间为儿童者的苦痛。这是明显的事实：试看现在的家庭里，桌子都比小孩子的头高，椅子都是小孩子所坐不着的，门都是小孩子开不着的，谈的话与做的事都是小孩子所听不懂又感不到兴味的。设身处地地想来，假如我们大人到了这样一个设备不称身而言行莫名其妙的异人的家庭里去生活，我们当感到何等的苦痛！""我很同情于儿童的苦痛，拟代他们申诉，又为他们宣传、要求，以促世间一般的大人的注意。" 66他还把八指头陀的诗刻在烟嘴的边上，诗云："吾爱童子身，莲花不染尘。骂之唯解笑，打亦不生嗔。对境心常定，逢人语自新。可慨年既长，物欲蔽天真。"[67]

丰子恺爱儿童，开明书店也十分善于以此来为图书做广告。比如，开明书店曾有过这样一则关于徐调孚先生翻译的《木偶奇遇记》的广告。出版者拿人们熟知的，以热爱儿童而闻名的丰子恺来做广告。广告词是这样写的："如果哪一位先生或太太嫌你的小孩在家里胡闹，我们介绍你买一本《木偶奇遇记》给他，他看了这本书，我们敢写一张保证书，他不会再吵了。因为这书确有这样的能力，凡是小孩没有不爱看的。你不信吗？我们来报告一件新闻：丰子恺先生曾把这书的故事讲给他的三位小孩子听，他们听出神了，连饭都不要吃，肚子饿都忘却了。难道这是我们编造出来的谎话吗？你们有机会去问问丰先生看。"这则广告妙就妙在出版者抓住了人们熟知丰子恺爱孩子这个心理。想必只要是丰子恺说是好的，岂有不好之理！用名人来做广告，这是一个取巧的办法。当年胡适在国外获得博士学位回国，一时尊荣俱全，便有茶商借胡适之名大肆宣传，并命其茶为"博士茶"。此举令胡适本人颇不自在，一是此茶是否真像"博士"之称那样响亮是个疑问，二来胡适本人又非茶叶的权威。但用丰子恺来做儿童读物的广告，可谓恰到好处。

对于丰子恺在随笔中表现出来的童心，赵景深说："我觉得子恺的随笔，好多地方都可以与叶绍钧的《隔膜》作比较观。在描写人间的隔膜和儿童的天真这两点上，这两个作家是一样的可爱。其实这两点也只是一物的两面，越是觉得人间的隔膜，便越觉得儿童的天真。卢骚曾喊过'返于自然'，子恺恐怕要喊一声'返于儿童'。"[68]郁达夫则以为："丰子恺今年三十九岁，是生长在嘉兴石门湾的人，所以浙西人的细腻深沉的风致，在他的散文里处处可以体会得出。""人家只晓得他的漫画入神，殊不知他的散文，清幽玄妙，灵达处反远出在他的画笔之上。""对于小孩子的爱，与冰心女士不同的一种体贴入微的对于小孩子的爱，尤其是他的散文里的特色。"[69]

丰子恺的随笔，从一开始就显露出独特的艺术风格。他的作品，总是选取自己熟悉的生活题材，取其片断，以自己的所感，用最朴质的文字坦率地表达出来。在朴质细微乃至接近白描的文字中，倾注了一股真挚而又深沉的情感，同时又不乏哲理性的文句，很容易打动读者的心灵并引起并鸣。文学界对他的随笔很快就有了好评。赵景深在《丰子恺和他的小品文》中说："……子恺的小品文里既是包含着人间隔膜和儿童天真的对照，又常有佛教的观念，似乎，他的小品文尽都是抽象的，枯燥的哲理了。然而不然，我想这许就是他的小品文的长处。他哪怕是极端的说理，讲'多样'和'统一'，(《自然》和《艺术三味》)这一类的美学原理，也常带着抒情的意味，使人读来不觉得其头痛。他不把文字故意写得很艰深，以掩饰他那实际内容的空虚。他只是平易地写去，自然就有一种美，文字的干净流利和漂亮，怕只有朱自清可以和他媲美。以前我对于朱自清的小品非常喜爱，现在我的偏嗜又加上丰子恺。"[70]赵景深与丰子恺的相识是在1925年，那时他也在丰子恺等创办的立达学园任教。用赵景深自己的话说，这是一所"充满了艺术空气"的学校。1928年，赵景深为了他自己的《中国文学小史》《童话概要》和《童话论集》等书也请丰子恺画过封面。(按：其实目前所见的《丰子恺漫画全集》中的画并不很全。许多在类似赵景深的回忆中的一些封面画至今还没有收全。)赵景深很早就对丰子恺的散文等作品有过评论，笔者以为，在早期的丰子恺作品评论中，赵景深的评论可被看成是一个时期的代表。姜丹书则评价曰："子恺的语体文，亦很成功，长于描写事物，亦庄亦谐，形容得很轻松，指发得很深刻，妙在能搔着痒处，打着痛处，幽默之趣，自在言外，乃是精于运思、巧于运笔者。"[71]

郁达夫在编选《新文学大系·散文二集》时收入丰子恺的五篇散文，即《浙》《秋》《给我的孩子们》《梦痕》和《新年》。郁达夫在评点文字中对丰子恺评价很高，他说，"浙西人细腻深沉的风致"在丰子恺的散文里得到了体现；又说，"人家只晓得他的漫画入神，殊不知他的散文清幽玄妙，灵达处反远出在他的画笔之上"。郁达夫不仅推崇丰子恺的散文，更推崇他的苦学精神，他向读者介绍说："他是一个苦学力行的人，从师范学校出来之后，在上海半工半读，自己努力学画，自己想法子到日本去留学，自己苦修外国文字，终究得到了现在的地位。我想从这一方面讲来，他那富有哲学味的散文，姑且不去管它，就单论他的志趣，也是可以为我们年轻人做模范的。"[72]

有关丰子恺与郁达夫的交往，目前留下来的资料不多。许钦文先生曾在1935年写过一篇《郁达夫丰子恺合论》发表在《人间世》杂志上。

然而此文并未涉及丰子恺与郁达夫之间的交往情况，而是谈了作者对丰子恺、郁达夫二人的认识，并对其二人的文学、为人给予了评价。郁达夫青年时期的好友陈伯昂先生曾回忆说：当时丰子恺与郁达夫都是饮酒的高手，他们经常在上海的酒楼里痛饮，但由于年月长久，详情亦不能记忆。

1983年，《艺谭》杂志在这一年的第2期上发表了一篇由陈子善、王自力撰写的《郁达夫轶诗辑注》，其中有一首郁达夫为丰子恺漫画《建筑的起源》题写的诗句：

> 兄妹两无猜，庭前作游戏。
> 打迭苦经营，创建从兹始。

这首诗给人一种感觉，不仅丰子恺的漫画对儿童有着无限的爱心，就连作诗的郁达夫也是童心十足。从郁达夫诗中可以知道，丰子恺漫画《建筑的起源》中的孩子形象有两个：兄和妹。而如今我们所能见到的丰子恺漫画《建筑的起源》，其画中的人物只是一个小男孩。根据丰子恺作画的习惯，同一题材，甚至一个画题的画有多幅的情形，且每幅画中的人物数目、性别又有不同的情况，我们可以推断，郁达夫题诗的这幅《建筑的起源》当是另一幅画。

值得一提的还有两事。如今在北京的鲁迅博物馆里收藏着一幅丰子恺题跋过的鲁迅赠郁达夫的条幅。鲁迅的条幅内容是：

> 无情未必真豪杰　　怜子如何不丈夫
> 知否与兴狂啸者　　回眸时看小於菟
>
> 达夫先生哂正　　鲁迅

丰子恺在条幅上的题跋，写在条幅之外左侧纸边上，内容是：

单靠一只燕子，春天是不来的。
　　日本社会主义者上伸先生句
　　敬题鲁迅先生遗墨

　　　　　　　　　一九四九年冬丰子恺

有关丰子恺题写此条幅的因缘，目前尚无法考证。丰子恺题写时，郁达夫早已在南洋遇难。无论当时丰子恺是否知晓郁氏的详情，想必他在题句时是有一份对老友的思念之情的。

如今在浙江富阳郁达夫的故居里，堂内挂有一幅丰子恺的书法，写的是"风流儒雅"。书法没有署题写时间，故不能断定此题书作于何时。但有一点可以肯定：这是丰子恺对郁达夫概括性的评价。[73]

丰子恺20世纪20年代的散文大都收集在开明书店于1931年出版的《缘缘堂随笔》里。自从这第一部散文集《缘缘堂随笔》后，丰子恺又出版了《子恺小品集》《随笔二十篇》《车厢社会》《子恺随笔集》和《缘缘堂再笔》等散文集。这些作品，内容充实，艺术风格也日臻完善，为他赢得了众多读者和应有的声誉。

第四节　音乐教育的先驱

就在1925年12月丰子恺出版第一部漫画集《子恺漫画》的同一个月，上海亚东图书馆出版丰子恺最早的一部音乐理论著作《音乐的常识》。这本书是丰子恺根据田边尚雄、山田耕作、小松耕辅、大田黑元雄、前田三男、马场二郎和门马直卫等诸多日本音乐理论作者的著作编撰而成，具有音乐启蒙意义。在此书的序言里，丰子恺有一段话很有意味。在谈到之所以编辑此书时，他写道："翻阅这书的原稿的朋友，都说这'常识'的范围太广。是的！在音乐的黎明时代的我国，这书似乎是专门的了；在机械的分业制度的信徒，当然不会承认这是一般人的常识的。然而'人的生活'何等地高而且广！假使我们没有多方面的常识，何能全般领略这高泛的'人生'的趣味呢？……没有对于各种艺术的充分的常识的人就不得完全地赏鉴。"[74]用今天的话来说，这其实正是为了使人的综合素质有所提高。

早在丰子恺的儿童时代，音乐就对他产生过较大的影响。他对民间的胡琴曾有过兴趣，也在小学里唱儿童歌曲。他小学时代所唱的歌曲，大都是光绪末年商务印书馆出版的沈心工编辑的小学唱歌集。其中有一首《励学歌》唱道："黑奴红种相继尽，惟我黄人酣未醒。亚东大陆将沉没，歌一曲成君且听。人生为学须及时，艳李浓桃百日姿……"他学唱这首歌时，正值清朝末年，各方多难、人心恍惚之时。据他自己回忆，这类歌给了他很大的影响，以后"每逢唱到这歌，无论在何等逸乐，何等放荡，何等昏迷，何等冥顽的时候，也会警惕起来，振作起来，体验到儿时的纯正热烈的爱国的心情"。[75]丰子恺还对自己儿时

丰子恺笔下的民间音乐演奏者

唱过的《祖国歌》记忆犹新。李叔同于1905年在上海为沪学会补习科作了一首《祖国歌》。此歌选用中国民间曲调《老六板》填词，很合大众口味，一经发表，不胫而走，风靡一时。1910年的时候，丰子恺还只有十三岁。他在故乡的小学里读书时，金可铸老师就教他们唱这首歌。丰子恺说："我还记得：我们一大群小学生排队在街上游行，举着龙旗，吹喇叭，敲铜鼓，大家挺起喉咙唱这《祖国歌》和劝用国货歌曲。"[76]当时的丰子恺既不认识李叔同，也不知道这歌曲的作者是谁，只觉得唱起来颇能激发起爱国情怀。后来他考入了浙江省立第一师范学校，方才认识李叔同，也才知道他自己儿时所唱的《祖国歌》正是自己的老师李叔同的作品。可以认为，丰子恺儿时对音乐的接触是与爱国情怀紧密联系在一起的，这也影响了他日后对音乐的态度。1914年，丰子恺考入浙江省立第一师范学校后，成了李叔同的学生。在校期间，他受过严格的音乐训练，并在李叔同的引导下，滋养起丰富的音乐素养，对音乐有了极其深厚的感情。1927年，丰子恺等编辑出版了《中等教科适用歌曲集·中文名歌五十曲》，他在序言中颇有感慨地写道："现在中国还没有为少年少女们备一册较好的唱歌书。这册子虽然很小，但是我们相信它多少总能润泽几个青年的心灵，因为我们自己的心灵曾被润泽过，所以至今还时时因了讽咏而受到深远的憧憬的启示。"[77]1921年，丰子恺去日本游学，其中一项重要的学习任务就是去音乐研究会学小提琴。在春晖中学

任教时期，丰子恺就已经注意到音乐的感化作用，并曾积极投身于教学实践之中。

辛亥革命前后，中国学校的音乐教育，所谓学堂乐歌曾起到主要的作用。学堂乐歌的内容，大部分是反映当时中国的社会及知识分子要求学习欧美科学文明、传承优秀民族遗产、实现国家富强从而抵御外侮等民主主义和爱国主义的思想；学堂乐歌的发展，又使西洋音乐及各种艺术形式开始在我国初步得到了发展和介绍。如果说，学堂乐歌的发展也为中国造就了一批传播现代音乐文化和创建、发展学校音乐教育的音乐家的话，那么，可以这样认为：从李叔同到丰子恺，正是这一发展和传承的具体体现。因为李叔同正是辛亥革命前后大力创作学堂乐歌、传授音乐技能的近代音乐教育家之一。他的教学和创作的许多歌曲在艺术水准上是高于他的同代人的。丰子恺是李叔同的学生，他虽没有在今后的音乐事业中创作众多的歌曲、乐曲或成为演奏家，但他却在音乐教育和普及方面做出了别人无法替代的重要贡献。

自从《音乐的常识》出版后，丰子恺在这一时期又先后出版了《音乐入门》（开明书店1926年10月）、《近代二大乐圣的生涯与艺术》（亚东图书馆1930年5月）、《近世十大音乐家》（开明书店1930年5月）、《音乐初步》（北新书局1930年5月）、《世界大音乐家与名曲》（亚东图书馆1931年5月）和《西洋音乐楔子》（开明书店1932年12月）等音乐理论及普及读物。他的这些著作虽有很多是从日本音乐理论家的著述中编译而成，但他能够根据中国音乐教育的实际，用浅显而又生动的语言加以阐述，使音乐知识在现代中国大众中普及推广，起到了积极的作用，在相当长的一段时期内，曾受到读者的普遍欢迎。尤其是其中的《音乐入门》，从1926年初版后重印了30余次，直到今天，中国的出版界仍在出版此书。就纯粹意义上的翻译读本而言，丰子恺在这一时期也有《孩子们的音乐》（开明书店1927年11月初版）、《生活与音乐》（开明书店1929年10月初版）、《音乐的听法》（大江书铺1930年5月初版）、《音乐概论》（开明书店1932年初版）等。丁善德在《历史与现状》中如此评价："丰子恺编辑的日本的音乐书籍如《音乐入门》《十大音乐家》等，像给紧闭的房屋打开了一扇小窗，启迪了许多中国人的音乐兴趣。"[78]叶圣陶在《丰子恺文集》序言里回忆当时的情景时也说:"在30年代,子恺兄为普及音乐绘画等艺术知识写了不少文章,编了好几本书,使一代的知识青年,连我这个中年人也包括在内,受到了这些方面很好的启蒙教育。"[79]徐迟在《歌剧素描》序言中也说:"他的事半功倍的工作是很伟大的,没有他,中国音乐家哪能有这样成绩?"[80]

丰子恺还于1932年10月在开明书店出版过一本由他编选的《英文名歌百曲》。该书所载的歌曲,皆当时欧美各国所传诵的名歌曲,有民谣,有作曲家或诗人的作品,旋律简易而动听,歌词为英文。种类则有家庭歌、恋歌、伤感曲、歌剧拔萃、儿童歌、圣歌、赞美歌、团体歌、爱国歌以及一些国歌等。丰子恺以为此是家庭音乐修习的材料,也是学校唱歌教本。

鉴于现代中国的音乐教育状况,丰子恺高度重视音乐的普及。他认为:"在理论上,音乐是最易感动人的;但在实际上,艺术中要算音乐最不一般。试看你们所交接的一切朋友中,喜欢音乐的,会弄音乐的人占极少数。反之,文学似乎最为一般的,小说与诗大家都欢喜看,而且不少人会作。图画也大都的人欢喜看,且会批评。演剧更为一般人所爱好且懂得,妇人与小孩也常充满在戏馆里,乡下的农夫与工人也欢喜看戏。至于音乐,在下层社会中,只有剃头司务大都会弄胡琴,其他少得很;在商人阶级里也极少;到了上等社会的资本阶级,智识阶级中,则除了几个专门的音乐家外,弄音乐的人恐怕很难找到。音乐是最易感动人的心灵艺术,照理应该普及,而现状恰好相反,这是什么理由呢?"[81]为此,丰子恺提出了两个基本理由:一是因为音乐难于理解,二是乐器难于上手。为此,当在他的朋友黄涵秋要出版编译本《口琴吹奏法》的时候,他十分乐意为之做宣传,以为是音乐普及的一个好的手段。在谈到儿童音乐教育与普及时,他又说:"我想,安得无数优美健全的歌曲,交付与无数素养丰足的音乐教师,使他传授给普天下无数天真烂漫的童男童女?假如能够这样,次代的世间一定比现在和平幸福得多。因为音乐能永远保住人的童心。而和平之神与幸福之神,只降临于天真烂漫的童心所存在的世间。失了童心的世间,诈伪险恶的社会里,和平之神与幸福之神连影踪也不会留存的。"[82]丰子恺不仅为黄涵秋编译的《口琴吹奏法》写了序言,而且还为王庆勋著的《最新口琴吹奏法》(1929)、黄涵秋译的《口琴吹奏法续编》（1931）和黄涵秋、曹冠群合编的《口琴入门》（1937）写了序言，竭尽推荐之能事。1938年5月，他又与萧而化一起合编了《口琴歌曲集》，他在序言中写道："这里面的乐谱，可以歌唱，同时又可以用口琴演奏。音乐是精神抗战的利器。而口琴音乐，尤为短小精悍。口琴的形状像手枪，放在衣袋里，随时随地可以拔出来用。其作用像机关枪；一串无形的子弹，个个可以打中敌人的要害。"[83]此外，丰子恺还与萧而化合编了《口琴吹奏法初步》，1938年由大陆书店出版。

通过研读丰子恺的文学作品和音乐论述，人们可以明显地发现一个现象：在他的音乐实践中，人们很难看到有悲观的情绪。他始终强调音乐的教育作用，为了使大众具备音乐素养和让音乐起到振奋精神的作用，丰子恺大力宣扬"曲高和众"的音乐思想。他认为："曲高和寡是古代的话，这种弥高的曲，是象牙塔里的艺术，已不适于现代的大众了。现代要曲高和众。"[84]他论述了"曲高"与"和众"间的辩证关系，要求两者达到高度的统一。为了说明问题，不妨先将他有关这个问题的论述录存如下：

> 我们必须把曲的高低，难易，和众寡的关系分别清楚：须知高的曲不一定难，低的曲也不一定易；反之难的曲不一定高，易的曲也不一定低。故高低与难易是不相关的两事。又须知和"寡"不是为了曲"高"之故，乃为了曲的"难"之故；和"众"不是为了曲"低"之故，乃为了"易"之故……我们不贵"阳春白雪"及"流水高山"，不排除"孟姜女"及"五更调"等，而要求兼有"阳春白雪"与"流水高山"之高，与"孟姜女"和"五更调"之易的音乐。[85]

丰子恺在此说得很清楚。"曲高"并非主张艺术的艰深，而是追求其浅易而优美。这和低劣的艺术是风马牛不相及的两回事。他认为某些流行于民间的音乐所以广为流传，就是"因为这类的乐曲，性质极优秀，而构造极简易……大众艺术所要求的音乐，非这一种不可"。[86]丰子恺甚至还认为："今后世界的艺术，显然是趋向着'大众艺术'之路。文学上早已有'大众文学'的运动出现了。一切艺术之中，文学是与社会最亲近的一种。它的表现工具是'语言'。这便是使它成为一种最亲近社会的艺术的原因……故将来世界的绘画，势必跟着文学走大众艺术之路，而出现一种'大众绘画'。大众绘画的重要条件，第一是'明显'，第二是'易解'。"[87]他又说："艺术贵乎善巧，而善重于巧，故求丰富之内容，而不求艰深之技巧。故曰平凡。""平凡非浅薄，乃深入而浅出，凡人之心必有所同然。故取其同然者为内容，而作艺术的表现，则可使万人共感，因其客观性既广而感动力又大也，至于表现之形式，则但求能传情达意，不以长大复杂富丽为工。故曰平凡的伟大。"[88]丰子恺"曲高和众"的艺术主张是与他要求艺术的大众化与现实化是一致的。只有做到了"曲高和众"，才能从根本上实现艺术的"两化"。因为只有"和众"才是真正的大众化、现实化。而作为陶冶情操、提高修养、振奋精神手段的绘画艺术，也只有"曲高"才能真正具有艺术的感染、宣传作用。所以，在丰子恺看来，"曲高"与"和众"是不可分割的统一体。没有"曲高"便起不了艺术的作用，缺乏艺术性；而没有"和众"同样也谈不上美，道理很简单：它丧失了大众，没有时代感，缺乏时代精神。

丰子恺提倡"曲高和众"，这是有其思想基础的。他是"文学研究会"的成员之一，他要求自己的创作为民众所理解，为民众所接受，是为了达到"为人生"的最终目的。此外，丰子恺还多少受到尼采和托尔斯泰的影响。他曾在《大众艺术的音乐》[89]一文里，向读者郑重推荐了这两位竭力主张"曲高和众"的国外名家。直到1958年，丰子恺还专门写了《曲高和众》一文，推荐托尔斯泰的见解："我赞成托尔斯泰的话：'凡最伟大的音乐、最有价值的杰作，一定广泛地被民众所理解，普遍地受民众的赞赏。'"[90]尼采也曾有过类似的主张，尼采在《华格纳事件》中说过："凡良好的艺术品一定易解，凡神品一定轻快，这是我的美学的第一原理。"正是因为丰子恺推崇他们关于艺术应该通俗易解的主张，他才把艺术普及于大众作为己任，处处表露出"曲高和众"的艺术审美观念。

丰子恺的艺术观也与其人品与文品有密切的关系。对于他的人品，他的白马湖同事朱光潜评价为"胸有城府，和而不流"，是那样的浑然本色，"没有一点世故气"。[91]有了这样的品质，再加上丰子恺那作为一位艺术家的艺术表现力，就使人们在读他的作品时，如同面对一位心地善良的长者，听他既无保留又无顾忌地倾吐肺腑之言。他用最平易的语言与你促膝谈心，简直事无不可对人言，他的作品也就能让人感到亲切，为人乐于接受。

丰子恺曾与裘梦痕合编过《中等教科适用歌曲集·中文名歌五十曲》（开明书店1927年8月）、《洋琴弹奏法》（开明书店1929年3月）、《怀娥铃演奏法》（开明书店1931年9月）和《开明音乐教本》（开明书店1935年）等音乐书籍。关于裘梦痕的情况及丰子恺对他的评价，在丰子恺的学生魏风江《怀念钢琴家裘梦痕》[92]一文中有所披露。以下节录数段，可知一二，并有若干新的信息。

1962年深秋，一对年逾花甲的夫妻，从别地迁回杭州租居皮市巷51号。（现改55号）游子久别归来，行箧必不在少。最引人注目的莫若那具巨大的漆黑光亮的钢琴了。

可是，人们很少知道，居住在51号的这位弹奏者，是我国一位具有国际声望的钢琴家裘梦痕；而皮市巷居民朝夕可闻的，乃是世界乐圣贝多芬、肖邦、修贝尔德和莫扎尔德等人的名曲。

幸而裘先生的音乐遗著，倒是被裘师母保存二十余种。计歌曲集五种，乐理三种，钢琴小曲集两种，钢琴弹奏法一种，小提琴演奏一种。此外，他与丰子恺先生合著的音乐书籍有十余种。都是上海开明书店及春风音乐教育社出版。

据以往史料，丰子恺与裘梦痕合著或合编的书只有四种。魏风江在文中说有十余种，且说除了开明书店，尚有春风音乐教育社出版的版本。此信息值得关注，须进一步查寻研究。

裘先生是立达学园的音乐老师。他和蔼可亲，谈笑风生，同学们都欢喜和他接近。我的音乐成绩不佳，但也是他家里的常客。这与数学成绩优良的同学们，却不敢接近态度严峻，沉默寡言的大数学家刘薰宇先生，成为一个对比了。

立达学园的老师们，大多住在与学校隔开一半个大操场的永义里。裴先生住在9号，丰子恺先生住在8号，匡互生先生住在6号，刘薰宇先生住在12号，谭云山先生住在11号，周为群先生住在14号。同学们在课后或假日，常从这家走到那家，看望老师，得到一点课堂上所得不到的知识。我们称这样做为"周游列国"。

在这段文字中，魏风江把立达学园教师当时住的门牌号说得十分清楚，可谓不可多得的史料。

裴先生的楼上和隔壁8号，原是丰子恺先生的"缘缘堂"。后来丰先生搬走了，楼上也归裴先生居住，8号内搬来了陶载良先生。丰先生常伴弘一法师来裴先生家座谈，商谈出版音乐刊物事宜。在这样的场合，我和几个同学，就端茶端水，帮助裴师母招待客人。

此段文字中讲到丰子恺常陪弘一法师到裴家谈话。此应该是1927年秋的事。因为弘一法师在那时曾在丰子恺家里住了一个月左右的时间。

丰子恺先生有一次对我说道："裴先生的钢琴演奏，在中国是第一流的。各国钢琴家来中国访问的，都知道裴先生高超的艺术，因为《字林西报》上曾有人介绍过他。立达学园学生，如果不向这位具有国际声望的钢琴家裴老师好好学习，那是坐失良机，可谓太无缘了。"

我说道："你是漫画家，我们学生如果不向你学好绘画，那也是坐失良机啊。"

丰先生说道："学绘画比较容易做到。任何时候，你想学，拿出一纸一笔，就可试着描绘。但学钢琴，可不简单，首先要有钢琴，立达就有两具钢琴空在那里，此时不学，更待何时？要知道大音乐家修贝尔德一生买不起一具钢琴呀！何况你们眼前就有一位具有国际声望的钢琴老师在身边。"

据魏风江文中可知，裴梦痕先生于1978年4月在杭州逝世。

第五节 缘缘堂的命名与皈依弘一法师

通读丰一吟撰写的几本丰子恺传记，可以发现一个很有趣的问题，即关于缘缘堂命名时间的表述。

最早一本是《丰子恺传》，写道："1926年，立达学园在江湾的新校舍落成之后，随之在学校附近的永义里建造了宿舍。为了工作和生活上的方便，丰子恺和家眷一起迁入居住……那年秋天，弘一法师云游经过上海，来到永义里丰子恺家中，丰子恺与弘一法师商量要为自己的寓所命名。法师叫他在小方纸上写了许多自己喜欢而又可以互相搭配的字，团成许多小纸球，撒在释迦牟尼画像前的供桌上，拿两次阄，拆开来都是'缘'字，于是就将寓所命名为'缘缘堂'，当即请弘一法师写了一幅横额，装裱后挂在永义里的寓所中，这便是'缘缘堂'名称的由来。"[93]

第二本是《潇洒风神——我的父亲丰子恺》，写道："皈依仪式是在1927年农历九月二十六（公历10月21日）丰子恺三十虚岁生日那天举行的。地点是在上海江湾镇立达校舍永义里丰宅楼下钢琴旁……就在这一次，丰子恺请求弘一法师为自己的寓所取一个名称……"[94]

第三本是《我和爸爸丰子恺》，写道："楼下客堂中间的壁上挂上堂名。'缘缘堂'的堂名，是1926年弘一大师到江湾立达宿舍永义里来时给爸爸取的。"[95]

可见，丰一吟对此事的认定，有一个从"1926年说"到"1927年说"，再复归"1926年说"的过程。其实，就在丰一吟对此事几经思虑的过程中，她也与笔者有过多次的探讨和交流。对于此事的周折，源于殷琦的一篇文章，笔者也对此有过辨正。如笔者在《君子之交——弘一大师、丰子恺、夏丏尊、马一浮交游纪实》中是这样说的：

有关"缘缘堂"命名的时间，以往学界颇有争议。丰华瞻《丰子恺年谱》（载《丰子恺研究资料》，宁夏人民出版社1988年11月初版）中的

1926年条目曰:"8月,弘一法师云游到上海,下榻江湾永义里丰宅。丰氏请弘一法师为其寓所命名……于是定名为'缘缘堂'。"

事实上,1926年8月间弘一赴江西经上海时并未在丰家住下,这可从丰子恺《法味》一文中看出。那么是否存在弘一未宿丰家而为其命名的可能呢?回答亦为否定。因为丰子恺自己在《告缘缘堂在天之灵》中说过:"中华民国十五年,我同弘一法师住在江湾永义里的租房子里,有一天我在小方纸上写许多我所喜欢而可以互相搭配的文字……"可见,这一定是弘一住在丰家发生的事情。所以,我们只能断定这是弘一秋后返杭州经上海时的事。也有人以为"缘缘堂"命名的时间干脆就不是1926年,而是1927年。如殷琦在《香港文学》1985年9月号上的《关于丰子恺皈依佛教及缘缘堂命名的时间》一文就持此说,殷琦的一条重要理由在于丰子恺写于1927年的《缘》一文中有这样的开头:

"这是前年秋日的事:弘一法师云游经过上海,不知因了什么缘,他愿意到我的江湾的寓所中来小住了……"于是殷琦以为:"根据不知因了什么缘的句子所表达的口气看,这是弘一法师第一次下榻丰子恺家,不像前一年(即1926年)已经住过的样子。"为此,殷琦认为丰子恺在《告缘缘堂在天之灵》中所谓"民国十五年"可能是丰子恺记忆上的错误。

笔者以为,"缘缘堂"的命名时间还是应该定在1926年秋后。理由有二。其一,殷琦引用丰子恺《缘》的开头文字固然有一定的说服力,但这段引语的省略号后面的另一句话恰恰又给了人们另一种信号。我们还是来完整地引用这段话吧:

"这是前年秋日的事:弘一法师云游经过上海,不知因了什么缘,他愿意到我的江湾的寓所中来小住了。我在北火车站遇见他,从他手中接取了拐杖和扁担,陪他上车,来到江湾的缘缘堂,请他住在前楼,我自己和孩子住在楼下。"

丰子恺在此提到了弘一来到江湾的缘缘堂,那么,我们是否可以认为此时已有了"缘缘堂"这个名称了呢?

其二,根据不知因了什么缘的句式可以给人弘一首次来丰宅小住的印象,但并不能就得出此前一定没有来住过的结论。我们与其说猜想这次是弘一首次来丰家住,还不如更相信丰子恺所谓"民国十五年"给住宅命名的陈述。[96]

如今丰一吟确认"1926年说",想必自有她的判断。这里,须再补充一点,即丰子恺在立达学园的租屋有四处,按丰一吟的说法:"1925年夏,立达学园在江湾筹建时,丰子恺在江湾同安里租赁房子。秋天迁居安乐里。安乐里就在同安里对面,房子比同安里大得多。后来,立达的教职员宿舍在永义里建成。丰子恺家迁入永义里,是在1926年地藏诞(农历七月三十日,公历9月6日)。迁入永义里前,又曾在西门乐盛里暂住。"[97]丰子恺自己说命名为缘缘堂的租屋为永义里,即他在《告缘缘堂在天之灵》中说的:"中华民国十五年,我同弘一法师住在江湾永义里的租房子里,有一天我在小方纸上写许多我所喜欢而可以互相搭配的文字……"[98]据丰一吟说,丰家迁入永义里的时间是"1926年地藏诞(农历七月三十日,公历9月6日)",那么弘一法师于该年秋后回杭州经上海的时间正是这时。丰子恺搬入"新居",请弘一法师命名也符合情理。[99]

1926年春,弘一法师自温州至杭州,居西湖边上的招贤寺从事《华严疏钞》的厘定、修补与校对。他知道此时丰子恺在上海的立达学园任教,就给这位当年的得意门生、如今已成了著名人物的丰子恺寄去一张明信片,上面写道:"近从温州来杭,承招贤老人殷勤相留,年内或不复他适。"[100]

丰子恺收到邮片,顿时感慨万千。他在赴日本前几天的那个夜晚,曾在杭州闸口凤生寺向弘一法师告别,到现在已有六年了。这六年来,他在事业上得到了蓬勃的发展,但在弘一法师面前,他自感是仆仆奔走,沉酣于浮生之梦,到如今才有机会得与法师相见。所以,看到弘一法师这笔力坚秀、布局妥帖的字迹和简洁的文句,他从欣喜又转入沉思,再从沉思化为欣喜。丰子恺想到了当教师时的李叔同和出家后的弘一法师;想到了六年前告别时的情景以及六年来的自己……这一切,霎时都浮现在他的眼前,觉得这六年越加像梦了。

几天后,丰子恺就与夏丏尊一起乘火车赶往杭州。

杭州是丰子恺读书的地方,自从丰子恺毕业以后,他很少有机会重游旧地。现在与杭州重见,其城市面目虽非昔日,但青天似的粉墙,有棱角的黑漆石库墙门,冷静而清楚的新马路,官僚气的藤轿,叮当响的包车,却依然是八九年前的杭州面影。到杭州的次日,丰子恺就见到了弘一法师。弘一法师领着丰子恺等走进招贤寺，丰子恺不时偷看法师的容颜，发现那欢喜的笑颜始终挂在他的脸上不曾改变。弘一法师把他们引入殿旁的一所客堂。这客堂的陈设简单而清楚，除了旧式的桌椅，就只有挂在墙上的梵文条幅和电灯。

与丰子恺同去的有夏丏尊以及杭州几位也想见一见弘一法师的旧友。大家坐定之后，彼此间便有一些对话。丰子恺发现，弘一法师神色极好，眉宇间秀气充溢如故，而且谈话时的他，眼睛总是环视座中诸人。其中一位跟着来的朋友接二连三地向法师提出各种宗教问题，诸如儒道、佛法，甚至问他过午不食肚子是否觉得饿等。丰子恺问了一些法师近来的起居，又谈起他送给上海立达学园的《续藏经》。这部经原是一位叫王涵之的先生送给他的。他因为自己已有一部，就决定转送他处。去年夏丏尊曾替立达学园向弘一法师请经，就有了这一因缘。可是以前也曾有二人向弘一法师请过，所以弘一法师就让丰子恺给此二人写信，说明原委。只见他回到房中，拿出一张通信地址和信笺，暂时不顾其他客人而同丰子恺并坐一起，详细周到地教他信上的措辞法。这种叮咛郑重的态度，丰子恺已近十年不曾领略了。这时候，丰子恺顿时恢复了自己学生时代的心情。他只管低头而唯唯，同时俯了眼窥见到的是弘一法师那伴着草鞋带的细长而秀白的足趾。

见过了弘一法师，丰子恺的心情顿然异样起来。路上，他跟着一班人默默地走。夜里又喝了两回酒。回到旅馆，他躺在床上想，第二天，他又在寂寥的火车上想，想起这近十年来的心境。他觉得自己"犹如常在驱一群无拘束的羊，才把东边的拉拢，西边的又跑开去。拉东牵西，瞻前顾后，困顿得极。不但不由自己拣一条路而前进，连体认自己的状况的余暇也没有。这次来杭，我在弘一师的明镜里约略照见了十年来的自己的影子了。我觉得这次好像是连续不断的乱梦中一个欠伸，使我得暂离梦境；拭目一想，又好像是浮生路上的一个车站，使我得到数分钟的静观"。[101]

火车到了上海，浮生的淞沪列车又载了他往立达学园跑，他仍颠簸倾荡地走着，不知几时走尽这浮生之路。

这次谒见弘一法师，无疑给丰子恺以很大的触动。在离别法师六年之后，确切地说是自从老师出家以后，丰子恺又一次渴望追随弘一法师，以使自己在这千丈红尘之中找到一个清凉世界。

丰子恺回到上海后未多久，弘一法师就又来了一封信，信中说："音出月拟赴江西庐山金光明会参与道场，愿手写经文三百叶分送各施主。经文须用朱书，旧有朱色不敷应用，愿仁者集道侣数人，合赠英国制水彩颜料Vermilin（朱红）数瓶。"

信末又云："欲数人合赠者，俾多人得布施之福德也。"

丰子恺收到信后，就联合夏丏尊等七八人合买了八瓶Windsor Newter（温译·牛顿）制的水彩颜料，外加十张夹宣纸立即寄去。同时，丰子恺在回信中说："师赴庐山，必道经上海，请预示动身日期，以便赴站相候。"而弘一大师则回信曰："此次过上海，恐不逗留，秋季归来时再图叙晤。"102

此后，丰子恺曾返回故乡石门湾小住。在家里，他向母亲说起了最近访问弘一法师的事情。又在橱内找出弘一法师出家前夕送给他的一包照片。这些照片中，有穿背心的，有拖着辫子的，有穿洋装的，也有着戏装的演出照片，更有断食后和出家后穿僧衣的照片。丰子恺把这些照片带到上海，许多同事、学生看后都觉得不可思议，如此一位风流多才的大名士怎么就做起和尚了呢？

放暑假了，新近从日本回国的朋友黄涵秋暂住在丰子恺家里。一天早晨，丰子恺和黄涵秋坐在藤椅上翻看着弘一法师在俗时的照片。忽然一个住在隔壁的学生匆匆跑上楼来，说门外有两个和尚在寻问丰先生，其中一个样子好像是照相上见过的李叔同先生。

丰子恺跑下楼一看，果然是弘一、弘伞两位法师站在门口。原来，他俩在前天就已到了上海，住大南门灵山寺，要等江西来信，然后才动身赴庐山。这样，丰子恺与弘一法师再度相见的时间突然提前了。

丰子恺把二位法师请到楼上，弘一法师走近他的身旁，轻轻地对他说今天要在这里吃午饭，但不必多备菜，须早一点。

弘一法师是过午不食的。这天他提出要在丰家吃饭，这使丰子恺想起一件事来。有一次，杭州有一个人在一家素食馆办盛馔请弘一法师午餐，但等客人到齐，已是一点钟了。那次，弘一法师只吃了一点水果，使主人颇为惭愧。于是，丰子恺立即叫长女到外面去买汽水，一面又叮嘱夫人即刻备素菜，要求在十一点钟开饭。

谈话间，丰子恺捧出从石门湾带回的弘一法师的一大堆照片，送到法师面前。弘一法师居然也显出一种超然而虚空的笑容。他兴味津津地一张一张翻看，又为大家说明，就像是在说别人的事情一样。

一位邻居问起他家庭的事，弘一法师说在天津还有哥哥、侄儿等。起初写信去告诉他们要出家，他们回信说不赞成，后来再去信说，就没有回信了。

黄涵秋是研究油画的，他知道弘一法师是中国艺术界的先辈，就取出许多画向他请教。弘一法师看着这些画，时而首肯，时而

弘一法师在上海

也表示意见。对此，丰子恺很惊异，因为弘一法师一向谨严，今天如此随便地谈论此事，回眸前尘，这或许是功夫深了的结果吧。

午饭后，弘一法师谈兴更浓，这使丰子恺感慨万分："寂静的盛夏的午后，房间里充满着从窗外草地上反射进来的金黄的光，浸着围坐谈笑的四人……"这似乎是美好的梦境了。

这天，丰子恺等人与弘一法师一直谈到了下午四点钟。接着，丰子恺又陪二位法师就近参观了立达学园，还约定次日早晨去访问弘一法师在俗时曾经住过的城南草堂。

次日上午，丰子恺、黄涵秋和另外一位朋友一起到灵山寺去见弘一法师。此时，江西的信已经到了，并且，弘一法师于当晚就要上船，然而，弘一法师还是换上了一双草鞋，一手夹了照例要带的一个灰色小手巾包，一手拿了一把两只角已经脱落的蝙蝠伞，这就陪丰子恺他们去看他的旧居。

参访了城南草堂后，他们一行又到附近的海潮寺一游，午饭后，他们再访世界佛教居士林。一天下来，丰子恺似有所悟，在他的内心深

处，一种想做居士的念头渐渐升起。因为他在这一天看了城南草堂，感到人生的无常的悲哀，与缘法的不可思议；在舍利室，又领略了一点佛教的憧憬。[103]

1926年秋后，弘一法师从江西回来了。回杭州之前，他在上海停留，居然独自在丰子恺这里住了下来。这就发生了丰子恺请老师取斋名，而弘一法师指点他用抓阄的方法确定"缘缘堂"的事情。

1927年的秋天，弘一法师又一次来到上海。这回，他又住到了丰子恺的家里，而且一住就是一个月。在这样一个对丰子恺来讲是极为难得而又难忘的一个月中，弘一法师与丰子恺朝夕相处，其情形，犹如丰子恺在《缘》一文中所述：

每天晚上天色将暮的时候我规定到楼上来同他谈话。他是过午不食的，我的夜饭吃得很迟。我们谈话的时间，正是别人的晚餐的时间。他晚上睡得很早，差不多同太阳的光一同睡着，一向不用电灯。所以我同他谈话，总在苍茫的暮色中。他坐在靠窗口的藤床上，我坐在里面椅子上，一直谈到窗外的灰色的天空衬出他的全黑的胸像的时候，我方才告辞，他也就歇息。这样的生活，继续了一个月。现在已变成丰富的回想的源泉了。[104]

由于这一两年来接连不断的佛教因缘，再说丰子恺原本就是弘一法师的得意门生，他为人处世的行为准则早已受到弘一法师的人格熏染。如今他俩又晨夕一堂，弘一法师的言行、思想与品格以至信仰便又一次影响了他。终于，丰子恺发愿要拜弘一法师为师皈依佛教。皈依的地点就在江湾缘缘堂的钢琴边上，时间是1927年农历九月二十六日。

弘一法师为丰子恺取的法名是"婴行"。这个法名，颇值得人们玩味。因为弘一法师当年在杭州虎跑实行断食后，就曾把自己的名字改为"李婴"。而就在这一年2月，恰好丰子恺出版了他自己的第二本画集《子恺画集》，集中大多描绘儿童生活。此画集在10月份再版的时候，马一浮写来了题词，全文如下：

吾友月臂大师（即弘一———引者注）为予言丰君子恺之为人，心甚奇之，意老氏所谓专气致柔复归于婴儿。

子恺之于艺，其有得于此邪？若佛五行中有婴儿行，其旨深远，又非老氏所几。然艺之独绝者往往超出情识之表，乃与婴儿为近。婴儿任天而动，亦以妄想，缘气尚浅，未与世俗接耳。今观子恺之贵婴儿，其言奇恣直，似不思议境界。盖子恺目中之婴儿，乃真具大人相，而世所名大人，蒐琐愈矜，乃真失其本心者也。赵州有孩子六识话，予谓子恺之画宜名孩子五阴，试以举似。月臂大师当以予为知言。

丁卯九月书与丰子恺教授

蠲叟[105]

马一浮写这段文字，恰好是在丰子恺皈依之时，很可以认作是对他的法名的诠释。

这些时日，由于丰子恺与弘一法师的频繁往还，别人都将其视作弘一法师的影子。许多朋友很想跟弘一法师见面，大多也都通过丰子恺的安排。叶圣陶在《两法师》一文中就有这样的描述：

> 前此一星期，饭后去上工，劈面来三辆人力车。最先是个和尚，我并不措意。第二是子恺先生，他惊喜似地向我颠头。我也颠头，心里便闪电般想起"后面一定是他"。人力车夫跑得很快，第三辆车一霎往后时，我见坐着的果然是个和尚，清癯的脸，颔下有稀疏的长髯。我的感情有些激动，"他来了！"这样想着，屡屡回头望那越去越远的车篷的后影。
>
> 第二天，便接到子恺先生的信，约我星期日到功德林会见。[106]

丰子恺像影子一样跟随在弘一法师的左右，而在这一段时间，他的思想，以及折射他思想的作品也有了诸多佛教的意蕴。对于丰子恺的变化，他的朋友也都有很明确的解释。比如，自丰子恺拜弘一法师皈依佛教后，他的言行都有很多特点。他坐在藤椅上，腰身笔一样地直，不像以前那样衔着纸烟随意斜坐；两手垂直地依在膝上，不像过去用手指拍着椅子就像拍着音乐的节奏。说起话来，有问必答，不问不答，答时声音极低。朱光潜似乎也很理解丰子恺的精神世界。他在《丰先生的人品与画品——为嘉定子恺画展作》中说：

当时一般朋友中有一个不常现身而人人都感到他的影响的——弘一法师。他是子恺的先生。他的音乐图画文学书法的趣味，他的品格风采，都颇近于弘一……他的言行举止都自然圆融，毫无拘束勉强。我认为他是一个真正了解佛家精神的人。[107]

虽然丰子恺因生理上的原因自幼不喜食荤，但真正有意识的茹素，还是皈依弘一法师后的事（虽然并不严格）。圆觉《丰子恺先生》一文记述了丰子恺36岁时说的一番话："他说他已茹素六年，并不感觉什么痛苦，至于他的夫人和他的四个子女都是长年除荤，尤其他的令妹，不但茹素而且持午，可谓是全家佛化了。他还说：'我虽长年茹素，但是每天因忙于看书写稿，没有空暇来修持，心里很一觉惭愧，将来我总想勉力做到修持的这层。'"[108] 可见，丰子恺皈依后，其行为意识是有意根据佛教的要求做的。

第六节　编绘《护生画集》

《护生画集》第一册出版于1929年2月（开明书店），马一浮在《护生画初集·序》中云："……知生则知画矣，知画则知心矣，知护心则知护生矣，吾愿读是画者善护其心。"如果说此言是序作者对读者的特别关照的话，那么弘一法师则说明了作者编绘《护生画集》的意图，即"盖以艺术作方便，人道主义为宗趣"。[109] 他还在1928年给丰子恺的信中说："今所编之《护生画集》，专为新派有高等小学以上毕业程度之人阅览为主。"又说："今此画集编辑之宗旨，前已与李居士陈说。第一，专为新派智识阶级之人（即高小毕业以上之程度）阅览。至他种人，只能分获其少益。第二，专为不信佛法，不喜阅佛书之人阅览。（现在戒杀放生之书出版者甚多，彼有善根者，久已能阅其书，而奉行惟谨。不必需此画集也。）近来戒杀之书虽多，但适于以上二种人之阅览者，则殊为希有。故此画集，不得不编印行世。能使阅者爱慕其画法崭新，研玩不释手，自然能于戒杀放生之事，种植善根也。"[110] 且说第一次大战以后，欧洲曾出现过声势不小的提倡素食主义的呼声，其热闹程度虽无法与当今的绿色和平组织媲美，但各种保护生灵的团体也活动频繁。文学界的萧伯纳也是一位极具护生思想的人。有一次，他的一位朋友把话问到了极端："假如我不得已而必须吃动物，怎么办呢？"萧伯纳答道："那么，你杀得快，不要让动物多受痛苦。"[111]当时国内的情况其实也一样。声称"为东亚提倡保护动物，宣传素食主义之专刊"的《护生报》居然由众多名人题报头，其中也包括蒋中正；中

《护生画集》封面

国保护动物会的《护生警语》的第一条便是"保护动物，是二十世纪人类祈求和平应有的认识和觉悟"。不敢保证《护生画集》是在如此素食主义"大潮"中孕育而生的，但画集本身，其宗旨亦与素食护生思想基本一致。如弘一法师在护生画《农夫与乳母》的配诗中就写道："西方之学者，倡人道主义。不啮老牛肉，淡泊乐蔬食。卓哉此美风，可以昭百世。"[112]作为1927年刚刚拜弘一法师为师皈依佛门的丰子恺，他更是把绘作护生画当成一项事业去实践的。

有些人也许在评论《护生画集》的时候会存有一种肤浅的认识，以为护生画中所宣扬的思想过于浅显，弘一法师并不值得如此特别重视。这其实是不了解弘一法师的持戒精神的一种表现。陈慧剑先生在《弘一大师戒律思想溯源》[113]一文中讲到弘一法师宏律、持律的见地与行履时为人们做了很好的结论。弘一法师说："处于佛门风气陵夷的末世，佛教仍待出家人严持戒律才能振兴；出家不仅要严持戒律，持一分算一分……"又说："在佛门戒坛，应回归本位，不要好高骛远，不可滥传戒法；比丘（比丘尼）受戒，或居士们受戒，不必贪多，更要明了每一戒的精神，能持几戒便受几戒；不管是出家戒、在家戒，还是沙弥戒、菩萨戒，都应随分受。"陈慧剑先生在这里论述了弘一法师的宏律持戒见

解，我以为完全可以移用来看待法师在编绘《护生画集》时的用心。弘一法师在受持戒律的问题上的随分量力思想是很明显的。他在论述佛教的十大宗派时就以为各宗派一律平等，没有贵贱之分，大乘、小乘的信奉也因人而异，量力而持。他在《律学要略》中也说："应先自思量：如是诸戒能持否？万不可受而不持！且就杀生而论，未受戒者，犯之本应有罪；若已受不杀生戒者犯之，则罪更加重一倍，可怕不可怕呢？你们试想一想，如果不能受持，勉强敷衍，实是自寻烦恼。"[114]这些话既说明弘一法师要求受戒者遵守戒律，同时也表明了他希望出家、在家信众在持戒问题上的量力持戒的态度。虽然只是不杀生戒，一旦持受则须严格遵守。这是长养慈悲心，也是弘扬佛教的途径之一。之所以如此，弘一法师才在护生问题上一丝不苟，始终如一。常言道，涓涓细流汇大海。我们很难设想，一个不在细微品行上持守的人能够成为大德的。同理，弘一法师之所以能在每一个具体的持戒问题上认真严格地对待，持之以恒，一以贯之，他才能成为如今被人们广泛景仰的大德大师。综上所述，弘一法师、丰子恺在编绘《护生画集》过程中的一切用心皆体现了"盖以艺术作方便，人道主义为宗趣"的原则。他律己严，亦为培养他人的爱心和持戒向佛用心良苦。

《护生画集》始作于1927年，初集50幅出版于1929年2月（开明书店），弘一法师配文。抗战期间，丰子恺在逃难之中又绘成《续护生画集》60幅，并寄往福建，请弘一法师配文。大师在给丰氏的信中写曰："朽人70岁时，请仁者作护生画第3集，共70幅；80岁时，作第4集，共80幅；90岁时，作第5集，共90幅；百岁时，作第6集，共百幅。护生画集功德于此圆满。"丰子恺收到此信，私下琢磨：其时局势凶险，自己流亡在外，命运生死难卜。但法师既有此嘱，又岂敢不从？于是他复信曰："世寿所许，定当遵嘱。"[115]前两集护生画问世后，立即引起佛教界内外的广泛关注，诸如大中书局、大法轮书局、大雄书局、佛学书局等相继印行（《护生画集》鼓励翻印流传）。仅第1集就有15种版本之多，还有英译本外销，气势很是不凡。

《护生画集》曾影响过许多人的思想观念。圆觉在《丰子恺先生》一文中说到这样一段故事："有时又想起他从前作了一册护生画集，引动了许多读者的恻隐之念，听说当时有一个文人读过护生画集后，护生之念勃然而生，以后就实行除荤了。"[116]

当然，并非所有人都是赞美《护生画集》的。柔石在1930年4月1日《萌芽》1卷4期上发表了《丰子恺君的飘然的态度》一文。柔石为文的主旨是批评丰子恺远离社会，一味躲在象牙塔中吟唱艺术，文章不长，但火药味颇浓。开头便曰：

最近在一本杂志上读到两篇丰子恺君的随笔。他在这两篇随笔上的意思，都叫青年学生们放下课本去观赏梅花，似乎不去观赏，连做人的意义都要失去了一样，他彻底的赞美了当作国花的梅花，似乎非常地用了他的思想与美丽之笔。可是我看了，几乎疑心他是古人，还以为林逋姜白石能够用白话来做文章了。

接着，柔石摆出了他的论据（我们姑且这样认为）：

在访问了河滨上的以船为家的他们的苦况以后，或去看看马路上的美国的戴白帽的水兵，用棍棒似的短Stick，没头没脑地敲着拉不快的老黄包车夫的头皮，我以为定比去看梅花要多一点感想，多一点益处。

最后，柔石还在文末批评了《护生画集》，认为能从画集中看出作者的"荒谬与浅薄"。柔石举例说："有一幅，他画着一个人提着火腿，旁边有一只猪跟着说话：'我的腿。'听说丰君除吃素外是吃鸡蛋的，那么丰君为什么不画一个人在吃鸡蛋，旁边有一只鸡在说话：'我的蛋'呢？这个例，就足够证明丰君的思想与行为的互骗与矛盾，并他的一切议论的价值了。"[117]

柔石的观点代表了当时文艺界中一部分人对丰子恺的看法。作为柔石这样一个从迷恋弘一法师李叔同的学子转变为左翼热血作家的青年，我们不怀疑他写此文时的动机。[118]然而他的这一"炮"轰得有些盲目，因为"欣赏梅花"也好，绘作《护生画集》也罢，丰子恺的用意并未被柔石所领会。

柔石这篇文章发表于1930年4月，从首句："最近在一本杂志上读到两篇丰子恺君的随笔"推断，柔石所指丰子恺的文章应该就是同时发表在1930年2月《中学生》2期上的《从梅花说到美》《从梅花说到艺术》。这是两篇很典型的艺术讲话，后于1934年11月收入丰子恺艺术讲话专集《艺术趣味》中（由开明书店出版），在社会上产生过很大影响。读过的人都知道，这是两篇谈艺术审美的文章。《从梅花说到美》一文，丰子恺借梅花盛开时人们心目中感到滋味无穷的快适为引子，论述介绍了包括苏格拉底、柏拉图、亚里士多德、康德、席勒等古来有代表性的哲学家谈美的言论。他用随笔的形式将枯燥的理论谈得深入浅出，算是一篇美学普及文章，并不牵扯到对社会态度飘然，完全是风马牛不相及的两回事。而另一篇《从梅花说到艺术》，倒确实也谈到了姜白石的梅花词、林逋的爱梅花与鹤、吴昌硕的梅花图，但丰子恺仍是以此为例来谈审美情趣和艺术感觉。柔石所谓这两文是想叫青年学生们放下课本去观赏梅花，或将此谈艺术的文章与美国水兵用短Stick，没头没脑地敲着拉不快车的老黄包车夫头皮相联系，这大概只能说是柔石没能读懂这两篇文章，否则也只能解释为他对丰子恺存有某种偏见。

至于谈到柔石对《护生画集》的批评，也是因为他没有理解《护生画集》旨意。马一浮在序文里已经提醒过读者："吾愿读是画者善护其心。"《护生画集》确是一部劝人从善弃恶的画集，读者应该体会其理，而不可执着其事。柔石文章中的观点显然过于偏激。尽管如此，却仍可视柔石之文为一家之言。

类似这样的批评，丰子恺听到了不少。只要查阅此后出版的《护生画三集》中丰子恺的自序就知道了。此序两千余字，而其中三分之二是丰子恺用来替自己辩护。他"普劝世间读此书者，切勿拘泥字面。倘拘泥字面，而欲保护一切动植物，那么，你开水不得喝，饭也不得吃。因为用放大镜看，一滴水中有无数微生虫和细菌。……即使吃长斋，也是不彻底，也只是'眼勿见为净'，或者'掩耳盗铃'而已。然而这种'掩耳盗铃'，并不伤害我们的慈悲心……"至于他的言行是否浅薄，丰子恺又是这样认识的："在严肃的佛法理论来说，我们这种偏重人的思想，是不精深的，是浅薄的，太精深，使未劫众生难于接受之故。应该多开方便之门，多多通融，由浅入深，则宏法的效果一定可以广大起来。"[119]

估计柔石等人写的文章在社会上还有一点反应，也就有人开始为丰子恺打抱不平。比如，许钦文写了一篇《郁达夫丰子恺合论》，他有感而发地写道：

> 丰子恺先生，虽然已经吃了许多年的素，常常寄寓在寺院里；但他固然不曾受戒做和尚，而且服侍母亲是非常周到的，又非常爱护子女，近来常常在杭州，就是为着三位女儿的读书，并不像是出家人的样子。只是由于他的老师李叔同先生的关系，有着许多熟人在寺院里面；为着看朋友他才到寺院里去，并非为想进佛门而结交和尚的。况且他不是阔人，也非富翁，在出门的时候，不好随便去住费用要大的旅舍，耽搁在寺院里才便利。至于吃素，无非为着生理和心理上的修养；这在蔡子民先生的《言行录》上有着明显的解释，难道蔡子民先生也是佛化的么？吃素既然是修养身心的一种方法，艺术家是很需要修养功夫的，即使吃素真同佛教有着密切的关系，采取佛教的一种手段来修养身心，也并不就是佛化。[120]

由此看来，有关丰子恺1927年皈依佛法以后是否"佛化"了，这是当时人们议论的一个热点。类似这样的议论，陆续有过很多次，有时论争双方的激烈程度并不亚于中国现代文学史上许多流派、社团的论争。其中柯灵与若霖的论争、丰本人与曹聚仁的"绝交"都具有代表性（详见本著第七章）。

为《护生画集》做编纂工作的是李圆净居士，算得上是一位得力的辅助者，他还在《护生画集》的初集上附有长篇劝善文字《护生痛言》。

丰子恺曾为李圆净的多篇文章作插图，而李氏又是一位对《护生画集》的编创、出版很有贡献的人物，按理，丰子恺应该对他颇有了解的。或许正是这种了解，丰子恺才在晚年为后人写了一篇《戒孝子与李居士》的文章，文中披露了关于李圆净鲜为人知的细节。以下便是丰子恺文中的部分文字：

> 李居士名荣祥，法名圆净，是广东一资本家的儿子。这资本家在上海开店铺，在狄思威路买地造屋，屋有几十幢，最后一幢自己住，其余放租。店和屋两项收入可观。李荣祥在复旦大学某系毕业，不就工作，一向在家信佛宏法，皈依当时有名的和尚印光法师。我的老师李叔同先

生做了和尚，有一次云游到上海，我陪着去拜访印光法师……印光法师背后站着一个青年，恭恭敬敬地侍候印光，这人就是李圆净。后来他和我招呼，知道我正在和弘一法师合作《护生画集》，便把我认为道友，邀我到他家去坐……每次他请我吃牛乳和白塔面包，同时勉励我多作护生画，宣传吃素。我在他的督促之下，果然画了许多护生画，由弘一法师题诗，出版为护生画第一集……

……

且说李圆净这个人，生活颇不寻常。他患轻微的肺病，养生之道异常讲究。他出门借旅馆，必须拣僻静之处，连借三个房间，自己住中央一间，两旁两间都锁着。如此，晚上可以肃静无声，不致打扰他睡眠。他在莫干山脚上买一块地，造了一所房子。屋外有石级下山。他上石级时，必须一男工托着他的背脊，一步一步地推他上去。有一次我去访他，见此状态甚为诧异，觉得此人真是行尸走肉。他见我注视，自己觉得不好意思，对我解释说，他有肺病，不宜用力爬石级，所以如此。他的房间里写字桌的抽斗，全部除去，我问他为何，他说这样可使房间里空气多写（些），可笑……解放前夕，其妻带了一笔家产，和两个子女，逃往台湾。李圆净乘轮船赴崇明。半夜里跳入海中，往生西方极乐世界去了。他满望"不知所终"。岂知潮水倒流，把他的尸体冲到海滩上，被农民发见（现），在他身上找到"身份证"，去报告他家族，而家中空无一人。正好戎孝子去看望他，就代他家族前往收尸。佛教居士李圆净如此结束。[121]

丰子恺此文写于1972—1974年间，当时"文革"尚未结束，他冒着风险将文章写出并私自收藏，想必是要为世人留下某些文字史料。其实丰子恺对李圆净的看法由来已久。1935年丰子恺在致谢颂羔的信中就提及："荣祥居士深居简出，积虑深远，弟看不像宗教徒模样。前来劝其注重平民生活，可谓对症发药。弟已转述，但恐无甚效果。其实，处彼之地位（有些儿钱在手）大可做些利他事业，庶不负彼苍之厚。岂知彼愁水愁风，大有一日风波十二时之忧，以致自顾不暇，其生活比我等更不舒服。亦大可惜。"[122]笔者曾经写有《护生画集研究》，于1992年8月至1993年4月连载于香港《内明》杂志。[123]在文章中，笔者也引用了丰子恺《戒孝子与李居士》一文，同时也刊出李圆净在护生画集上的手迹，不料引来了《内明》1992年12月号上蔡惠明居士《关于李圆净居士略述》一文。蔡惠明居士自我介绍是李圆净的学生，他在文章中对丰子恺的文章和笔者拙作有关李圆净的文字提出了不同的看法。笔者没有与蔡惠明居士见过面，但也曾有长期的书信往来。本来，蔡居士若对笔者的文字有不同意见，完全可以给我写信，以相互探讨。然而，他还是写了文章公开发表了。为此，我也就于1993年《内明》4月号上发表了一篇题为《关于〈撰集者李圆净述略〉的若干说明》的文章。笔者在文章中说："由于蔡惠明居士《关于李圆净居士略述》一文已发表，此事就不再是我俩之间的事了，于是公开向广大读者做说明，就显得十分必要。"我的说明文字摘要如下：

一、蔡惠明居士在文中说："陈星最后还制版刊登了所谓'李圆净手迹'。从笔迹看来，可以肯定绝非先师（指李圆净居士——引者注）'手迹'，因我与先师往来并通信数年，对他的手迹与文法是最为熟悉的，经过认真辨认，证明纯属赝品。以假乱真，混淆视听，使人迷惑，造成不良影响。"

关于拙文中所附的"李圆净手迹"是否"纯属赝品"，我不敢保证。因为我既没有见过李圆净居士，也没有见过他的其他手迹。但有一点我却能保证：附印此"手迹"绝非为了"以假乱真，混淆视听，使人迷惑，造成不良影响"。这幅"手迹"，采自台湾纯文学出版社1981年8月初版的《护生画集》第二集。这幅"手迹"即是作为序言（二）堂堂正正刊印在画集之中的。而出版者林海音女士在《〈护生画集〉印制缘起》（见纯文学出版社1990年4月初版之《弘一大师与丰子恺》）一文中说："原稿全套现存于广洽法师的新加坡薝葡院……我们决定印制《护生画集》，便和广洽法师往来信函商谈，谢谢他很高兴我们为之印制……"这就是客观情况。"手迹"是否赝品，下这个结论最好还是采取谨慎的态度，并求得若干旁证材料。单凭一个人"经过认真辨认"就做决断是难以令人信服的，至少到目前为止，我不能否认它作为真迹的存在价值。

二、蔡惠明居士在文中又说：《戒孝子和李居士》一文，"不想十多年后竟被杭州《西湖》文学月刊当作'遗作'发表，似乎不伦不类。因为这篇记述根本不是什么'文学作品'。而陈星先生竟把它引进自己著作，视为'珍贵资料'更是错上加错，毫无必要……而陈星先生把这些个人隐私，公开转载，其实与《护生画集》并不相关，他的目的就令人费解了。"

丰子恺先生的《戎孝子和李居士》一文并不是杭州的《西湖》文学月刊要把它当作"遗作"发表，事实上此文本身就是丰子恺先生的遗作。丰子恺先生曾在1971年至1974年间创作并编订《缘缘堂续笔》一书稿，共33篇散文随笔，《戎孝子和李居士》即是其中一篇。丰子恺先生于1975年去世后，这书稿由其女丰一吟居士保存。《西湖》文学月刊发表此文，就是丰一吟居士授权发表的。这是一篇典型的随笔，随笔是文学散文的一种，当然属于文学作品。此文目前已收入浙江文艺出版社、浙江教育出版社合作出版的《丰子恺文集·文学卷二》中（1992年6月初版），编者即是丰子恺先生的女儿丰陈宝、丰一吟。《西湖》文学月刊是公开发行的杂志，《丰子恺文集》也是公开销售的出版物，这就根本谈不上是我要把"这些个人隐私，公开转载"，也自然没有什么"令人费解"的目的。

蔡惠明居士是李圆净的学生，师生感情可以理解，但学术就是学术，客观事实如此，不是个人感情所能左右的。[124] 当然，李圆净居士对佛教事业是有贡献的，丰子恺也曾与其有很多的合作。比如，丰子恺曾为李圆净《旅行者言》作插图。

丰子恺《戎孝子与李居士》一文自然还写到一个叫"戎孝子"的人。丰子恺在文中写道：

这李居士每年夏天，一定到杭州北高峰下面的韬光寺去避暑，过了夏天回上海。每天早上，他从客房的窗中望见有一个人，在几百级石埠上膝地而上，直到大殿前，跪着叩头，然后取了一服"仙方"，即香炉里的香灰，急忙下山而去。每天如此，风雨无阻。第二年夏天他再来避暑，又见此人如此上山。第三年亦复如是。李居士就出去招呼此人，问他求仙方何用，这才知道他叫戎传耀，住在城中，离此有十多里路，为了母亲患病，医药无效，因此每天步行到此，来求韬光大佛。孝感动天，他母亲服仙方后，病果然痊愈了。

此后的情况便是李圆净与戒传耀订交，并介绍他在上海供职，可观的薪水足以养母。

关于丰子恺的这段记述，有《世界佛教居士林林刊》第18期（1928）上的《戒孝子复李荣祥居士书》一文可以参照。此文即戒传耀致李圆净的书信，写的就是他为母亲治病的情况，其中写道："承询弟为家慈祷病得愈之经过情形，拟载诸林刊，藉以宣扬佛法之广大灵感。先生挽回世道之功德，诚无量矣。兹将事实谨述于下。"信中详述了他母亲生病和医治的过程，其中谈到因医治无方而赴韬光求仙时说："起病之际，在民国九年……弟斯时亦无法可施，只得祷于神前，然城中庙宇仙方，俱为卫生警所禁除，只有灵隐韬光寺吕祖殿，尚有药签，且极灵验。于是预备而往。此求方之始也。求法：十二月十二日，斋戒沐浴。次晨五更起身，步出钱塘门，经岳王坟，沿途念佛，至灵隐，即于茶园内净手，购香烛两副，空腹上山，至韬光寺吕祖大殿。上香礼拜，禀明病原病状（此第一日写好），扣祷赐方，摇签一支，再拜已毕。又至炼丹台上，焚香再拜，将所求之签，供于佛前，当包炉丹一服，供一时取下，一并包好，拜谢而归。照签配药，取净水或用炼丹台泉水煎浓冲炉丹于杯内，朝天焚香再祷，供少时与服。服后但觉心神安稳，夜得合眼，已无凶险之状。自此逐晨必往……民国十三年中，改为三日一求，十四年中，五日一次，定期而往，虽严寒盛暑风雨大雪亦不更期，直至去年中秋，果然百病消除，行动如常……"母亲病愈后，戒传耀曾上山还愿，并上匾一块，写曰"挽回造化"，以为纪念。

《佛化周刊》第162期（1931年2月8日）中也有陈觉是《因果录四集·戒孝子》一文，文中对戒孝子也有介绍："戒传耀，杭州人也，事母以孝闻。戒母民国九年病起，三年不愈。病久体虚，诸病并起……戒乃激于孝诚，默祷神前，冀邀天佑……此事圆净居士为余言之。居士避暑韬光历七夏，亲见其事，并识其人……"

丰子恺为李圆净所著的《旅行者言》作有插图。《旅行者言》是李圆净著的一部以旅途经历阐发佛理的书，弘一法师曾赞美其"引人入胜"[125]。此书是李圆净于1936年农历四月初八从上海乘船到汉口，然后从汉口乘粤汉铁路火车到广州，再从广州抵香港旅行期间，将所见所闻写出，回上海后请丰子恺作了插图。曾在1941年《佛学半月刊》第10

卷第9号第228期、第10号第229期、第11号230期、第12号第231期、第13号第232期、第14号第233期上连载。丰子恺为李圆净的《护生痛言》也作有"警世"插图。[126]

有关《护生画集》，也有过一些无稽之谈。如1987年2月5日《钱江晚报》刊出楼鹏飞《丰子恺窃诗稿》一文，通篇均系不实之词。

文章开头说：

1928年2月，李叔同由于政界失意，在杭州灵隐寺落发为僧，法号弘一。继而到慈溪龙山伏龙寺（原为镇海）做客师和尚。次年，弘一法师把一生的诗精心挑选，认真誊写，汇编成册，藏之书柜。

事实上，李叔同早在1918年就已出家，披剃于杭州虎跑定慧寺，而不是灵隐寺（后受戒于灵隐寺）。李叔同出家缘由在于信仰，且出家前为浙江省立第一师范学校艺术教师，并非"政界失意"。此外，也没有任何史料记录弘一法师出家后在伏龙寺整理过诗稿。

文章接着说：

弘一法师的学生丰之（引者按：当为"子"之误）恺、史良、邹韬奋等人屡次登上伏龙寺，拜见法师，希望法师将诗稿出版。但性格古怪的弘一断然拒绝了学生的要求。

丰子恺从未到过伏龙寺。弘一法师的学生中刘质平是去过的，但那也只是陪伴老师从事书画活动。

文章又说：

丰子恺等人觉得诗稿不能问世，是文学界、艺术界的巨大损失，于是他们想了个办法。

只有八岁的小玲，是弘一法师一个学生的外甥，聪明伶俐，深受法师宠爱。也唯有小玲能在法师的禅房里自由出入。

小玲在丰子恺等人用豆酥糖、橘子的笼络下，拿了法师的钥匙，把诗稿给了丰子恺。小玲还因得到些零食而笑逐颜开。

封面题字，扉页插图再一次由小玲通过娇嗔的方法，在弘一法师处求得，再由丰子恺拼凑而成。

丰子恺获得诗稿后，立即回上海，并且把弘一法师的每首诗都配了画。由邹韬奋负责，用最快速度，精美印刷，在商务书馆把弘一法师和丰子恺合编的诗画集出版。

丰子恺怀着忏悔的心理，把诗画集取名为《护师集》。

后来，丰子恺把《护师集》及稿费18 700元银元邮寄给弘一法师。弘一法师见了，十分恼火，写信把丰子恺狠狠地骂了一通。从此丰子恺再也不敢上门，直到弘一法师在福建病逝，才在灵前痛骂（引者按：当为"哭"之误）不已。

弘一法师与丰子恺合作出版的是《护生画集》。这是他俩以艺术做方便来弘扬佛教戒杀护生的作品，且在整个合作过程中配合默契。丰子恺从未出版过所谓的《护师集》，又哪里来的18 700元银元的稿费呢？更无从谈起弘一法师为了此事而把丰子恺狠狠地骂了一通。弘一法师于1942年在福建圆寂，丰子恺还在逃难途中，并不在他的"灵前"。1948年孟冬，丰子恺从台湾到厦门、泉州等地探访、缅怀，也无所谓的"灵前"。

丰子恺确实得到过李叔同的诗词。但这是李叔同送给他的。关于此，丰子恺在《李叔同先生的爱国精神》一文里有记："弘一法师剃度前夕，送我一个亲笔的自撰的诗词手卷，其中有一首'金缕曲'……我还记得他展开这手卷来给我看的时候，特别指着这阕词，笑着对我说：我作这阕词的时候，正是你的年纪……"

楼文最后介绍了"小玲"的情况："文中说到的小玲，原名叶通令，慈溪县田央乡退休工人。他为幼时偷师公的诗稿而后悔不已，现提供《护师集》出版前后趣闻，也算对师公的一点怀念。"目前在报刊上的名人逸闻逸事很多，但逸闻逸事必须符合史实，否则是要闹出笑话的。

丰子恺不仅对佛教十分尊崇，他与他的老师弘一法师一样，其宗教胸怀也是十分宽广的。丰子恺有一篇题为《缘》的随笔，文中记述了1927年秋弘一法师在上海丰家小住时与基督徒谢颂羔的交往情况。以下对话，可知弘一法师对谢颂羔及其著作《理想中人》的兴趣：

内中有一次，我上楼来见他的时候，看他脸上充满欢喜之色，顺手向我的书架上抽一册书，指着书面上的字对我说道：

"谢颂羔居士。你认识他否？"

我一看他手中的书，是谢颂羔君所著的《理想中人》。这书他早已送我，我本来平放在书架的下层。我的小孩子欢喜火车游戏，前几天把这一堆平放的书拿出来，铺在床上，当作铁路。后来火车开毕了，我的大女儿来整理，把它们直放在书架的中层的外口，最容易拿着的地方。现在被弘一法师抽着了。我就回答他说：

"谢颂羔君是我的朋友，一位基督教徒……"

"他这书很好！很有益的书！这位谢居士住在上海吗？"

"他在北四川路底的广学会中当编辑。我是常常同他见面的。"[127]

原来弘一法师很早就知道这个广学会，并知道当年这里面有一位外国教士李提摩太居然还很关心佛教，翻译过《大乘起信论》。弘一法师在丰子恺的书架上偶然抽到了此书，以为这是一个奇缘。丰子恺原想邀请谢颂羔到家里来与法师会见，岂料弘一法师以为请他来很对不起人，居然在几天后写了一张横额，上有"慈良清直"四字，要丰子恺在方便时送给谢颂羔。第二天，丰子恺赴广学会访问了谢颂羔，并转交了这件书法作品，谢氏十分感激，表示下周日访问弘一法师。见面的地点是丰子恺的邻人陶载良家。那天陶载良备素斋请弘一法师午餐，丰子恺和谢颂羔也一起被邀请。丰子恺记曰："我在席上看见一个虔诚的佛教徒和一个虔诚的基督徒相对而坐着，谈笑着，我心中不暇听他们的谈话，只是对着了目前的光景而瞑想世间的'缘'的奇妙……"[128]后来，谢颂羔的《理想中人》再版，邀请丰子恺作序，丰氏便写了这篇《缘》。

丰子恺与谢颂羔的交往显然还有进展。1936年，关注平民生活的谢颂羔有《九楼随笔》在广学会出版，丰子恺为之题写了扉页，还有8幅漫画刊于书中。遗憾的是，这书中的8幅漫画，有几幅未收入《丰子恺漫画全集》[129]之中。谢颂羔在《九楼随笔》中的一篇题为《民间疾苦集》的随笔中说道："丰子恺是我的朋友，他是提倡民间生活的一位画家；但我希望在文字上略为贡献一点民间生活。"[130]在《丰子恺文集》（文学卷三）中收入丰子恺致谢颂羔信6通，均写于1935—1937年间。从其中的一些文字，可以了解到在谢颂羔《九楼随笔》的写作过程中，丰子恺确实是给予了积极的支持。他在写于1935年末的信中说："昨夜读书，见二句写平民生活者，甚可喜，因绘图附赠《平民》，乞登载之。"[131]（丰子恺在《九楼随笔》中的漫画有一幅《夜半呼儿趁晓耕》就是为《平民》月刊而作。）

此外，从丰子恺致谢颂羔信可知，丰子恺曾作西湖十二景，并请谢颂羔译英文画题。1937年3月14日，他致函谢颂羔曰："弟近以所作西湖十二景托敝同乡（美术学校毕业生）张逸心君付印。张君意欲加印英文画题。此事弟拟奉恳一译。共十二题，费心良多。印成后当奉赠该书若干册以酬好意。想不见却。"[132]

在丰子恺致谢颂羔的信中还多次提到在杭州欲买地建屋之事，当与谢氏有关。[133]因暂无详细资料，待考。

第七节　装帧艺术的翘楚

时局和经济两方面的原因，立达同人曾满怀信心的立达学园日趋衰落。对于"立达"逐渐衰落，匡互生没有避讳，他在1931年9月26日致友人的信中就说："立达到了今日，实只存了个躯壳，你能从他存留的这一个躯壳认出了他应有的一点精神，已属难得。"[134]同年11月1日，匡互生全家拍了一张全家福。匡互生的《摄影记》是这么写的："二十年十一月一日作为我四十岁生日，届时局紧张，学园及个人经济均窘迫万状，心绪不安之至。徇家人之情，勉赴上海市上同摄一影，计相依为命者有11人之多，益觉责任綦重，忧从中来。环视妹侄妻女辈，亦皆面无喜色，殆我个人暗示之致此也。幼小者天真烂漫，不应早解成人之忧，今竟不然，抑何遭遇之不幸耶。爱书此以志吾感兼志吾过焉。摄影后12日，互生写于江湾永义里。"[135]

1932年的"一·二八"事变给"立达"更带来了重创。在这次的战事中，尽管匡互生竭力抢救校产，但仍然损失惨重。[136]巴金在《怀念一位教育家》一文中对立达学园的损失有过证词："我去过他的家不多

丰子恺装帧图一例

久，那里就被日本侵略军的炮火毁掉了，学校也只剩下一个空架子。这是1932年'一·二八'战争中的事。停战后我有一次和他去江湾看立达学园的旧址，屋顶没有了，在一间屋子里斜立着一颗未爆炸的二百五十磅的炸弹，在另一处我看见一只狗吃剩的俩人腿。我这次到江湾是来找寻侵略战争的遗址；匡生先生却是来准备落实重建学园的计划。"[137]对于日军的暴行，夏丏尊也曾写有《钢铁假山》一文。"一·二八"后，夏丏尊曾捡回一块日军轰炸立达学园时留下的弹片，当成假山摆在书桌上，用以提醒自己不能忘记日军的暴行。立达学园因"一·二八"遭受严重破坏后，在匡互生等的努力下，学校在7月得以重建，同人似乎也看到了希望。诚如叶圣陶写于此时的《书匡互生先生》中所说："当战事剧烈时，大家都以为立达学园将从此毁灭，决没有重兴的希望了。到上海后，听说匡先生仍在力谋重兴，已经很觉奇怪。后来到江湾去一看，立达竟已焕然一新；被破坏的屋宇门窗都已修葺完整；被抢失的校具书物都已重新置备。而且学生宿舍里，从前本用木床的，竟一律换成崭新的铁床。暑假补习的学生也已经到了一百多人。呵，这是何等可惊奇的事呵！"[138]但到了这一年的年底，匡互生即患肠癌入院。关于匡互生的病情和逝世，《匡互生先生事略》记曰："……然而匡先生却因此有了病，而无暇医治，拖延到十二月底病势沉重，才入同仁医院。最不幸的，在同仁医院诊治了两个月，医生还不能确定他的病症，只胡乱地动过两次手术，使他的身体更渐衰弱。三月初移入东南医院，虽然李祖慰医生诊他的病是肠癌，但已无可为力，延到四月二十二日上午七时一刻，他便在妻女朋友环视中停了他的呼吸。"[139]匡互生的逝世，对于立达学园而言可谓少掉了一根脊梁。同人无不发出悲叹。匡互生逝世后，学园同人于该年5月推选原教务主任陶载良为校务委员会主任继续维持学园的运作。[140]立达学园创办人之一的丰子恺自该年春起即长居故乡的缘缘堂，实际上已不多过问学园的事务。此为后话。

丰子恺对于立达学园的感情颇深。他在抗战胜利后卜居杭州时给朋友夏宗禹的信中曾提到一事："阴正月廿七，又将在上海续展，但是立达学园主办，所得画润半数捐赠学校。这学校二十年前是我创办的，今江湾屋尽毁，无法复原，我竭尽绵力，希望它下半年（今年秋）在杭州复校，但不知能否如愿也。"[141]

丰子恺装帧图一例

1926年8月，中国现代出版业中问世了一家久负盛名的进步出版社——开明书店。[142]开明书店位于上海宝山路宝山里60号，由章锡琛、章锡珊兄弟俩创办。[143]开明书店创办之初，资金短缺，丰子恺曾与黄涵秋一起请刚从日本回国的钱歌川吃饭。谈到希望钱歌川能协助解决开明书店发展困难，钱氏当即决定投资五百元，成了开明天字第一号股东。1928年，由夏丏尊、刘叔琴、杜梅生、丰子恺、胡仲持、吴仲盐等八人发起，将开明招募股本改组为股份有限公司，最初股本只有五万元。丰子恺除了投股，妻子徐力民也拿出私房积蓄，凑成一股以支持书店。丰子恺被选为公司的董事，后又任监事。

开明书店实际承担着郑振铎主编的《文学周报》、夏丏尊主编的《一般》的发行工作，所出之书，影响颇大，如丰子恺的漫画集，叶圣陶的《稻草人》《古代英雄的石像》，夏丏尊译的《爱的教育》等都整整影响了一代人；而刘薰宇编的《开明算学教本》、丰子恺插图的林语堂《开明英文读本》等几乎成了一时最畅销的书籍。

限于人力和财力，"立达"的同人刊物《一般》于1929年12月停刊。1930年，开明书店创办了一份以中学生为对象的《中学生》杂志。《中学生》应该看成是《一般》的延续，其区别是《中学生》不再作为立达学会的会刊，而以开明书店的名义发行。夏丏尊为《中学生》的主编之一，丰子恺是编辑之一，作者中，又以叶圣陶、丰子恺、朱自清、刘薰宇等为主体。[144] 在创刊号上，丰子恺就发表了美术讲话及补白文字。《中学生》每年出刊10期，至1937年，共出刊76期。[145] 继《中学生》后，开明书店又于1936年1月1日创刊了一份以初中学生和高小学生为读者对象的重要刊物《新少年》[146]（半月刊），仍由夏丏尊任社长，丰子恺、叶圣陶等为编辑，主编为顾均正。1925—1949年，丰子恺有各类著作100多种，其中在开明书店出版的占三分之一以上。

开明同人在出版书籍、发行刊物方面可谓不遗余力，其目的只有一个：向广大青少年奉献最精美的精神食粮。这也被后人称为"开明风度"。丰子恺在这段时间又为开明书店做了大量的书籍装帧工作。丰子恺在中国新文化运动的书籍装帧艺术上起了开先河的作用。唐弢在《谈封面画》一文中曾列举了"五四"前后在书籍装帧艺术中有较高成就的艺术家名单，首先被提及的就是丰子恺。[147] 其他几位是陶元庆、钱君匋、司徒乔、王一榴四人，其中陶、钱二人皆是丰子恺的学生。

以往，研究者对丰子恺其他类别的画作均有过较深入的研究，唯独对他的"装饰漫画"研究较少。除了容易被研究者忽视的因素，笔者以为，很重要的一个原因就是没有人认真收集这类作品，致使研究者无从下手。从这个意义而论，2010年3月齐鲁书社版《丰子恺装帧艺术选》是一部迄今收集较全的丰子恺装帧艺术选集。[148] 另一部由吴达、杨朝婴、宋雪君、杨子耘合编的《封面子恺》也将于2020年由黄山书社出版。

在这个时期，丰子恺有大量的装饰漫画，即主要是为了书籍装帧、插图之需而作的漫画。丰子恺的装饰漫画主要分两类：一是书籍的封面、扉页画，二是书籍的插图及补白。此类画在丰子恺的漫画中占有特殊的地位。

丰子恺从事装帧漫画的创作是与其他的漫画创作同时开始的。早在1922—1924年，丰子恺就在白马湖畔春晖中学的校刊《春晖》半月刊上发表了插图作品。1924年，他又为《我们的七月》设计了封面。他著名的画作《人散后，一钩新月天如水》《三等车厢》等其实也是作为插图发表的。此后，请丰子恺设计封面、作书籍插图的人越来越多，像在《文学周报》《一般》《东方杂志》《中学生》《新少年》《小说月报》《文艺阵地》等众多刊物上经常能看到他的插图和设计，开明书店等许多书店出版的许多书籍也由丰子恺设计封面或作插图，这给"五四"以来书籍装帧形式带来了耳目一新的感觉。他的这些设计和插图，不但笔法新颖，风格潇洒，且情趣盎然。考察丰子恺的书籍装帧艺术，其风格特色，大致可概括为以下几个方面：

首先，丰子恺的装帧艺术漫画味十足。例如他为诗人卢冀野的诗集《春雨》作的封面画，就充满着幽默和诗意。他借鉴日本漫画，绘出两个小女孩共撑一把大雨伞，穿着大人的雨鞋，兴高采烈地行进在春雨之中，艺术感染力极强。再如他为《我们的六月》绘制的封面画，简洁的几笔，画出了一个半裸体，叉着双腿的男子在芭蕉树下看书，底色是一片葱绿的大地。此画和刊物名极为融洽。

其次，丰子恺的书籍装帧艺术，善于和书刊的内容相映成趣。例如他曾为俞平伯的儿童诗集《忆》作了18幅插图。《忆》出版于1925年12月，有"双美"之誉。所谓"双美"，指的是书的内容美和书的装帧美。当时北京朴社在出版《忆》时曾刊出广告曰："这是他回忆幼年时代的诗篇，共36篇。仙境似的灵妙，芳春似的清丽，由丰子恺先生吟咏诗意，作为画题，成五彩图18幅，附在篇中。后有朱佩弦先生的跋。他的散文是谁都爱悦的。全书由作者自书，连史纸影印，丝线装订，封面图案孙福熙先生手笔。这样无美不备，洵可谓艺术的出版物。先不说内容，光是这样的装帧，在新文学史上也是不多见的。"这部诗集开本不大，按今天的标准，当属袖珍本。它用线装，书的右侧穿着两股咖啡色丝线，打成蝴蝶结；封面、封底用银灰色白花斑纹的双层白棉纸；正文版式用古籍书的直行格形。诗集

丰子恺为俞平伯儿童诗集《忆》所绘的插图一例

中除了有丰子恺的插图，还有朱自清先生的跋文，皆连同集中36首极具真朴童心的诗歌用玻璃版按手迹影印在连史纸上，整个造型、装帧之雅致，令人爱不释手。《忆》是俞平伯成年之后追忆往昔、捕捉童趣的一系列诗作。就像他自己在序言中所说的那样："忆中所有的只是薄薄的影罢哩。虽然，即使是薄影罢——只要它们在刹那的情怀里，如涛底恕，如火底焚煎，历历而可画；我不禁摇撼这风魔了似的眷念。"

《忆》出版于1925年，但从俞平伯的序言中可知，这些诗早在1922年就已在写作了。无怪乎论者要将俞氏列入中国新诗的开山人之一了。俞平伯的诗动人，为其配画的丰子恺亦得意地表现了一番。这里面的18幅插图实在为诗集增添了新鲜活泼的气息。正如朱自清在跋语中感叹的那样："平伯君诉给我们他的'儿时'，子恺君又画出了它的轮廓，我们深深领受的时候，就当是我们自己所有的好了。"

俞平伯自己对朋友们给予的合作也十分珍惜。他在出版《忆》的时候特意写了题记："写定此目录既竟，谨致谢意于朋友们。——作画的丰子恺君，作封面的孙春苔君，作跋词的朱佩弦。——他们都爱这小顽意儿，给它糖吃，新衣服穿。彳亍于忆之路上的我，不敢轻易把他们撇掉。"[149]在漫长的岁月里，俞平伯与丰子恺只在他们各自的晚年才在北京见过一次面。他们算是一对"神交"的朋友。俞平伯在晚年还对他与丰子恺的这段往事记忆犹新，他说："小诗集《忆》，承宠赐插图，多费螺黛而声价倍增，至今感纫。"还说：丰子恺的"漫画久已驰名寰宇，而我是早岁致赏之一人"。[150]

有一件事需要补记：费在山先生曾于1997年3月15日在《文汇读书周报》上发表过一篇文章，题目是《〈丰俞诗画〉之缘》。文章透露了一件十分值得玩味的事情。作者说，他曾于1972年从俞平伯先生处得到过一册编号为714的朴社本《忆》。获得此书后，他顿生一念头，即请丰子恺先生再为之作画。作者写道：

收到《忆》后，脑子里产生了一个念头，何不请丰老重新画一遍；画多了怕老人吃力，检了四幅，两幅着色，两幅黑白，趁公出上海的机会，当面恳求丰老，丰老二话没说，应允了。隔了一星期左右，收到丰老重绘的《忆》插图，附信写道：

在山仁弟：

画四幅附上，可请平伯先生题诗。

你选的四幅很好，我完全照你选的作画。

原书一册，暂存此间，日后有便请来取。

（1973年）4月13日子恺启

我立即将丰老重绘的四幅插图用挂号信迳寄北京俞平老，求他在图上补诗。也约一星期后，俞平老补诗寄到，来信写道：

在山先生惠鉴：久疏修敬，顷承手教，藉知近到申江晤子恺先生并得其重绘拙作之插图，诚为珍品，嘱我迻录旧句并惠赐佳毫，只迟暮之年，深恐涂损，钤章亦有差失，殊觉惭愧，唯希鉴原耳。

原件附呈，勿复，即候

起居

弟俞平伯启上四月廿一日

得到了丰老重绘《忆》的插图和俞平老亲笔题诗后，就成为现成的《丰俞诗画》，我又请叶圣老题了篆书扉页，郭绍虞教授题了书签，成为诗书画三合一的"新古董"，正要装池，忽然传来了丰老的噩耗，于是又请俞平老写了一篇跋，跋曰：

昔曾以朱佩弦兄之介承子恺先生为小诗集曰《忆》者绘图，佩弦写跋，堪称双璧，流布艺林，历五十年，仆以儿笫涂抹，有忝朋情，意至恧焉，虽复悔其少作，而传本亦稀，前岁在山又请于丰公重绘四幅，洵为希有，顷惊闻子恺翁遽谢宾客，翰墨因缘，还留鸿雪，不胜人琴之思矣。

在山乡长命题　乙卯仲秋　平伯

据费在山的文章透露，这件珍贵的"新古董"，一直到1990年10月俞平伯先生逝世后才付装池。费在山先生在发表文章时也附图一幅，可见一斑。

丰子恺的漫画深受日本画家竹久梦二、蕗谷虹儿的影响，而他受蕗谷虹儿的影响，则主要体现在他为装饰（装帧）而作的画作上——虽然他的装饰漫画风格也是多样的。我们注意到，在丰子恺的装饰漫画中，许多图案，笔法"漫"中有细，"简"中有繁。这种情况在他的部分封面图案和为《小说月报》等刊物所作的插图中表现得尤其明显。出现这种情况，或许是丰子恺以为蕗谷虹儿的画风更适合于装帧插图，更富于装饰美的缘故。

以下二事也可见丰子恺对装帧艺术的热情和同人对他这类作品的喜爱。南通市《江海纵横》副主编钦鸿先生于2006年1月12日给笔者来函曰："去年我为南通'江海文库'编了本《苓英》。作者尤其彬与丰子恺有些交往，该书中收入拙文二篇，又印出丰子恺手迹等。想必您会有兴趣一阅，故特寄奉，请不吝赐教。"[151]

《苓英》是尤其彬的短篇小说集，1933年8月上海开华书局出版。[152]作者在"自序"文字的结尾处说道："末了，我还得诚恳的感谢为本书作封面的前辈先生丰子恺，为本书作序的我的先生赵景深……"丰子恺为尤其彬画的封面可在《丰子恺漫画全集》里见到，然而，在此书的扉页却还印着丰子恺写给作者的信的手迹。该信在录有丰子恺书信的《丰子恺文集》（文学卷三）中未收，故录存于下：

其彬吾友：承示大作《苓英》，已拜读，文字流丽，趣味隽永，弟甚为爱读。闻大著将结集出版，如已约定，弟当代为书画封面，以表爱读之忱也。专此奉达，顺颂
著祺

弟子恺叩　十一月廿四日

抗战时期，尤其彬还为丰子恺刻过一枚正方形的"TK"名章，丰氏即致函道谢。此信亦未收入《丰子恺文集》（文学卷三）。信的全文如下：

其彬仁兄：寄下英字印大作，已拜领道谢，此印在中国数千年金石界，可谓别开生面。泥古不化之金石家，见此或将摇首，但弟谓此乃金石之时代精神表现，具足艺术真价，百年后必有多人认识吾兄之革命精

神也。即颂

秋祺

弟丰子恺顿　九月四日

尤其彬入学复旦后，赵景深对他的文学才华极其赏识，曾称他的小说深受契诃夫影响而又独具神采。尤其彬除了文学，在绘画方面也是兴趣盎然，他虽没有拜过名师，但无师自通，不仅擅长国画、油画、水彩画，而且对漫画也情有独钟，尤其喜爱丰子恺的漫画。据钦鸿先生介绍，丰子恺还曾送过尤氏两幅墨宝。其一是诗幅，有"不与人间论施肥"之句，可惜在动乱时代遗失；其二是四字条幅"冰子治印"，仍存。

钦鸿先生曾在20世纪80年代中期编纂过《中国现代文学作者笔名录》，在此过程中，他曾与袁同兴老人多次通信。钦鸿先生于2009年1月16日在《文汇读书周报》上发表了一篇题为《丰子恺三作"安琪儿"画》的文章，也为人们披露了若干史料。据钦鸿先生文：袁同兴曾在20世纪30年代编过《安琪儿》月刊，通过杨同芳介绍认识丰子恺，而丰子恺在1932年为该刊作过封面画，据袁氏回忆："那幅封面画画的'是一个小天使，展开两个大翅膀，从晴天飞向人间'。"在此前，丰子恺也为杨同苏、杨同芳等人作过一幅类似的漫画，是"一个胖胖娃娃，腋部长出翅膀，有点像西方神话中的'安琪儿'，但不同之处是吹着喇叭"。此画也用于杨氏等人创办的文学刊物《嘤鸣》。按钦鸿先生的意思，如今《丰子恺漫画全集》里安琪儿接炸弹的一幅则是丰子恺的第三幅"安琪儿"漫画。或许，丰子恺以"安琪儿"为素材的漫画还有一些。

丰子恺在中国新文化运动中的书籍装帧艺术上称得上老前辈。他的艺术，他的风格对于目前越来越被重视的我国书籍装帧艺术仍有着积极的意义。至于他与钱君匋之间的关系，可追溯到20世纪20年代初丰子恺任教上海专科师范学校时期。丰子恺与钱君匋均是浙江桐乡人，那时，崇德县石门湾的钱作民先生把天资颖悟的学生钱君匋介绍给了刚从日本归来且仍在上海专科师范学校任教的丰子恺。丰子恺爱惜人才，破例准许钱君匋免试入学，亲自培养。钱君匋在上海专科师范学校毕业后，仍经常接受丰子恺的指导。柯文辉在《钱君匋论艺》代序言里曾介绍说：有一回，丰子恺看到他写的信中有错别字，文理也有不通顺之处，就对他说："如果没有一定的学识，爱好的艺术形式太多，会什么都弄不好。你家境贫苦，读书时跳了几级，底子差，要迎头赶上。"钱君匋于是就发愤读书，终于打下了坚实的文学基础。此后，钱君匋逐渐在金石、书画、装帧艺术上取得了突出的成绩，他与丰子恺的感情也日益加深。他曾为丰子恺的散文集、画集的出版做过不少努力。如丰子恺的散文集《率真集》及第一部彩色漫画集《子恺漫画选》就分别是由钱君匋在上海万叶书店出版的。1939年，钱君匋在书店里看到一册署名丰子恺的《战地漫画》，然内刊画作与书名并不相符。钱君匋认定此为假书，这是有人想借丰子恺之盛名来赚钱。于是他买下此书，寄给丰子恺。丰子恺收到书后，特地在1939年第6期《中学生》杂志上刊登了一则"丰子恺启事"。这启事是这么写的：

　　近有不良之人，将鄙人在各志报所发表之画，代为收集，并摹鄙人笔迹，于画上代为题诗，又抄录鄙人艺术论文一段，刊于卷首，名曰"代序"，擅自堪印出版，题名曰"战地漫画·丰子恺著"，下署"香港英商不列颠公司刊"，在香港、上海等处销售。各地友好及读者或代为查破，来函相告；或受其惑乱，来函询问。关念之诚，良可感谢。除设法查究外，特此告白，以明真相，并以答谢来函诸友好及读者之美意。

　　钱君匋的金石、书画及装帧艺术成就与丰子恺的引导鼓励是分不开的。丰子恺曾对他说：读碑帖宜多，以广见闻，临碑帖应侧重一家，以免弄得风格杂沓，非驴非马。丰子恺还特别告诫他，学书法要特别注重人格修养，要他学习李叔同先生做一样像一样的认真态度，要有多方面的艺术根基，然后创出个性，独具一格。钱君匋没有辜负老师的希望，他后来的书法，瘦硬雄浑，力度非凡，在当今书坛自成一家。1948年春，丰子恺由杭州赴上海专访梅兰芳。钱君匋告诉老师，他与徐菊庵联合举办的金石书画展将于初夏开展。丰子恺很高兴，为之写了《钱君匋徐菊庵金石书画展序》，序中对钱君匋的艺术给予了充分的肯定："君匋本来是图案专家，其所设计，别出心裁……至今，金石、书、画，平均进步，可称'三绝'。"

　　丰子恺和钱君匋都是为中国新文化运动中的书籍装帧艺术做出杰出

贡献的人物。他们的艺术风格对于目前我国的书籍装帧艺术仍有着积极的作用。丰子恺本人在为《君匋书籍装帧艺术选》写的前言中曾对书籍装帧艺术有过阐述："盖书籍的装帧，不仅求其形式美观而已，又要求能够表达书籍的内容意义，是内容意义的象征。这仿佛是书的序文，不过序文是用语言文字来表达的，装帧是用形状色彩来表达的。这又仿佛是歌剧的序曲，听了序曲，便知道歌剧内容的大要。"[153] 丰子恺的装饰漫画是新文化史上一份宝贵的艺术遗产，值得继承和发扬。

丰子恺曾写有《祝开明十周纪念》一文，发表于1936年8月1日《申报》上。文章很短，却也表达了丰子恺对开明书店的感情："开明十周纪念特刊索'箴言'。我无言可箴，但略书所感，以志祝贺。七十年前，英国有名的工艺美术革命家莫理史（William Morris）曾经纠合诗人画家洛赛蒂（Dante Gabriel Rossetti）及美术家彭琼士（Burne Jones）等，创办一个工艺美术品商店，叫作莫理史公司。反对资本商业主义所产生的恶劣的货品，企图以工艺制造的诚意来美化人生而改造社会。从很小的小本经营开始，十年而名震全欧。后竟以社会改革专业著名于世，而在美术史上占有数页地位。开明的过去，在某点上或某程度内与这莫理史公司类似。这是可欣贺的。希望它本次素志而努力前进，将来成为中国出版界的莫理史公司。"由此可见丰子恺对开明书店所寄予的期望。

丰子恺还是一位翻译家，他一生出版了一百多部著作、画集和翻译作品。在他于1921年赴日游学以前，尽管也写过一些单篇文章，但他正式从事著译事业，是从翻译屠格涅夫小说《初恋》开始的。

那是在1921年冬，丰子恺结束了在日本十个月的游学生活，带着许多各类新旧图书回国。在归国的轮船上，他取出一本英日文对照的屠格涅夫小说《初恋》。他读着读着，发现英译文字的表达方法很有趣味。他认为英美人说话比中国人精密、周详而紧凑，往往用十来个形容词与五六句短语来形容一种动作，很可以将英译风格与西洋画的风格相比拟。丰子恺兴致很高，在轮船上就开始动笔翻译。尽管这是他首次进行译著工作，但他对翻译的态度却十分认真。他想，表现手法的精密与描写的深入是可喜的，但长句子读久了，读者会感到深闷、重浊。为此，他在翻译时，每当遇到句子太长，就切断句子，或变更句法。他认为：译者译出来的中文要自然、流畅，为中国读者所习惯，所爱读。他就依照这个原则翻译了《初恋》。丰子恺翻译《初恋》的工作在1922年春天结束，并交出版社。

然而，他的"初恋"并不顺利。他的译本交到出版社后，居然被当成"淫书"而拒绝出版。一直到1931年4月，《初恋》的译本才由开明书店出版。这时，丰子恺的许多画集、翻译、理论著作等早已出版了二十余部，他本人也已成了著名的艺术家，但他最早的"初恋"到了此时才结出果实。该书出版时，丰子恺在译者序中说："这稿子是我文笔生涯的'初恋'，在我自己是一种纪念物。"可知，丰子恺对自己的"初恋"十分珍视。丰子恺在文化的乐园里乐于播种，自从他由白马湖迁往上海的短短几年里就编译整理出版了大量艺术书籍。

在翻译方面，除了《苦闷的象征》，他还翻译了田边尚雄的《孩子们的音乐》（1927年11月开明书店）、黑田鹏信的《艺术概论》（1928年5月开明书店）、上田敏的《现代艺术十二讲》（1929年5月开明书店）、田边尚雄的《生活与音乐》（1929年10月开明书店）、门马直卫的《音乐的听法》（1930年5月上海大江书铺）、森口多里的《美术概论》（1930年大江书铺）等。他的许多艺术读物，其实也是参照外文本编写的。

丰子恺书法一例

在丰子恺所涉及的诸多艺术门类中，他的书法艺术最易被忽视（虽然人们大多喜爱他的书法）。[154] 其实，书画不分家，丰子恺既擅作画，亦擅书法。丰子恺在装帧艺术上取得的成就，很多时候也得益于他的书法。巴金说过："1930年我翻译的克鲁泡特金《自传》脱稿，曾托索非转请丰先生为这书写了封面题字，我不用说我得到他的手迹时的喜悦。"[155] 作家许钦文也有介绍，他在谈及书籍装帧艺术家陶元庆的逝世时说:"陶元庆于1929年8月逝世,我们把他公葬在玉泉道旁,墓碑和'元庆园'三字都请丰先生写,因为大家喜欢看他的字。"[156]丰子恺自述曾认真地临摹过《张猛龙碑》《龙门十二品》《魏齐造像》等许多碑帖。[157]他认为:书法"是最高的艺术……艺术的主要原则之一,是用感觉领受。感觉中最纯正的无过于眼和耳。诉于眼的艺术中,最纯正的无过于书法。诉于耳的艺术中,最纯正的无过于音乐。故书法与音乐,在一切艺术中占有最高的地位"。[158]基于这样的认识,丰子恺一向很重视书法。他承认,在画笔滞顿时,总是要写写毛笔字,力求从书法艺术中领悟出一些作画的味道。丰子恺漫画上的题书,其实也正是一对孪生兄弟。他的画如没有他的题书,绝不会有现在大家公认的美感。

对于练习书法,丰子恺很看重精神与个性。他在《书法略说》中明确阐述道:"一般人学书法,大都专拿碑帖来临摹,老是一笔一笔地照样描写。这方法很不好。因为这样只能学得字的皮毛,不能学得字的精神。要学字的精神,必须多看。"他又说:"有些人写字,死板地临摹古人碑帖,学得同碑帖分不出来。这人决不能成为书法大家。因为依样画葫芦,失去了自己的个性。"[159]其实,他撰写《书法略说》也是他重视普及书法的体现,文章从中国字的特色、书法的变化,到历代书法大家、碑帖的学法,笔的用法乃至行间与章法等都介绍得十分详细,对初学书法者具有很好的启发意义。

注释:

1、5　匡互生:《立达、立达学会、立达季刊、立达中学、立达学园》,收《匡互生与立达学园》,北京师范大学出版社1985年5月第1版,第19页。

2　丰子恺:《立达五周年纪念感想》,见《丰子恺文集》(文学卷一),浙江文艺出版社、浙江教育出版社1992年6月第1版,第100页。丰子恺从白马湖回上海之初,也担任过上海艺术师范大学的教务长。据王震编《二十世纪上海美术年表》上海书画出版社2005年1月第1版,第166页1925年"2月7日"条目:"上海艺术师范大学,新任教务长丰子恺……(《申报》)"又据《二十世纪上海美术年表》第219页1927年"3月8日"条目:"上海美术专门学校举行春季始业式:校长刘海粟、总务长江新、教务长汪亚尘、教授滕若渠、李士毅、音乐系主任李恩科、国画系主任钱匡分别演说及报告。又聘丰子恺为国画理论教授、沙辅卿为国画教授。(《申报》)"此说明丰子恺在当时经常受聘于其他学校。

3　丰子恺：《立达五周年纪念感想》，见《丰子恺文集》（文学卷一），浙江文艺
　　出版社、浙江教育出版社 1992 年 6 月第 1 版，第 100 页。其实在那个时期丰子
　　恺自己的生活十分困难。1929 年 10 月 17 日，他因生活困难致函大江书铺编辑
　　汪馥泉："惟有所请者，弟拟于下月起动手译《现代人生活与音乐》，预计两
　　个月脱稿。然近来不任教课，生活无着，可否尊处预借我此两月之生活费约
　　二百元（于十一月初及十二月初分送），倘有妨大江书铺版税办法之规约，则
　　弟愿将此版权让与大江，版权费另定。未知可否？" 1930 年 2 月 3 日（农历正
　　月初五），母钟氏病逝。丰氏不得不再次致函大江书铺汪馥泉求援："惟病费丧
　　用，所需甚急，不得不函请吾兄鼎力援助，如蒙劳驾代为支取北新所允付之
　　款，以济急用，感谢不尽。倘彼肯改买稿，则尤为感激。价格尽请吾兄代定，
　　患难之际，当无不满足也。"

4　赵景深：《夏丏尊》，收《我与开明》，中国青年出版社 1985 年 8 月版，第 161 页。

6　参见谢其章：《创刊号风景》，北京图书馆出版社 2003 年 6 月版。

7　丰子恺在开明书店 1929 年 5 月初版的《现代艺术十二讲》的序言中曰："立达
　　学园开办西洋画科凡三年。今年暑假第一次毕业后，即行停办。我为此三班
　　美术学生译述三种关于艺术知识之讲义：为一年级生述艺术概论，为二年级
　　生述现代艺术，为三年级生述西洋美术史。一年级与三年级两种讲义稿，已
　　蒙开明书店排印为《艺术概论》及《西洋美术史》两书，于两月前出版。今
　　再将二年级讲义稿付印，即此《现代艺术十二讲》。"

8　丰子恺：《立达五周年纪念感想》，收《丰子恺文集》（文学卷一），浙江文艺
　　出版社、浙江教育出版社 1992 年 6 月第 1 版，第 100 页。

9　《新民晚报》2004 年 12 月 3 日以《复旦大学恢复使用老校歌》之题报道：复旦
　　大学在校庆 100 周年之际，经网上投票，决定恢复使用创作于 1925 年的老校
　　歌（刘大白作词，丰子恺谱曲）。据悉，这次投票显示，复旦大学的大多数教
　　师投了赞成票，86% 的学生投票赞成。复旦大学校歌的确定，受到了社会的
　　广泛关注和好评。12 月 8 日《报刊文摘》转载此消息。9 月 24 日，《人民日报》
　　报道：《日月光华，旦复旦长——写在复旦大学 100 年华诞》，也提到丰子恺为
　　复旦大学校歌作曲。12 月 31 日，复旦大学《校史通讯》发表了钱仁康《"复
　　旦大学校歌" 刍议》、丰一吟《为复旦校歌欢呼》二文。

10、22、23、24、28、30、35、45、56、57　丰子恺：《漫画创作二十年》，收
　　《率真集》，万叶书店 1946 年 10 月版。

11　孙晓友：《快乐着的笑的年轮——中国漫画百年回眸》，载《中国图书评论》，
　　2001 年第 6 期。

12　1920 年 6 月《美育》杂志第 3 期上刊有《上海专科师范学校美育概况》一文，
　　详细介绍了该校的基本教学情况，其中介绍该校的课外研究组织时就写道：

"该校于本学期起减少授课时间，于课外任学生组织各项研究会（另有规程），各会均有导师及干事主持一切。会名规定如下：风景画研究会、漫画研究会、国画研究会、图案研究会、弹琴研究会、风琴研究会、唱歌研究会、作曲研究会、凡阿林研究会、篆刻研究会、国乐研究会、玩具研究会、美术工艺研究会、诗词研究会、书法研究会、新剧研究会、外国语研究会、国语研究会等。以上所举，有成立者，亦有未成立者。"丰子恺为该校的创始人之一，且当时仍在学校任教，按理他应该知道该校的"漫画研究会"，或许只能解释"漫画研究会"属于"亦有未成立者"一类，而丰子恺又没有留意该期《美育》。

13、17　丰子恺：《漫画的描法》，开明书店1943年8月版。

14　毕克官：《中国漫画史话》，山东人民出版社1982年8月版。

15　白杰明：《漫画之"蜕变"》（陈军译），载《杭州师范学院学报》（社会科学版）1998年第5期。

16　丰子恺：《漫画创作二十年》，收《率真集》，万叶书店1946年10月版。

18、20、40、44　毕克官：《漫画的话与画》，中国文史出版社2002年1月版，第175页。

19　毛铭三：《世象漫画琐谈》，载《新闻与写作》2000年第12期。

21　姜丹书：《我与丰子恺》，收《姜丹书艺术教育杂著》，浙江教育出版社1991年10月第1版，第287页。

25　丰子恺：《漫画浅说》，载1925年11月《小说月报》16卷11号。

26　丰子恺：《漫画艺术的欣赏》，载1935年6月《中学生》第56期。

27　丰子恺：《随笔漫画》，见《丰子恺文集》（文学卷二），浙江文艺出版社、浙江教育出版社1992年6月第1版，第561页。此文曾以《呓语》之题发表于1957年2月12日《文汇报》，后由作者删除开头和结尾部分，改为此题。

29　丰子恺：《艺术的学习法》，收《艺术修养基础》，文化供应社1941年7月版。

31　丰子恺：《画中有诗》，文光书店1948年5月版。

32　夏丏尊：《〈子恺漫画〉序》，载1925年11月《文学周报》第198期。

33　丰子恺：《山水间的生活》，载1923年6月1日《春晖》第13期。

34　[挪]克里斯托夫·哈布斯迈尔：《漫画家丰子恺——具有佛教色彩的社会现实主义》（陈军译），西泠印社出版社2001年9月第1版。

36　丰子恺：《音乐与文学的握手》，载1927年1月10日《小说月报》第18卷第1号。

37、158　丰子恺：《艺术的园地》，载1943年7月《中学生》战时半月刊第65期。

38、46、107　朱光潜：《丰先生的人品与画品——为嘉定子恺画展作》，载1943年8月《中学生》战时半月刊第66期。

39　丰子恺：《〈画中有诗〉自序》，重庆万光书店1943年4月版。

41　引文中所谓"20年代末"估计是笔误或排印错误，因为朱光潜此文发表的时间是 1943 年 8 月。

42　吴梦非：《"五四"运动前后的美术教育回忆片断》，载《美术研究》1959 年第 3 期。

43、48　[日]吉川健一：《丰子恺绘画新探》，载（台北）《艺术家》第 313 期，2001 年。

47　丰子恺：《谈自己的画》，连载于《人间世》第 22、23 期，1935 年 2 月 20 日、3 月 5 日。

49　丰子恺：《作画好比写文章》，载 1962 年 2 月 11 日《文汇报》。

50　丰子恺：《艺术的展望》，作于 1943 年 5 月，收《率真集》，万叶书店 1946 年 10 版。

51　丰子恺自述平生只写过一篇小说《六千元》，载《西湖》1984 年 12 月号，发表时作者已逝世 9 年。

52　丰子恺：《东京某晚的事》，载 1927 年《小说月报》第 18 卷第 7 期。

53　丰子恺：《渐》，载 1928 年 6 月《一般》杂志第 5 卷第 2 号。署名"婴行"。

54　丰子恺：《秋》，载 1929 年 10 月 10 日《小说月报》第 20 卷第 10 号。

55、62　丰子恺：《儿女》，载 1928 年 10 月《小说月报》第 19 卷第 10 期。

58　丰子恺：《〈子恺漫画选〉自序》，人民美术出版社 1955 年 11 月版。

59　丰子恺：《给我的孩子们》，载《文学周报》第 4 卷第 6 期，1926 年 12 月 26 日。署名"子恺"。

60、61、67　丰子恺：《谈自己的画》，连载于《人世间》第 22、23 期，1935 年 2 月 20 日、3 月 5 日。

63　据商金林：《叶圣陶年谱长编》第 1 卷（人民教育出版社 2004 年 10 月第 1 版），从 1927 年 5 月起，叶圣陶接替郑振铎主编《小说月报》，"由于特殊的原因，作为月刊的《小说月报》仅出到 3 月号，4 月号尚未出版。所以，叶圣陶接编《小说月报》自第 18 卷第 4 号起。"（第 374 页）"叶圣陶实际的编辑时间似乎延续到 1928 年 12 月号。郑振铎真正接编的时间应似自《小说月报》第 20 卷第 1 号（1929 年 1 月 10 日出版）始。……而《〈小说月报〉第 20 卷内容预告》则出自叶圣陶之手"。（第 400 页）

64　参见盛兴军主编：《丰子恺年谱》，青岛出版社 2005 年 9 月第 1 版，第 402 页。

65　丰子恺：《给我的孩子们》，载 1926 年 12 月 26 日《文学周报》第 4 卷第 6 期。署名"子恺"。

66　丰子恺：《〈儿童的年龄性质与玩具〉译者序言——儿童苦》，连载于 1927 年 5、6 月《教育杂志》第 19 卷第 5、第 6 号。《儿童的年龄性质与玩具》一文系日本关宽之所著。

68　赵景深：《丰子恺和他的小品文》，载 1935 年 6 月 20 日《人世间》第 30 期。

69、72　郁达夫：《中国新文学大系·散文二集导言》，收《中国新文学大系·散文二集》，良友图书印刷公司1935年8月30日版。

70　赵景深：《丰子恺和他的小品文》，载1935年6月20日《人世间》第30期。杭州师范大学弘一大师·丰子恺研究中心藏有赵景深先生自书的题为《赞高贤丰子恺先生》的诗歌作品一件。此为1999年春，研究中心在丰子恺的学生潘文彦的帮助下，于上海艺术品拍卖会上拍得。《赞高贤丰子恺先生》内容如下："拙著数书稚且浅，丰老为我画封面。红日一轮光灿烂，矗立丰碑波涛间。儿童招手越长城，诗情画意何新鲜。好画使书增声价，感公厚意薄云天。曾将微物表心意，锦糖传达友谊甜。又送田园画巨册，化身弥勒似陶潜。念公平生有两绝，文如流水画如仙。念公平生有两爱，又爱儿童又爱禅。孤标拨俗世所仰，高卧申江数十年。我曾著文申仰慕，'海上集'里赞高贤。于今丰公已长逝，难亲馨咳抚遗编。不及亲见四害灭，长流遗恨在人间。一九八〇年五月。赵景深书。"

71　姜丹书：《我与丰子恺》，收《姜丹书艺术教育杂著》，浙江教育出版社1991年10月第1版，第287页。

73　1985年9月，丰子恺故居缘缘堂重建落成典礼后，从丰子恺的故乡传出了一则新闻：丰子恺的长子丰华瞻向缘缘堂捐赠了一方印章，印上刻有"子恺"二字，边款为"达夫刻奉子恺学长"。于是诸报纷纷介绍，说是在缘缘堂发现郁达夫为丰子恺所刻印章一方，并且使正在杭州访问交流的日本郁达夫研究专家铃木正夫深信不疑。郁达夫虽偶有操刀，如他曾刻阴文闲章"生怕情多累美人"，然而，郁达夫与丰子恺并非同学，印章边款中"学长"二字令人费解。其实，为丰子恺刻印的这位"达夫"并非郁达夫，而是另一位叫陈兼善的先生。陈兼善字达夫，浙江诸暨店口村人。他早年为南社社员，是丰子恺在浙江省立第一师范学校的同学（故有"学长"之称），后毕业于北平高等师范学校生物系，曾留学法国，抗战胜利后赴中国台湾，任台北市博物馆馆长兼台湾大学教授。退休后侨居美国，1982年定居上海，受聘为上海自然博物馆顾问。

74　丰子恺：《〈音乐的常识〉序》，原序名"PRELUDE"，上海亚东图书馆1925年12月第1版。

75、82　丰子恺：《儿童与音乐》，收《艺术趣味》，开明书店1934年11月第1版。

76　丰子恺：《回忆儿时的唱歌》，载1958年《人民音乐》第5期。

77　《中等教科适用歌曲集》由丰子恺与立达学园同事裘梦痕合编，开明书店1927年8月初版。1939年曾以《中文名歌五十曲》为书名再版。

78　也许正是因为丰子恺是为了将"紧闭的房屋"打开一扇小窗，所以不免在材料的选择上引起部分读者的迷惘。李光田有《关于孩子的音乐》一文，载于1928年10月10日《开明》1卷4号。他在文中说："《孩子们的音乐》，这是多好的书名，但是我们时常被'名字'骗了！这书，我看过以后，不敢说是完全受骗，然而实在没感到多大兴味。或者这是因为给孩子们的书，而我已不是孩子？但是给孩子们看了，给孩子们讲了，是不是一定感着兴味，更不敢说。因为这一本书，既不是很多的评传，又不是童话。只是平白的述说几个乐圣的事迹。我们可以说，这是一本成人不愿读，而孩子读不了的，即读亦没趣的一本书。"

79 叶圣陶：《〈丰子恺文集〉序》，收《丰子恺文集》，浙江文艺出版社、浙江教育出版社1990年9月第1版，第1页。

80 徐迟先生曾给笔者一信。其因缘是笔者曾见一则资料，说丰子恺曾为徐迟的《歌剧素描》作序，读后颇有疑问，即写信向徐迟先生本人请教。1983年4月7日，徐迟先生从武汉给笔者回信。全文如下："陈星同志：信收到。我和丰子恺先生没有交往，当然非常钦佩和喜爱子恺先生的散文和漫画。他也并没有为《歌剧素描》作序，我有这本书，确实是没有序的。谨复，并致敬礼！徐迟。一九八三年四月七日。"

81 丰子恺：《一般人的音乐——序黄涵秋〈口琴吹奏法〉》，载1928年5月《一般》杂志第5卷第1号。本文在1929年1月开明书店版《口琴吹奏法》一书中改题为《序》。

83 丰子恺、萧而化合编《口琴歌曲集》，1942年9月成都越新书局出版。

84、85、86、89　丰子恺：《大众艺术的音乐》，收《丰子恺文选Ⅱ》，台北洪范书店1982年5月版。

87 丰子恺：《将来的绘画》，收《艺术丛话》，良友图书印刷公司1935年4月版。

88 丰子恺：《平凡》，收《丰子恺文集》（艺术卷四），浙江文艺出版社、浙江教育出版社1990年9月第1版，第47页。

90 丰子恺：《曲高和众》，载《群众音乐》1958年第2期。

91 朱光潜：《缅怀丰子恺老友》，收《写意丰子恺》，浙江文艺出版社1998年8月第1版，第59页。

92 魏风江：《怀念钢琴家裘梦痕》，载《古今谈》1985年第2期。

93 丰一吟、潘文彦、胡治均、丰陈宝、丰宛音、丰元草：《丰子恺传》，浙江人民出版社1983年2月第1版，第45页。

94 丰一吟：《潇洒风神——我的父亲丰子恺》，华东师范大学出版社1998年10月第1版，第100页。此著后改名《我的父亲丰子恺》于2007年1月由团结出版社出版。

95 丰一吟：《我和爸爸丰子恺》，百花文艺出版社2008年10月第1版，第16页。

96 陈星：《君子之交——弘一大师、丰子恺、夏丏尊、马一浮交游纪实》，（台北）读册文化事业有限公司2000年8月第1版，第113-115页。

97 丰一吟：《潇洒风神——我的父亲丰子恺》，华东师范大学出版社1998年10月第1版，第93-94页。

98   丰子恺：《告缘缘堂在天之灵》，载1938年5月1日《宇宙风》第67期。

99   据朱显因探访，丰子恺在江湾的缘缘堂，现位于上海复兴高级中学校门（车站南路28号）隔马路正对面的一片居民小区。

100、101   丰子恺：《法味》，载1926年10月《一般》第1卷第2号。

102   此处弘一法师致丰子恺信及丰氏回信均见丰子恺《法味》一文，载1926年10月《一般》第1卷第2号。

103   关于此次丰子恺赴杭州及弘一法师至上海时的故事，详见丰子恺《法味》一文。《法味》一文情节性颇强，以至在《一般》杂志上发表时，编辑亦将其编排在"小说"栏内。日本学者西槙伟曾撰《门前的彷徨——试论丰子恺〈法味〉（1926）与夏目漱石〈初秋的一日〉（1912）、〈门〉（1910）》之论文（载《永恒的风景——第二届弘一大师研究国际学术会议论文集》，中国文化艺术出版社2008年1月第1版，第74-92页），以为丰子恺此文模仿了日本作家夏目漱石小说《初秋的一日》和《门》。

104、127、128   丰子恺：《缘》，载1929年6月10日《小说月报》第20卷第6号。

105   《子恺画集》马一浮题词，收《子恺画集》，开明书店1927年10月再版。

106   叶绍钧：《两法师》，收《弘一大师永怀录》，大雄书局1943年版，第76页。署名"叶绍钧"。

108、116   圆觉：《丰子恺先生》，载1933年6月19日《现代佛教》第6卷第2期。

109   释弘一：《护生画集》回向偈，收《护生画集》，1929年2月开明书店第1版。

110   弘一法师致丰子恺信，收《弘一大师全集八·杂著卷、书信卷》，福建人民出版社1992年9月第1版，第189页。

111   参见丰子恺：《护生画三集自序》，上海大法轮书局1950年2月第1版。郑逸梅在《德国之不食牛肉运动》（载1930年《大云》第33号第99期）上写曰："德国生理学博士利嘉氏，欧战时曾参列戎行，一尝硝烟弹雨生活，目击尸体遍野，肝脑涂地之惨，恻然而动仁者之心，乃著非战问题一书，传诵于世，并继续以学理推究人类好战与残杀。苦不得其肯綮，近顷忽恍然有悟，于柏林生理学社演讲，谓人类之好战与残杀，实关系于食牛肉与饮牛乳。西方之人，无不藉牛肉牛乳以为滋养要品。牛善斗，往往同类相残。人类食其肉而饮其乳，则人之性日以离，牛之性日以近，岁积累子孙继承，而不自觉于是弱肉强食，人民死亡，不可数计，其惨酷而不忍言者……"

112   释弘一诗，收《护生画集》，1929年2月开明书店第1版。

113   陈慧剑：《弘一大师论》，（台北）东大图书公司1996年10月第1版，第63页。

114   释弘一：《律学要略》，收《弘一大师全集一·佛学卷（一）》，福建人民出版社1991年6月第1版，第196页。

115、119   丰子恺：《护生画三集自序》，收《护生画三集》，上海大法轮书局1950年2月版。

117 柔石：《丰子恺君的飘然的态度》，载《萌芽》杂志1卷4期。

118 柔石曾就读于杭州的浙江省立第一师范学校，李叔同的出家对他影响较大，一度对佛教发生兴趣。详见《西湖》杂志1981年2月号盛钟健《佛学思想对柔石的影响》一文。

120 许钦文：《郁达夫丰子恺合论》，载1935年5月20日《人世间》第28期。

121 丰子恺：《戎孝子与李居士》一文最初刊载在杭州《西湖》月刊1990年第10、11合刊，今收《丰子恺文集》（文学卷二），浙江文艺出版社、浙江教育出版社1992年6月第1版，第686页。

122 丰子恺致谢颂羔信，收《丰子恺文集》（文学卷三），浙江文艺出版社、浙江教育出版社1992年6月第1版，第184页。

123 拙文《护生画集研究》在香港《内明》连载的期号为：1992年8月号、9月号、10月号、12月号，1993年1月号、3月号和4月号，共分7期连载完毕。

124 蔡惠明先生编辑过《永恒的追思》一书，1947年由大雄书局出版。书中收有丰子恺、叶圣陶、施蛰存、杨同芳、傅彬然、钟吉宇等追念弘一大师的文章。

125 1941年《佛学半月刊》第10卷第3号第222期广告中曰："居士著作丰富，知见纯正。此书记其旅途中所经事迹，引发为感人甚深之佛法言论。弘一法师赞其引人入胜，屡以广送价值可知。"

126 目前还发现丰子恺致李圆净的一封佚信。丰子恺致李圆净的一封佚信刊录在1949年3月1日《觉讯》第3卷第3期上。原文是："圆净吾兄：久未通问。弟去秋旅台湾，一住两月，而大局克变。遂转道闽南，访弘一法师故居及其生西处。闽南人士受法师感化极大，佛法空气十分浓厚，对弟之来，亦竭尽欢迎。因念今年，法师七十冥寿，法师住世时，曾与弟约，彼七十岁时作护生画三集七十幅（第一集五十幅，二集六十幅），八十时作四集八十幅，九十时作五集九十幅，百岁时作六集百幅。其信犹存。弟今来闽南，适逢其时，遂在厦门暂租一屋（址为古城西路43号，租期六个月，大约五月归去），专为绘制护生三集，今已完成三分之一矣。在厦开一画展，卖画所入，足供半年薪水之资，幸得放心作此'净业'，亦乱世之美事也。其诗大半选古人作，小半只得由弟自作（托人每不合意），今抄录自作数章奉上，如有佛教刊物要稿，可先发表之。画则尚在起稿中，大约四月中必可完成。即颂时安！弟丰子恺叩。四月中旬完成护生画后，即离厦返沪，或赴香港一行，未定。弟杭州寓中仍有家人留居。"

129 丰陈宝、丰一吟编：《丰子恺漫画全集》，京华出版社1999年2月第1版。

130 谢颂羔：《九楼随笔》，广学会1936年第1版，第1页。

131 丰子恺致谢颂羔信，收《丰子恺文集》（文学卷三），浙江文艺出版社、浙江教育出版社1992年6月第1版，第184页。

132 同上，第188页

133 丰子恺在1935年8月17日致谢颂羔的信中说："如下半年弟之生活不受影响，颇想买地建屋，与兄为邻。（即使生活受影响，地仍想买，不过造屋是问题耳。）……最好等弟看地之后，邀兄来杭复看。可以商量取舍。"后因有一山地候选，丰子恺又在1935年12月23日致函谢颂羔，曰："君意如何？倘觉有可取，或倘能来一看，最好。否则我们谢绝他，说山地不要可也。"收《丰子恺文集》（文学卷三），浙江文艺出版社、浙江教育出版社1992年6月第1版，第183、185页。

134 赵海洲、赵文健：《匡互生传》，上海书店出版社2001年10月第1版，第158页。

135 同上，第160页。

136 匡互生在《立达学园恢复的经过》一文中说："从1932年2月9日起，我们便每日陪着十几个工人及由外面雇来的十几个小车夫，在风雪纷纷之际，炮声隆隆之中，和敌机严重威胁之下，一担担，一车车，把江湾的东西向南翔运去。"（见《匡互生与立达学园》，北京师范大学出版社1985年5月第1版，第32页。）

137 巴金：《怀念一位教育家》，收巴金《随想录》（下），三联书店1987年9月第1版，第580页。

138 叶圣陶：《书匡互生先生》，载1932年《中学生》7月号。

139 此文未标作者，收《匡互生与立达学园》，北京师范大学出版社1985年5月第1版，第61页。

140 1937年淞沪抗战爆发。上海沦陷以后，立达学园迁往四川隆昌。1947年，立达学园迁回上海，落址松江。1953年，立达学园由政府接管，改名为松江第三中学。2003年4月18日，上海市松江区教育局举行由原松江三中转制的松江区教师进修学院附属立达中学揭牌仪式，立达学园第31届校友梁灵光和第63届校友李金生为立达中学揭牌。匡互生先生的女儿，中国计量科学研究院原研究员匡介人（第39届校友）作为嘉宾出席揭牌仪式。至此，立达之名重新在上海恢复。遗憾的是，种种客观原因，复名后的立达未能使用"立达学园"而只用了目前通称的"中学"。

141 丰子恺致夏宗禹函，收《丰子恺文集》（文学卷三），浙江文艺出版社、浙江教育出版社1992年6月第1版，第418页。

142 在20世纪初，亦有一家"开明书店"，于清光绪二十八年（1902）由夏颂莱（清贻）创办，曾出版《金陵卖书记》《汴梁卖书记》等。1903年，译书汇编社出版李叔同译《国际私法》一书，即由开明书店发卖。

143 章锡琛，字雪村，1889年4月24日生于浙江绍兴马山乡。5岁入私塾，后进绍兴通艺学堂、山会简易师范和东文传习所等学校。曾任塾师、小学教员和师范教师。1912年1月至上海，经杜海生堂侄杜亚泉介绍，进商务印书馆编译所任《东方杂志》编辑，后又经钱经宇推荐于1921年1月任《妇女杂志》主编，对该杂志进行过大胆的改革，矛头直指封建的夫权思想，探讨各种妇女问题，受到社会的热烈欢迎，杂志的销量也由原来的2 000份猛增至10 000份。他还是文学研究会的会员，又与吴觉农、陈学昭一起创立了"妇女问题研究会"，并应邵力子之邀，为《时事新报》主编《现代妇女》旬刊，为《民国日报》主编《妇女周报》。章锡琛一时居然也成了"妇女问题专家"，声名大振。1925年1月，《妇女杂志》刊出了"新性道德专号"，发表了几篇有关这方面的文章，其中有章锡琛的《新性道德是什么?》、周建人的《性道德的科学标准》等。文章发表后即引起一场辩论。接着，这一年5月，上海发生"五卅惨案"，章锡琛又以"妇女问题研究会"的名义参加"上海学术团体对外联合会"，声援群众运动。也就是在这个时候，章锡琛参加"立达学会"，开始与白马湖同人有了实质性的联系。这一系列的事件，尤其是章锡琛的办刊思想，显然与传统封建卫道士们的意识相悖，引起了本来就对章锡琛不满的商务编译所所长的不满，便以审查刊物为名无理干涉章锡琛的编辑工作，致使章锡琛被迫提出辞职以示抗议，并于8月底脱离《妇女杂志》。同年12月底，他又被商务当局借故辞退。章锡琛去职以后，郑振铎等曾著文为他打抱不平，并力主章氏另创办刊物，以示抗议。随后，章锡琛果然又创办了《新女性》，于1926年1月出版了第1期，后又在众多进步人士的支持下，他干脆于这一年的8月1日成立了开明书店。

144　自《中学生》创刊至1937年"八一三"抗战休刊，共刊行65期。其后曾在桂林、重庆等地改名为《中学生》战时半月刊出版，抗战结束后迁回上海，曾改名《进步青年》。

145　1939年5月，《中学生》战时半月刊在桂林复刊，丰子恺是七人编委会成员之一。

146　该刊因"八一三"战事而停刊。1945年7月在重庆复刊，改刊名为《开明少年》。

147　唐弢：《谈封面画》，收《晦庵书话》，三联书店2007年7月第2版。

148　吴浩然编撰：《丰子恺装帧艺术选》，齐鲁书社2010年3月第1版。

149　《忆》的精美而讲究的装帧，在它刚出版的时候就引来了两种截然不同的评论。周作人在1926年2月14日写了一篇题为《〈忆〉的装订》的书评（《知堂书话》，岳麓书社1986年版）。他认为《忆》的第一特色是"全部的诗都是著者手写的"，第二特色是丰子恺别致的插图。他认为：中国能有这种漫画，实在令人感到兴趣；第三特色是诗集用的是连史纸，这在当时出版界不太重视书籍纸张的情况下尤为可喜。所以，周作人得出的结论是："总之这诗集的装订都是很好的。"然而也有批评者。一个署名为"田风"的人在1926年2月5日的《洪水》第1卷第10、11期合刊上发表了《我对于〈忆〉》一文。他觉得《忆》实在是过于"贵族"了,"我们穷人不得不对着这书堆里面的鸟贵族,放几声穷炮"。这几声"穷炮"是这样放的:"那么小小的一本《忆》,且要我们花费一块钱才能得到阅书权,这在我个人觉得实在有点冤大头了……我实在痛恨现在中国的一般无耻文人,自身虽受着资本家的剥削,而他还要再来转剥一般的穷学生穷汉。"

150　俞平伯致丰一吟信(手书)。

151　尤其彬(1910—1972),字冰子、老冰,号步林,生于南通市。1936年毕业于复旦大学外国文学系。毕业后曾任教于杭州虎林中学和南通县中。后入江苏农民银行、中央银行。1949年后供职于中国人民银行上海分行黄浦分理处。

152　笔者曾在拙编《丰子恺年谱》(西泠印社出版社2001年9月第1版)中的"1932年"条目中误记尤其彬《苓英》由开明书店出版。

153　丰子恺:《〈君匋书籍装帧艺术选〉前言》,人民美术出版社1963年8月版。

154　研究丰子恺书法艺术的论著甚少。这里列举几篇,供参考:傅爱国,《丰子恺书法美学思想探研》,载《居巢学刊》1991年第4期;单建华,《丰子恺书法精品"文人珠玉"》,载《绍兴日报》1998年9月25日;沈定庵,《丰子恺的书法艺术》,载《浙江日报》1986年12月27日;李建森,《功性双栖　理趣并重——由丰子恺书法说开去》,载《小说评论》2006年春季号。

155　巴金:《怀念丰先生》,载1981年6月11日香港《大公报》。

156　许钦文:《丰子恺先生杂忆》,载《东海》杂志1982年10月号。

157　参见丰子恺:《视觉的粮食》,载1936年1月《中学生》第61期。

159　丰子恺:《书法略说》,收《艺术修养基础》,桂林文化供应社1941年7月版。

第六章

缘缘堂时期

概述

　　1931年1月，丰子恺的第一部散文集《缘缘堂随笔》由开明书店出版。4月，译著《初恋》由开明书店出版。应浙江省立第一师范学校同学田惜庵之请加入《儿童时报》社，并受托于8月3日致函赵景深代邀其亦加入该社。由弘一法师介绍，为厦门南普陀寺广洽法师绘释迦牟尼像。此后，丰子恺与广洽法师间常有书信往还，十分投合。清明日曾赴杭州拜访马一浮先生。

　　1932年，"一·二八"淞沪战役中立达学园遭破坏，遂迁居法租界雷米路（今永康路）雷米坊暂住，与裴梦痕为邻（裴住楼下）。因房租太贵，仅住了一个夏天。秋，立达学园校舍修复后又迁回永义里。8月4日，赴上海广东饭店参加朱自清与陈竹隐的婚礼。9月，应母校（石门湾崇德县立第三小学）校长沈元之请求，为该校作校歌并谱曲。

　　1933年1月赴杭州访马一浮先生。春，石门湾缘缘堂落成（一说1932年秋落成），耗资6 000元。地址为梅纱弄8号。"缘缘堂"匾额由马一浮题写。4月，立达学园创办人匡互生逝世，丰子恺不再过问校务。秋，作《广洽法师嘱题弘一法师肖像》："广大智慧无量德，寄此一躯肉与血。安得千古不坏身，永住世间刹尘劫。"12月，学生魏风江赴印度国际大学留学。丰氏鼓励其前往，并在此后由魏风江居中与泰戈尔书画往还。

　　1934年，在缘缘堂专事著译，往来于上海、杭州、石门湾之间。1月，被聘为《文学季刊》特约撰稿人。9月，送长女陈宝等去杭州投考初级中学，住招贤寺，后租下皇亲巷6号为别寓。本月起，被聘为《太白》半月刊特约撰稿人。

　　1935年，居杭州皇亲巷6号，专事著译。冬、夏常回石门湾。3月，陈望道等200人及15个文化机关共同发表《推行手头字缘起》，丰子恺为发起人之一。在是年3月25日《申报·自由谈》上发表《子恺彩色漫画润例》。

　　1936年，从皇亲巷6号迁马市街156号，不久又迁田家园3号。专事著译。

　　开明书店为纪念创办10周年，创刊《新少年》杂志，由夏丏尊任社长。丰氏与叶圣陶、顾正均、宋易一同担任编辑，并经常为该杂志撰稿。6月，加入中国文艺家协会，并签名于"中国文艺家协会宣言"。7月5日出版的《上海漫画》第3期刊出《上海时代漫画主办：全国漫画展览会征求作品》，丰子恺被列为"筹备人员"之一。本年被列为"中国文学珍本丛书"（上海杂志公司总发行）编选委员。本年重订画例，仍以低价售画。以为贱卖艺术品为今日画家之义务。认为艺术品犹米麦医药。米麦医药贱卖可使大众皆得疗饥或疗疾，艺术品贱卖可使大众皆得欣赏。米麦与医药并不因贱卖而失去其营养与治疗的功能，艺术品亦绝不因贱卖而降低其艺术的价值。他认为艺术的价值与艺术品的价值是两回事。

1937年3月14日致函谢颂羔透露：近以所作西湖十二景托同乡（美术学校毕业生）张逸心君付印。4月，赴南京参加美术研究会。原拟会后择日赴厦门专门探望弘一法师。后因故未能成行。"八·一三"事起，全家在石门湾。但闻杭州有空袭，遂关闭杭州田家园别寓。11月6日，石门湾突然遭到日机空袭，当晚率全家与丰满、岳母避居妹雪雪夫家所在地南深浜。11月21日，雇船离南深浜。同行者有：岳母、妻力民、姐丰满、子女陈宝、林先、宁馨、华瞻、元草、一吟，连丰氏共十人。表弟周丙潮夫妇及婴儿等三人、店员章桂亦随行。

第一节　缘缘堂赋形

1930年正月初五，丰子恺的母亲钟芸芳病逝。毫无疑问，这是对丰子恺精神上的巨大打击。

丰子恺的母亲，是一位一身兼任严父慈母之职的善良女人。想当年，丰子恺四岁的时候，其父中举人，但同年祖母去世，父亲终日郁郁不乐，以诗酒打发时日，加上不久废科举，其父更是自哀而不问家事。这期间，家中大小诸事，全由其母一人操持，而到了丰子恺八周岁那年，其父就病逝了。如今，这位慈爱的母亲去世了。[1]丰子恺为了永远纪念她，服丧后即开始蓄须。他自己也在秋季患伤寒症，大病一场。丰子恺不得不辞去教职，卧病嘉兴。

当时，丰子恺居嘉兴杨柳湾金明寺弄四号。所以，他自谓："故乡石门湾，工作在江湾，暂寓杨柳湾，平生与'湾'有缘。"也有人给丰子恺封了一个"三湾先生"的雅号。

丰子恺在嘉兴的寓所是一座庞大而古旧的屋宇，原是当地一位望族的邸宅，建筑十分讲究。这屋子楼上楼下有大小十余间，还有两个园子。迁入嘉兴后，丰子恺家中的访客相对少了，但信件则急剧增多，邮递员每天都会送来一大摞报刊书信。丰子恺当时就戏言自己到了嘉兴后，几乎成了隐士，金明寺弄成了他的世外桃源。为了养病，生活相对平静，所以他也能作些漫画补贴日常所需。[2]

丰子恺于1932年迁回上海江湾旧宅。当时他为故乡石门小学作了一首校歌，写道："强则生存弱则亡……他年努力雪国耻，增我邦家光。"他总是念着自己的家乡，果然不过多久，他就在家乡建起了赋了形的缘缘堂。

弘一法师指点丰子恺用抓阄的方法确定了他在上海的寓所为"缘缘堂"。这所谓的"缘缘堂"在当时不过是一个象征性的名称而已。丰子恺说这是"缘缘堂""灵"的存在，这个"灵"足足跟随他达六七年之久。一直到1933年春，丰子恺终于给这个"灵"赋了形，他在家乡石门湾的梅纱弄里，也就是丰家老屋的后面，建造高楼三楹，"缘缘堂"终于落地。

丰子恺在缘缘堂作画

丰子恺在缘缘堂小花园内与女儿一吟合影

早在丰子恺的母亲还在世的时候，他家里就在故乡老屋的后面买下了一幢平屋，房屋的面积虽小，但屋子前后均有园地。丰子恺早就想在此地基建造一座楼房，然而经济上的原因，一直没有实现。

1933年春，全家人指日盼望的寓所终于落成。这赋了形的"缘缘堂"是由丰子恺亲自绘图设计的一所中国式构造，近世风形式的宅院，完美地达到了丰子恺所追求的高大、宽敞、明亮，具有朴素深沉之美的要求。他把整个寓所布置得很协调："因为你处在石门湾这个古风的小市镇中，所以我不给你穿洋装，而给你穿最合理的中国装，使你与环境调和。因为你不穿洋装，所以我不给你配置摩登家具，而亲绘图样，请木工特制最合理的中国式家具，使你内外完全调和。"³

1937年9月1日，丰子恺曾在缘缘堂向钟器先生提供过一份自传。这自传手迹后被发现。钟器（1888—1938），又名怀柔，号晚成庐主人，为活跃在20世纪30年代京津地区的著名学者、书画家、篆刻家、佛学家。钟器原拟出版《书画名家集成》。丰子恺曾向其提供了52幅画作，并与其有多次书信交流，其中一封信附有自传。后方继孝先生收集到丰子恺致钟器书信三通（包括自传），并交换给王金声先生。王金声的好友陈子善先生又将这些书信及自传复印后赠丰一吟女士留作史料。在丰子恺的自传中，提到缘缘堂落成的时间为1932年秋。此为一新的研究信息，值得关注：

余于一八九八年阴历九月廿六日生于浙江省石门湾之丰同裕染坊中，染坊为先祖父小康公所创。公早卒，先祖母沈氏性豪爽，爱文艺事，尝延技师教先父及姑母丝竹绘事。此为吾家艺术爱好之渊源。余四岁，先父斛泉公举恩政并科孝廉。同年祖母死。九岁父亦弃养，母钟氏善治家，赖薄田及小店抚育余等姊妹兄弟十人，历三十年之辛苦。余十岁入私塾，十三岁改入小学，十七岁升学杭州第一师范，二十二岁毕业。同年吾妻徐氏来归。时有友在申办艺术专科学校。余以在师范时曾于课外从李叔同先生（即今大慈山僧弘一法师）专修绘画音乐，略长一技，遂为之助教。二十四岁赴日本游历，旅中自修英文日文皆粗通。越一年，购书百册而返。随第一师范时业师夏丏尊先生任教上虞春晖中学，约三年。关于文艺多蒙夏先生指导，课余埋头读书，因得略知世界艺术之概况。二十八岁改任上海立达中学教师。自此至三十三岁间，兼任上海各校艺术教科，复为上海开明书店编著各艺术书稿。三十三岁丧母，尽辞一切职，于嘉兴城南赁屋蛰居，自此素食。三十五岁，即一九三二年秋缘缘堂成，率妻及子女六人还乡，居之至今。前年，女陈宝林先宁馨及儿华瞻赴杭入中学，余夫妇于杭辟寓，时挈嗣男元草及幼女一宁到杭小住。丧母以来，以绘画著述自娱，复以此自活。诸儿学费布衣蔬食之资尚不乏。虽勤靡余暇，但念吾母抚育吾辈时，不敢有所怨尤矣。余不喜社交，又不好孤居，常喜于无人相识之市井中彷徨观览。每见世间可惊可喜可咺可悲之相，辄有所感，归而记之以画，意在描写现世群生之相，不拘题材之雅俗与笔法之中西也。国中嗜痴者频频索画，应酬不暇，遂订例以限制之。廉其润资，庶少自愧，复以结翰墨姻缘耳。天津钟怀柔先生广征书画，嘱作册页专集，并索作者自传，因略记其平生如右，随画附寄。时在民国廿六年秋，正当两地兵火破家之际。此册页若得安抵天津之晚成庐，则虽甚拙劣，亦足贵也。

九月一日丰子恺于石门湾缘缘堂

丰子恺在抗战期间的旅途中写过一首词，其中写道："千里故乡，六年华屋，匆匆一别俱休。"[4]这里的"六年华屋"就是指缘缘堂。如果1932年秋之说得到确证，那么从1932年秋缘缘堂落成到1938年1月毁于战火，前后为六年时间。

丰子恺自己能建起如此一座规模不凡的宅院，靠的是他自己的辛勤笔耕。他当年的著译、创作甚勤，几乎涉及所有艺术领域。有人曾把他与他的老师李叔同做比较，认为除了没有亲身演出戏剧，丰子恺几乎全盘继承了李叔同的事业，在各个艺术门类上都取得了十分可观的成绩。

第二节　三访马一浮

李叔同出家前曾带着丰子恺到杭州的延定巷里拜访过马一浮。十多年来，无论是李叔同，还是丰子恺自己的经历、生活都有很大的变化，而马一浮却十数年如一日，仍然静居在这条陋巷里读书、研究，孜孜不倦地献身于国学。在这十多年里，多少人踏进这条陋巷来拜访他：梁漱溟、熊十力……又有多少人请他"出山"：1930年7月竺可桢请其任浙江大学教职，9月陈百年请其任教北京大学，马一浮均婉拒。

1898年，未满十六岁的马一浮赴绍兴城参加县试。同场应试者还有鲁迅、周作人兄弟，结果，马一浮名列榜首。关于此，周作人《知堂回想录》中有记曰："……会稽十一金，案首为马福田，予在十金第三十四，豫才兄在三金第三十七。"自从马一浮在县试得了第一，一时声名大振。乡贤汤寿潜（民国浙江第一任都督、交通总长）即调来马一浮的文章阅读，为之赞叹不已。或许是慕才心切，汤寿潜即以长女许配。于是，马一浮于17岁那年跟汤家大小姐完婚。然而不幸的是马一浮的妻子在他们结婚后的第三年就因病去世，马一浮终生未再续弦。1901年冬，马一浮赴上海同文会堂学习英文、法文，并与马君武、谢无量等创办《二十世纪翻译世界》杂志。马一浮于1903年6月应清政府驻美使馆之聘，赴美国圣路易斯中国留学生监督公署担任中文秘书。其间还兼任万国博览会中国馆秘书，曾游历英伦三岛及德意志国。1904年5月，马一浮转赴日本游学半年，从日人乌泻隆三习日文、德文，同年11月回国。

按照马一浮的经历，他原本应该是一位"西化"的人物才顺乎情理。事实上，他在与人合办的《二十世纪翻译世界》上就已翻译介绍了斯宾塞的小说等西方文学以及西方法律、哲学。根据马一浮的日记《北米居留记》，马一浮在美期间读过大量的西方著作，像《亚里士多德政治学》《拜伦诗》《日耳曼社会主义》《宾塞尔伦理学原理》《赫胥黎文集》《黑格尔伦理学》《孔德传》等。无论何种流派、何家学说他都要读。德文原版马克思的《资本论》居然也是他第一个带回中国的。然而，尽管马一浮到过欧美日许多国家，读过大量的西方著作，但他回国后并未急着宣传西方的思想。回国以后，马一浮静居镇江焦山海西庵一年，用以进一步研究、消化西学理论和西方文艺。他像是有意要把中西文化做一番彻底的对照研究。从1906年起，马一浮开始把重点放在国学方面，干脆搬到杭州，寄居西湖广化寺，天天在"文澜阁"里阅读《四库全书》。马一浮这么一读，惊叹于中国文化的博大精深。从此，马一浮即自匿陋巷，日与古人为伍，不屑于世务。蔡元培任教育总长时，想到了他的世谊同乡马一浮，特写信邀其担任教育部秘书长。看在朋友同乡上的面子上，马一浮勉强答应，但上任不到三星期，即辞职返杭。他对蔡元培说："我不会做官，只会读书，不如让我回西湖。"马一浮去职后，于同一年赴新加坡一游，亲眼看到当地侨民在办学中不废经学，以儒学为国教的情况，两相对照，感慨万千。于是他归国后，更埋头于钻研国学，并开始涉及佛教。广交高僧大德，通读三藏十二部，提出了"儒佛互摄说"。他还发起在家居士成立"般若会"，杭州各大丛林方丈也都成了他的座上客。时至此际，马一浮已在人们心目中成了国学一宗、佛学大师了。

丰子恺曾在他的散文《陋巷》里这样描述：

第一次我到这陋巷里，是将近二十年前的事。那时我只十七八岁，正在杭州师范学校里读书。我的艺术科教师L先生（引者注：L即指李叔同）似乎嫌艺术的力道薄弱，过不来他的精神生活的瘾，把图书音乐的书籍用具送给我们，自己到山里去断了十七天食，回来又研究佛法，预备出家了。在出家前的某日，他带我到这陋巷去访问M先生（引者注：M即指马一浮）。我跟着L先生走进这陋巷中的一间老屋，就看见一位身材矮胖而满面须髯的中年男子从里面走出来应接我们。我被介绍，向这位先生一鞠躬，就坐在一只椅子上听他们的谈话。我其实全然听不懂他们的话，只是断片地听到什么"楞严""圆觉"等名词，又有一个英语"Philosphy［哲学］"出现在他们的谈话中。5

丰子恺将马一浮的形象描写得十分传神："他的头圆而大，脑部特别丰隆，假如身体不是这样矮胖，一定负载不起。他的眼不像L先生的眼地纤细，圆大而炯炯发光，上眼帘弯成一条坚致有力的弧线，切着下面的深黑的瞳子。他的须髯从左耳根缘着脸孔一直挂到右耳根，颜色与眼瞳一样深黑。"6

1931年清明这一天，丰子恺踏进了这条陋巷，这是他继1918年后第二次来到这里拜访马先生。丰子恺这次造访马一浮，客观上是受弘一法师之托为马先生送去两块印石。与上回不同的是，现在的丰子恺已多了妻室和一群子女，却失去了一位慈母。而马一浮则长年孑然一身隐居在这条陋巷里。这老屋依旧古色苍然，马一浮的音容居然也与十多年前一样："坚致有力的眼帘，炯炯发光的黑瞳，和响亮而愉快的谈笑声。"7

丧母后的丰子恺，其哀伤的心情可想而知。他自己说："我那时初失母亲——从我孩提时兼了父职抚育我到成人，而我未曾有涓埃的报答的母亲。痛恨之极，心中充满了对于无常的悲愤和疑惑。自己没有解除这悲和疑的能力，便堕入了颓唐的状态。"8丰子恺自己没有解悲释疑的能力，但是马一浮有："他和我谈起我所作而他所序的《护生画集》，勉励我；知道我抱着风木之悲，又为我解说无常，劝慰我。其实我不须听他的话，只要望见他的颜色已觉羞愧得无地自容了。"9这天，丰子恺在马一浮的家里坐了约一个小时，心头的乱麻终于在马一浮的容颜与谈说之中解开。在马一浮送丰子恺出门的那一刻，他自感心中有一种难以言喻的愉快，居然瞧见一辆黄包车，不问价钱，就跨上而去。

1933年1月的一天，丰子恺第三次来到陋巷之中。这回是他主动前往拜访马一浮的。此时的马一浮，除了深黑的须髯已变成银灰色，他的双目依旧炯炯发光，谈笑声照旧还是那么愉快。按照丰子恺自己的说法，此时已"不复如前之悲愤，同时我的生活也就从颓唐中爬起来，想对'无常'作长期的抵抗了"。[10]这几年里，丰子恺经常在古诗词中读到"笙歌归院落，灯火下楼台""六朝旧时明月，清夜满秦淮"以及"白头宫女在，闲坐说玄宗"等咏叹无常的文句，并及时把它们演绎成现代漫画。丰子恺当时曾打算，将来这些画画多了，可以出版一本"无常画集"。他把这个设想讲给马一浮听，马一浮一方面告诉他许多可以找这种题材的佛经和诗文集，还背诵了不少佳句，另一方面又开导他："无常就是常。无常容易画，常不容易画。"[11]丰子恺听了此言，似觉马一浮一下子把他从无常的火宅中救了出来，内心顿感无限的清凉。

　　值得注意的是，丰子恺在此后的1936年1月16日《宇宙风》第1卷第9期上曾发表了一篇《无常之恸》，显然对无常这一佛教的基本观念有了进一步的认识。文章开头他就写曰："无常之恸，大概是宗教启信的出发点吧。一切慷慨的，忍苦的，慈悲的，舍身的，宗教的行为，皆建筑在这一点心上。故佛教的要旨，被包括在这个十六字偈内：'诸行无常，是生灭法。生灭灭已，寂灭为乐。'这里下二句是佛教所特有的人生观与宇宙观，不足为一般人道；上两句却是可使谁都承认的一般公理，就是宗教启信的出发点的'无常之恸'。"文章列举了众多古诗词中"无常"的句子，并加以阐述。事实上，丰子恺并非只是罗列古诗词句中的"无常"。他虽然没有出版他所谓的《无常画集》，但是，根据史料发现，他实际上却是已经画了众多有关无常的画作。这些画大多发表在佛教刊物《海潮音》上。如该刊第12卷第1号（1931）开始刊登丰子恺的"警世漫画"，本期刊登4幅：《人生的阶段》《世路》《昔日的照像》《痛快的梦》。[12]《海潮音》编辑在每幅画下方均配有了翁的题画文字。题画文字分别是，《人生的阶段》："譬如草木滋，长短参差现。谓是一报身，如露亦如电。"《昔日的照相》："梵志非昔人，波斯惊面皱。少壮不如人，老大常惭愧。"《世路》："可怜世间人，尽走无明路。安得大慈悲，金镦括群瞽。"《痛快的梦》："张大教网，入生死海。漉人天鱼，置涅盘岸。"第12卷第2号（1931）续刊丰子恺"警世漫画"，本期刊登4幅：《屋与花》

《人与花》《人与月》《对镜》。《海潮音》编辑在每画的下方均配有文字，《屋与花》有岑参的诗句："庭树不知人去尽，春来还发旧时花。"《人与花》有刘因的诗句："春风欲劝坐中人，一片落红当眼睡。"《人与月》有苏东坡的词句："人有悲欢离合，月有阴晴圆缺。此事古难全。"《对镜》有朱息翁（引者按：原刊如此，疑为"李息翁"之误）的词句："朱颜镜里凋，白发愁边绕。一霎光阴，底是催人老。"第12卷第3号（1931）续刊丰子恺"警世漫画"，本期刊登4幅：《从前涂雪花膏的地方》《现世的家庭》《最后的一面》《我们最后的需物》。[13]《海潮音》编辑在每画的下方均配有文字，《从前涂雪花膏的地方》有遣叟的诗句："昔年有余资，犹得傅膏泽。今也杼轴空，仅存枯白骨。"《现世的家庭》有无阁居士的诗句："网纪皆沦坠，资粮苦取求。舟流不知届，何计可绸缪。"《最后的一面》有无阁居士的诗句："流浪走四方，亲在不欲见。争如画中人，犹得视含殓。"《我们最后的需物》有无阁居士的诗句："就木必有期，不定修与短。劝君早回头，结几渡彼岸。"第12卷第4号（1931）刊出吕碧城、圣因编译《世界动物节》一文，文中附丰子恺《护生画集》中的护生画《醉人与醉蟹》《开棺》《母之羽》《"吾儿！？"》《幸福的同情》《修

丰子恺"警世漫画"一例

罗》《今日与明朝》《遇赦》《冬日的同乐》《示众》《诀别》《尸林》和《松间的音乐队》13幅。第12卷第6号（1931）续刊丰子恺"警世漫画"，刊登4幅：《抱子虾》《风烛》《明月明年何处看》《团圞》。《海潮音》编辑在每画的下方均配有文字。《抱子虾》有无阁的诗句："彼子同尔子，尔抱他亦抱。能知彼此同，何忍供一饱。"《风烛》有无阁的诗句："认土真如墨，三灾复有风。羡君行待尽，净域乐无穷。"《明月

明年何处看》有无阁的诗句：
"匆匆露电中，几得良宵咏。
要知无量光，远胜嫦娥镜。"
《团圆》有无阁的诗句："大家
团圆头，有情本同体。安知无
生话，不在啐啄里。"第12卷
第7号（1931）续刊丰子恺
"警世漫画"，刊登4幅：《明年
此会知谁简》《今日残花昨日
开》《生存竞争的决胜点》《夕
阳无限好》。《海潮音》编辑在
每画的下方均配有文字。《明
年此会知谁简》的诗句是："蜉
蝣天地间，彭殇本一视。苟求
真寿康，岂在人间世？"《今日

丰子恺"警世漫画"一例

残花昨日开》的诗句是："诸相本无常，昙花时一现。了知悉是空，何处
觅欣厌？"《生存竞争的决胜点》的诗句是："何以必竞争，日以求生存。
学说毒天下，嗟哉达尔文。"《夕阳无限好》的诗句是："生灭刹那间，一
息无停住。尼山不云乎，朝闻可夕死。"第12卷第10号（1931）刊出总
题为"子恺漫画"的作品4幅：《六朝旧时明月》《昔我往矣，杨柳依依》
《客养千金躯》《接吻》。其性质当与"警世漫画"一致。《海潮音》编辑
在每画的下方均配有文字。《六朝旧时明月》配的是遣叟的诗句："忆昔
南朝寺，冰轮皎素秋。祇怜小儿女，认影尽迷头。"《昔我往矣，杨柳依
依》配的是遣叟的诗句："时劫无修短，人心有灭生。炎凉惊倏忽，行旅
若为情。"《客养千金躯》配的是遣叟的诗句："一沾香积饭，可至得忍
消。嗟彼肉食者，祇能雍芭蕉。"《接吻》配的是遣叟的诗句："本是初民
俗，沿为时世妆。如何墟墓里，犹演鬼荒唐。"第12卷第12号（1931）
刊出总题为"子恺漫画"的作品4幅：《新婚之夕》《待毙》《公众阅报
处》《将来的车夫》。其性质当与"警世漫画"一致。此4幅漫画编辑未
配文。

　　"警世漫画"实质上是让人明了世事无常，勉励人们珍惜生命，及

时多做善事且崇尚佛教理念。丰子恺作这类画，有时是根据日常生活所见来提炼画题；有时也从古诗词句中找画材。他还敦促友人和佛教界人士一起帮助寻觅这类古诗词句。比如圆觉在《丰子恺先生》一文中记述了他与亦幻、芝峰二法师去拜访丰子恺的情形，其中记曰："他有意把含有无常意义的古诗句翻译成画，所以他向我们说：'如有人见到古诗中无常的诗句，能随时把它录寄给我，那我是很感激的。'"[14]可见，丰子恺之所以创作并发表如此多的带有警世意义的画，也是他有意为之的。至于后来丰子恺没有将这些画结集出版，或许有其他原因，亦或许是在马一浮那里得到了启发。[15]

根据丰子恺《陋巷》一文，他三次造访马一浮起讫的时间是1918—1933年。但丰子恺自始至终没有说出这"陋巷"的具体巷名。在目前所能见到的马一浮史传文章和年表中，都说马一浮在杭州主要住过三条巷，即：宝极观巷、延定巷和马所巷。但具体何年何月住在哪条巷中则没有明确地说明。根据丰子恺《陋巷》一文，可知1918—1933年间，马一浮住的是同一条"陋巷"当中的宅屋，弘一法师1928年农历六月十九日致李圆净的一封信中说道："仁者往访湛翁（引者注：即马一浮），乞将画稿等带去，说明其格式。彼寓延定旧第六号门牌内。如唤人力车，乞云：城内弼教坊银锭巷。因延定二字，常人不知也。"[16]弘一法师在此处，连门牌也说清楚了，即"旧六号"。笔者目前存有一封马一浮的友人写给马一浮的信的复制件，其信封上写的是"延定巷四号"。可知，相对于弘一法师所谓的"旧六号"，其新的门牌应是"四号"。

丰子恺同样注意缘缘堂的环境布置。他喜欢花，便在天井南壁筑一半圆形式花坛。西南角里还有一个扇形花坛。这里分别种着主人喜爱的樱桃、蔷薇、凤仙、鸡冠、牵牛、杨柳和芭蕉等花木。天井的大门上由丰子恺自题写有"欣及旧栖"四字。当然，丰子恺绝对不会忘记挂上"缘缘堂"的大匾额。他觉得过去弘一法师书写的横额太小，须别请高手题写，他要找的人，就是马一浮。丰子恺于1933年1月第三次去拜访马一浮，从时间上看正是"缘缘堂"即将落成之际。按理，丰子恺这次拜访马一浮时应该会有提出题写堂名的可能。马一浮不仅题写了"缘缘堂"这三个大字。同时还题了一首偈："能缘所缘本一体，收入鸿蒙入双眦。画师观此悟无生，架屋安名聊寄耳……"丰子恺用一块数十年陈旧的银杏板，请雕工把字一一镌上，制成一匾。在堂成的那一天，他在这块匾上挂了彩球，将其高高地悬在厅堂的正中央。后来，丰子恺又请弘一法师把《大智度论·十喻赞》写成一堂大屏，装裱后挂在厅堂的两旁。匾额下面，是吴昌硕所绘的老梅中堂。中堂旁边，又是弘一法师书写的一副大对联："欲为诸法本，心如工画师。"（《华严经》句）整个缘缘堂内外，俨然成了一个清凉世界。

在缘缘堂生活期间，丰子恺在浙江省立第一师范学校时的老师姜丹书也来访问过他。姜丹书之子姜书凯整理的《丹枫红叶楼诗词集》[17]里收录了姜丹书写予丰子恺的诗7首。

1936年，姜丹书写有《至崇德县石门湾，访丰生子恺，就宿其书斋缘缘堂》和《子恺赠笆篮送别语儿溪头》。《至崇德县石门湾，访丰生子恺，就宿其书斋缘缘堂》写道：

> 缘缘堂里不烹腥，买得盘飧一放觥。
> 半世情怀撼小醉，丰干饶舌已三更。

《子恺赠笆篮送别语儿溪头》写道：

> 两岸青桑映碧流，故人送我上归舟。
> 同舱野叟欣然问，为底携篮忘钓钩？

第三节 文画双馨

丰子恺的散文分期与其漫画创作分期基本上是一致的。30年代，丰子恺的漫画创作进入了第三个阶段：描绘人间相。按他自己的说法：早在20年代明知社会的残酷、丑恶，但不愿描绘，意在儿童的世界里神游。可是"后来我的笔终于描写了。我想，佛菩萨的说法，有'显正'和'斥妄'两途。美谚曰，'漫画以笑语叱咤人间'，我何为专写光明的美景，而不写黑暗方面的丑态呢？……于是我就当面细看社会上的残忍相，悲惨相，丑恶相，而为它们写照"。[18]他抱有一个信念："艺术是生活的反映。我确信时代无论如何变化，这道理一定不易。"[19]对于丰子恺而言，随笔与漫画是他随时可以运用的艺术表达方式。他把它们视为一对孪生姊妹。所以，人们若将他的散文和漫画作品做一比对，往往就可以看到这样一个事实，即一篇散文就是一幅漫画的文字解说，一幅漫画也往往就是一篇散文的题材。

1931年1月，丰子恺的第一部散文集《缘缘堂随笔》由开明书店出版，此后，他又先后出版了《子恺小品集》《随笔二十篇》《车厢社会》《子恺随笔集》和《缘缘堂再笔》等集子。在缘缘堂时期，丰子恺写下了许多具有代表作意义的散文作品，如《肉腿》《荣辱》《两场闹》《杨柳》和《山中避雨》等即是。《肉腿》写于1934年，主要写大旱时节，运河上集结了众多的男女老幼。他们拼命地戽水抗旱，极其艰辛。作者将踏水车农民的肉腿与舞场、银幕上舞女们的肉腿做对照，寄慨叹于近来农人踏水每天到夜半方休，舞场上、银幕上的肉腿忙着活动的时候，正是运河上肉腿忙着活动的时候的现象。作品以鲜明的对比，反映自己对民众的同情，和对有闲阶级的讽喻。《荣辱》写于1935年，以漫画的笔调写自己开始被误认为长官而受尊敬，后被认出不是长官则又受到辱骂，画出那些欺软怕硬的大小官吏和爪牙的丑恶嘴脸。表面上写自己的遭遇，实际上隐伏着作者对丑恶世态的憎恶之情。《两场闹》写于1934年，以流氓地痞与下层民众的对比，揭露了社会中一部分人的残暴和花天酒地的生活。丰子恺还乐于歌颂平民百姓的智慧和勤劳勇敢的精神品质，讪笑有闲阶级的虚弱无能。这正是《半篇莫干山游记》（1935）、《手指》（1936）等作品里详尽描述的内容。他关心国家的命运，叹息时人对社会的麻木。在《吃瓜子》一文里，他列举了瓜子的种种吃法，从似

汪子美作《新八仙过海图》

乎漫不经心的闲谈中点出了文章的主旨："而能尽量享用瓜子的中国人，在消闲一道上，真是了不起的积极的实行家！试看糖食店、南货店里瓜子的畅销，试看茶楼、酒店、家庭中满地的瓜子壳，便可想见中国人在'格，呸''的，的'的声音中消磨去的时间，每年统计起来为数一定可惊。将来此道发展起来，恐怕是全中国也可消灭在'格，呸''的，的'的声音中呢。"

说到《半篇莫干山游记》《吃瓜子》，须介绍一番丰子恺与"论语派"的关系。林语堂提倡幽默，便有了《论语》杂志，一时国内幽默文人纷纷出马，形成了一个阵容可观的作家群体，于是渐有了"论语八仙"之说。为此，上海的《逸经》杂志第28期（1937年4月20日）上"瑶斋漫笔"中的《新旧八仙考》一文对此做了介绍：

林语堂氏提倡幽默，创办《论语》，风靡一时。世人以在《论语》上常发表文字之台柱人物，拟为八仙，林氏亦供认不讳。如《宇宙风》第一期，林跋姚颖文云："本日发稿，如众仙齐集将渡海，独何仙姑未到，不禁怅然。适邮来，稿翩然至。"吾人虽知有"新八仙"——或"活八仙"——之说，而究悉诸仙尊姓大名。至去年夏，林氏将赴美，其漫画杂志始有《八仙过海图》，即摩登新八仙也。所拟为吕洞宾——林语堂，张果老——周作人，蓝采和——俞平伯，铁拐李——老舍，曹国舅——大华烈士，汉钟离——丰子恺，韩湘子——郁达夫，何仙姑——姚颖。此新八仙题名录，亦近年来文坛佳话也。

此文还有插图一幅，曰《新八仙过海图》。描绘林语堂驾鹤作云游状，下面的大海上漂浮着一棵连根带秃枝的硕大树木，上面自左至右依次坐着七人，他们分别是：姚颖、简又文（即所谓"大华烈士"）、郁达夫、丰子恺、老舍、周作人、俞平伯。其装束均似传说中的八仙，一派"新八仙"的气度。

所谓"论语八仙"当然是戏语，但此八位作家倒确是《论语》杂志的主要撰稿者。丰子恺亦然，他的许多有影响力的随笔均发表在该刊上，计有《读画史》《吃瓜子》《看灯——船室随笔之一》《作客者言》《热天写稿》《比较》《钱江看潮记》《俭德学校》《半篇莫干山游记》《画鬼》《家》《宜山遇炸记》《我的烧香癖》《宴会之苦》和《拔牙记》等十多篇。从这份篇目清单中也可看出，此等文章大多为幽默小品，诸如《吃瓜子》《作客者言》《我的烧香癖》《宴会之苦》和《拔牙记》等皆为幽默随笔中的精品传世之作。

按照林语堂的设想，正如他在文章中介绍创办《论语》《人间世》《宇宙风》等杂志的初衷时说"专为登载小品文而设"，提倡"本无范围，特以自我为中心，以闲适为格调""包括一切，宇宙之大，苍蝇之微，皆可取材。"[20]然而，从《论语》杂志实际刊文的状况来看，林语堂为该刊所设定的"宗旨"并未能彻底实现。关于这个问题，已经有学者撰文专论，有代表性的是徐型教授《貌合神离：丰子恺与"论语派"》一文。文章认为："我们可以用四个字来概括丰子恺同'论语派'的关系：貌合神离。从行文作风、作品题材来看，他同'论语派'确实有许多类似之处，然而仔细分析这些作品表现出来的人生理想、艺术趣味，尤其是与现实的关系，就会发现丰子恺实际上不是'论语派'中人物，他同'论语派'是大异其趣的。"[21]丰子恺与"论语派"在文学观、艺术趣味等方面究竟有何样的关系，其异同如何，这些都是学术方面的问题。而就丰子恺与林语堂个人之间的关系，倒是还有其他的话题值得一述。

丰子恺与《论语》等杂志有较为密切的关系，自然是因为林语堂对他的热情。比如，丰子恺在《谈自己的画》一文中透露："去秋"应林语堂之邀，要求他写一篇谈漫画的文字。丰子恺虽然答应，但"我对于'漫画'这个名词的定义，实在没有弄清楚"，故一时未写。"最近语堂先生又来信，要我履行前约，说不妨谈我自己的画"，这才"带着眼病写这篇稿子"。[22]从丰子恺这些话的语气中可以看出，林语堂对丰氏的邀稿还是比较在意的。再比如，《人间世》或《宇宙风》每有丰子恺漫画或随笔的发表，在其"编辑后记"中总有预告、推荐，或评语。《宇宙风》创刊号的"编辑后记"就写道："承丰子恺先生许为本刊逐期作'人生漫画'，正合本刊畅谈人生之旨。"第8期"编辑后记"中又对丰子恺等表示特别感谢；1935年《人间世》第20期又刊出丰子恺大幅照片。1936年第29期上又登丰子恺全身像。

当然，丰子恺与林语堂也是有过合作关系的。开明书店曾出版过为数众多的优秀图书，其中"开明活页文选"一炮打响后，由刘薰宇等编纂的《开明算学教本》和由丰子恺插图、林语堂编纂的《开明英文读本》大受读者欢迎，几乎成了社会上最为畅销的图书。《开明英文读本》共三册，开明书店1928年初版。这套书在当时风靡各校且一度被开明书店视为"吃饭书"。检视丰子恺为林语堂所编读本而作的漫画，风格质朴，显然有意为青少年学子而作，当是《开明英文读本》受欢迎的重要原因之一。

谈到"论语八仙"，笔者又想到一幅鲁少飞名下的《文艺茶话图》。[23]这幅图上几乎描出了20世纪二三十年代活跃在中国文坛上的作家，而唯独没把"白马湖作家群"的作家列入其中（外围人物郑振铎除外）。这其实很能说明一点问题。像夏丏尊、朱自清、丰子恺、叶圣陶等"白马湖作家"在当时已经很有影响，其文学成就甚至超过"文艺茶话图"中的一些人物。为什么没有被描入图中呢？这也与"白马湖作家"的特点和文化站位有关系。"白马湖作家"不事张扬，不热衷于争论，态度温和，追求实际的文化及教育工作。这种君子风范使他们在形式上游离于"热闹"的人群之外。作者没有将他们描入图中，其实恰恰说明了"白马湖作家"具有特殊的人文意义和时代价值。

鲁少飞名下的《文艺茶话图》

丰子恺这时期的散文创作与他不断成熟的文艺思想有密切的关系。他在1936年写的《版画与儿童画》一文里明确指出："文艺之事，无论绘画，无论文学，无论音乐，都要与生活相关联，都要是生活的反映，都要具有艺术形式，表现技巧，与最重要的思想感情。"[24]这种文艺观对他的创作无疑具有指导意义。也就是说，丰子恺对自己的作品，希望是艺术形式、表现技巧与思想感情俱全。事实也是如此。他于1935年写了《杨柳》，自称与杨柳有缘。他说杨柳的美与别的花木不同，杨柳美在其下垂。花木大多是向上发展的，枝叶花果蒸蒸日上，似乎忘记了下面的根，但杨柳"它不是不会向上生长。它长得很快，而且很高；但杨柳是越长得高，越垂得低。千万条陌上柳丝，条条不忘记根本，常常俯首顾着下面，时时借了春风之力，向处在泥土中的根本拜舞，或者和它亲吻。好像一群活泼的孩子环绕着他们的慈母而游戏，但时时依到慈母的身边去，或者扑进慈母的怀里去，使人看了觉得可爱"。[25]

其实在赞美杨柳这一点上，前人的诗文里多有所见。杜甫将它视为报春的信使，曾有"漏泄春光有柳条"的诗句；贺知章更有"碧玉妆成一树高，万条垂下绿丝绦。不知细叶谁裁出，二月春风似剪刀"的颂歌。然而相比之下，丰子恺的《杨柳》却为读者揭示了杨柳的高贵品质。他在作品中并不是简单地评价杨柳的季节意义或外貌，而是有含蓄的。他以杨柳高而能下，高而不忘本同"高即忘本"的其他花木做对比，来抒写自己对杨柳的喜爱。这与其说是在赞美杨柳，还不如说是在赞美人，赞美勤劳而朴实的民众。他们热情、无私，具有优良的品德。同时，作者又对那种"高而不能下""高即忘记根本"的令人憎恶的世态做了巧妙的讽喻。诚如他在文中所说："当春发芽的树木不知凡几，何以来让柳条作春的主人呢？只为别的树木都凭仗了东君的势力拼命向上，一味好高，忘记了自己的根本，其贪婪之相不合于春的精神。"

赵景深曾在《丰子恺和他的小品文》中如此评价："他只是平易的写去，自然就有一种美，文字的干净流利和漂亮，怕只有朱自清可以和他媲美。"[26]丰子恺有能与朱自清相媲美的文字，同样具有能与朱自清相媲美的深沉与立意。《我的母亲》是一个很好的例子。丰子恺从母亲的座位、坐姿这一特定的角度、姿态，描写了他那承担了严父慈母双重任务的母亲形象：故乡老屋西北角里的八仙椅子，是母亲的老位子，从丰子恺小时候直到她逝世前数月，母亲空下来总是坐在这把椅子上。小时候从学堂回来，丰子恺照例走向坐在西北角里的椅子上的母亲身边，向她讨点东西吃吃。父亲早逝后，母亲更是常常坐在这里，工人们常来坐在外面的椅子上，同母亲交涉或应酬。丰子恺从学堂里放假回家，又照例走向西北角的椅子边，同母亲讨个铜板。以后每次从远地归来，每一进门，母亲仍是坐在这椅子上。她总是口角上表现出慈爱的笑容……眼睛里发出严肃的光辉。27

从形式上看，此文很像冰心女士的名篇《笑》，但从感情上体会，则显然与朱自清的《背影》相类似。丰子恺通过特定角度的构思描绘，把母亲写得有血有肉，一个淳厚、温和而又不失严肃的母亲形象深深地印刻在读者的脑海里，是一篇很有特色、朴实感人的佳作。类似这样的作品，作者的安排是放在画面的描述之中，显得平易、自然、协调，没有一点斧凿之痕。这里面有着曲曲折折，由幽入明的艺术构思的匠心。

丰子恺此时期的漫画创作也收获颇丰，而且随着他的漫画深入人心，读者与他的互动也越来越多。

有几件事值得特别介绍。丰子恺善于描绘儿童，他的读者们都知道。1934年7月11日，一位读者给他写了一封信。信是这样写的：

子恺先生：近来在《自由谈》上，几乎每天能见到你的插画。你的画好极了。倘要问我怎样好法，却又说不出来。总之，很是耐人寻味的。

前数天偶然看见几个穷小孩在玩。他们的玩法，我意颇能作你画稿的材料，而且很合你向来的作风。现在特地贡献给你，已备采纳。此祝康健。

一个敬佩你的读者上

七月十一日

信后附注曰："小孩的玩法——先把一条长凳放置地上。再拿一条长凳横跨在上面。这样二个小孩坐在上面一张长凳的两端，仿跷跷板的玩法，一高一低的玩着。"此外，还画了一张草图。丰子恺收到信后，果真画了一幅画，发表在1934年7月23日的《申报·自由谈》上。富有爱心的丰子恺特意请编辑在画旁注上了这样一段文字："（附注）世间倘有

丰子恺为《穷小孩的跷跷板》一文所配的插图

看了我的仿画而教孩子们做这游戏的人，务请关照孩子们，'当心轧手指'！那板凳的交叉点的地方，很危险，手不可伸过去。细嫩的手指被轧了一下，不是要处。"对读者，对孩子，丰子恺可谓做到了仁至义尽。正像这个故事一样，丰子恺的"关心与悬念"其实又给予了"普天下的孩子们"。[28]他也画过许多苦孩子的漫画，像《贫民窟之冬》《高柜台》《二重饥荒》《最后的吻》等都是这一类作品。这些作品的诞生，也标志着丰子恺的漫画已逐步涉及社会相了。

看到社会的罪恶，丰子恺有时也顾不得艺术家的含蓄。1935年，丰子恺出版了漫画集《人间相》。他在序言中又说："吾画既非装饰，又非赞美，更不可娱乐；而皆人间不调和相，不喜欢相，与不可爱相，独何欤？东坡云：恶岁诗人无好语。若诗画通似，则窃比吾画于诗可也。"[29]

像《最后的吻》，丰子恺画一个年轻的母亲由于无力喂养自己的亲生子，而不得不把孩子送到育婴堂去，而接婴处的墙角下却有母狗在哺育两只小狗。丰子恺以艺术家的对比手法，痛斥了穷人不如狗的这种惨绝人寰的社会现象。此画发表后，1934年的一天，丰子恺收到一位女读者的来信，说是看了这幅画后非常感动，掩卷而泣，泪如雨下，还要他赔偿眼泪。[30]

也有这样一件后来被传为"丰子恺画画不要脸"的逸事：有一天，丰子恺正在家里读报，忽然，他在报纸上看到这样一个醒目的标题："丰子恺画画不要脸"。这标题让丰子恺大吃一惊。他想：自己素来与别人无冤无仇，何以有人对己如此中伤？他一时怒不可遏。然而当他细读全文，颇感意外，原来这篇文章是在分析他的漫画特点。作者认为：丰子恺作画，人物没有眼睛、鼻子，但仍然惟妙惟肖，很有意味。丰子恺很欣赏这篇文章，认为不仅标题好，同时也为他的漫画能为广大读者乐于接受而倍受鼓舞。

《瓜车翻覆》：此画丰子恺取古诗之境另辟蹊径。汉乐府《孤儿行》写道："孤儿生，孤子遇生，命当独苦……父母已去，兄嫂令我行贾。南到九江，东到齐与鲁……春气动，草萌芽。三月蚕桑，六月收瓜。将是瓜车，来到还家。瓜车反覆，助我者少，啖瓜者多。愿还我蒂，兄与嫂严，独且急归，当兴校计……"丰子恺取此文意，但画了一位老汉的瓜车翻覆后众人拾瓜而去的炎凉世态。丰子恺对此情景印象颇深。在他的漫画作品中，此题材的画曾画过多幅。

《云霓》：读此画，至少有两点需要提示。首先，此画直接反映的是农民踏水抗旱的精神。丰子恺曾以此画题作为自己漫画集的书名，并将此画放置卷首。他解释说："因为我觉得现代的民间，始终充塞着大热似的苦闷和大旱似的恐慌，而且也有几朵'云霓'始终挂在我们眼前，时时用美好的形状来安慰我们，勉励我们，维持我们的生活前途的一线希望……"[31]此外，读此画，可以令人联想到丰子恺的散文《肉腿》。

《病车》：丰子恺在解释此画时特别告诉读者："倘以为这幅画是专为这状态的稀奇而描写的，那么这便等于小学生的图画成绩，不配在此列举。所以列举此者，因为这现象可以象征人事，可以引起读者的遐想。"既然可以让读者遐想，此画必有独特之处。丰子恺自己的联想是："它原来不止一日千里，人们看见它都要避让的。如今因为失势，一步也不动，反靠人们去推动它。"[32]

丰子恺直面社会的勇气是十分可贵的。当时中国的许多画家，他们一味埋头在古代山水、飞禽走兽、草木鱼虫的描绘上。丰子恺则不然，他在《谈中国画》一文里向这类画家发出了疑问："为什么现代的中国画专写古代社会的现象，而不写现代社会的现象呢？""为什么没有描写现代生活的中国画出现呢？为什么二十世纪的中国画家，只管描写十五世纪以前的现象呢？"[33]为此他大声疾呼：不要一味躲在深山里赞美自然，要到红尘间来高歌人生的悲欢，使艺术与人生的关系更为密切。他自己说："我不会又不喜欢作纯粹的风景画；我希望画中含有意义——人生情味或社会问题。"[34]他不喜欢所谓"风雅"的题材，他仍然描写着社会相。其实，他画社会上的黑暗面，正是为了消灭这种罪恶的现象，使人人都能过上幸福的生活。为此，他曾请人刻了一枚图章，叫作"速朽之作"。他说："凡是描写伤心惨目的景象画，都盖上这图章，意思是希望这些画'速朽'即这些景象快快消灭。"[35]丰子恺描写社会相的漫画，正是他对黑暗社会的憎恶和对民众的同情的表现，可谓："有时不暇歌和泣，且用寥寥数笔传。"[36]

　　以往，人们见到的丰子恺漫画作品大多是单幅的，就在这个时期，丰子恺的笔下出现了组画形式的漫画作品。1935年，他替《宇宙风》半月刊画了许多组画。虽然丰子恺在此后很少画这种形式的漫画，但"物稀为贵"，这类画越少，那么在今天看来就越显得珍贵，况且从艺术上讲，他的组画成就极高。[37]

　　无论是散文，还是漫画，丰子恺的创作都与他的艺术思想相关联。丰子恺有自己的艺术主张。他最欣赏的两个古代诗人是陶渊明和白居易。这两人都以作品思想感情的率真和语言的朴素而著称。丰子恺推崇陶渊明、白居易，自然就要受他们二人的影响。丰子恺一向反对"做"文章，反对写诗用艰深晦涩的词语，使别人看不懂，或看起来费力。他在《艺术漫谈》[38]中曾形象地将艺术比作"米""麦"，认为艺术应当大众化，为大众所欣赏，如同家家户户每天能吃到的米、麦一样普及，不应当是那种只供少数人享用的山珍海味。纵观丰子恺的一生，其艺术思想尽管比较复杂，但我们只要结合他具体的创作实践进行考察，则不难发现，对大众化和现实化的追求始终是最重要的两点。丰子恺在这两方面的论述实在非常之多。比如他说："在杂志上发表大众美术的画，其实只给少数的知识阶级的人看，大众是看不到的，大众看到的画，只有街头的广告画和新年里的'花纸'（即年画——引者注）。可惜这种花纸画，形式内容都贫乏。这应该改良。提倡大众美术，应该走出杂志，到花纸上来提倡。"[39]他又说："美术是为人生的。人生走到哪里，美术跟到哪里。"[40]"文艺之事，无论绘画，无论文学，无论音乐，都要与生活相关联，都是生活的反映，都要具有艺术的形式，表现的技巧，与最重要的思想感情。艺术缺乏了这一点，就都变成机械的，无聊的雕虫小技。"[41]但平易、大众化并不影响作品内容的深度，用他自己的话说就是曲高和众（前文已论及，不赘述）。这也可以说是丰子恺对现代绘画艺术总体上的要求。

　　丰子恺以直面现实的创作态度，以自己的漫画来歌颂美好，揭露黑暗，这引起了评论界的好评。周启《丰子恺论》[42]一文就给予过很高的评价。然而，尽管如此，却也仍然遭到一些人盲目的攻击。例如猛克《子恺先生的画》一文居然说"看了去年九月二十四日申报自由谈上周启先生的《丰子恺论》于我极有意思……""子恺先生是闲雅地卧在陶渊明先生的东篱下打瞌睡"。作者显然是没有读懂丰子恺的画，抑或是其自身思想观念的偏激。他又写道：

　　常识告诉我们，真的艺术是反映时代，代表时代的，成为现在的真的艺术品，就必然是能够代表现在的多数大众的东西，子恺先生是画着他们了，但是，子恺先生在外表描歪了他们的嘴脸，在内心换上了自己的"意特沃罗基"；凡所表现的悲欢哀乐，都是自己这一面的悲欢哀乐。子恺先生拿他们做了装饰门面的材料，子恺先生是强奸他们。看吧，子恺先生近来又在"太白"上发表了不少的杰作，那里边有不少的工人农人，但是，那些人物不是现在的真的大众，是子恺先生心造的形象，假扮的丑角。随手举三个例在这里——（"米和豆""我们所造的""冬夜工毕"）。那位卖"米和豆"的贩子却懒懒地坐在杨柳树下，悠然自得，要不是旁边摆着一担"米和豆"，我几乎要疑心他是一位哥儿或才子。

　　"我们所造的"……将他们那种给阔人去享受的创作，和自己大抵睡在马路上的悲惨情景对照起来，是多么可感激的画面呢？然而子恺先生所表现的这个对照，却是两位谈闲天的雅士，袖手坐着，在欣赏一座堂皇的宫殿了。

　　"冬夜工毕"。现在的中国农村，是天灾人祸，遍地哀鸣的时候，伟大的，划时代的大悲剧，真是随处可拾，取之不尽。但子恺先生却不肯去采取的，这里画了的是两个坐在电灯光下，愉快地濯脚的农民——这是伪造。[43]

　　如此无稽之谈，在今天看来是完全用不着再去一驳的。仅以《最后的吻》获得读者的心来反观猛克的言论，便可知其肤浅和无聊。猛克写道："听说子恺先生曾经赞美过乞丐们的穿破衣，这是将别人的痛苦拿来给自己当作艺术品而欣赏，真也够残忍的吧。现在是更进一步，给他们的痛苦包上一件美丽的外衣，想要欺骗得连他们自己也看不出自己了。这简直是阴毒。晓得了这个奥妙，再回头去看子恺先生的'护生画集'

是颇有益处的。""这种与大众隔杂的天远的帮闲的东西，周先生竟像煞有介事地捧为'大众的画儿'，并且断定是什么'老的小的，男的女的，蠢的俏的都能够看得懂的大众的精神粮秣'，真不知从何说起，不但使我觉得滑稽，就是子恺先生自己恐怕也要笑周先生'是不懂他的画'了。"44看来真正看不懂的恰是猛克自己。

丰子恺在缘缘堂生活期间，可以说是他创作的丰收期。他利用堂内一两万册各类藏书，在这安谧宁静的环境中勤奋著述，其间出版的漫画集、随笔集、文艺论著画集有：《云霓》《人间相》《都会之音》。随笔集有：《子恺小品集》《随笔二十篇》《车厢社会》《子恺随笔集》《丰子恺创作选》《缘缘堂再笔》《少年美术故事》。音乐普及读物：《世界大音乐家与名曲》《洋琴弹奏法》《怀娥铃演奏法》《西洋音乐楔子》《开明音乐讲义》；艺术论著：《西洋名画巡礼》《绘画与文字》《近代艺术纲要》《艺术趣味》《开明图画讲义》《艺术丛话》《绘画浅说》《西洋建筑讲话》《艺术漫谈》，等。此外，他在此期间还出版译著《初恋》(屠格涅夫)、《艺术教育》(阿部重孝)、《自杀俱乐部》(史蒂文森) 和《音乐概论》(门马直卫)。从这份书单中，人们不能不钦佩丰子恺的博学、勤奋。他本人也为这多产的创作期感到惊讶：

> 我近年来应各杂志征稿，写的大部分是关于美术音乐的短文、长文，及译文。每期我从杂志上撕下发表稿来，塞在一个竹篮里，向来没有工夫去回顾。最近偷闲打开竹篮看看旧稿，发见很厚一叠！惊讶之余，继以感慨。这些密密地排印着的铅字，一个个都是从我的右腕上一笔一笔地写出来的！45

丰子恺在乡间或湖山中过着田园式的生活。表面上看，他倒是真的在"闲居"了，实际上，他既创作了大量作品，也参与了许多重大的社会活动。

每当社会上，尤其是文化界，一旦有大事件发生，丰子恺是不会因为蛰居乡间而有所忽视的。

1933年1月，艺风社在上海正式成立，由孙福熙、徐悲鸿、汪亚尘等发起，孙福熙任会长，丰子恺是其中主要成员。46

1935年，陈望道等200人及15个文化机关共同发表《推行手头字缘起》，丰子恺即是发起人之一。他还写了《我与手头字》，表示支持陈望道的主张，并结合他自己的漫画，指出："美术是为人生的。人生走到哪里，美术跟到哪里，我们的人生走到手头字上了，美术也非跟上来不可。那么手头字的美术不仅是我个人的所感，也应是大众的要求。"他认为，简体字的形式也是美的，"美不一定要工致富丽，简单的尽可以美"。[47]

　　1936年6月，丰子恺签名于"中国文艺家协会宣言"。主张"文艺上主张不同的作家们，可以是一条战线上的战友"。参加者还有王统照、艾思奇、朱自清、茅盾、郭沫若、郁达夫、洪深、郑伯奇、郑振铎、赵景深、叶圣陶、谢冰心、欧阳予倩等众多文化界人物。到了这一年的10月，代表新旧各种派别的作家王统照、巴金、包天笑、沈起予、林语堂、洪深、周瘦鹃、茅盾、陈望道、郭沫若、夏丏尊、张天翼、傅东华、叶圣陶、郑振铎、郑伯奇、赵家璧、黎烈文、鲁迅、谢冰心、丰子恺21人又联合发表了《文艺界同仁为团结御侮与言论自由宣言》。这份宣言可谓是当时的非常时期中各派作家的共同呼声："在文学上，我们不强求其相同，但在抗日救国上，我们应团结一致以求行动之更有力。""我们要求政府当局即刻开放人民的言论自由，凡足以阻碍人民言论自由之法规，如报纸检查刊物禁扣等，应立即概予废止。"

　　此外，1935年10月10日出版的《独立漫画》第2期刊出"中国文学珍本丛书"广告，主编为施蛰存，编辑委员有丰子恺等21人。1936年7月5日《上海漫画》第3期刊出"全国漫画展览会征求作品"的广告，丰子恺为筹备人员之一。1936年参与创办上海艺术教育书店。[48]

　　可见，丰子恺在"闲居"中依然关注着社会，他与社会、文化界是"貌离神合"。说他"闲居"不闲，实不为过。

　　丰子恺的生活方式有时也会招来一些非议。在缘缘堂建成之初，他有时也在上海小住，圆觉在《丰子恺先生》一文中记录了与亦幻、芝峰二法师一起去拜访他的情形。文章写道："他虽有漫长的须髯，但他今年才三十六岁——互相寒暄后，坐下，饮茶，谈话，不善于交际辞令的我，始终做着傀儡似的不曾多开口说话。他和芝峰、亦幻两上人断续地谈天，有时谈到佛学，有时谈到他的老师弘一法师，有时谈到他自己的事。谈到佛学，他说：'从来有很多的学问家，到了最后，都倾向佛学里来，足见佛学是不可思议的。'因他是过来人，所以说出这话来……他说他已茹素六年，并不感觉什么痛苦，至于他的夫人和他的四个子女都是长年除荤，尤其他的令妹，不但茹素而且持午，可谓是全家佛化了。他还说：'我虽长年茹素，但是每天因忙于看书写稿，没有空暇来修持，心里很一觉惭愧，将来我总想勉力做到修持的这层。'他说这话的时候，他表现着赧颜和极其诚恳的态度……"[49] 也许正因为类似的文字，社会上一度盛传所谓"丰子恺佛化"的言论。只有真正了解丰子恺的朋友，才会有较为公正的看法。

第四节　西湖别寓

丰子恺并不总是静居在缘缘堂里。每逢春秋时节，他都要去杭州小住。他到杭州，一来是变换一下环境，好去领略西湖的美景，二来也是为了几个孩子在杭州求学。1934年，丰子恺就在杭州觅得寓所，先住皇亲巷，后又迁至马市街，最后又居田家园。为此，友人们戏称丰子恺在杭州的寓所为"行宫"。

丰子恺的两个女儿陈宝（左）、林先（右）在杭州田家园租屋内留影

他在杭州设立"行宫"，这当然是要花去许多钱财的。"行宫"中的帮工就对丰子恺说：你不在杭州设法赚点钱，偏做起这寓公，也真划不来。但丰子恺认为钱是身外之物，够花则可。他说："古人有言：'不为无益之事，何以遣有涯之生？'我相信这句话，而且想借庄子的论调来加个

注释：益就是利。'吾生也有涯，而利也无涯，以有涯遂无涯，殆已！已而为利者，殆而已矣！'"[50]丰子恺的意思是，要度有限的生命，须为无利之事。杭州这地方所以能给他优美的印象，要诱他前来，就因为它对他没有利害关系。他要见的西湖都是艺术的，所以并不想赚钱。这就像喝好茶，只想到它清香可口，而并不多想它对人体有多少益处一样。

西湖的"行宫"生活，给予丰子恺极大的艺术灵感，他的许多最优秀的随笔就是在这里写成的。《山中避雨》写于1935年。这篇作品的魅力，一如他的抒情漫画，初读十分清浅——像清茶，然细细玩味，竟余味无穷——如米酒：

前天同了两女孩到西湖山中游玩，天忽下雨。我们仓皇奔走，看见前方有一小庙，庙门口有三家村，其中一家是开小茶店而带卖香烟的。我们趋之如归。茶店虽小，茶也要一角钱一壶。但在这时候，即使两角钱一壶，我们也不嫌贵了。

茶越冲越淡，雨越下越大。最初因游山遇雨，觉得扫兴；这时候山中阻雨的一种寂寥而深沉的趣味牵引了我的感兴，反觉得比晴天游山趣味更好。所谓"山色空蒙雨亦奇"，我于此体会了这种境界的好处。然而两个女孩子不解这种趣味，她们坐在这小茶店里躲雨，只是怨天尤人，苦闷万状。我无法把我所体验的境界为她们说明，也不愿使她们"大人化"而体验我所感的趣味。

茶博士坐在门口拉胡琴。除雨声外，这是我们当时所闻的唯一的声音。拉的是《梅花三弄》，虽然声音摸得不大正确，拍子还拉得不错。这好像是因为顾客稀少，他坐在门口拉这曲胡琴来代替收音机作广告的。可惜他拉了一会就罢，使我们所闻的只是嘈杂而冗长的雨声。为了安慰两个女孩子，我就去向茶博士借胡琴。"你的胡琴借我弄弄好不好？"他很客气地把胡琴递给我。

我借了胡琴回茶店，两个女孩很喜欢。"你会拉的？你会拉的？"我就拉给她们看。手法虽生，音阶还摸得准。因为我小时候曾经请我家邻近的柴主人阿庆教过《梅花三弄》，又请对面弄内一个裁缝司务大汉教过胡琴上的工尺。阿庆的教法很特别，他只是拉《梅花三弄》给你听，却不教你工尺的曲谱。他拉得很熟，但他不知工尺。我对他的拉奏望洋兴叹,始终学他不来。后来知道大汉识字,就请教他。他把小工调、正工调的音阶位置写了一张纸给我,我的胡琴拉奏由此入门。现在所以能够摸出正确的音阶者,一半由于以前略有摸violin的经验,一半仍是根基于大汉的教授的。在山中小茶店里的雨窗下,我用胡琴从容地(因为快了要拉错)拉了种种西洋小曲。两女孩和着了歌唱,好像是西湖上卖唱的,引得三家村里的人都来看。一个女孩唱着《渔光曲》,要我用胡琴和她。我和着她拉,三家村里的青年们也齐唱起来,一时把这苦雨荒山闹得十分温暖。我曾经吃过七八年音乐教师饭,曾经用piano伴奏过混声四部合唱,曾经弹过Beethoven的sonata。但是有生以来,没有尝过今天般的音乐的趣味。

两部空黄包车拉过,被我们雇定了。我付了茶钱,还了胡琴,辞别三家村的青年们,坐上车子。油布遮盖我面前,看不见雨景。我回味刚才的经验,觉得胡琴这种乐器很有意思。Piano笨重如棺材,violin要数十百元一具,制造虽精,世间有几人能够享用呢?胡琴只要两三角钱一把,虽然音域没有violin之广,也尽够演奏寻常小曲。虽然音色不比violin优美,装配得法,其发音也还可听。这种乐器在我国民间很流行,剃头店里有之,裁缝店里有之,江北船上有之,三家村里有之。倘能多造几个简易而高尚的胡琴曲,使像《渔光曲》一般流行于民间,其艺术陶冶的效果,恐比学校的音乐课广大得多呢?我离去三家村时,村里的青年们都送我上车,表示惜别。我也觉得有些儿依依。(曾经搪塞他们说:"下星期再来!"其实恐怕我此生不会再到这三家村里去吃茶且拉胡琴了。)若没有胡琴的因缘,三家村里的青年对于我这路人有何惜别之情,而我又有何依于这些萍水相逢的人呢?古语云:"乐以教和。"我做了七八年音乐教师没有实证过这句话,不料这天在这荒山中实证了。[51]

作品一开始就描绘了一幅烟雨朦胧的山村小景。为了避雨解闷,作者向茶博士借了一把胡琴,拉奏了各种西洋小曲。至此,苦雨荒山开始活跃起来,散文的意境也从古山水画般的意境进入现实民间的世俗人情。作者写到两女孩和着西洋小曲歌唱时,作品的调子开始温暖起来,仿佛把游山遇雨的寂寥心情远远地抛到了脑后,而当写到一个女孩唱着《渔光曲》,并引得三家村里的青年们一起合唱时,作品进入了高潮,作者本人也情不自禁大动感兴，他体会到了音乐的亲和力，更重要的是他体会到了民族音乐对中国普通百姓的陶冶效果。这种发自内心的感悟在任何民族或许都是相同的。日本学者谷崎润一郎在读了这篇散文后就有这样的表示，他说他"不禁想到从前盲乐师葛原氏乘船上京，在明石浦弹琴一夜，全浦的人皆大欢喜的故事来"。[52]音乐的这种亲和力确实在年轻人当中引起了共鸣。以至在他离开的时候，彼此竟在茫茫的雨中依依惜别。整篇作品仿佛就像一幅风格淡雅

丰子恺在杭州田家园租屋留影

的水墨写意画，将山色、茶肆、雨景、琴声、歌音、人情，统一融入了画幅之中，给人以鲜明的印象，且很有余韵。

丰子恺在外小住，似乎总要念到故乡的家的。所以，他这时期也就有了《故乡》《家》《梦痕》等许多怀乡忆旧的随笔，文字之醇厚，情感之凝重，总会给人以一种芬芳的泥土气息。每当夏、冬季，丰子恺喜欢在缘缘堂度过。那里有夏天的"帘卷日长人静"的清趣，也有冬天"昏昏灯火话平生"的围炉叙谈。

1937年春，丰子恺别居杭州田家园"行宫"。饭余茶后，他常信手以鲁迅小说《阿Q正传》为画材来作漫画，画好之后，悬于床头，以为友朋谈笑之助。丰子恺的学生张逸心当时也住杭州，见了这些漫画，十分喜欢，便准备出资自行印一册《漫画阿Q正传》。1937年的夏天，这些画被制成54块锌板，送交上海南市城隍庙附近某印刷厂印行。不料，"八一三"事起，南市成了一片火海，这些画作皆成灰烬。此后不久，丰子恺也被迫内迁，暂时无暇顾及。

丰子恺在杭州的"行宫"有三处，1934到1936年夏住在皇亲巷6号；1936年夏迁至马市街156号，两个月后又迁至田家园3号。[53]后抗战形势严峻，丰子恺关闭"行宫"回乡。

1937年4月，丰子恺赴南京参加美术研究会。原拟会后择日赴厦门专门探望弘一法师。后因故未能成行。

《佛教公论》1939年第9期，第32页至第34页有《锡兰通信及其他》，其中第34页有《杭州丰子恺居士与广洽法师信》[54]。此信《丰子恺文集》（文学卷三）中未收，为佚信。现录存如下：

> 快示奉悉。鄙人拟于阴历二月之内来厦门奉谒弘一法师暨尊座。因近正耳疾长期注射，出门不便。而四月间弘一法师须他往，唯三月间为最便也。承赐日本文佛书，收到谢谢。
>
> 丏尊先生来信，说弘一法师欲重写护生画集文字，甚深欣幸。其画亦拟修改重绘，倘能三月间面聆弘一法师指教，尤幸。余后述。
>
> 顺请
>
> 净安
>
> 丰子恺敬具　三月廿四日
>
> 行期决定后，当续奉告。勿劳到埠迎候，便请示从埠到尊处路径也。又具。

从此信的文字判断，丰子恺写此信时的"三月廿四日"当为公历，而信中所谓的"三月间"应系农历，即公历4月。至于写信的年份，根据《丰子恺文集》（文学卷三）丰子恺1937年4月8日致广洽法师函，可知为1937年。丰子恺在那封信中说道："航空示奉悉。仆于阳历四月下旬必可到厦门。日期未定……弘一法师能暂不离厦，至为欣幸。乞转叩如有需办事物，请快函示知，（若度其函十六日前不克送到杭州，则请夏先生转，因仆赴厦前一日必晤夏先生也。）可在申办就带奉。再者：此次到厦，专为谒访弘一法师及大德，对于世俗社会拟概不惊扰。"[55]然而，丰子恺终于未能成行。其原因，在丰子恺于1937年5月1日致广洽法师的信中已有说明："示奉到。尊处地带安全，至慰。前日在申候船时，悔不决意南行也。然当时报载闽方消息，鼠疫日甚一日，有非打消南行不可之势。当时曾逐日将报剪留，今便附奉请阅，看是否符实耳。今疫势想已消减，本可即日前来。但开明教本工急，暑假前均须改编送审，预算已无长期旅行之余暇，附呈丐先生函可证，是故南行之愿，只得期于秋间矣。以上情形，请为代陈于弘一法师，乞恕失约之罪。此次返杭，因事与愿违，心情十分恶劣。盖劳弘一法师按装等等，心至不安。"[56]丰子恺原计划秋季再完成南行，但抗战的情势已不允许他这一计划的实现。

第五节　辞缘缘堂

1937年卢沟桥事变后，日军大举侵略中国。8月13日，日军进攻上海，不久，杭州也遭空袭。石门湾位于京杭大运河的大转弯处，历来是军事上的要冲之地。丰子恺知道时局紧张，便离开了杭州的"行宫"，把其中书籍器具装船运回缘缘堂。在这些被运回的器具中，有在杭州用过的沙发，丰子恺在《辞缘缘堂》一文中介绍这沙发时特别加注了一句有意味的话："我不喜欢沙发，因为它不抵抗。"[57]

当时的局势已十分紧张。丰子恺在《辞缘缘堂》一文中详细描述了当时的情况。他先以深情的笔墨介绍了自己的住所："缘缘堂就建在这富有诗趣画意而得天独厚的环境中。运河大转弯的地方，分出一条支流来。距运河约二三百步，支流的岸旁，有一所染坊店，名曰丰同裕。店里面有一所老屋，名曰惇德堂。惇德堂里面便是缘缘堂。缘缘堂后面是市梢。市梢后面遍地桑麻，中间点缀着小桥、流水、大树、长亭，便是我的游钓之地了……"[58]然而，时局险恶，丰子恺在同一篇文章里为人们留下了血淋淋的文字：

阴历九月二十六日，是我四十岁的生辰。这时松江已经失守，嘉兴已经炸得不成样子。我家还是做寿……而宾朋的谈话异乎寻常；有一人是从上海南站搭火车逃回来的。他说：火车顶上坐满了人，还没有开。忽听得飞机声，火车突然飞奔。顶上的人纷纷坠下，有的坠在轨道旁，手脚被轮子碾断，惊呼号啕之声淹没了火车的开动声！又有一人怕乘火车，是由龙华走水道逃回来的。他说上海南市变成火海。无数难民无家可归，聚立在民国路法租界的紧闭的铁栅门边。日夜站着。落雨还是小事，没得吃真惨！法租界里的同胞拿面包隔着铁栅抛过去。无数饿人乱抢。有的面包落在地上的大小便中，他们管自挣得去吃！我们一个本家从嘉兴逃回来。他说有一次轰炸，他躲在东门的铁路桥下。看见一个妇人抱着一个婴孩，躲在墙脚边喂奶。忽然车站附近落下一个炸弹。弹片飞来，恰好把那妇人的头削去。在削去后的一瞬间中，这无头的妇人依旧抱着婴孩危坐着，并不倒下；婴孩也依旧吃奶……59

丰子恺在汉口的朋友写信来说：浙江非安全之地，劝他早日赴汉口。四川的朋友也有信曰：战事必致扩大，劝他入川。丰子恺当然也知道战局的发展，可他多少还对这故土的缘缘堂有难分难舍之情。两难之际，他想起了白居易的问友诗："种兰不种艾，兰生艾亦生。根茎相交长，茎叶相附荣。香茎与臭叶，日夜俱长大，锄艾恐伤兰，溉兰恐滋艾。兰亦未能溉，艾亦未能锄。沉吟意不决，问君合如何？"他说："铲除暴徒，以雪百年来浸润之耻，谁曰不愿？糜烂土地，荼毒生灵，去父母之邦，岂人之所乐哉？"因此，丰子恺在"沉吟意不决者累日"之后，终于在方寸中决定了"移兰之策"。60他决定举家内迁，这好比把兰好好地掘起，慎勿伤根折叶。然后郑重地移到名山胜境，去种在杜衡芳芷所生的地方。而在这里，此后必有大战，这又好似拿起锄头，狠狠地锄地，把那臭叶连根铲尽。或者不必用锄，但须放一把火，烧成一片焦土。将来再种兰时，灰肥倒有用处。

"移兰之策"虽然已定，可真要立即就走。又谈何容易。有人说"杭州每年香火无量，西湖底里全是香灰！这佛地是决不会遭殃的。只要杭州无事，我们这里就安"。61就在这时，从上海方面传来的消息一天比一天坏。日军的暴行激起了丰子恺的无限愤怒。11月6日上午，他开始画《漫画日本侵华史》，这是根据蒋坚忍著《日本帝国主义侵略中国史》而作的漫画集。按照丰子恺的设想，此画集将和《护生画集》一样，以一文一图形式成册，希望能让文盲也看得懂。也像《护生画集》一样贱卖，能使小学生都有购买力。但就在这一天中午，石门湾的上空竟出现了日军的飞机。先是侦察机，后来就是轰炸机。日军终于在和平的石门湾扔下了罪恶的炸弹。这天傍晚，丰子恺暂时转移到三四里之外的南深浜。这便是丰子恺辞别缘缘堂的前兆。

丰子恺的妹夫蒋茂春住在三四里外的一个村子里。他和弟弟蒋继春摇来一只船，邀请丰子恺一家到那里暂避。一路上，但见家家闭户，石门湾就像死城。此后，丰子恺曾与大女儿陈宝、店员章桂等回缘缘堂取书物。这成了他与缘缘堂的最后一面。

丰子恺在故乡收到的最后一封来信是马一浮寄来的。信中说他自己已从杭州迁往桐庐，住迎熏坊13号，又问了石门湾的近况，惦记着丰家的安全。此信另附一诗，题为《将避兵桐庐，留别杭州诸友》。诗是这样写的：

礼闻处灾变，大者亡邑国。奈何弃坟墓，在士亦可式。妖寇今见侵，天地为改色。遂令陶唐人，坐饱虎狼食。伊谁生厉阶，讵独异含识？竭彼衣养资，殉此机械力。铿鐭竟何神，蒙冒递相贼。生存岂无道，奚乃矜战克？嗟哉一切智，不救天下惑。飞鸢蔽空下，遇者亡其魄。全城为之摧，万物就磔轹。海陆尚有际，不仁于此极。余生恋松楸，未敢怨逼迫。蒸黎信何辜，胡为罹锋镝？吉凶同民患，安得殊欣戚？衡门不复完，书史随荡析。落落平生交，遁处各岩穴。我行自兹迈，回首增怆恻。临江多悲风，水石相荡激。逝从大泽钓，忍数犬戎阨？登高望九州，几地犹禹域？儒冠甘世弃，左衽伤耄及。甲兵其终偃，腥膻如可涤。遗诗谢故人，尚想三代直。[62]

诗中对日军的控诉之情炽烈，对友朋的分离之情依依，当是他在激情中所撰。丰子恺读完信和诗，觉得这里面有一种伟大的力量，把他的心渐渐地从故乡拉开了距离，这信和诗，带来了一种芬芳之气，散布在将死的石门湾上空，把硫黄气、炸药气、厉气、杀气都消解了。他说："数月来不得呼吸精神的空气而窒息待毙的我，至此方得抽一大口气。我决定向空气新鲜的地方走。"[63]可知，丰子恺所指的"空气新鲜的地方"就是马一浮所在的地方。

11月21日，丰子恺雇船离南深浜。同行者有：岳母，妻力民，姐丰满，子女陈宝、林先、宁馨、华瞻、元草、一吟，连丰氏共十人，表弟周丙潮夫妇及婴儿等三人、店员章桂亦随行。

注释：

1　有关丰子恺的母亲，钱青在《丰子恺的母亲》一文中回忆说："我幼时在丰子恺的大姐丰云创办的石湾振华女子小学校就读……终日能看到大师母。她姓钟名芸芳，个子不高，容貌端正，举止文雅，沉默寡言，慈爱中略带威严；小学生见了她，既敬爱又畏惧。"见《桐乡文艺》第25期（1985年9月）。

2　丰子恺于1930年11月25日日致函舒新城曰："惠示前由开明转来。属画十三幅，今挂号寄奉，乞收。弟因病后身体未健，一时不能到申。以后惠示，请寄'嘉兴杨柳湾金明寺弄四号'为荷。又此画十三幅之润资，亦拟请邮汇，未知可否……"载《中华书局收藏现代名人书信手迹》，中华书局1992年1月版，转引自张森生《丰子恺致舒新城、钱歌川信》，《桐乡名人》2010年第1期。

3　丰子恺：《告缘缘堂在天之灵》，载1938年5月1日《宇宙风》第67期。

4　丰子恺：《高阳台·渌江舟中作》，收《丰子恺文集》（文学卷三），浙江文艺出版社、浙江教育出版社1992年6月第1版，第741页。

5、6、7、8、9、10、11　丰子恺：《陋巷》，收《丰子恺文集》（文学卷一），浙江文艺出版社、浙江教育出版社1992年6月第1版，第202页。

12　《昔日的照相》亦在1931年《佛学半月刊》第8期上刊出；《人生的阶段》亦在1931年《佛学半月刊》第9期上刊出。

13　《现世的家庭》亦在1931年《佛学半月刊》第10期上刊出；《从前涂雪花膏的地方》亦在1931年《佛学半月刊》第11期上刊出。在1931年《佛学半月刊》第13期上还有丰子恺作《自塑像》一幅，从性质上看亦当属"警世漫画"，画的是一个人在塑雪人，太阳高照，暗示雪人不久即会融化。画下有署名"无阁"题句："经营殊费力，人巧夺天工。幻相总难久，须知转眼空。"

14、49　圆觉：《丰子恺先生》，载1933年6月19日《现代佛教》第6卷第2期。

15　《海潮音》杂志中还有许多丰子恺的插图、装帧设计、散文作品及有关丰子恺的消息。详见笔者《丰子恺研究史料拾遗补论》，团结出版社2009年8月第1版，第53-64页。

16　弘一法师致李圆净信，收《弘一大师全集八·杂著卷、书信卷》，福建人民出版社1992年9月第1版，第194页。

17　姜书凯整理：《丹枫红叶楼诗词集》，浙江文艺出版社2007年11月第1版。

18　丰子恺：《漫画创作二十年》，收《丰子恺文集》（艺术卷四），浙江文艺出版社、浙江教育出版社1992年6月第1版，第390页。另题名为《我的漫画》，收《缘缘堂随笔》，人民文学出版社1957年11月第1版，文字略有不同。

19　丰子恺：《艺术的展望》，收《丰子恺文集》（艺术卷四），浙江文艺出版社、浙江教育出版社1992年6月第1版，第342页。

20　见1934年4月《人间世》第1期。

21　徐型：《貌合神离：丰子恺与"论语派"》，载2005年丰子恺研究国际学术会议论文集《论丰子恺》一书，（香港）天马出版有限公司2005年12月第1版。

22　丰子恺：《谈自己的画》，收《丰子恺文集》（文学卷一），浙江文艺出版社、浙江教育出版社1992年6月第1版，第461页。

23　该图载1936年2月《六艺》杂志创刊号。图的真正作者有争议，见谢其章：《〈文艺茶话图〉之谜》，载谢其章著《漫画漫话》，新星出版社2006年12月第1版，第127页。画的作者对这幅画的注释是："大概不是南京的文艺俱乐部吧，墙上挂的世界作家肖像，不是罗曼·罗兰，而是文坛上时髦的高尔基同志、袁中郎先生。茶话席上，坐在主人地位的是著名的孟尝君邵洵美，左面似乎是茅盾，右面毫无疑问的是郁达夫。林语堂口衔雪茄烟，介在论语大将老舍与郁达夫之间。张资平似乎永远是三角恋爱小说家，你看他，左面是冰心女士，右面是白薇小姐。洪深教授一本正经，也许是在想电影剧本。傅东华昏昏欲睡，又好像在偷听什么。也许是的，你看，后面鲁迅不是和巴金正在谈论《文艺生活》出版计划吗？知堂老人道貌岸然，一旁坐着的郑振铎也似乎搭起架子，假充正经。沈从文回过头来，专等拍照。第三种人杜衡和张天翼、鲁彦成了酒友，大喝五茄皮。最右面，捧着茶杯的是施蛰存，隔座的背影大概是凌叔华女士。立着的是现代主义的徐霞村、穆时英、刘呐鸥三位大师。手不离书的叶灵凤似乎在挽留高明、满面怒气的高老师，也许是看见有鲁迅在座，要拂袖而去吧？最上面，推门进来的是田大哥，口里好像在说：对不起，有点不得已的原因，我来迟了！露着半面像是神秘的丁玲女士。其余的，还未到公开时期，恕我不说了。左面墙上的照片，是我们的先贤，计开：刘半农博士；徐志摩诗哲，蒋光慈同志，彭家煌先生。"

24、41　丰子恺：《版画与儿童画》，收《艺术漫谈》，人间书屋1936年10月第1版。

25　丰子恺：《杨柳》，收《丰子恺文集》（文学卷一），浙江文艺出版社、浙江教育出版社1992年6月第1版，第386页。

26　赵景深：《丰子恺和他的小品文》，载1935年6月20日《人间世》第30期。

27　参见丰子恺：《我的母亲》，收《丰子恺文集》（文学卷一），浙江文艺出版社、浙江教育出版社1992年6月第1版，第640页。

28　丰子恺：《儿女》，载《小说月报》第19卷第10期，1928年10月10日。

29　丰子恺：《〈人间相〉序》，开明书店1935年8月版。

30　参见丰一吟等：《丰子恺传》，浙江人民出版社1983年2月第1版，第73页。

31 丰子恺：《云霓》，载1935年5月3日《申报·自由谈》。

32 丰子恺：《漫画的描法》，开明书店1943年8月版。

33 丰子恺：《谈中国画》，收《艺术趣味》，开明书店1934年11月第1版。曾载1934年4月《人间世》第1期。

34 丰子恺：《作画好比写文章》，载1962年2月11日《文汇报》。

35 丰子恺：《新年大喜》，1958年除夕为中国新闻社作，转引自丰一吟等著《丰子恺传》，浙江人民出版社1983年2月版。

36 丰子恺：《〈丰子恺画集〉代自序》，收《丰子恺画集》，上海人民美术出版社1963年12月版。

37 1949年后，丰子恺在一家香港的报纸上发表连环漫画。香港明窗出版社于1979年10月出版过一册《丰子恺连环漫画集》，共收丰子恺连环漫画34套。此后虽然台湾的林海音女士在她办的纯文学出版社也于1989年4月出版过一册《丰子恺连环·儿童漫画集》，但集子中的连环漫画作品仍是香港版中的34套。至于中国内地，四川少年儿童出版社1988年1月出版的《丰子恺儿童漫画集》里也将这34套画附在画集的最后，但由于书名未标注出"连环漫画"，所以读者的印象仍不够深刻。鉴于此，笔者编辑出版了《丰子恺连环漫画》于1995年12月由宁夏人民出版社出版。这部《丰子恺连环漫画》选集分连环画、组画两辑编选。连环画部分在以往34套的基础上又增选了6套，共计40套；组画部分共选24套。组画与连环画应该是有区别的，但考虑到它和丰子恺的连环画一样，在形式上仍是4幅一组，虽无连贯的情节，却也统一在相同的主题之下，所以也一并收入。

38 丰子恺：《艺术漫谈》，人间书屋1936年10月版。

39 丰子恺：《劳者自歌》，1937年7月27日作，见《缘缘堂随笔集》，浙江文艺出版社1990年10月第1版。

40、47 丰子恺：《我与手头字》，载1935年3月20日《太白》第2卷第1期。

42 周启：《丰子恺论》，载1934年9月24日《申报·自由谈》。

43、44 猛克：《子恺先生的画》，载1935年5月15日《杂文》第1号。

45 丰子恺：《〈艺术丛话〉付印记》，收《丰子恺文集》（艺术卷三），浙江文艺出版社、浙江教育出版社1990年9月第1版，第1页。《艺术丛话》于1935年4月由良友图书印刷公司出版。

46 据王震编《二十世纪上海美术年表》，上海书画出版社2005年1月第1版，第334页1933年"1月1日"条目。

48 据王震编：《二十世纪上海美术年表》，上海书画出版社2005年1月第1版，第401页，1936年"2月13日"条目："艺术教育书店成立，由丰子恺、陈抱一、钱君匋、缪天瑞、沈秉筠、陈恭则、翁之琴、郑川谷、顾晓初等创办，出版《儿童画册》等幼儿读物等。店址在唐山路四一七弄三六号。（《申报》）"

50、57、58、59、60、61、62　　丰子恺：《辞缘缘堂——逃难五记之一》，载1940年1月《文学集林》第3辑。

51　丰子恺：《山中避雨》，载1935年《新中华》第3卷第10期，原题《民族乐器》。署名"子恺"。收入《缘缘堂再笔》（开明书店1937年1月版）时改名《山中避雨》。

52　见谷崎润一郎作，夏丏尊译：《读〈缘缘堂随笔〉》，收《丰子恺文集》（文学卷二），浙江文艺出版社、浙江教育出版社1992年6月第1版，第112页。

53　丰子恺在1936年7月21日致谢颂羔信中说："大约8月底到杭寓。杭寓已另迁，新址为'马市街156号'，交通较前便利。秋间来杭，尚请惠临。"收《丰子恺文集》（文学卷三），浙江文艺出版社、浙江教育出版社1992年6月第1版，第186页。

54　广洽法师生于1901年1月，福建南安人，1994年2月24日下午5时30分在新加坡圆寂。其父是清朝贡生，废科举后改儒为商。法师5岁那年，父亲去世，10岁时又丧母。1921年10月，法师拜厦门南普陀寺瑞等和尚为师，剃度出家。法师与弘一法师有着很深的佛缘。1937年，因卢沟桥事变，他移居新加坡，从此成了那里的侨民，曾任新加坡佛教总会主席。

55　丰子恺致广洽法师函收《丰子恺文集》（文学卷三），浙江文艺出版社、浙江教育出版社1992年6月第1版，第190页。

56　同上，第191页。

63　丰子恺：《桐庐负暄》，载1940年《文学集林》第4辑。

第七章

抗战时期

1937 — 1945

概述

　　1937年11月，丰子恺离开故乡。一家人经杭州，溯富春江而上，住桐庐河头上黄村埠，常至阳山阪的汤庄拜见马一浮先生并聆听教诲。此被丰子恺称为"桐庐负暄"。12月21日，离桐庐西行。沿途经兰溪、衢州、常山，进入江西省。在兰溪停留期间，受到浙一师同学曹聚仁的接待。

　　1938年1月1日抵上饶。6日抵宜春。8日抵萍乡，遇立达学生萧而化、吴裕珍夫妇，在萍乡乡下暇鸭塘萧氏宗祠暂住。是日，获悉故乡缘缘堂已毁于战火。同事裴梦痕于2月4日从上海发来明信片曰："一月初上海新闻报载石门湾缘缘堂已全部焚毁，不知尊处已得悉否……"2月9日作《还我缘缘堂》一文。3月12日抵湘潭，未觅得住处。13日抵长沙，在长沙南门外天鹅塘旭鸣里附1号萧而化叔父家安顿家属，3月23日率长女、次女赴汉口，住开明书店仓库约二月。3月27日，中华全国文艺界抗敌协会成立。4月，该协会出版会刊《抗战文艺》，成立了编委会，丰子恺被推举为33位编辑委员之一。5月4日《抗战文艺》创刊，丰子恺为该刊题写封面。因九江失守，遂回长沙。5月，与旧友曹聚仁就是否应放弃护生思想开展论战，著有《一饭之恩》等文。此后遂与曹氏"绝交"。本月桂林教育局致函丰氏，聘请其到桂林广西全省中学艺术教师暑期训练班授课。6月24日下午抵桂林，暂居大中华旅馆。桂林开明书店经理陆联棠为丰家租得三间平房于马皇背。7月致函弘一法师，希望大师能来内地生活，并表示供养法师至终老。后未获法师同意。桂林艺术教师暑期训练班后，为便于在桂林师范任教，迁至乡间，居两江泮塘岭40号。在桂林与旧友王星贤、老同学傅彬然共事。老友张梓生亦常在桂林叙晤。秋，马一浮抵桂林。丰氏与友人一起为之在城东觅屋。马一浮在桂林期间，丰氏常与之游览岩洞。9月1日，位于桂林桂西路南侧崇德街上的"崇德书店"开张。此书店乃丰氏为安排表亲和乡亲的生活而开（同年12月28日毁于空袭）。10月24日上午参加桂林师范学校首次纪念周，并发表演讲。同日开始写《教师日记》。同日幼子新枚生。10月25日，在桂林与张梓生同赴东环路送马一浮先生离桂赴宜山。11月，为桂林师范谱校歌。本月又受托为全县国民中学作校歌。丰子恺在桂林师范任教图画、国文两科。本月收到马一浮寄赠之长诗《赠丰子恺》。12月1日晚，为桂林师范学校学生作题为《漫画宣传艺术》的演讲。12月28日起重作《漫画阿Q正传》。12月23日，接马一浮来信。浙江大学老友郑晓沧托马一浮转言，竺可桢校长诚意相邀，聘丰氏往浙大任艺术指导。遂辞桂师职，校长唐现之再三挽留，留至学期结束。

1939年1月2日，收到王星贤信，被告知马一浮已花去二百法币把一亩地和三间茅屋买下，要丰子恺去宜山浙江大学任艺术讲师兼训导。丰子恺决定前往。2月28日，桂林师范为丰氏开欢送会。3月25日重作《漫画阿Q正传》完成，次日征求友人意见，3月30日又全部校改一遍，写序言（7月由开明书店出版）。本月《中学生》杂志筹备复刊，丰子恺被提名为编辑委员。4月5日，乘浙大校车离两江，8日，抵宜山，住城郊龙岗园租屋。9日，访王驾吾、贺昌群，并与浙江大学校长竺可桢等见面。在浙江大学任讲师，授艺术教育和艺术欣赏等课。6月16日收到钱君匋寄自香港，由英商不列颠公司盗版的《战地漫画》，署"丰子恺著"。内刊画数十幅，皆丰子恺抗战后发表于各报刊者，且将其一篇艺术讲话用作序言，漫画内容与书名并不相符。8月，迁家属至思恩。日寇攻南宁。浙大嘱师生员工各自疏散。丰子恺一家化整为零，历经千辛万苦，往指定地点贵州都匀转移。12月1日，全家相聚于都匀。是年，完成《续护生画集》，由弘一法师题字，共六十幅，为祝弘一法师六十岁寿。此书初由开明书店于次年11月印行。

1940年，续任浙大讲师，兼全校艺术指导。在都匀约住一月，又随校迁黔北遵义。初居城内，因房挤，旋迁城外罗庄，因浙大开学，罗庄离城太远，交通不便，又迁至狮子桥堍南潭巷熊宅，命其室曰"星汉楼"。4月，《缘缘堂随笔》由日本汉学家吉川幸次郎译成日文在日本创元社出版。这是丰子恺散文第一次被译成外文出版。日本文学评论家谷崎润一郎评丰氏的文章为"艺术家的著作"。而吉川幸次郎则说丰氏是当今中国"最像艺术家的艺术家"。

1941年，仍任浙江大学教职，并增授新文学课。秋，升任副教授。在星汉楼，重绘旧作漫画，成六册，名《子恺漫画全集》，于1945年12月由上海开明书店出版。

1942年10月13日（农历九月初四），弘一法师在泉州圆寂。18日，丰氏得开元寺电报，知弘一法师"生西"，即静坐数十分钟，发愿为弘一法师造像一百尊，分寄各省追随法师之人士。11月，应国立艺术专科学校校长、老友陈之佛先生之聘，率眷去重庆，任该校教授兼教务主任。初到重庆时，寄居在陈之佛家楼上，后在凤生书店楼上租屋。下旬，在重庆夫子池举行个人画展。这是他平生第一次举行个人画展。这次展出的都是逃难以来所作彩色风景画，并发表《画展自序》，阐述由黑白简笔漫画转变为彩色人物风景画之经过。

1943年1月，为实践诺言，开始作100幅弘一法师像。2—4月，赴泸州、自贡、五通桥，至乐山访马一浮，请他为弘一法师作传。5月，迁居刘家坟租屋，与雕刻家刘开渠为邻，夏，在沙坪坝正街以西租地自建竹壁平屋，命名为"沙坪小屋"（地址为庙湾特5号）。不久辞去艺专教职，以卖画为生。11月21日致函正在桂林刊印"缘缘堂丛书"的黎丁，表示可寄旧稿《教师日记》《艺术丛话》。是年，曾向学生鲍慧和寄画，在西安、洛阳两地举办丰、鲍师生联展。

1944年2—3月，率一吟去长寿、涪陵、丰都等旅行并举行个人画展。中秋次日，填《贺新郎》词，表达其切盼抗战胜利之心。冬，沿嘉陵江而上，游川北诸地，在南充、阆中举行个人画展。本年由重庆中央信托局印刷厂制版印刷了由丰子恺绘作的军邮一枚。居"沙坪小屋"期间，曾至长安寺拜谒太虚法师。

1945年1月25日，岳母病逝。春节期间参与保释进步作家骆宾基、丰村。4月1日参加漫画家沈振黄追悼会。6月1日参加开明书店设计会，与叶圣陶、巴金、茅盾等会面。6月中旬，去隆昌，参加立达学园成立20周年纪念活动，并于6月23—26日举办个人画展。7月，经内江抵成都，参加了国际救济会的手工艺讨论会，举行画展，并为杜甫草堂书写杜甫《茅屋为秋风所破歌》。8月初返渝。8月10日日本投降。作画《八月十日之夜》（又名《狂欢之夜》）分赠亲友。11月1—7日，在重庆两路口社会服务处举行个人画展（因订画者众，于次年1月在沙坪坝、七星岗江苏同乡会举办续展）。事后，应陈望道的邀请，去北碚复旦大学讲演。

第一节　逃难路上的负暄之乐

1937年11月21日，丰子恺率全家告别故乡，踏上了逃难之路。次年1月，缘缘堂终被毁于战火。

缘缘堂的被毁，对丰子恺来说自然是一件悲愤的事情。他连续写下了《还我缘缘堂》《告缘缘在天之灵》和《辞缘缘堂》三篇文章，对故乡美好的生活予以深切的怀念，同时也对日本侵略者以愤怒的控诉。缘缘堂的被毁，更激起了丰子恺的抗战热情，他在《还我缘缘堂》一文中写道：

……身外之物又何足惜！我虽老弱，但只要不转乎沟壑，还可凭五寸不烂之笔来对抗暴敌……房屋被毁了，在我反觉轻快，此犹破釜沉舟，断绝后路，才能一心向前，勇猛精进。[1]

丰子恺走上了万里跋涉之路。他率全家经杭州奔桐庐，径直投奔马一浮。

丰子恺抵达桐庐的头三天，一家人就住在马一浮的卜居之宅，三天后，他便在离桐庐二十里地的河头上觅屋小住。不久，马一浮也迁居阳山坂的汤庄。这汤庄离河头上不过一里地，丰子恺几乎每隔一天或两天必去汤庄拜访马一浮。他对马一浮的崇拜是发自内心的。他曾经把马一浮寄给他的信封上"丰子恺"三字拍照缩小后印在自己的名片上。这回他迁至河头上的时候是乘马一浮运书船溯江而上的。这一路江水，山明水秀。船头上插有一面白布旗，旗上"桐庐县政府封"六个字是马一浮的亲笔（当时雇船十分困难，运书船由县政府代雇，若不插此旗，易被挪作他用）。丰子恺喜爱马一浮的书法，尤其喜爱这随意挥写的字。他坦白地承认："这时我很想偷了这面白布旗去珍藏起来，但终于没有这般艺术的勇气。"[2]

时节已是隆冬，却是风和日暖。丰子恺一般都是上午去拜访马一浮。每当他一到，马一浮便会拉着他和门人王星贤去负暄——这被丰子恺称为"桐庐负暄"。丰子恺对此的描绘极具诗情画意：

……僮仆搬了几只椅子，捧了一把茶壶，去安放在篱门口的竹林旁边。这把茶壶我见惯了：圆而矮的紫砂茶壶，搁在方形的铜炭炉上，壶里的普洱茶常常在滚。茶壶旁有一筒香烟，是请客的；马先生自己捧着水烟筒，和我们谈天……[3]

马一浮在负暄的时候，有时也放下水烟筒，拿起一支香烟来抽，他那"弥高弥坚，忽前忽后，而亦庄亦谐的谈论，就在水烟换香烟，香烟换旱烟之间源源地吐出来"。[4]丰子恺是吸烟成瘾的人，据他自己说平均一小时吸三四支。但在与马一浮负暄之时，他却吸得很少。丰子恺解释说："只因为我的心被引入高远之境，吸烟这种低级欲望自然不会起来了。"⁵无论对于什么问题，马一浮都有最高远、最源本的见解，即便是谈艺术，在丰子恺看来，似乎连托尔斯泰、卢那卡尔斯基等也要一齐退避三舍。马一浮的门人王星贤记下了负暄时的每一次谈话，其中有这样一个精彩的片断：

十二月七日丰君子恺来谒，先生语之曰：辜鸿铭译礼为 arts，用字颇好。arts 所包者广。忆足下论艺术之文，有所谓多样的统一者。善会此义，可以悟得礼乐。譬如吾人此时坐对山色，观其层峦叠嶂，宜若紊乱，而相看不厌者，以其自然有序，自然调和，即所谓多样的统一是也。又如乐曲必合五音六律，抑扬往复而后成。然合之有序，自然音节谐和，铿锵悦耳。序和同时，无先后也。礼乐不可斯须去身。平时如此，急难中亦复如此。因不失亨，而不失其亨之道在于贞。致命是贞，遂志即是亨。见得此义理端的，此心自然不乱，便是礼。不忧不惧，便是乐。纵使造次颠沛，槁饿以死，仍不失其为乐也。颜子不改其乐，固是乐。乐必该礼。而其所以能如是者，则以其心三月不违仁。故仁是全德，礼乐是合德。以其于体上已自会得。故夫子于其问为邦，乃就用上告以四代之礼乐。会不得者，告之亦无用。即如此时，前方炮火震天，冲锋肉搏，可谓极乱。而吾与二三子犹能于此负暄谈义，亦可谓极治。即此一念，便见虽当极乱之时，活机固未息灭。扩而充之，未必不为将来拨乱反正之因端也。非是漠然淡然，不关痛痒。吉凶与民同患，自然关怀。但虽在忧患，此义自不容忘。亦非故作安定人心之语。克实而言，理本如此。所谓真语者，实语者，如语者，不妄语者也。礼乐之兴，必待其人。苟非其人，道不虚行。吾今与子言此，所谓千钧之弩不为鼷鼠发机。善会此义而用之于艺术，亦便是最高艺术……⁶

丰子恺慨叹："逃难"犹如把重门深院统统打开了，那些平时深居简出的人统统出门，使平日不易见到的"杰作"都在这时出品。听到马一浮这番精彩的论述，他实在希望春天永远不再到来，这样的话，他能在和暖的冬阳之下长得负暄之乐。

在与马一浮相处的日子里，他们有时也到山里走走。一次，他们为了以防万一，雇了轿子往深山里找避居的房屋。下山时，一行人在路亭里小坐，忽见壁上有用木炭题着的一首诗：

> 山上有好水，平地有好花。
> 好花年年有，同栈不在乎。

他们猜测，此诗似乎出自农夫之手。经马一浮考证，此诗最后一句中的"同栈"应该是"铜钱"之误，于是大家赞叹诗作者的胸襟。接着，马一浮又把最后一句改成了"铜钱何足夸"。而门人王星贤另有所见，再改成"到处可为家"。可以想见，几位学人大家，为避寇而至深山，在这长亭里品评欣赏农夫野老的诗歌，那是何等的风光。当天晚上，马一浮对丰子恺说，他最近又得一诗，比离开杭州前写的《将避兵桐庐，留别杭州诸友》要平和中正得多。第二天，马一浮就把诗歌写成了一横幅送给丰子恺。诗的题目是《避乱郊居述怀兼答诸友见问》，诗曰：

天下虽干戈，吾心仍礼乐。避地将焉归？藏身亦已绰。求仁即首阳，齐物等南郭。秉此一理贯，未释群生缚。琐尾岂不伤，三界同漂泊。人灵眇都野，壹趣唯沟壑。鱼烂旋致亡，虎视犹相搏。纳陷曰予智，侚规矜改错。胜暴当以仁，安在强与弱！野旷知霜寒，林幽见日薄。尚闻战伐悲，宁敢餍藜藿。蠢彼蜂蚁伦，岂识天地博！平怀频沧溟，寂观尽寥廓。物难会终解，病幻应与药。定乱由人兴，森然具冲漠。麟凤在胸中，豺虎宜远却。风来晴雪异，时亨鱼鸟若。亲交不我遗，持用慰离索。[7]

马一浮此长诗中有一句"麟凤在胸中"，后来丰子恺则干脆把这"麟凤"比作马一浮了。丰子恺作过《辞缘缘堂二首》，其一为：

> 江南春尽日西斜，血雨腥风卷落花。
> 我有馨香携满袖，将求麟凤向天涯。[8]

此诗明确表白了他决意追随马一浮的愿望。丰子恺欲永得负暄之乐，但由于日军迫近，且丰子恺又有一家老小，他终于只在桐庐住了一个月左右，于同年12月21日雇船溯江而上，重新踏上了逃难之路。不久，马一浮也迫于战事，离开桐庐去了江西。

第二节　抗战宣传

丰子恺离开桐庐后，于12月23日晨抵达兰溪，再至江西上饶、樟树镇，接着抵达萍乡。在萍乡，他遇上当年在上海时的学生萧而化，并在那里的乡下暇鸭塘暂住度过1938年的春节。在那里，丰子恺曾以女儿的口吻作过一首小诗：

> 儿家原住古钱塘，也有朱栏映粉墙。
> 三五良宵团聚乐，春秋佳日嬉游忙。
>
> 清平未识流离苦，生小偏遭破国殃。
> 昨夜客窗春梦好，不知身在水萍乡。[9]

诗中多少有伤感的情绪，加上这时他的许多朋友都已抵达长沙、汉口，又复有孤雁离群之感。恰在这时，长沙开明书店陆联棠来函邀请，丰子恺便又告别了萍乡于3月12日抵湘潭，13日抵长沙，安顿家小后，他又偕两个女儿赴汉口。

汉口是当时的文化人云集之地，也是抗日的宣传中心，3月27日，中华全国文艺界抗敌协会成立，4月，该协会出版《抗战文艺》，丰子恺也成了该刊的编委。

丰子恺积极投身于抗日宣传的洪流之中。他平时均穿长袍，此时为了行动方便，遂改着中山装。他的形象如此一变，顿然神气活跃。有的朋友说他是返老还童，有的则说他若剃去长须，便可冒充年轻人。丰子恺蓄须是为了纪念母亲，他当然不会真的剃去胡须，但这种议论很快传开，竟走样。不久，江浙的好几家报纸刊出文章，说"丰子恺投笔从

抗战时的丰子恺

戎，割须抗战"。于是许多亲朋好友来信询问，来信之频，竟有数十封之多。丰子恺应接不暇，只好到照相馆拍了一张全身照，印出后一一分寄各亲友，以明真相。丰子恺"割须"是误传，但他投身抗日则是真。他说："我虽未能真的投笔从戎，但我相信以笔代枪，凭我五寸不烂之笔，努力从事文画宣传，可使民众加深对暴寇之痛恨。军民一心，同仇敌忾，抗战必能胜利。"10

丰子恺自己未曾剃须，而他对梅兰芳的蓄须则十分钦佩。抗战期间，曾有一位朋友从上海寄来一张从报上剪下来的梅兰芳蓄须明志的照片。丰子恺看后极为钦佩，他把这张剪报照相贴在墙上，抗战胜利后又带回家乡，珍藏在书橱里。丰子恺说："我欣赏这张照片，觉得这个留须的梅兰芳，比舞台上的西施、杨贵妃更加美丽，因而更可敬仰。"11

据抗战时期在浙江大学亲历丰子恺抗日宣传活动的简秀箴女士回忆：丰子恺在浙江大学任教时曾"组织各组上街宣传。漫画组搞抗战画展；墙报组张贴宣传抗战墙报；小型戏剧组演出《放下你的鞭子》等话剧；歌咏组分头在大街小巷大教《义勇军进行曲》《在太行山上》等抗日歌曲。给我印象最深的丰先生亲自走上街头，对着已抄好的《古怪歌》《读书郎》教群众歌唱。我就是从那个时候开始懂得唱这两首歌的，就是现在都能唱出来"。12

丰子恺在抗战时曾绘军邮，此具有重要的历史意义。据林衡夫《邮票上的丰子恺画》一文，此邮票于1944年印制；又据《中国邮票大典》，此邮票于1945年元旦正式发行，是当时唯一专门设计的军邮邮票。该邮票原计划在福建南平印制，但由于当时湘省战事紧张，交通有阻断之危险，因而改为在重庆中央信托局印刷处印刷。[13]该邮票的图案为邮务士兵向前线战壕内的战士递送邮件。该邮票票面无面值，发行时每枚售价两元，随着国内邮资于1945年10月1日起调整为20元，该邮票的售价也相应上调，1947年7月1日起改为每枚500元，以后亦曾多次上调。

抗战时丰子恺所绘的军邮

第三节　三绘《阿Q正传》

鲁迅曾在1924年4月起着手翻译日本厨川白村的文艺理论著作《苦闷的象征》，并于同年10月译毕，初交未名社于该年12月初版。大约就在鲁迅翻译此书的同时，丰子恺也在着手翻译同一本书，并于1925年3月由上海商务印书馆出版。两位译者几乎同时翻译同一本日本文艺理论著作，并先后出版，这本没有什么奇怪，但当年尚年轻的丰子恺对此事一直深感不安，特意请学生陶元庆介绍，登门拜见鲁迅。鲁迅在1927年11月27日的日记中写道："星期。晴。上午得立娥信，十九日发。黄函秋、丰子恺、陶璇卿来……"（陶璇卿即陶元庆）鲁迅在日记中所记的正是此事。丰子恺在见到鲁迅后表达了自己若早知道此事就不该再译的心情，鲁迅却认为，一本外国书完全可以有几种译本同时存在，以取此之长，补彼之短。[14]鲁迅的态度消除了丰子恺的顾虑，也由此使得丰子恺对他更为敬重。[15]

1937年春，丰子恺别居杭州田家园的时候，他就以鲁迅小说《阿Q正传》为画材作漫画。1938年春天，丰子恺到了汉口，他的另一位学生钱君匋听说后，立即从广州来信，替《文丛》期刊向丰子恺索要《漫画

丰子恺所绘的"阿Q漫画"

阿Q正传》。丰子恺便又重作,并陆续寄《文丛》发表。他先寄两幅,后又寄6幅。可惜《文丛》刚发表了两幅,就遇上日军在广州的大轰炸,余下的六幅,再次葬于火海。

无情的战火两次毁掉了丰子恺的画作。但丰子恺却说:"炮火只能毁吾之稿,不能夺吾之志。只要有志,失者必可复得,亡者必可复兴。"抱着这样的信念,他于1939年3月,又一次重绘"阿Q"。当时正值丰子恺辞去桂林师范教职,即将奔赴宜山之际。由于遇雨,舟车均不能如期而至,他便利用这段时间第三次创作《漫画阿Q正传》,并且很快完成。这回他没有立即拿去发表,因为他觉得自己的家乡与鲁迅的故乡绍兴——《阿Q正传》故事的背景——虽相去不过二三百里,但在风物民情方面却略有差异。本着对艺术、对读者,也对鲁迅负责的态度,他特意请教了张梓生、章雪山两位绍兴籍的朋友。两位朋友对这些画提了一些意见,擅长绘画的章雪山还亲自为丰子恺画了一只乌篷船。丰子恺遂对画作全部校改一遍,又嘱女儿把这54幅画逐一印摹一套以防再遇不测。1939年7月,第三次获得新生的《漫画阿Q正传》终于由开明书店出版,实现了丰子恺想在"鲁迅先生的讲话上,装一个麦克风,使他的声音扩大"的心愿。此画集后来一共再版15次,其影响之大,由此可见一斑。

需要附记一笔的是,鲁迅曾谈及丰子恺的漫画。1934年10月28日《中华日报》的《戏》周刊第11期上,载有沈宁的《阿Q作者鲁迅先生谈阿Q》一文,记述了鲁迅对田汉等改编的绍兴话剧本《阿Q正传》所谈的意见。其中鲁迅说:"……不过我们绍兴乡下根本就没有那么大的酒店。招牌上也不写'太白遗风'那样文雅的句子,顶多是'不二价'。劈头看见丰子恺的画——一个工人靠在柜台上喝酒,旁边也写着'太白遗风'，莫非外省酒店有这样的句子么？"鲁迅指的丰子恺漫画是丰氏其他题材的画，还是丰子恺曾作过的单幅的"阿Q漫画"，待考。

1940年《刀与笔》杂志第2、3两期上刊有署名"维山"的两篇文章，题目分别为《读〈漫画"阿Q正传"〉》和《〈读漫画"阿Q正传"〉更正》。前者写于1939年12月11日，后者写于1940年1月14日。

《读〈漫画"阿Q正传"〉》一文首先肯定了丰子恺"阿Q漫画"的可取之处："在从前，《阿Q正传》被改编为剧本或偶然被取作漫画的材料的时候，阿Q总往往被涂改了；或者将阿Q改成一个革命者，或者就将他看成简单的供人玩笑的小丑，丰子恺先生的这一帧《漫画〈阿Q正传〉》，这些弊病是完全免避了。这是很使人愉快的。"接下去，作者就谈到了不足之处："但是，这漫画却似乎不是有特色的作品。我们细细看完了全部，总觉得缺乏一种必要的东西，就是缺乏画的生命，那种活跃在画里和画外的精神；这种精神就是引人入胜，从而深刻感识着作品中的人物及其社会环境，并使人对作品本身引起爱好的感觉的东西。丰子恺先生的这作品，我们觉得很枯燥，没有什么引人眼目的地方，它仅仅止于一些墨写的图像而已。53幅（原文如此——引者注）漫画作为一个完整的作品来看，我们并不能得到一个绘画上的活的阿Q的形象。"作者以为，按丰子恺的天才，与这次创作是不相投的，认为丰子恺至少"是首先需要有和鲁迅先生的爱与憎的同感的。于是，我们从这些上面看来，以丰子恺先生的在今日以前的艺术的观点、态度和魄力，及其艺术的修养和才能，却只能说明：在别的丰子恺先生常喜采取的题材上，他创作出醒目的作品，而在这题材上他就或者不愿，或者不能，甚至不敢将阿Q重创造了罢。这是我以为这漫画虽然很严谨，没有将阿Q表现为别的东西，但却完全没有表现出阿Q本身来的根本的原因"。接着，作者又批评了丰子恺漫画的笔法，却在文章的最后出现了这样一句话："……只是说到对于阿Q这题材是需要像鲁迅先生那种战斗魄力和艺术的总括力……因为丰子恺先生的新的努力也未必能达到这地步的呢。"

如果原文确是如此，维山的评论或许不能算是善意的了。还好，他立即在《刀与笔》第3期上做出了更正，他在《〈读漫画"阿Q正传"〉更正》一文中说："在本刊第2期上发表的《读〈漫画"阿Q正传"〉》一小文，那最后的一句是原为'因为丰子恺先生的新的努力也未必不能达到这地步的呢'。但在印出之后却漏排了一个有关系的'不'字了，致使我自己读了之后，感到一种无名的痛苦。这是不但和我的意思相反，而且也要给读者，尤其是作者丰子恺先生以恶劣的印象的。因为我对于丰子恺先生的已发表的作品固然有所指责，但对于他的新的认真的努力却是抱着尊敬的态度的，也正因为他的这种努力，才给了我指责他过去的作品兴趣和意义……"作为一家之言，维山的评论，可供研究者参考。

除了维山的评论，社会上还有过关于"阿Q漫画"一些议论。丰子恺曾有《假辫子——答〈漫画阿Q正传〉读者》一文，文中就部分读者的一些误会做出了解释。丰子恺说："抗战开始前数月，我画了一册《漫画阿Q正传》。正在刊印，战争开始，我逃到大后方，此画原稿在上海南市的印刷店内被毁。我在大后方重画一遍，遥寄上海开明书店，在孤岛上海出版；在大后方也有土纸印的本子流行。我住在遵义的时候，《贵州日报》上有一天登出一篇关于此书的批评。前面是称赞我画得好；后面说，不过有一点错误，就是第十二图正在用哭丧棒打阿Q的假洋鬼子多了一条辫子。评者说假洋鬼子的辫子明明是在留东的时候早已剪了的；为此，他的老婆跳了三回井。为什么这第二十四图中给他画了一条辫子呢？"对于这样的误会，丰子恺又说："我一看这评文，就知道他评错了。因为我作画时把鲁迅先生的原文读过多遍，很熟悉。我记得假洋鬼子回国后是装一条假辫子的。所以我的画并没有画错。只是画里的辫子看不出真假，因此引起误会。"[16]由此事可知，丰子恺画阿Q，确是仔细研究过原文的。

丰子恺在作了《阿Q正传》漫画后，还曾于1949年分别为鲁迅的《祝福》《孔乙己》《故乡》《明天》《风波》《药》《社戏》和《白光》等八篇小说作了连环漫画，并于1950年4月由上海万叶书店出版，书名为《绘画鲁迅小说》。后来浙江人民出版社又在1982年4月将《漫画阿Q正传》和《绘画鲁迅小说》合为一集出版了《丰子恺绘画鲁迅小说》。还于同年出了5个分册。浙江文艺出版社也于1992年出版了《丰子恺漫画小说》。只是这个书名取得易让人误解。因为这就是丰子恺漫画鲁迅小说的合集，并未增加新的内容。须知，丰子恺的漫画小说并不只局限于鲁迅作品方面，其中比较重要的还有丰子恺为茅盾《林家铺子》、张默生《武训传》所作的精彩漫画。这些史实，或许出版者并不知情。

事实上，丰子恺漫画小说并非以漫画鲁迅小说为肇始。张默生的《武训传》是一部流传很广的作品，还拍过电影。张默生的传记文学曾结集为"异人传"两集。后来，他看到陶行知的评论，大意是说武训不是异人，不是苦行者，不是圣人，只是一个肯负责任的平常人，一个以办学为快乐的平凡人，他是一个伟大的老百姓。陶行知的这番话促使张默生把《武训传》从自己的传记文学集里抽了出来，另印单行本，书中附有丰子恺所作插图20幅，颇可观赏。这些画，文画相配，具有连贯性的故事情节，幽默感也极强。

第四节　任教桂林师范

丰子恺在汉口逗留了两个月左右。九江失守后，丰子恺不得不再度转移。这时，桂林师范学校的校长唐现之来信邀请他赴该校任教，丰子恺便于1938年6月到了桂林。

在桂林师范任教期间，丰子恺也有许多意趣相投的朋友。舒群于1938年在汉口与丰子恺相识。当时他们有了短暂的交往，而在桂林师范，他俩却有过约一年的同事经历。舒群回忆道："他比我长15岁，是我的前辈，我的师长。可他总以平辈待我，当时年轻幼稚的我，竟也跟他称兄道弟。我们一见如故，随之便成为忘年交的酒友、密友。他惯嗜花雕，而我爱喝白酒，我与他同饮，只能陪着他，迁就他的所好。其实，花雕贪多了，也醉人呢。""酒，是我们之间交往的桥梁，相系的纽带。不管在汉口还是桂林，无论在他的家还是我的陋室，我们每每长时间地同饮，无休止地交谈，我跟他推心置腹，他对我肝胆相见。如果说，我有老白干烈性的爽直；那么，他就有花雕碧柔感的真挚。"[17]舒群是1938年10月到桂林师范任教的，他和另一位丰子恺好友王鲁彦同住在城内的一间小屋。据舒群回忆，当时丰子恺就常到这间小屋里来与他俩喝酒，每次来，还以画相赠。丰子恺在《教师日记》中就记曰："访舒群，以画赠之。画中写一人除草，题曰《除蔓草，得大道》。此青年深沉而力强，吾所敬爱。故预作此画携赠，表示勉励之意。"[18]舒群介绍道，在桂林的一年中，丰子恺赠予他的画不下20幅，而且丰子恺还为他画过几张像。只可惜这些画，连同书信均已在"文革"中被毁。

很有意味的是，在舒群与丰子恺的交往过程中，还有过一件关于政治选择方面的事。丰子恺平时较忙，白天难得在家。有一次舒群白天到丰子恺的家，见丰子恺居然在家，正茫然时，丰子恺给他看了自己在日记本上写下的文字，日记上写的是："蒋介石今日到校参观，我归家避之。"这段日记后来并没有出现在丰子恺公开出版的《教师日记》上。[19]据舒群的判断："他之所以'避之'，是出于文人学士的洁身自好，还是政治上以第三者自居呢？我以为两者兼而有之。但必须肯定，经过武汉、桂林两地抗战热浪的冲击，在和进步文化人士的频频交往中，他的思想已印上了大大小小红色的斑点。如果说，他过去的作品更多地表现了人间的情味和对苦难的不平，基础属于人道主义者，那么，他送给我的《除蔓草，得大道》等画幅，以及在武汉、桂林为抗日作的众多散文、漫画，可以说明，此时的他，已跃升为一位有理想、追求进步的爱国主义画家和作家了。"[20]舒群以为，《教师日记》里未收这段日记，应该是此书是在重庆出版的缘故。紧接着，舒群在回忆中便介绍了一则丰子恺关于是否去延安的选择：

岳阳失守，长沙一把大火，点燃了桂林的紧张空气。敌情紧迫，何去何从？每个人都要做出抉择。关于子恺的去向，我时时为之挂心，因为他有一家之累，负担之重、压力之大，他常有所流露。我替他考虑，请他拿定主意，早作准备。

我曾劝子恺去延安，他没去。为什么呢？他说："我虽然是一个自由主义者，一个无党派的人，但也不是不向往革命，不向往进步。我反反复复考虑了你的话，有时甚至作出了去的决定，但转而又否定了自己的想法。因为，如果我们是在红军长征时结识，或者是在苏区结识，你这样劝我，我倒真有可能上延安。可现在不同，共产党的天下稳定了，我怎么能带一大家人去坐享其成呢？像我这样一个没有为共产党出过力的人，去坐享共产党的果实，问心是有愧的。"[21]

丰子恺在桂林师范任教时的情形，在他自己的《教师日记》里有十分详尽的记载。按丰子恺自己的说法，他记这日记，是因为"及抵两江，安居而有定业，生活又成平凡"。但他接着又说："然蛮夷猾夏不已，神州丧乱日甚。吾身虽得安居敬业于山水之间，吾心岂能如故国平居时之悠逸哉？夫往而不返者时也，兴而不息者感也。而况得虎口之余生，睹苍生之浩劫，吾今后岂得优游卒岁，放怀于云林泉石之间哉？于是立此日记，以续于前五记之后，虽无皮脊金边之册，亦将逐日为之，而无中辍之患矣。此不仅记事志感而已，亦将以励恒心而习勤劳也。"[22]正因如此，丰子恺的《教师日记》，除了记录了他在桂林师范的任教经历，还有大量有关教育观念、抗战思想和艺术主张。由于是日记体，这些观念、思想和主张其实更给人一种发自内心的感觉。

　　在教育观念方面，丰子恺十分主张团体精神。曾在浙江省立第一师范学校受过熏陶的丰子恺，青少年时期就受到经亨颐"德智体美群"五育并重思想的影响。所谓"群"，即群育，亦即团体精神的培养。丰子恺在桂林师范的一次讲话中强调学生须分工合作，"万万不可固执小团体的界限而互相摩擦。一切团体事业（尤其是在中国）的失败，皆由于此。你们人数虽然少，但也是一团体，大家须养成以全体为中心的精神。只要胸襟放宽。这胸襟是可以养成的。譬如：你们同桂林各学校的学生，同是广西的学生；你们与全国各校的学生，同是中国的学生。推广一步，你们与全国一切人，同是中国人。再推广一步，你们与世界上一切国民，同是人。再推广一步，你们与天地间一切禽兽草木，同是天之生物……无人我之见，无彼此之争，实为团体生活最大的幸福……"[23]丰子恺曾为桂林师范谱校歌，其词曰：

> 百年之计树人。教育根本在心。
> 桂林师范仁为训，克己复礼泛爱群。
> 洛水之滨，大岭心村，
> 心地播耘，普雨悉皆萌。

　　丰子恺以为："以此歌为校歌的学校，其宗旨何等远大，希望何等丰富"！[24]

当时桂林师范的学生植恒钦在《教学民主，学风活跃——回忆桂林师范学生生活》一文中记录了一些关于丰子恺任教时的情形：

有一天上午，丰子恺老师给我们讲李后主词，正在讲得兴致勃勃、津津有味的时候，一只小鸟飞进教室来，一位同学飞快地跳上桌子，想把小鸟捉住，整个教室都骚动起来了，关窗的关窗，关门的关门。丰老师很仁慈地对同学们说："把它放了吧，它也是一条生命呀！"同学们欢笑着打开窗户让小鸟飞走了。丰老师继续说："小鸟自由了，太好了。我妈妈信佛，我可不信佛。但佛家有个优点，自己要生存，也让众人生存，保护小生命，让自然界的小生命与人共存，自然界会给人们许许多多美好生活的。"事后，有天傍晚，我们七八个同学陪同丰老师在校外大马路上漫步，丰老师引导同学们欣赏五彩缤纷的晚霞、宏伟壮观的山色、松林归鸟的啼叫，他指点着江山说："大自然真美呀，它赐给我们美的享受外，还给我们带来无穷的智慧和力量，它永远替我们创造出无穷尽的幸福。""江山多娇啊！"同学们陪着丰老师犹如在诗境中漫步，从丰老师身上学到的不仅是丰富的艺术素养，更重要的是丰老师的高尚品德。丰老师与同学相处虽然只有一年时间，但师生情谊非常深厚，同学们时刻怀念着他的教导，我们毕业时，他送来一幅漫画。画题是："偶抛佳果种，喜见绿芽生。"[25]

在抗战思想方面，丰子恺首先是抱定抗战必胜的信念，并深信自己从事的教育事业的功效。他说："凡武力侵略，必不能持久。日本迟早必败。我们将来抗战胜利，重新建国的时候，就好比吾人大病初愈，百体疲乏，需要多量的牛奶来营养调理，方能恢复健康。桂师便是一种牛奶，应该把它好好地保藏起来，留给将来，不要在病中当作白开水冲药吃了。"[26]他经常发动学生用漫画进行抗战宣传。日记中记曰："下午收集学生漫画，得四十幅，单纯明快，颇可用。将四十份分为四份，交学生明日赴乡间张贴。"[27]又记曰："今明二日，学生在两江宣传抗战，同行教师为我与李雨三。"又说："……吾等要自励不屈不挠精神，以为国民表率。此亦一种教育，此亦一种抗战。"[28]

在艺术主张方面，丰子恺记下了他在课堂上的一番讲话："美术，包括哪几种东西？自来界限模糊。中国古书中，曾把音乐也归入美术范围内。则美术仿佛就是艺术。但我主张，美术的范围应限于视觉艺术，即所谓造型艺术。艺术旧有八种，即文学、音乐、演剧、舞蹈、绘画、雕刻、建筑、工艺。近添照相、电影二种。我主张在中国应再添书法、金石二种，则共得十二种。这一打艺术中，只除了文学与音乐与眼睛无关外，其余的十种均用眼睛鉴赏。不过其中演剧、舞蹈、电影三种用眼睛之外又兼用耳，称为综合艺术。其余的七种，即画、雕、建、工、照、书、金，则全用眼睛，为纯粹的视觉艺术，即造型美术。"[29]再如："图画教材甚广，凡宇宙间森罗万象，无一不是图画教材。把各物的画法一一教给你们……十年也教不完。且所教的限于各物的某一种状态，死板而不能随时应用。中国旧时的学画法，便是犯这毛病……因此多数的中国画毫无创意，大都是在抄东袭西，从各种画谱中所摹得的景物堆砌起来，成为一幅。"[30]

第五节　护生画辩与逃难"看风景"

作为浙江省立第一师范学校里的同学，丰子恺与曹聚仁原本是好朋友。曹聚仁于1916年入浙江省立第一师范学校，比丰子恺晚两届。他毕业后从事文化活动，集作家、记者、教授和社会活动家于一身。作为李叔同的学生，曹聚仁对老师印象深刻。曹聚仁与李叔同的关系，与其他学生相比，有一个十分特殊的地方：一方面，他对佛教不仅不感兴趣——不像李叔同的其他学生那样或对佛教抱以热情，或对此持以理解的态度——却还时常抱以抵触的情绪；另一方面，他却也始终不对李叔同的信佛有任何直接的不敬之词。

曹聚仁写过多篇回忆李叔同的文章。在《李叔同先生》一文中，他写道："在我们的教师中，李叔同先生最不会使我们忘记。他从来没有怒容，总是轻轻地像母亲一般吩咐我们。"他也像丰子恺那样，曾把李叔同的心灵分作三个境界，不过他是以李叔同的三首歌（《落花》《月》《晚钟》）来作比的，他用三首歌的意境分析了李叔同皈依、出家的心路历程。或许也是出于对李叔同的敬重，曹聚仁在对老师出家后与丰子恺合作的《护生画集》有所不满的时候，即把笔战的矛头对准丰子恺，而只字不提弘一法师。

关于丰子恺与曹聚仁的"绝交"，笔者先后写过两篇文章，[31]杨晓文也有《丰子恺与曹聚仁之争》一文发表。[32]相比较而言，笔者的两篇文章均属介绍性的文字，而杨晓文写的则是一篇实证性的学术论文；笔者与杨晓文的论文，对丰曹二人论争实质的判断基本相近，而杨晓文论文很可取的一点是他梳理出了丰曹二人论争的经过。然而可惜的是，杨晓文尽管拥有资料，但他没有将其详细引录，如曹聚仁致宋云彬函及宋云彬的回信等。今再做补充，并将丰曹二人的论争经过做一简述。

一、曹聚仁撰写的《数月来的繁感》（1938年3月5日《少年先锋》第2期）一文记述了作者与丰子恺一家在浙江兰溪的一家小旅馆中相遇和对丰子恺长子丰华瞻的印象。

二、丰子恺撰写的《决心——避寇日记之一》（1938年4月5日《少年先锋》第4期）一文对曹文有所回应。丰子恺在文中述及在兰溪与曹聚仁相遇，曹聚仁请他全家在聚丰园会餐，彼此就当时的时局有过一些交谈，接着对曹聚仁在《少年先锋》上的文章做了一个附注："内有数处错误：他说我对他自称以前'昏聩'，又说'以后要改变做人的态度'，皆非我说的话，恐是他军事繁忙，记不清这些小事之故，或另有他故。还有，他说我从桐乡逃来，非也。我是崇德人，乃从崇德逃来。又说我四十一岁，亦非也。我当时四十岁。又说我的儿子瞻瞻是高中生，亦非也。他十四岁，是初中二年级生。此等事在他虽甚小，但在我却有关系：例如外人看了他的文，以为我是桐乡人而冒充崇德籍，或者以为我的儿子以初中二年级生冒充高中学生，岂不冤枉。故须在此附笔声明。"按：丰子恺以上文字，看似平和，实际上已对曹聚仁有了若干的看法，且看下文。

三、终于，丰子恺在一个月后即写了《一饭之恩——避寇日记之一》（1938年5月5日《少年先锋》第6期）。丰子恺此文发表于5月，但文章却是在3月23日就写了，故在他写《决心——避寇日记之一》时，已对曹聚仁的某些言论有了极大的不满。丰子恺写道：

去年冬天我与曹聚仁兄在兰溪相会，他请我全家吃饭。席上他忽然问我："你的孩子中有几人欢喜艺术？"我遗憾地回答说："一个也没有！"聚仁兄断然地叫道："很好！"

我当时想不通不欢喜艺术"很好"的道理。今天，3月23日，我由长沙到汉口。就有人告诉我："曹聚仁说你的《护生画集》可以烧毁了！"我吃惊之下，恍然记起了去冬兰溪相会时的谈话，又忽然想通了他所谓不欢喜艺术"很好"的道理，起了下面的感想：

《护生画集》可以烧毁了！"这就是说现在"不要护生"的意思。换言之，就是说现在提倡"救国杀生"的意思。这思想，我期期以为不然。

接着，丰子恺用了很多文字阐述了"护生"与抗战的关系和道理，表达了他自己的见解。他以为凡是对《护生画集》的种种曲解，都是因为："他们都是但看皮毛，未加深思；因而拘泥小节，不知大体的。《护生画集》的序文中分明说是：'护生'就是'护心'……救护禽兽鱼虫是手段，倡导仁爱和平是目的。"针对当时抗战，丰氏写道："我们为什么要'杀敌'？因为敌不讲公道，侵略我国；违背人道，荼毒生灵，所以要'杀'。故我们是为公理而抗战，为正义而抗战，为人道而抗战，为和平而抗战。我们是'以杀止杀'，不是鼓励杀生，我们是为护生而抗战。"至于孩子不欢喜艺术，丰子恺说："我的儿女对于'和平幸福之母'的艺术，不甚爱好，少有理解。我正引为憾事，叹为妖孽。聚仁兄反说'很好'，不知其意何居？难道他以为此次抗战，是以力服人，以暴易暴；想步莫索里尼、希特勒、日本军阀之后尘，而为扰乱世界和平的魔鬼之一吗？我相信他决不如此。因为我们抗战的主旨处处说着：为和平而奋斗！为人道而抗战！我们的优待俘虏，就是这主旨的实证。"丰子恺在文章的最后说了一句刺激曹聚仁的话："我曾在流难中，受聚仁兄一饭之恩。无以为报，于心终不忘。写这篇日记，聊作答谢云尔。"

丰子恺其实还写过一篇《则勿毁之已》。他说：

一到汉口，就有人告诉我："×××说你的《护生画集》可以烧毁了。"我说："不可，不可！此人没有懂得护生之旨及抗战之意。"

《护生画集》之旨，是劝人爱惜生命，戒除残杀，由此而长养仁爱，鼓吹和平。惜生是手段，养生是目的。故序文中说"护生"就是"护心"。顽童一脚踏死数百蚂蚁，我劝他不要。并非爱惜蚂蚁，或者想供养蚂蚁，只恐这一点残忍心扩而充之，将来会变成侵略者，用飞机载了重磅炸弹去虐杀无辜的平民，故读《护生画集》，须体会其"理"，不可执著其"事"。[33]

丰子恺接着又在《未来的国民——新枚》（1938年9月16日《宇宙风》第75期）一文中再次提到了他与曹聚仁在兰溪相遇的事（尽管没有点名）："这里我想起了一件痛心的事：去年十二月底，我率眷老幼十人仓皇地经过兰溪，途遇一位做战地记者的老同学，他可怜我，请我全家去聚丰园吃饭。座上他郑重地告诉我：'我告诉你一件故事。这故事其实是很好的。'他把'很好'二字特别提高。'杭州某人率眷坐汽车过江，汽车停在江边时，一小孩误踏机关，车子开入江中，全家灭顶。'末了他又说一句：'这故事其实是很好的。'我知道了，他的意思，是说：'像你们这样的人，拖了这一群老小逃难，不如全家死了干净'。这是何等浅薄的话，这是何等不仁的话！我听了在心中不知所云。我们中国有着这样的战地记者，无怪第一期抗战要失败了。我吃了这顿'嗟来之食'，恨不得立刻吐出来还了他才好。""因此这位战地记者就以我为可怜的弱者，他估量我一家在这大时代下一定会灭没。在这紧张的时候，肯挖出腰包来请我全家吃一餐饭，在他也是老同学的好意……路上还嫌家族太少，又教吾妻新生一个。"

该文发表后，曹聚仁于1938年10月2日给主持《少年先锋》的宋云彬写去一封长信，要求转给丰子恺。信是这么写的：

云彬我兄：

我拜托老兄一件小事，希望老兄能设法替我把这封信转到子恺兄的手里。

昨天，弟从东线来到金华，忽接香港友人来信，叫我看一看第75期的《宇宙风》，说子恺兄有文章隐隐约约在骂我，我觉得很是奇怪，此间既无《宇宙风》可买，又不知道他骂我什么；我既不解他为什么骂我，而且，我和他是熟朋友，要骂就光明正大地骂好了，用不着隐隐约约的骂，且又不像子恺兄之平素为人，越想越不通。

我因想起三月间为《少年先锋》写杂感的事，其中一节曾写子恺兄受战事的刺激，改变今后人生态度的话的（原文具在，我相信我说他改变人生态度，趋向积极的战斗姿态，决无半点恶意）。子恺兄后来曾有一段文章更正，说我听错了他的话。他的更正，我直到7月底到汉口才看到；那时，《少年先锋》已决意停刊，我知道一个人对于自己的人生态度是看得非常慎重的，尤其如子恺兄等静修的人，想郑重声明我的听错，因为《少年先锋》已停刊，到现在还没法去声明。除此之外，我相信我和他并没有其他不可解之冤仇。

我又记起《少年先锋》中有一段子恺兄的"一饭之恩"，记我在兰溪请他们一家吃夜饭的事。天寒日暮，又是那样风声鹤唳的时候，在我的家乡，碰到多年的朋友，请他吃一顿真正的便饭，也该是人情之常。说是"恩"，已显得朋友间的疏阔，但要说由一饭而成仇，那于我也未免太悲哀了。那晚吃饭时的情形非常之好，随便谈的话很多，我想决不至于"成仇"的。此外，则别后，天各一方，既未通信，也未碰面，对于他的行踪的记挂是有的，决说不上有什么其他恩仇。他忽然切齿痛心于我，而必隐隐约约骂我为快，那真使我有点茫然了。

我并不想写"一饭记"一类文章，使他难堪，而且我也决不使他的公子们，那怎（些）热情的青年看到这一类暗影。请兄为转此信，子恺兄如要我声明听错他的人生态度的话，无论用什么方式都可以，即要我郑重道歉也可以。如俗语所说的，"冤家宜解不宜结"，一饭当作"恩"固不必，但最低限度的希望"不成仇"，从无论什么家说法都该可以说得通吧！

佛家戒嗔，嗔念一动，就容易神经过敏；我相信子恺兄修养有素，决不会动嗔念的，这是我对于一个老友的坦白的倾心的谈话，千万请兄替我转一转。

弟曹聚仁顿首　十月二日

宋云彬收到信后，即将曹聚仁的来信转给了丰子恺。此在宋云彬的给曹聚仁的回信中可知一二：

聚仁我兄：

　　手教敬悉，当即转寄子恺兄矣。兄前所写杂文，有涉及子恺处，然决非恶意攻讦，初不料竟因此引起子恺之误会。"一饭之恩"一文，弟本拟搁置不登，而子恺面催数次，不得已乃与搁置已久之漫画"仁者无敌"同时登出，尔后子恺似亦未继续为"少年"撰文。而此文登出后，曾接读者来函多起表示不满。杂志编辑本不易做，尤其在这抗战时期。子恺在《宇宙风》上发表之文，弟未寓目，兄能寄我一阅否？顺致

敬礼。

弟宋云彬　十月二十一日 34

　　曹聚仁的信写于1938年10月2日，宋云彬的回信写于同年10月21日。据宋云彬信中说，他在收到曹聚仁的信后即将信转给了丰子恺。那么，丰子恺看到曹聚仁信的时间应该是在1938年10月2日至21日之间的某日。按常理，曹聚仁如此表白，丰子恺本应不再提起此事，然而，丰子恺还是在1939年3月16日《宇宙风》乙刊第2期上发表了《艺术必能建国》一文，文中说："我要谈'艺术建国'，而在其中加'必能'两字，乃表示确定，欲使听着特别注意的意思。因为一般浅见的人，向来误解'艺术'，把它看作消闲物，奢侈品。甚至身为大学教授，名为文学作家，而担任许多大报的战地通讯员的曹聚仁先生，亦复如是。（去年我在兰溪遇见他。他问我的小孩中有几个喜欢艺术，我遗憾地答道，一个也没有。他高声叫道：'很好！'这两个字在我耳中，余音至今未绝。）所以我不得不郑重提出。"文章最后又说："四万万五千万人大家重精神生活而轻物质生活，大家能克制私欲而保持天理，大家好礼，换言之，大家有艺术，则抗战必胜，建国必成。所以我敢说：'艺术必能救国。'但这艺术决不是曹聚仁之辈所见的艺术，必须是辜鸿铭先生所见的艺术。"

　　按照曹聚仁写给宋云彬的信，他本以为请宋云彬将信转给丰子恺，此事便可了结，因为他说"我并不想写'一饭记'一类文章"。但他终于在得知丰子恺又写了《艺术必能建国》一文后，再也憋不住，于同年4月2日而写了《一饭之仇》。曹聚仁在文中公布了他写给宋云彬的信和宋云彬给他的回信，同时写道：

友人从上海来信，说新近《宇宙风》刊载丰子恺先生论艺术建国的大文，其中正面责备我不应该说艺术不能建国，且述及我在兰溪碰到他的一家人，请他们吃饭时，听得他们的公子们不爱好艺术，大为赞成。这话真使我惊异。我又不发疯，为什么说艺术不能建国？为什么赞成他们的公子们不爱好艺术？子恺先生若要虚构这些话，找些帮手来骂我，那我只能佩服他的"说谎艺术了"！

如此看来，曹聚仁以为丰子恺是误解了他。这才"惊异"。为此，曹聚仁又说：

我现在郑重向丰子恺先生道歉，一、我在兰溪城中碰到他们一家，万不该那么热情地请他们一家人吃饭；二、我不应该说他受了战事的刺激，要改变他的人生态度。因为请吃便饭好像故意施恩，而说他要改变人生态度，又好像在批评他过去的人生态度，听说过去一年间，他曾为此动气，一切文画，都为骂我而作。我自己既然做错了事，听错了话，只能默不作声，让他骂够了就算了。若因为我不作答复，他就觉得寂寞，非另加一些罪名在我身上不可，那我决不敢领情。我实在只碰到过他一次，只请他吃一次饭，只听错一次话，不能换更多的骂的。
……
这件事，对我是一个极大的教训；我才知道人的灵魂，竟有如此的可怕的一面。一饭成仇，在我真是太悲哀了。
抗战以来，我立志不写与社会国家无关的文章；个人间的恩仇，我更看得很轻。这一个的声明，不过向国内艺术界陈述这件小事的经过，并郑重声明，我对于艺术是外行，从不曾说什么菲薄艺术的话，而且我还诚笃地相信艺术家在建国工作上有大的贡献！ [35]

以上便是丰子恺与曹聚仁之争的客观经过。如何理解这一过程，研究者可以从不同的角度去加以分析，如丰子恺坚持认为曹聚仁说了某些话，而曹聚仁解释没有说过或听错了某些话，等等。从这一过程中确实可以发现丰子恺是有"激动"之词的，如他在《决心——避寇日记之一》中说的："我曾在流难中，受聚仁兄一饭之恩。无以为报，于心终不忘。写这篇日记，聊作答谢云尔。"正是丰子恺坚持认为曹聚仁说了某些话，他才在看了曹聚仁的信后仍然有《艺术必能建国》一文的发表。丰子恺的战时艺术观显然受了马一浮的影响。比如，1938年马一浮在写给丰子恺的信中就说过："愚意此后撰述，务望尽力发挥非战文学，为世界人道留一线生机。目睹战祸之烈，身经乱离之苦，发为文字，必益加亲切，易感动人。"[36]马一浮的这一观点，可认为是他们主张的一种战时文艺创作思想，是站在更高的高度理解文艺。需要有阔大的视野和宽广的胸襟。丰子恺曾把回答曹聚仁的《一饭之恩》寄给马一浮看。马一浮在1938年的回信中说："夫人不言，言必有中。在近时作家浅薄思想中，忽有此等朴实沉着文字，此真是最后胜利之福音也。续有新撰，仍盼寄示……得读佳文，便如吃冰麒麟矣。"[37]这样看来，丰子恺与曹聚仁的"绝交"，最根本的原因倒不在于彼此的误解或"激动"了，而在于彼此文艺观和对待护生画的态度的不同。像丰子恺这样的仁者会在这件事上跟朋友翻脸，还是缘于他对护生画的执着信念。因为对于护生画的态度，反映着两人对艺术与哲学深层次的理解。即便暂时撇开两人对艺术的态度（因为曹聚仁没有承认他就艺术所说的一番话），但曹聚仁对于护生画的态度始终是明确的，一直到晚年也没有改变他的观点。他在1959年7月23日香港《文汇报》上还发表了题为《丰子恺的画》一文，借着赞同丰子恺描写现实的画作说："最近这一期的新观察，有丰子恺先生的杭州写生画（文），我联想出他在庐山招待所膳厅上那幅画，这都是他近年的新题材新风格作品。丰君，在我们一师同学中，也是杰出的人才之一，他承继着李叔同先生（弘一法师）的艺术传统，同时，也受着弘一法师的佛教思想。他有一时期，绘护生画集，可以说是佛说的传道画。佛说对于我们也是牛角尖，而今他也从那牛角尖钻出来了。"他又在《朋友与我》中说："新中国建立后，他又曾到杭州西湖、庐山牯岭，写了画，题了诗，已经把《护生画集》上的旧观点完全丢开了，和我所说的并无不同；不知他如见了我，又该怎么说呢！"[38]对于丰子恺的思想，虽说曹聚仁此言说得并非全面，但也说明他的观点一直也没有改变过。

再说丰子恺在兰溪遇到曹聚仁，确实对他也有益处。比如，在丰子恺刚到兰溪，不想暴露自己的身份，所以在旅馆登记牌上只写"丰润"

这个旧学名，而曹聚仁则以为不必。跟丰子恺一起逃难的章桂回忆说：
"曹先生……对子恺叔怕暴露身份的做法不敢赞同，劝子恺叔：为了在
途中能得到各方协助，顺利到达大后方，一定要把'丰子恺'三字打出
去，并且相帮用急件印了名片。这一改变，作用甚大，在兰溪就立即见
效，那就是存在杭州中国银行的二百元存款，去杭州不能领取，在兰溪
不用保人，只凭'丰子恺'三字就很顺利地领取了。"[39]但客观事实是，
从此他俩"绝交"了——诚如曹聚仁所说："他写了一篇文章骂我，说悔
不该吃我那顿晚饭。好似连朋友都不要做了。过了好久，我才转折看到
这一篇文章，也曾写了一篇《一饭之仇》刊在上海社会日报上，他一定
看到的。不过，我决定非由他向我正式道歉，我决不再承认他是我的朋
友了……子恺毕竟是对弘一法师入了迷，一直在吃素的人。我是凡俗的
人，摸不透他的怪僻，因此碰了钉子了。好在云彬兄站在我这一边，他
说：'要是那句话得罪了子恺，我还会刊出来吗？'"[40]虽然如此，笔者
仍以为：若是双方当初在写文章时稍加克制，或积极直接沟通（而不是
"有人告诉我"或"友人从上海来信……"），尤其是曹聚仁不以片面的
眼光看待《护生画集》，那么这种"绝交"应该是能够避免的。

要提醒一事：曹聚仁有《朋友与我》一文，这是他晚年的回忆性文
字，部分表述因记忆不确而与史实不符。关于此，杨晓文已在《丰子恺
与曹聚仁之争》一文中有详细的考辨。不赘述。

丰子恺是抗战期间散文创作较有成就的一位作家。他在这一时期的
创作，具有明显的战斗性，有一种无法抑制的激昂和强烈的爱国主义精
神。由于日军的入侵，丰子恺多年苦心经营的缘缘堂毁于战火，他自己
也由于逃难而过着流离颠沛的生活。客观的遭遇，也使得他有机会接触
更广阔的社会现实，抗战的烽火也燃起了他心中的爱国热情，其思想上
积极进取的一面得到了充分的发挥。他说："身外之物又何足惜！我虽老
弱，但只要不转乎沟壑，还可凭五寸不烂之笔来对抗暴敌……房屋被焚
了，在我反觉轻快，此犹破釜沉舟，断绝后路，才能一心向前，勇猛精
进。"[41]从这层意义上看，《还我缘缘堂》《告缘缘堂在天之灵》和《辞缘
缘堂》实可称作是他众多抗战时期散文的开头三个乐章。比如《辞缘缘
堂》（1939），作品一反以往短小精悍之常态，竟写下了15 000余字，其
爱国主义情怀和对日寇战斗到底的决心表现得淋漓尽致。作品从家园的

美丽可爱写起，介绍了得天独厚的地理环境，热情歌颂了具天时之胜的故乡美景，从而将文章引入由自己劳动得来的缘缘堂。他怀念旧居，更怀念早已消失了的故乡老屋："但在灰烬之后，我对它的悼惜比缘缘堂更深。因为这好比是老树的根，缘缘堂好比是树上的枝叶。枝叶虽然比根庞大而美丽，然而都是从这根上生出来的。"这种眷念故土之情与他高度的爱国情怀交织在了一起。他回忆以往和平生活中的缘缘堂，即使："秦始皇要拿阿房宫来同我交换，石季伦愿把金谷园和我对调，我决不同意。"憧憬故乡一年四季的怡人景致，更激起了他对日本侵略者的满腔仇恨："普天之下，凡有血气，莫不爱好和平，厌恶战争。我们忍痛抗战，是不得已的。而世间竟有以侵略为事，以杀人为业的暴徒，我很想剖开他们的心来看看，是虎的还是狼的？"[42]抗战时期，丰子恺写下了许多极具战斗性的散文，像《中国就像棵大树》《散沙与沙袋》《谈抗战艺术》等都反映了抗战的大主题，即便是在战后，他仍写有像《防空洞中所闻》《胜利还乡记》等，控诉日军的罪行，写得悲壮而深沉。丰子恺抗战时期的散文主要收集在《子恺近作散文集》《率真集》里，也有一些散见在各种报刊上，后由香港中文大学卢玮銮教授收集在《缘缘堂集外遗文》（1979年，香港问学社）里。此外，诚如前节所述，丰子恺在桂林师范任教时大量的抗战言论和作为，均说明他是一位具有强烈抗战情怀的知识分子。

抗日战争爆发后，叶圣陶也离开了上海，携家小内迁。抗战的炮火将丰子恺、叶圣陶等人从书斋里"轰"了出来，送他们走上了万里之路。在逃难途中，丰子恺、叶圣陶等仍坚持文学创作。尤其是丰子恺，抗战期间所写的散文曾被看成是中国现代散文创作的又一收获。有论者如此评论："在《巴金的散文》中，我尝叹息，反映抗战生活的散文太少。《丰子恺文集》及《教师日记》则使我意外惊喜。巴金的《旅途杂记》写烽乱离间的行旅苦况，虽已相当生动入微，但是与丰子恺的《辞缘缘堂》和《艺术的逃难》相比，有如路旁的小花与满园盛放的花卉。"[43]且不论此段评说对巴金的抗战散文是否公允，却没有人为地拔高丰子恺的抗战散文。抗战爆发后，由于读者时刻关心着民族的存亡和时局的变化，于是，因报道形势的需要，报告文学大量产生并得到了很大的发展，在数量上大大超过了散文小品。所以这个时期的散文创作似乎并不景气。但是这种以抒情感怀为主的散文只要写得生动，内容充实，也能给读者以亲切的感受，从而启发民智，鼓舞人民抗战的斗志。

也有人对丰子恺、叶圣陶等持有批评的论调。抗战时期，柯灵编《文汇报》的"世纪风"副刊，经常发表内地作家的来信。此举亦可看成是向读者透露一点各位作家的音信。1938年8月9日，柯灵在报上同时刊载了一封丰子恺从桂林的来信和一首叶圣陶的诗。

丰子恺的这封信是写给徐一帆（丰氏姑母之孙）的，本无意发表。后来此信转给了柯灵，这才在"战乱中的作家音讯"栏目中以《丰子恺由湘抵桂》之题发表出来。丰子恺在信中有这样一句话："桂林山水甲天下，环城风景绝佳，为战争所迫，得率全家遨游名山大川，亦可谓因祸得福……"也正是这句话，遭到了一位署名为"若霖"的人的攻击。他在《华美晨报》上载文，说起了"风凉话"来，大意是指责丰子恺在抗战期间还有心游山玩水，仿佛并不怎么积极似的。文章同时还攻击了叶圣陶诗句中"摘鲜饱啖红樱桃"，说这是忘记了"千万同胞的血腥气"。[44]

对于如此中伤，丰子恺自己有过评论。他在《教师日记》里说："上海一班无聊小文人，在报上攻击我。起因是我寄表侄一帆信，中有句云：'此次流离来桂林，虽道途劳顿，但一路饱览名山大川，可谓因祸得福。'一帆以此信交《文汇报》发表，次日即有某报攻击我与叶圣陶。因叶圣陶有诗句云，'全家来看蜀中山'，亦曾在此报发表也。此事上月章雪村先生最早来信相告。但言之甚略。今日得《文汇报》高季琳君来信，附辩护文二篇。我读该二文，始知其半。但攻击之文，终未见及，不知说些什么。据该二文推测，其言一定是咬文嚼字，吹毛求疵，无聊之极，大约另有用意。或者，孤岛人满，生活困难；欲骗稿费，苦无材料，就拿我作本钱。如此则甚可怜。我惠而不费，做个善举也罢。不然，则甚可悲观：吾国有此种无赖青年，如何抗战？"[45]

丰子恺所讲的高季琳，即柯灵，其二文应该就是《拭去无知的唾沫》和《拭沫之余》。对于这种奇谈怪论，柯灵首先站出来发表了此二文，对那位署名"若霖"的人所说的"风凉话"给予了驳斥。柯灵写道：

别人的故乡沦陷了，家也毁了，不甘于奴隶的命运，老老小小一大串，流离颠沛，历尽风霜，这才千里迢迢地逃到重庆或桂林，喘息刚定……通个报告行踪的音讯，"文学家"又咬牙切齿地大骂："阿弥陀佛，你怎么毫无血气……这是此路不通的游玩主义"……我们的"文学家"，这一年来没有吃过一些水果，上过一次酒楼吗？吃一点樱桃，怎么就忘记了"千万同胞的血腥气"？逃难时看一看风景，怎么就是"游玩主义"……重庆桂林是后方，上海的租界倒算是前线吗？——我们的"文学家"所缺少的，偏又是一面镜子！ 46

柯灵又写道：

中国的文坛，也真是奇怪得很。扯淡可以成家，卖空偏能立业……太积极了，于扯淡卖空有害，大家纷纷地来剿。比较温和一点，却又有人觉得"仿佛不十分积极似的"。国难当头，逃难到桂林，也只好闭起眼睛，不看风景，以示忧愤；倘使不免一看，而且看得怡悦，那就连一切抗战行动和作品，都给抹杀……47

柯灵这两篇以嘲讽的笔调写的驳文已算是替丰子恺做了有力的辩护。但柯灵还嫌不够，他又于1938年9月25日写了《抗战中的丰子恺先生》。48文中以大量的事实，对丰子恺在抗战中的积极进取精神给予了热情的赞扬，并且又一次驳斥了"风凉家"们的谬论。抗战期间，柯灵与丰子恺保持着经常性的联系，他对丰子恺的情况当然也是十分了解的。

丰子恺在桂林究竟是怎么"游山玩水"的呢？他自己在《桂林的山》一文中写道："我们常常逃警报。防空洞是天然的，到处皆有，就在那拔地而起的山的脚下。因了逃警报，我对桂林的山愈加亲近了。"49他在《桂林初面》一文中也说："我来桂林已六天。天气炎热，人事烦忙，敌机不来，还没有游玩山洞的机会。下次敌机来时，我可到老人洞去游玩一下。"50料想那位"风凉家"并不了解丰子恺是这样的"玩"法，若他知道这游山玩水有如此悲怆的缘由，或许就不再"吐唾沫"了。

丰子恺曾将自己在抗战时的逃难生活称作"艺术的逃难"。此说缘于他在逃难途中用自己字画结缘，得以较为顺利地觅得交通工具。51而笔者将此挪用比作他的逃难生活或叶圣陶的逃难生活亦无不可，只不过这里的"艺术"二字可视为"事业"二字——他们一如既往、坚持不懈的文化事业。

第六节　浙大谈艺

　　1938年底，浙江大学的郑晓沧委托马一浮转言，说竺可桢校长欲邀请丰子恺为该校的艺术指导。[52]之所以担任艺术指导，或许是因为当时在浙江大学尚无其他职务的需要。叶圣陶曾言："子恺有入浙大之意，而浙大尚无法以位置之。此是昌群来信所言。"[53]其实在是年秋，郑晓沧先生经过桂林时就曾访问丰子恺，表示了浙江大学欲相聘之意。当时丰子恺初受桂林师范聘，校长意诚，丰子恺不便就此离开桂林师范。而今得马一浮信，知此次浙江大学的聘事成真。自从马一浮离开桂林赴宜山后，浙江大学亦有意聘请丰子恺和同在桂林师范任教的马一浮门人王星贤去浙大就职。浙江大学的这个意向由马一浮转告。为了使丰子恺、王星贤二人能在宜山安居下来，马一浮还特地在宜山城外觅得一亩地，有茅屋三间，空地上还可新建房屋二处，足以供马、丰、王三家结邻而居。马一浮写信把这一情况告诉丰子恺，并附上《水调歌头》一首，其中一句是："着我三间茅屋，送老白云边。"[54]

　　丰子恺不得已只好将此事告诉唐现之校长。唐校长是一位开明之人，素抱"海内存知己，天涯若比邻"之观念，并不强求他留任桂林，只是希望他任教至学期末。学期结束时，丰子恺向学生说明了自己的去向，师生均有惜别之情，丰子恺遂又以"天涯若比邻"慰之。本来，丰子恺觉得自己刚在桂林师范应聘，学校中的师生们待他也很好，如此匆匆离开，心里很过意不去。但先行的王星贤于1939年1月2日给丰子恺的信中告诉他，马一浮已花去二百法币把一亩地和三间茅屋买了下来。这样，丰子恺再也不容犹豫，答应在下学期就任浙江大学艺术讲师兼训导。他在1月8日的日记中承认，此举"半由自愿，半由马先生之吸力"。[55]但是，他不能就这么向桂林师范的师生们解释。在桂林师范为他举行的欢送会上，丰子恺只能这样自述离开桂林师范去浙大的三个原因：“吾之去有三因：一者吾拟利用此流离，以从事游历。在我多历地方，可以增长见闻，在诸君多得师傅，亦可以集众广益。此利己利人之事也。二者吾乡失陷，吾浙已非完土，吾心常有隐痛。浙江大学乃吾之乡学，对吾有诸君不能想象之诱惑力。此乃吾去此就彼之主观方面之原因。三者，吾在此虽蒙学校当局优遇，学生诸君爱戴，然吾于美术不能教实技，贻误诸君前程。不早告辞，罪将愈重，故不可不去也。”[56]

为了报答桂林师范师生的厚爱，丰子恺对桂林22位友人，桂林师范53位学生的索画要求一一满足，并先作了22幅，另外53幅似在宜山选有教育意义的题材作画，付诸石印，题上学生名款，再寄往桂林。

丰子恺在桂林期间，身临其境，使他对所谓“桂林山水甲天下”之说也有了自己的看法。他认为桂林的特色是“奇”，而不是“甲”。他的理由是：“甲”有十全十美的意思，“是总平均分数”。从这方面考虑，桂林还没有达到十全十美的标准。他认为，世人往往把“美”与“奇”两字混为一谈，其实奇是罕有少见的意思。美是具足圆满的意思，桂林的特点正是奇，所以他以为应说“桂林山水天下奇”才对。

1939年4月，丰子恺前往广西宜山的浙江大学。在浙江大学，丰子恺于1941年为学生新增授新文学课，升任为副教授。

丰子恺任教于浙江大学的时间是1939年4月至1942年11月。他任的是艺术指导，主授艺术教育、艺术欣赏等课程。[57]

据资料记载，丰子恺在浙江大学期间，还与浙江大学中文系王驾吾教授、遵义硕儒赵乃康等诗友过从甚密。“如1941年的一天，这几位先生联袂去祭扫‘西南三大儒’郑珍、莫友芝、黎庶昌墓，丰子恺欣然为‘三大儒’造像，并绘《郑墓想象图》及‘折取一枝城里去，教人知道是春来’等画作十余幅，合编为《子午山记游册》。”[58]

且说丰子恺与马一浮自桐庐分手之后，马一浮亦应浙江大学之聘，任“特约讲座”到了当时浙大所在地江西泰和。从那以后，丰子恺与马一浮书信往来颇频。比如1938年3月18日、4月1日，丰子恺两次写信给马一浮，并在信中附上了近作抗战诗文、歌曲。马一浮在回信时评价道：“《高射炮打敌机》一首，篇法甚佳，音节亦似古乐府，似较‘东邻有小国’一首为胜。声音之道，入人最深。此类歌曲能多作甚善。遣词虽取易晓，不欲过文，但亦不可过俚。用韵及音节尤不可忽。若能如古乐府歌辞，斐然可诵，则尤善矣。"[59]

当时，马一浮在浙江大学为学生讲张载"为天地玄心，为生民立命，为往圣继绝学，为万世开太平"四句教（即横渠四句教），颇觉此语伟大，以为此与佛家四弘誓愿相等。此事丰子恺在《横渠四句教附说》一文中有详细的记录。丰子恺在文中先引用了马一浮寄自江西泰和浙江大学的来信，丰子恺在文中说："前几天收到马一浮先生从江西泰和浙江大学寄来的信。其中有段说：'顷来泰和，为浙大诸生讲横渠四句教，颇觉此语伟大，与佛氏四弘誓愿相等。因读新制诸歌，（注：所言新制诸歌，乃指我与萧而化合作的歌曲，是我寄去请他指教的。）谓此语意天然，似可谱之成曲。今写呈如下……未知是否可以谱入今乐，制成歌曲？但不得增损一字。深望贤者与萧而化君商榷，制成曲谱见寄，欲令此间学生歌之，以资振作……'"丰子恺接着介绍了作曲经过："我读了这信，心生欢喜，立刻派人到武昌去邀萧而化君来，同他详谈马先生的意旨和横渠先生的教训，请他作曲。而化得了这歌词，比我更加欢喜，立刻拿去作曲。二三天之后，曲成，大规模的四部合唱曲。同非常时期的因陋就简的简谱抗战歌曲比较起来，这一曲真是壮丽堂皇，规模宏大的制作。我特托人另抄一份，把一份寄给马先生，一份交《宇宙风》发表，以广流传，并为附说。"[60]在文章的最后，精于音乐的丰子恺还就该四部合唱曲做了解说。

萧而化是丰子恺在立达学园时的学生，出生于江西萍乡望族。丰子恺抗战逃难途中，曾在萍乡因萧氏夫妇的盛情挽留，在萍乡彭家桥畷鸭塘宽敞的萧家祠堂度过了1938年的春节。丰子恺离开萍乡抵长沙后，又经萧而化的介绍在他的叔父住的南门外天鹅堂旭鸣里1号暂居。抗战时期，丰子恺与萧而化曾合作《我们四百兆人》一歌，由萧而化作词，丰子恺作曲，歌词是："我们四百兆人，中华民，仁义礼智润心。我们四百兆人，互相亲，团结强于长城。以此图功，何功不成！民族可复兴。以此制敌，何敌不崩！哪怕小东邻！我们四百兆人，齐出阵，打倒小日本！我们四百兆人，睡狮醒，一怒而天下平。"为了此歌，丰子恺还于1938年4月16日在《文艺阵地》第1卷第1期上发表了《〈我们四百兆人〉附说》一文，对该歌做了解释。丰子恺以为：此曲曲趣，"深沉雄壮，威而不猛"。作者是根据了"长期抵抗，沉着应战，以正克邪，以仁克暴"的精神而作曲的，目下的中国人，正需要这种精神；就是正需要这种歌曲。因为现在我们所对付的敌人，非常凶狠，非常残暴。唯沉着可以克制凶狠，唯厚可以克制残暴。所以"深沉雄壮，威而不猛"是我们四百兆人人人应有的感情。此曲就是供给这种感情的。

又，浙江大学的校歌为马一浮作词。1938年11月19日，浙江大学竺可桢校长在广西宜山主持校务会议，会议决定以"求是"为浙江大学校训，并决定请马一浮写校歌的歌词。歌词写成后，学校便开始考虑谱曲的问题。12月8日，浙江大学召开校务会议，第一项议案便是"校歌制定案"。12月19日出版的《国立浙江大学校刊》复刊第3期中有《校务会议议志》之记录："决议将马湛翁先生所撰歌辞请国内音乐家制谱后再行讨论。"然而，谱曲并不顺利，主要是难觅合适的谱曲者。1941年6月，竺可桢致函国立音乐学院应尚能教授，请其为校歌谱曲。8月7日，应尚能教授完成谱曲的工作。[61]

抗战逃难途中，丰子恺没有忘记把弘一法师的信转给马一浮看，马一浮读后，知道弘一法师有殉教的意志，感慨万千："抄示弘一师来书，因此得知此老为法忘身，真有古典风范，不愧为吾老友。通信时，希代为问讯。"[62]

丰子恺曾希望能与马一浮长得负暄之乐。此后他俩虽未能再负暄叙谈，但也有重逢的机缘。丰子恺抵达桂林不久，马一浮居然也到了这里。由于丰子恺先于马一浮到达，又应聘在桂林师范教书，所以他对当地已经比较熟悉。为了让马一浮平安住下，他与友人们一起替马一浮在桂林城东觅得了房屋。此事在马一浮的一首诗中有记。诗有小序曰：

"初至桂林，君武、子恺诸友，为赁屋于城东。窗槛临江，隔岸诸峰罗列，若在几案。羁怀顿豁，喜而作此。"

诗云：

> 避地翻成助胜缘，轻舟经月饱看山。
> 今来小阁临江住，心与山云一味闲。
>
> 晴窗江岸对嵯峨，千里帆樯槛下过。
> 宴坐浑忘羁旅恨，逢人更喜得天多。

在桂林期间，丰子恺经常陪同马一浮游览岩洞，畅谈古今历史。在丰子恺看来，此虽非冬日负暄，但仿佛又是当时负暄时的那种心境。他又发感慨：若是马一浮永远住在桂林，那将是无比快慰的事情。然而未过多久，马一浮又将随浙江大学赴宜山。丰子恺依依不舍，他在10月25日的日记中写道："七时梓翁来，同赴东环路送马先生离桂赴宜山。吴敬生君亦在场，匆匆话别……途中忽见桂林城中黯然无光，城外山色亦无理唐突，显然非甲天下者。盖从此刻起，桂林已是无马先生的桂林了。"[63]

丰子恺与马一浮之间的感情是极为真挚的。马一浮到宜山后，出于对丰子恺的思念，给尚留在桂林的丰子恺寄来了一首长诗，其题目就是《赠丰子恺》。在这首长诗中，寄托了马一浮对丰子恺的称美与热切的厚望。其中写道："昔有顾恺之，人称三绝才画痴；今有丰子恺，漫画高才惊四海。"[64]

再说丰子恺辞去桂林师范教职后就赶赴宜山的浙江大学。不巧的是，正当他于1939年4月8日抵达宜山的时候，马一浮已经于2月7日因赴川办复性书院而离开了。他们虽未能一起在浙江大学共事，担任艺术主讲的丰子恺却把马一浮的艺术思想全盘接受下来，并灌输给学生。

马一浮给浙江大学学生讲学，所讲内容主要是《六艺论》（后期亦讲义理名相）。他所谓"六艺"（又称"六经"），即指《诗》《书》《礼》《乐》《易》《春秋》。这六部经典，从广义上来讲是六类或六个大部门的文化学术（或教化）。马一浮以为"六艺"可以统摄一切学术，包括外来学术，一切学术之源皆出于此。他以为西方哲人所说的真、善、美皆包含于六艺之中。《诗》《书》是至善，《礼》《乐》是至美，《易》《春秋》是至真。马一浮又强调：六艺之道是前进的，绝不是倒退的，切勿误为开倒车；是日新的，绝不是腐旧的，切勿误为重保守；是普遍的，是平民的，绝不是独裁的，不是贵族的，切勿误为封建思想。马一浮把"六艺"放到了人类文化学术的最崇高之地位，以为六艺之教固是中国至高特殊之文化，唯其可以推行于全人类，放之四海而皆准，所以至高；唯其为现在人类中尚有大多数未能了解，百姓日用而不知，所以特殊。故今日俗弘六艺之道，并不是狭义地保存国粹，单独地发挥自己民族精神，而只是要使此种文化普遍地及于全人类，革新全人类习气上之流失，而复其本然之善，全其性德之真。方是成己成物，尽己之性，尽人之性，方是圣人之感德大业。丰子恺的观点几乎跟马一浮一致。他给学生所做的《中国文化之优越》演讲，较全面地体现了这种观点。现节录数段比较："留学不过参仿外国之所长，非欲用夷变夏。吾国物质文明虽未发达，精神文明实远胜于东西各国，艺术则尤非在东西各国所能望其项背。故以艺术界观之，五十年来，全世界号称文明之国，无不派大批留学生来华学习。特其所派者非身体，而为精神，故一般人不易见到耳。""最近吾在此大学所主讲之'艺术教育'，据说是近世德国人首先提倡的。故德国被称为艺术教育之先驱者……此言对中国人说，直是小巫见大巫，鲁班面前掉大斧者……'礼仪三千，威仪三百'，艺术教育之表现也。'温柔敦厚'，艺术教育之主旨也。"[65]

丰子恺是讲艺术的，但其观点，则与马一浮六艺统摄一切东西方学术文化的观点是同一脉的。丰子恺的演讲受到了浙江大学师生的热烈欢迎。他自己的日记足可说明这一事实：4月15日日记曰："上午续讲艺术教育，听者骤增，共约百余人，后排无座位，均站立，如看戏然……下课后闻学生言，其中有许多人逃他课而来听吾讲。"[66]4月19日日记曰："下午到文庙上艺术欣赏课，教室仅容二三十人，而听者有百余人，皆溢出门外，嗷嗷待坐。"[67]

丰子恺漫画影响大，喜欢的人也多。于是一些有一点美术基础的爱好者也模仿起了"子恺漫画"。这些模仿者中，目的不一，影响亦有别。

鲍慧和（1912—1969），浙江嘉兴人。1930年因景仰丰子恺之为人及其漫画风格请求拜师，并得允成为丰氏弟子。曾遵丰氏之嘱，于1931年秋入上海美术专科学校西画系，1934年夏毕业。鲍慧和自1935年起陆续在《太白》《宇宙风》《时事新报》和《立报》等刊物上发表漫画。鲍慧和的画风酷似子恺漫画。丰子恺曾有言："接我衣钵者，唯慧和矣！"此外，丰子恺在《教师日记》中也有记："见鲍慧和，乃我流离后快事之一。此人疏财仗义，而又厚道可风。其画之似吾笔，乃出于自然，非普通模仿皮毛之可比也。"丰鲍之师生情谊应该很好。1943年，丰子恺曾把自己的画寄鲍慧和，在西安、洛阳两地举办了两人的师生画作联展。

"次恺"是一位模仿丰子恺漫画风格而经常在报刊上投稿的年轻人。

丰子恺在1939年3月4日的日记中有这样的记述："……得上海文汇报高柯灵信。赠边鼓集一册，索稿，并言上海申报时有署名'次恺'者投画稿，字画均酷肖吾笔，特剪一幅见寄。吾初见画，亦疑为自己作。难得此君如此恪摹，复以谦怀署名'次'恺。不知何许人。他日有缘，当图一见。"[68]丰子恺有意一见的这位"次恺"的情况，其实在1939年4月《作者通讯》（浙江省战时作协编）第2期上的一篇补白文字中有披露："丰子恺近应广西宜山浙大之聘，担任该校讲师，暇为本省大路周刊社绘写抗战漫画多幅，至最近在申报自由谈作画，署名次恺者，丰氏自言未识其人。按，次恺原名李毓镛，浙江永嘉人，现年25岁，毕业于省立温中现肄业于上海东吴大学，此君生平，寡言笑，嗜吟咏，不好修饰，布衣朴素，有'子恺'风，除研究理科及儿童教育外，并喜写作漫画，笔法与子恺酷肖，因以'次恺'自名，亦窃比老彭之意也。"另据透露，这位李毓镛不但学起了丰子恺的漫画，甚至在读了丰子恺的《护生画集》后，竟戒荤食素。他取"次恺"这个名字，确也动过一番脑筋。首先，"次恺"即次于子恺之意；第二，"次恺"二字又与"子恺"二字的英文注音字母缩写"TK"一样。

"次恺"不仅在笔法上模仿丰子恺的漫画，在作画的内容上也受了丰子恺的影响。"次恺"有一幅名为《广州所见》的画，画面上是一枚炸弹凌空而下，一位老人抱一孩子躲在树下，而老人的头已被弹片削去，鲜血溅了孩子一身，但死去的老人仍紧紧地抱着孩子。画上有题画词《望江南》一首："轰炸也，树下且藏身，手执枝条人未坐，玲珑脑袋变飞尘，鲜血溅儿襟。"其实丰子恺在1938年10月18日的《申报·自由谈》上已有这样一幅画：一位母亲在给婴儿喂奶，一枚炸弹袭来，母亲的头被弹片削去，而幼儿仍在吮乳。此画也有题画词《望江南》，词云："空袭也，炸弹向谁投，怀里娇儿犹索乳，眼前慈母已无头，血乳相和流。"可知，"次恺"对于丰子恺漫画，是从形式到内容都刻意模仿的了。像李毓镛这样的模仿者，其景仰的成分更多，并非他自己也要做一位像丰子恺这样的漫画家。故可称之为可爱的效仿者。

另外还有分别署名史铎、朱锦江等人，其画风亦与丰子恺漫画相像，其作品亦在当时的报刊上时有所见。其中朱锦江的漫画据目前所见自1928年就有发表。其漫画风格与丰子恺极为相像，《报秋》（载《妇女杂志》第14卷第1号，1928年1月）、《高处不胜寒》（载《妇女杂志》第14卷第2号，1928年2月）即是例证。也有人不是效仿，而是直接临摹丰子恺的漫画，王孝和即是其一（见上海人民美术出版社1955年11月出版之赵自编《革命烈士王孝和》一书）。

第七节　天下何人不识君

"天下何人不识君"是抗战时丰子恺的朋友傅彬然集唐诗相赠的诗句，此言恰好反映了丰子恺在人们心目中的地位。1939年8月，日军攻南宁，宜山亦危在旦夕。迫不得已之中，浙江大学决定迁往贵州，但师生需要各自设法逃难。由于当时汽车非常紧张，丰子恺只得暂时步行。[69]经过三天的奔波，他来到了小镇河池，宿于一家旅馆的楼上。这旅馆的老板是个读书人，经打听，得知前来投宿的是大名鼎鼎的丰子恺，于是招待得格外周到。他知道丰子恺正在为找不到汽车而焦急，便上前安慰说："先生还是暂时不走，在这里休息一下，等时局稍定再说。"丰子恺说："你真是一片好心！但是，万一日军打到这里来，我人地生疏，如之奈何？"于是旅馆老板热情地邀请丰子恺到他山里的家中避乱。丰子恺感激地说："你真是义士！我多蒙照拂了。但流亡之人，何以为报呢？"老板说："若得先生到乡，趁避乱之暇，写些书画，给我子孙世代宝藏，我便受赐不浅了！"

丰子恺就于次日为这位老板写了一副对联。由于老板拿出的闪金纸不易吸水，写好后只得拿到门外马路边去晒。然而正是晒对联，丰子恺便又得到了一线"生机"。说来也巧，此时汽车加油站的站长赵正民路过这里，他是一个敬仰丰子恺的人。他见这副对联是丰子恺写的，而且墨迹未干，知道作者一定就在旅馆里面。赵正民立即前来拜见，当他了解到丰子恺正愁无汽车赶路时，当时慷慨地说："我有办法。也是先生运道太好：明天正有一辆运汽油的车子开都匀。所有空位，原是运送我的家眷，如今我让先生先走。途中只说我的眷属是了。"[70]这旅途中的奇遇，使丰子恺感到十分欣喜，次日一早便搭车赶路了。

丰子恺到都匀后，他喝了个大醉。此后浙大一同事幽默地问他："听说你这次逃难是'艺术的'？"丰子恺大笑。他此后也称自己的逃难是"艺术的逃难"。他说："一个普通平民，要在战争紧张的区域内舒泰地运出老幼五人和十余件行李，确是难得的事。我全靠一副对联的因缘，居然得到了这权利。"丰子恺甚至还以为，与其说这是"艺术的逃难"，还不如说是"宗教的逃难"。他把这等奇事视作"缘"，如果没有"缘"，艺术是根本无用的。这当然是作为一位佛教徒对人生的诠释。[71]

丰子恺于1940年元旦到达贵州都匀的一个月后，浙江大学又迁至遵义。他初居城内，继居城外罗庄，最后则在南潭巷的熊宅定居下来。丰子恺是爱替住宅取名的。熊宅是一座楼房，窗明几净，环境幽雅。有一天晚上，丰子恺在窗前独酌，但见月明星稀，恰与楼前流水相映成趣。他想起了苏东坡改写的《洞仙歌》中的句子："时见疏星渡河汉。"于是就给自己的居宅定名为"星汉楼"。他趁着酒兴，欣然执笔题写了这三个字，然后托人装裱成横批，悬于前楼。

这段时间，老师姜丹书也挂念着丰子恺。1940年，姜丹书有《戏赠丰生子恺五首，仿辘轳体，寄遵义》：

无家天下便为家，累得有家灶产蛙。
若说无家哪有灶？未闻游子总餐霞！

未闻游子总餐霞，凤髓龙肝猫狗蛇。
俱是从来珍羞品，况今人亦吃人耶！

况今人亦吃人耶，菩萨无灵恣夜叉！
闻子开荤已四载，诛夷美髯废跌跏。

诛夷美髯废跌跏，心树灵根笔着花。
信使毁家纾得难，归来把酒话桑麻。

归来把酒话桑麻，此日心期路未赊。
昨听语儿溪客说，缘缘堂址满权桠！ [72]

丰子恺收到老师的赠诗后，有回信：

敬庐业师右左：

　　九月卅示今奉到。抗战以来，屡询尊址不得，正以为念，得示殊欣。承赠诗，满纸谐兴，足见近况佳胜，至慰。恺自廿六年冬空手去乡（时甚紧急，全家十人，皆空手逃出），家业尽成灰烬，幸一路平安，由江西、湖南、广西，直窜贵州，匆匆已三足年矣。回忆缘缘堂中光降之时，恍如一梦。不知湖上丹枫红叶室今无恙否？承惠润例，嬉笑滑稽，如亲謦欬，想见"生意"甚佳。后方不乏收藏鉴赏之专家，曾有人询及尊址，他日逢缘，当为介绍。恺流亡后曾为广西师范教师，近又在浙大授艺术教育，已二年矣。课暇亦研究绘事，但乏善可陈耳。丐师长子逝世，心绪想多不宁，晤时乞有以慰之。
　　顺祝
居安

学生丰子恺顿首

　　再，阅赠诗，有"闻子已开荤"句，确有其事，流亡后饮食稍稍变通，赴宴或与人共食，吃三净肉随喜，不似以前之固执吃素耳。但素食已久，早成习惯，开荤亦勉强耳。但家居照旧素食，近且有《护生画续集》与弘师合作，正在上海（丐师经募）付印。
　　各地小报多谣言，并不全然属实，附告。
　　再，临发又读来示，见有"摸摸光下颚"一语，恐又是小报谣言所传，恺胡须并未剃脱，一向保留，不知何来此谣言，甚奇。大约办报者缺乏材料，信口乱造，以引观听耳。以上皆小事，故向不声明。廿七年春，浙地小报即有此谣传，可笑。[73]

　　再说丰子恺在遵义住了将近三年时间。对于一个流难者而言，这算是一段相对平静的日子。在此期间，他曾为《子午山纪游图册》作画13幅。有关详情，有资料记曰：

　　1941年春，浙江大学初来遵义，因学者们久闻"沙滩文化"之名，常在交谈中谈及，却无缘造访。遵义名士赵乃康遂邀丰子恺和江南名士王驾吾、李瑜、冯励青、罗巴山等去沙滩一游，王因病未能成行，其余4人欣然应邀，他们饱览了美丽的乐安江风光，参观了古刹禹门寺和钦使第（黎庶昌故居），以及王青莲（贵大教授王燕玉祖上，清嘉庆进士入翰林院，官至山东布政使）故里等处。往谒子午山郑子尹墓，青田山莫友芝墓，鱼塘黎庶昌墓，共历时5天，他们下榻于沙滩黎家和护国军团长胡献之家（今存）。他们一路赞叹遵义自然风光之美，对沙滩文化如数家珍，感慨遵义人文精神之盛，个个思绪万千，纷纷挥毫作诗，同行诸人共作诗25首，有律诗和古风，丰子恺则根据他们的诗意，取其最精彩的句子，配画13幅，并将诗句题于画上。因"沙滩文化"的代表人物排序是郑（子尹）、莫（友之）、黎（庶昌），郑子尹旧居是沙滩子午山，故将这本画册定名为《子午山纪游册》。[74]

1941年秋，他在浙江大学升任副教授。在课余，他完成了重绘旧作的工作，编成《子恺漫画全集》（1945年12月由上海开明书店出版）。在"星汉楼"的日子里，他还出版了《艺术修养基础》《子恺近作漫画集》《子恺近作散文集》《客窗漫画》以及与萧而化合编的《抗战歌选》第一、二册。《子恺漫画全集》是丰子恺在抗战时期对旧作的重新绘制。关于此，丰子恺的长女丰陈宝于1998年1月14日曾有一函写给笔者，窃以为能帮助读者了解丰子恺早期与后期的漫画。此信内容如下：

约从1924年起，父亲（丰子恺）创作和发表了不少漫画，并结集出版了好多本漫画集。这些早期的黑白漫画笔调十分"浪漫"，非常富有笔情墨趣。

后来，抗战后，由于这些画集早已绝版，作者1941年在贵州遵义将这些漫画重画一遍，出版了一本《子恺漫画全集》。

最近为了编选《丰子恺漫画全集》（与丰一吟合作），我又一次翻阅了那些画集，包括《子恺漫画全集》。我发现，父亲早年的漫画与四十年代重作的漫画相比，除了风格有所不同外，同样一幅画，画面相同，画题却被改动了。举几个例子："蜘蛛想洗澡"，在《全集》中改为"投井"；"村学校的音乐课"改为"音乐课"；"桂花"改为"都市之秋"；"家庭小景"改为"暇日";"他的家眷——竹叶青一口"改为"竹叶青";"买路钱"改为"开学";"人造摇线机"改为"搓线";"泥"改为"铲除";"三与一之比"改为"饮春";"两种的烟与火"改为"两种吸烟";"守得三天生意好,与尔买条小抱裙"改为"孤寡",等等。

从这些题目的改动中,我们也许可以看出作者在不同时期思想上的几许变化。记下上述例子,供大家参考(有的画题但凭记忆,可能有误)。

第八节　续作护生画与绘佛千尊

丰子恺虽率领一家老小逃难至内地,但他仍记挂着自己的恩师。1938年7月初,他在桂林写了一封信给处在福建的弘一法师,希望他能够来内地与自己一同生活,并供养大师至终老。弘一法师收到此信后,虽为丰子恺的一片诚心所感动,但他仍决定留在闽南。他给丰子恺回信:

> 朽人年来老态日增,不久即往生极乐。故于今春在泉州及惠安尽力弘扬佛法,近在漳州亦尔。诚自惭智识不及,亦藉是以报答诸善友之厚谊耳。犹如夕阳,殷红绚彩,随即西沉。吾生亦尔,世寿将尽,聊作最后之纪念耳……75

1939年,丰子恺为纪念弘一法师60寿辰,开始着手绘制护生画集的续集。《续护生画集》由开明书店于1940年11月出版,夏丏尊作序。序中说:"至其内容旨趣,前后更大有不同。初集取境,多有令人触目惊心不忍卒睹者。续集则一扫凄惨罪过之场面。所表现者,皆物自得之趣与彼我之感应同情,开卷诗趣盎然。"《续护生画集》之所以有这样的特点,一方面是遵照弘一法师的旨意。弘一法师在第一集护生画编辑时曾表示以后的第二集,拟多用优美柔和之作,及合于护生正面之意者。另一方面,丰子恺也受到马一浮的影响。此正如前述之马一浮在写给丰子恺的信中所说的"务望尽力发挥非战文字,为世界人道留一线生机"。马一浮虽未必指护生画,但作为一种战时文艺的创作思想,无疑是站在更高更远的角度理解文艺。此言与直接表现抗战主题的创作思想并不矛盾。

在《续护生画集》中,有丰子恺以致弘一法师的一封信所作的跋,且完全按丰子恺的手书字迹印刷。此信写于1939年旧历九月二十日。信如下:

弘一法师座下:

今日为法师六十寿辰。弟子敬绘《续护生画集》一册六十幅,于今日起草完竣。正在请师友批评删改,明日起用宣纸正式描绘,予计九月廿六日(即弟子生日)可以付邮寄奉,敬乞指教,并加题词,交李居士付印。先此奉禀。忆十余年前在江湾寓楼得接左右,欣逢法师寿辰,越六日为弟子生日。于楼下披霞娜(Piano)旁归依佛法,多蒙开示。情景憬然在目。十余年来,奔走衣食,德业无成。思之不胜惶悚。所幸法体康健,慈光远波,使弟子在颠沛流离之中,不失其所仿仰也。敬祝无量寿。

弟子　丰婴行顶礼
民国廿八年古历九月二十日

丰子恺函邀弘一法师来广西桂林与他自己同住,未得弘一法师同意。于是丰子恺又于1938年11月12日给居留孤岛上海的夏丏尊寄去一封信,信中说:"弘一法师前来函,略云福建宏法事忙,且年高怕行动,故不能来桂。前曾将原函抄奉,不知收到否? 尊眷在沪安好,甚慰……"[76]其实担心弘一法师安全的并非丰子恺一人。随着战事日益紧张,厦门也同样受到威胁。四方友人纷纷劝其早日撤离。然而,弘一法师依然坚留。

丰子恺向弘一法师许了愿,他必定要坚持不懈地画护生画。《续护生画集》出版后,1941年8月1日《佛学半月刊》第10卷第15号第234期、第16号第235期、第17号第236期刊出过佛学书局的《征求护生画题材》,征求文写道:

南无观世音菩萨

广洽法师 供养

丰子恺敬绘

丰子恺所绘的佛像

弘一法师与丰子恺居士合作写绘之护生画集，十余年来，流通者已有正续二册。法师曾与丰居士相约，每十年出一册，续出至六册始止。近者，法师掩关闽中，自感衰老，且痛世变日深，亟思提前成办，速完斯愿，复为布种善因，集思广益起见，嘱代向海内普征题材。如蒙随喜参加，无任欢迎。

征求文还详列了四个方面的题材："（甲）关于生物本身德性者——选取生物界自爱或爱他之现象，令人知生物之可爱而起护生之念。（乙）关于日常生活者——选取日常生活中有关生物之事项，或正或反，以引起护生之观感。（丙）关于外国及各宗教者——选取世界各地之风俗及各宗教之规则，有关护生者。（丁）关于儿童者——选取儿童生活中有关生物之部分或有兴味之儿童故事，自幼培养其护生之念。"此番征求画材，显然十分郑重，征求文最后还特别提示："如有佳作，则当代求弘一法师之书法或丰子恺居士之法绘，以结善缘。"1950年2月，《护生画三集》70幅在上海大法轮书局出版。

《护生画集》问世后一直是佛教界内外广泛流通的书籍，如《世界佛教居士林林刊》第38期（1934）报道了该林于1934年4至6月送出的《护生画集》数是40本；第39期（1935）报道1934年7至9月送出80本；第40期（1935）报道朱冀才居士代赠180本；第41期（1936）报道1935年1至6月送出760本；第43期（1937）报道1936年1至6月送出220本。此外，该画集重印的情况亦频繁出现。又如护生画第二集，即《续护生画集》是由开明书店出版的，但别的书局、印经会等亦有印行的举动，且还有人选画印成《光明画集》，又有《护生画集周刊》出版。[77]1940年10月16日《觉有情》第26期上有《征求附印续护生画集》之通告："名画家丰子恺先生，为纪念弘一大师六旬寿辰，续绘护生画集60幅，更由大师每幅题词。稿已到沪，克日制版筹印。续集艺术之精美，更胜初集，寓意之深刻，直可弭世界之乱源，化干戈为玉帛。如有愿附印者，请即向上海慕尔鸣路111弄6号（威海卫路南）大法轮书局接洽……乐中印经会谨启。"1950年第11卷第8期《觉有情》上有大法轮书局的预告《重印护生画初续三集预告》这样写道："丰子恺先生绘画弘一大师题字之护生画第一、二两集，早经绝版。第三集去年由本局出版以来，迄今亦将售罄。各界未得而欲得此艺林杰构者甚多。本局苦无以餍大众之望，爰特发起将一、二、三三集版式改成一律，以新姿态重新出版，用为弘一大师圆寂八年之纪念……"[78]由此可见，《护生画集》是当时十分受重视的一本护生读物。

1940年8月出刊的《罗汉菜》杂志第14期刊出《丰子恺先生赠画佛像》启事曰："名画家丰子恺居士发愿画佛千尊，普赠有缘。凡欲得以供奉者，须将阔约八九寸，长约十二三寸之夹宣纸，邮递贵州遵义县浙江大学转交，并附邮费。即当将原纸绘就寄回。此项确实佳音。得自本年7月11日丰居士致上海李圆净居士书。谨为介绍，欲求从速。"同年9月1日出刊的《佛学半月刊》第9卷第17号（第212期）上亦刊出《丰子恺先生绘画佛像》，文字基本相同："名画家护生画集原著者丰子恺先生，发愿画佛千尊，普赠有缘。凡欲得以供奉者，须将阔约八九寸，长约十二三寸之夹宣纸，邮递贵州省遵义县浙江大学转交，并附邮资，即当将原纸绘就寄回。此项确实佳音。得自本年7月11日丰先生致上海李圆净居士书。谨为介绍，欲求从速。"

1941年1月1日《佛学半月刊》第10卷第1号（第220期）上又刊出一则《丰子恺启事》，原文如下：

敬启者：

鄙人今春发愿画佛千尊流通世间，广受供养。半载以来，所绘百有余尊。斯愿已偿十分之一矣。乃者，沪地某居士将此消息刊登佛教杂志，各地信善，纷纷来函相嘱，至今已得数十通，皆辞意诚恳，信愿深挚，并附最胜宣纸足数邮票。可见末劫时代，佛法固自存在，修罗场里，慈心相映益彰，斯诚至可庆喜。今特敬告，宇内信善，凡欲得拙画佛像供养者，请将宣纸（大约阔一尺，长二尺为限，请勿过大）及回件邮资封寄贵州遵义浙江大学鄙人收。当即如命写奉。非有特故，延搁不逾一月。专此奉启。

附启者，鄙人近患伤寒，卧病月余，至今犹未痊愈，以致前所嘱画至今未报。一俟病愈，当即写寄。恐劳盼待，特此附告。

民国二十九年九月廿八日丰子恺启

1940年8月5日出刊的《觉音》杂志第16期刊出丰子恺致竺摩法师函，信如下：

竺摩法师：

惠书读悉。恺比来教务画务俱忙，嘱画维摩居士示疾图，颇难落笔。浊世茫茫，危机遍地，举目尽是修罗，何处尚存净土？师能于海之一隅，广布大觉之音，诚为希有！匆颂
撰安！

丰子恺　七月一日

丰子恺画佛，与弘一法师的嘱咐有关，也与纪念弘一法师有关。弘一法师除了自己以画佛弘扬佛法，也经常要求弟子画佛。关于此，文献资料记载很多，如李鸿梁在《我的老师弘一法师李叔同》一文中就说过：

有一次我到招贤寺去……临走时，法师还送了我几个他从山上拾来的野干果和一部日本版《佛像新集》，计两册。并嘱我画千手观音及文殊、普贤像各一幅，预备影印。又说："一九二九年九月二十日为法师五十寿，我在一星期前，赶把数年前命画的多面千手观音菩萨像画好，于十九日下午赶到白马湖（春晖中学在白马湖，经亨颐任校长）……"[79]

这样的情况也发生在丰子恺的身上。比如，弘一法师于1929年农历八月二十九日（也就是弘一法师赴白马湖晚晴山房居住的第三天）写信

给丰子恺：

乞画澄照律祖像一幅。别奉样式一纸，乞检阅。此像在《续藏经》中。今依彼原稿，略为缩小。如别纸中，硃笔所画轮廓为限。如以原稿太繁密者，乞仁者依己意稍为简略。但仍以工笔细线画之为宜。画纸乞用拷碑纸，因将刻木板也。此画像，能于旧历九月中旬随夏居士返家之便带下，为感。

弘一法师又于1938年闰七月二十四日写信给丰子恺：

前复函及写件，想已收到。朽人近在此弘法甚忙，亦颇有良好之效果，可庆忭也。仁者暇时，乞绘释迦佛像一纸，约二尺高之直幅（四尺宣纸一张裁开为四幅），像上，乞写"南无本师释迦牟尼佛"九字。下方纸边，乞写"笑棠居士供养、仁者敬绘"（并盖印）之小字，如常式。至用感谢……

另在附言中说："倘仁者多暇，乞再绘如上式之佛像数叶，但不写上款，一并寄下，尤感。"同年农历十一月十八日，弘一法师又写信给丰子恺："前承寄画像，已分赠诸友人，欢感无尽。"80

弘一法师请学生画佛像，一是鼓励弟子画佛像，二来也是在他自己一时所需而又无暇绘作的情况下出现的情况。丰子恺写此启事是在1940年，此时他刚与弘一法师合作完成《续护生画集》，两人联系相对较多，故他绘佛像，从因缘上讲会与弘一法师的鼓励有关。有了先师的鼓励，丰子恺居然决定绘佛像一千幅以纪念弘一法师的六十岁寿辰。对此，在1942年3月5日《佛化新闻》报上有证据。该日的《佛化新闻》在第一版上有一报道，题目是《丰子恺居士为祝弘一法师六十大庆画佛像千尊结缘》，小标题是"早已满额，申明截止"。报道曰："丰子恺居士，昨函本报，申明佛像满额截止绘画，兹录其原函如左，以飨读者，原函云，敬启者：不慧前年为祝弘一法师六十之寿画佛千尊结缘。全国各省信善纷纷函请，去春早已满额，曾在上海佛学半月刊启事截止。今接川中各地信善来信，谓因见贵刊载有赠画佛像消息，故寄纸嘱画。函件亦有数十通之多。唯不慧近来多病，俗事又忙，暂时未能绘画。故特奉书，乞为照登，以代辞谢。凡已寄下者，当择暇绘寄。但今后请勿再寄纸邮，以免耽误。他年有缘，定当多绘广赠，再结缘可也。专此即请佛化新闻社执事，兹照。丰子恺顶礼启。卅一年一月二十九日。"丰子恺也有于1941年五月二十六日致蔡慧诚信：

慧诚居士道席：

一月间赐示早到。事冗久不复，至歉。画佛千尊今已满愿。但四方求者，已达千三百余尊，来函尚源源不绝。不得已，已在佛学半月刊启事，请额外求者延迟至秋间应嘱。宏法事业不嫌多，惟弟尚有世俗事务，为生活所必须，故不得已暂停。至秋间再宏佛法可也。藏香已蒙见赐，不当再受。今邮寄不便，逾觉难得。弟处尚余一匣，珍藏书箱中，不敢滥用矣。佛化家庭一书，诚近世家庭实典。来函谓近世所谓佛教家庭极少绝对奉佛者，大都与神鬼教互混。此言甚是。此乃未曾认明佛教真相之故。因此误认佛法为迷信一类之事。其实世间最不迷信者，无过于佛法。（连人生都不信。何况神鬼。）但世间能懂此语者，恐寥寥无几。足下致力于净业，今后如有出版，希望将"佛教最不迷信"一题多所说明，使一般似是而非之佛教家庭，知所感悟。弟常在自己家庭中向儿女解释此点，家人都能了解此旨，不做一切迷信事件。可见解释良有效果也。专此奉达，顺祝
净安

弟丰子恺和南　三十年五月廿六日 [81]

可知，丰子恺确实画过数量甚巨的佛像。倘若如今世上有众多丰子恺佛像画流传，就数量而言，实不为怪。至于具体到某幅画是否真迹，则是另一回事。[82]

然而，弘一法师的身体已日渐衰弱，他晚年所谓的尽力宏法当是他对佛教事业的最后努力。1942年10月13日，一代高僧弘一法师在泉州圆寂。圆寂前三天，他写下了"悲欣交集"四字，此亦成了他最后之墨宝。

对于弘一法师"悲欣交集"四字，丰子恺有异于常人的解释。他

在1948年5月6日致班侯的一封信中说：“大师绝笔‘悲欣交集’，足下以为悲是‘慈悲’之悲，欣是‘载欣载奔’之欣，自是一种看法。弟之所见，则略有不同；弟以为此四字义甚简明，与婆娑世界离别是悲，往生西方是欣。山川草木，宫室楼台，尊荣富贵，乃至亲朋骨肉，在佛教徒视之，如昙花一现，皆幻象也；皆梦境也。梦中离别，亦有悲情。然若明知是梦（即拙著《缘缘堂随笔》中之《晨梦》），则虽有悲情，乃是假悲，非真悲也。‘假悲’二字，易被浅见者误解为不道德，则宜改称‘幻悲’，‘虚空的悲’。盖与极短暂之幻象别离，本不足悲也。欣则是真欣。涅盘入寂，往生西方，成就正觉，岂非最可欣之事？故弟以为悲欣交集四字，最简且明。佛子往生时说此四字，实最为适当，最为得体。自古以来，高僧大德，未有能在往生时道出此四字者。于此足证弘一大师之无上智慧。”[83]

如今大多数人皆认为弘一法师“悲欣交集”四字是他自己对其一生的概括总结后在往生之前所发的感慨，侧重点在他的一生身世上。而丰子恺作为他的弟子，发表以上意见，当为研究者重视。

丰子恺获知弘一法师圆寂的消息是在法师西逝后第五天。那是1942年10月18日的早晨。

1942年秋，国立艺术专科学校校长陈之佛邀请丰子恺到重庆该校任职。10月18日早晨，丰子恺正在遵义的住宅“星汉楼”中整理行装。这时，邮差突然送来泉州开元寺性常法师发来的电报，报告弘一法师圆寂的消息。

丰子恺接到电报后，心里自是一阵悲恸。他下意识地走到窗前，望着长空沉默了几十分钟。然后，他发了一个愿，即决定替弘一法师画像一百幅，分寄各省信仰大师的人。11月中旬，丰子恺全家迁居重庆，连应酬加疾病，他在次年1月方才动笔绘像。他先一口气连画十张，分别寄给福建、河南诸信士。另外90幅，准备一面接洽索画人，一边为之绘作。对于绘弘一大师像，丰子恺认为是心最诚而情最切的。他这样解释：

这些画，为欲勒石，用线条描写，不许有浓淡光影，所以不容易描得像。幸而法师的线条画像，看的人都说像，大概是他的相貌不凡，特点容易捉住之故。但是还有一个原因：他在我心目中的印象太深之故。

我自己觉得，为他画像的时候，我的心最虔诚，我的情最热烈，远在惊惶恸哭、发起追悼会和出版纪念刊物之上。[84]

有关丰子恺为弘一法师画像，1943年4月1日出版的《觉有情》半月刊第4卷第15、16号（第87—88期）上刊有丰子恺致性常法师的一封信。全文如下：

性常法师道席：

弘一法师生西电到，仆正束装上车，将迁居重庆。得电后即发愿到重庆后，先画法师遗像百帧，广赠海内信善，托为勒石、立碑，以垂永久。今到渝已旬日，舍馆未定，尚未动笔，将来画就拟函告各地友好，请代为宣传。如有发愿刻石立碑者，即寄赠一帧。（或在福建、浙江、江苏、四川等处登报征求愿勒石者，必易满百帧，届时再定。）仆远居川中，未能得法师最后一见，至引为恸，但读与质平居士最后一书："华枝春满，天心月圆"，则知法师往生，必异常安祥（详），至为慰也。遗愿护生画集四册（法师曾欲刊护生画集六册，已出二册，尚有四册未出），仆但得世寿稍长，必为续成。承寄示报纸，得知详情，甚感。质平居士寓址仆亦不知。最后墨宝暂为保藏，容后寄去。

匆匆未尽，即颂净安

丰子恺和南　十一月十七日

此信透露了一条重要信息，即弘一法师的最后墨宝中给刘质平的这份因不知刘质平的地址，首先是寄给丰子恺的。由于丰子恺亦不知其寓居何处，便有了"最后墨宝暂为保藏，容后寄去"之说。

尽管如此，还是有人对这些画作提出了意见，而丰子恺也认为有道理，并表示接受。这从他与朱镜宙于1947年的书信往还中可以看出。两信均刊于1947年12月1日《觉有情》半月刊第8卷第12号。1947年10月19日，朱镜宙致函丰子恺：

子恺先生：

蜀中握别，寒暑载屡。顷读《觉有情》第8卷10月号，先生为弘一大师造像，欢欣无量。先生前曾发心为大师造像百尊，今此所作，其权舆欤？惟问有待商榷者：佛门最重威仪，而律宗尤谨严。经云，剃除须发，是为沙门。故沙门戒相，剃除须发，乃其先决必具条件。昔佛住世，凡有求请出家者，以佛神力，须发自落，此为后世剃度制之滥觞。百丈清规剃度正范云，当举刀时，维那师唱净发偈云：剃除须发，当愿众生，远离烦恼，究竟寂灭。唵，悉殿都，漫多啰，跋陀耶，娑婆诃。三举三和，偈毕停刀。是吾国比丘戒相，必须剃除须发明甚。今大作所造大师像皆有须（所见二尊皆同），实非佛制，与律不合。弟世障甚深，未识大师一面，然仰止之诚，与日俱积。昔年客蜀，曾请马一浮先生为函介见，而大师遽以寂闻，引为生平第一憾事。自见觉刊先生造像后，特走访此间大师往来最密之周孟由居士，询以大师先前究留须。承告，大师生前，虽偶留须，但因事未剃，决非有意蓄须也。周居士并言，渠于一日偶询大师同门某师，大师慨然曰，彼已蓄有长髯矣！周居士又尝见云栖大师有遗像，以质印光大师，师曰，此后人所妄为，非云栖本来面目也。净土宗且如是讲求僧相，况律宗大德，其敢方便出入耶？至吾国禅宗大德，间有须发髯者，实以生死事大，无常迅速，不暇修饰耳。若夫律宗，最讲戒相，绝不苟且从事。今先生既称大师为南山律宗第十一代律祖，而造像有须，恐非大师之意。大师生平，虽细事，必遵绳墨。曾见其致周居士代借续藏经书，凡麻绳包纸邮票，一并附来，其不苟如是。又尝闻觉华上人云，大师住持厦门南普陀时，严冬赤足，竟致龟裂，不能步行，群弟子环请纳履，不从。即

弘一大师遗象

先师弘一大师住世之日与闽僧周治法师缔谊最深曾约余来闽相见以缘悭未果戊辰之冬余从台湾来厦门适大师已先五年前住西方舍殿康洁法师为我言之时大师陋咳写大师遗象赠广洽师即请去之星洲蒙兰因院佛会小志永远以追思

广洽见闻 大师陋咳写 丰子恺写厦门

丰子恺绘弘一大师像

此数端，足概其余。弟深惧造像留传后世，或有误解，影响佛法前途匪浅。盖蓄须之风，已盛行吾国今日之僧界，大有积非成是之观，用谨掬诚奉商。明知大作必有所本，然非大师本意，可断言也。未审尊意以为何如？

敬颂著安

弟朱镜宙顿首　三六，十，十九⁸⁵

丰子恺收到信后，即有回信：

镜宙先生：

蜀中一别，匆匆数载。今大法轮书局转下大札，读之深为惶恐。律主不应蓄须，弟甚赞善。惟当时画像百尊，根据各种照片，有蓄须者，有无须者。（编者按：丰先生原函于上句之旁注有"据生西前最近肖像"八字。）前者题"弘一法师遗像"，后者遵闽僧之嘱，题"南山律宗……"字样。《觉有情》所载，来示谓有须而题"南山律宗……"，必是当时误题。异日刊法师全集时，当为文更正也。来示保存，异日一并刊出，以明先生对于佛法之精严，及对于弘一法师之厚爱。专此奉复，即颂时祺。

弟丰子恺叩　十一月一日

丰函文中之"编者按"系《觉有情》编者所加。二信系丰子恺要求刊出。一同刊出的还有丰子恺致编者陈无我一短信："无我先生：示奉到。朱先生原信附上。乞即请将两信刊出，以代声明，则弟可不须另作声明矣。专此奉复，即颂道安。弟丰子恺叩。"

从现存的弘一法师照片中可以看出，弘一法师有时确实也是蓄须的。按朱镜宙信中转述周孟由的解释，此当以"因事未剃，决非有意蓄须"来理解。

丰子恺记述弘一法师李叔同的散文有《法味》《缘》《为青年说弘一法师》《我与弘一法师》《中国话剧首创者李叔同先生》《先器识而后文艺》《李叔同先生的爱国精神》《李叔同先生的教育精神》及《〈弘一大师全集〉序》《〈前尘影事集〉序》《拜观弘一法师摄影集后记》《〈弘一大师纪念册〉序言》《〈弘一大师遗墨〉序言》《〈弘一大师遗墨续集〉

跋》等。以弘一法师李叔同为记述对象，这在丰子恺的记人散文中，其数量是最多的。

对于老师李叔同的印象，丰子恺在《为青年说弘一法师》一文中有详细的描述。在1947年《群觉》11月号上有蔡惠明《读〈为青年说弘一法师〉后》一文，其中评价道：

弘一大师是丰子恺先生的老师。在学校里，他与子恺先生因画的关系，往还很多；即出家后，他们的"因缘"亦仍密切，所以丰君之与大师，可说知之最深，解之最切了。以这样人事上的条件写《为青年说弘一法师》的文章，似乎较一般与大师仅有"南社同文"或"曾经亲近"的因缘者详细得多，何况，作者对佛教的认识，亦是受于大师的熏陶，写佛法处，直截了当，绝无"隔靴搔痒"之虑。所以他对于大师认真至极的持戒精神肯定地下了一个寓意良深的结论说："模仿这种认真精神去做社会事业，何事不成？何事不就？我对于宗教上的事情，不可拘泥其'事'，应该观察其'理'"……

　　……

今年春间曾见到某先生在上海文汇报上发表过一篇文字，认为"李叔同先生是顶聪明的才子，但以后却显得糊涂起来，放弃了现成的教育家与艺术家不做，竟去干这遁世的和尚"。的确，许多人都为他惜，以为这样的人才，埋没于消极的，迷信的，暴弃的空门里，是不大值得的，当时"南社巨子"柳亚子氏父子的大捧曼殊上人就可为例。但这谬错的见解本文作者却有相当理性的辨正，他说："……一般所谓佛教，千百年来早已歪曲化而失却其真正佛教本意。一般佛寺里的和尚，其实是另一种奇怪的人，与真正佛教毫无关系。因此世人对佛教的误解越来越深。和尚大都以念经念佛做道场为营业。居士大都想拿佞佛来换得世间的恭敬，甚或来生福报。还有一班恋爱失败，经济破产，作恶犯罪的人走投无路，遁入空门，以佛门为避难所。于是乎，未曾认明佛教真相的人，就排斥佛教，指为消极，迷信，而非打倒不可，歪曲的佛教，应该打倒；真正的佛教，崇高伟大，高于一切！"……

　　……

总之，全文意简义赅……确是值得向各方推荐的。……

对于弘一法师的西逝，丰子恺始终是很理智的。他没有立即写文悼念，也没有为之发起、主持过任何形式的追悼大会。只是在1943年3月写了那篇《为青年说弘一法师》。在这篇文章中，丰子恺对自己的所作所为做了这样的解释："弘一法师是我的老师，而且是我生平最崇拜的人。如此说来，我岂不太冷淡了么？但我自以为不是。我敬爱弘一法师，希望他在这世间久住，但我确定弘一法师必有死的一日，因为他是'人'，不过死的时日迟早不得而知。我时时刻刻防他死，同时时刻刻防我自己死一样。他的死是我意料中事，并不出于意料之外，所以我接到他死的电告，并不惊惶，并不恸哭。老实说，我的惊惶与恸哭，在确定他必死的一日之前早已在心中默默地做过了。"[86]

又过了四年，在这期间，丰子恺仍然没有就弘一大师再写过什么文字。一直到1947年，福建的刘绵松居士编辑《弘一大师全集》时，丰子恺才因其词意非常诚恳而写了不足千字的短序。按理，为弘一法师的全集写序，总该详细谈他与弘一法师的因缘了，但是丰子恺仍然不愿详谈。他踟蹰了很久，方才动笔，勉强来赞一词：

我崇敬弘一法师，为了他是"十分像人的一个人"。凡做人，当初，其本心未始不想做一个十分像"人"的人；但到后来，为环境，习惯，物欲，妄念等所阻碍，往往不能做得十分像"人"。其中九分像"人"，八分像"人"的，在这世间已很伟大；七分像"人"，六分像"人"的，也已值得赞誉；就是五分像"人"的，在最近的社会里也已经是难得的"上流人"了。像弘一法师那样十分像"人"的人，古往今来，实在少有。所以使我十分崇仰。至于怎样十分像"人"，有这全集表明，不须我再多费词了。我自己，也是一个心想做到十分，而实际上做得没有几分像"人"的人，所以对于弘一法师这样崇高伟大的人格，实在不敢赞一词……[87]

丰子恺这番话看似抽象笼统，然而细细想来，确实也至情至理。文中所体现出来的正是丰子恺对这位最崇敬的弘一法师一种无以言喻的崇拜。丰子恺所谓十分像"人"的人，是一种具有不趋炎附势，对理想、事业始终如一且具有一种清高至洁、温柔敦厚的品性的人。在这方面，弘一法师是最好的典范，或许还有更多无可形容的超人品格与脱俗超凡之处。这种品格，简直令丰子恺这样一位行文遣词的文章高手也难以明言。这才使他干脆免去一切多余的解释，以一个最像"人"的人来涵括一切了。

然而，丰子恺与弘一法师的因缘太深，他无论如何也无法回避他对弘一法师的评价。于是，1948年11月他在厦门的时候，曾应邀为厦门佛学会做过一次题为《我与弘一法师》的演讲，在这次演讲中，他便提出了所谓的"三层楼喻"：

他是怎么由艺术升华到宗教呢？当时人都诧异，以为李先生受了什么刺激，忽然"遁入空门"了。我却能理解他的心，我认为他的出家是当然。我以为人的生活，可以分作三层：一是物质生活，二是精神生活，三是灵魂生活……弘一法师的"人生欲"非常之强！他的做人，一定要做得彻底。他早年对母尽孝对妻尽爱，安住在第一层中。中年专心研究艺术，发挥多方面的天才，便是迁居在二层楼了。强大的"人生欲"不能使他满足于第二层楼，于是爬上三层楼去，做和尚、修净土、研戒律，这是当然的事，毫不足怪的……88

自从丰子恺提出"三层楼喻"后，他笔下关于弘一法师的文字就多起来了。许多文章为后人研究弘一法师提供了第一手资料。此外，丰子恺还与友人一起在1947年《佛教公论》复刊第17期上发表了《弘一大师遗影集募印源起》：

弘一大师俗姓李，名叔同，字息霜，为我国东渡扶桑习美术之第一人，天才奇伟，凡诗词、歌赋、书画、金石、音乐、剧艺、外语、数理，无所不精，名重士林，举世钦仰，年三十九，悟人生无常，毅然披缁为僧；复感佛教之不振，端在僧人之无行，遂矢志弘律，以身作则，弘法护教，功德难伦。大师自三十一年入灭以还，各方悲恸之余，先后辑有永怀录、年谱、文钞、书简等等纪念之辑，于是宇内私淑大师之人，以曩日既不获其亲教，得此亦可稍解仰慕之忱，窃念：高僧事迹最能发人深省者，莫过于摄影，兹者大师之弟子谢胜法居士，竭四年心力，征得各方，搜集大师遗影，四十余帧，自童年以迄圆寂，莫不具备，或半身，或全身，或独摄，或共摄，或便装，或僧服，或室内，或室外，或潇洒，或隽逸，或雍容，或肃穆，要旨令人一见低徊仰慕，倍生敬仰之心，同人等深佩谢居士征集之苦心，复虑有散失之虞，岂可私置箱箧，而不公诸于世耶？爰发起募印弘一大师遗影集，俾鸿爪永留，遗容常在；惟制版印刷，需费殊巨，非少数人力所能举。久仰先生钦崇大师，为特述其因缘，发起募印缘起，请署台衔，牙作将伯之呼，则佛教幸甚，文化幸甚，众生幸甚，是为启。

发起人

于右任、吴稚晖、李石曾、许世英、吴铁城、梁寒操、张道藩、谷正伦、谢冠生、邹鲁、叶恭绰、丁福保、张太楼、袁希廉、柳亚子、姜丹书、丰子恺、蒋维乔、居正、俞鸿钧　同启

弘一法师圆寂后，丰子恺很想替老师写一部传记。他以为替弘一法师这样的伟人作传必须是同样的伟人才对，才适合。为此，他想到了马一浮，以为只有马一浮才是最佳人选。他去拜访马一浮，请求替先师作传。然而马一浮终于也没有写。他以为像弘一法师这样的智者，完全不必再用文字来书写什么了。

第九节　悼丏师

1937年8月13日，上海战事爆发后，当时夏丏尊任职的开明书店经理部和编辑部即毁于炮火。此时，夏丏尊一家从虹口区的麦加里迁居至法租界霞飞路3号，全家六口挤在楼下的一间客堂里，除了随身带的一点衣物，此外一无所有，从此，夏丏尊实际上过着一种十分艰苦的生活。

抗战时期夏丏尊在上海的生活状况，人们从他致亲友的一些信札中可以想见。例如他给在宁波某生次子的信中曰："……唯生活威胁日重，米价已涨至千四百元矣……物价日日暴涨，不知如何生活得下去。"另两封信中又曰："上海米价二万元以上，香烟抽不起，最好戒绝。""沪寓

开支浩大，薪水所入不够半数，现已戒酒。又接得翻译佛经生意，夜间工作至十二时就寝，预计如此苦干，当能过去。"[89]

1938年，夏丏尊在给丰子恺的信中为了安慰离乱中的丰子恺，却虚言"在沪安好"。到了1940年11月15日，他给丰子恺的信中便不得不如实写告了："浙东不通车故，欲归不得，在上海也恐活不下去……烟已吸至平常不吸之劣牌子……"丰子恺也在1946年5月14日写的《读丏师遗札》一文中回忆道："但记得：抗战后期的一信内，夏先生说，他近来吃'扁担饭'。即每日上午吃了一餐，跑去办公，下午回来再吃一餐，一天的食事就完了。这话现在想起了倍觉伤怀！"[90]

为了活口养家，夏丏尊除了夜以继日写作、翻译，还到南屏女中任教。他诲人不倦，风雨无阻，而他自己的两个孙子却因经济困难不得不辍学，过早地进入钱庄充当学徒。他不是没有机会"富贵"，1943年夏丏尊曾被日本宪兵司令部捕去。日本人出示中国文艺家协会主张抗日的宣言问罪，并想利用其名望为日本人办事。但他坚贞自守，毅然拒绝，后经好友内山完造的营救，才得以获释。

这便是夏丏尊居留孤岛时的境况，着实体现了一个真君子的风范。

抗战期间夏丏尊十分思念避居内地的丰子恺。为了寄托对丰子恺的思念之情，他特地找出丰子恺的漫画《几人相忆在江楼》张之寓壁，"日夕观览，聊寄遐想，默祝祷平安而已"。[91]

夏丏尊在抗战时期给丰子恺写过许多信，其中1940年11月15日的一封信格外引人注意。此信很长，专谈绘画问题，其中写道："……鄙意：中国人物画有两种，一是以人物为主的（如仕女、如钟进士、佛像等），一是以人物为副的（如山水画中之人物）……其实二者之外，尚有第三种方式，就是背景与人物并重……为君计，似以从第三种入手为宜……君于漫画已有素养。作风稍变（改成国画风），即可成像样之作品。暂时以此种画为目标如何？……由漫画初改国画，纯粹人物与纯粹山水，一时恐难成就（大幅更甚），如作人物背景并重之画，虽大幅当亦不难……"[92]丰子恺十分重视夏丏尊的这封信，他在《读丏师遗札》中回忆当时收信时的感想："当时我极感佩。今日重读此信，觉得更有价值，可说是世界绘画倾向的一个预言。"接着，丰子恺在文章中分析了中西绘画的发展历史，得出结论曰："中国以唐代为界，划分人物画时代与风景画时代。西洋则以十九世纪中叶为界而划分。时间上迟早不同，而其顺序完全一致。故世界绘画，现在都尚在风景为主的时代。"为此，丰子恺断言："夏先生所说的第三种画，我以为在将来必然出现……世界绘画渴望一个新的转机。这回转向那里呢？唯有人物风景并重的一路了。"丰子恺以为这第三种画在将来必然出现，其实他自己已经在实践了。溯其漫画的发展阶段，到了抗战期间，他的画风突然为之一变，风景漫画成了他这时期绘画的重要形式。他用了很多笔墨描绘了风景，而且由简笔变为繁笔，由单色变成了彩色。这种转变，虽然说不是完全由夏丏尊直接促成，但至少是一个重要因素。况且，丰子恺对此是承认的。他在写《读丏师遗札》一文时，夏丏尊已经辞世，他在此文的结尾中便是这么写的："陶渊明诗云：'先师遗训，余岂云坠？四十无闻，斯不足畏。脂我名车，策我名骥。千里虽遥，孰敢不至！'我也想遵照夏先生的遗嘱，而勉力学习。" 93

夏丏尊和丰子恺都是中国现代文学作家中的散文高手。作为"白马湖作家群"中的两位主将，他俩的散文都曾得益于中国古典散文的影响，笔法简洁而老练，同时又注重现代人的情感。他们的散文，前者偏重抒情，后者偏重说理，可谓各有千秋却又同出一炉。丰子恺曾把自己走上文学之路归功于夏丏尊的指导和鼓励，而夏丏尊对这位昔日的学生在文坛上取得的成就感到由衷的高兴。在国内，当时颇具影响的文学评论家赵景深以为丰子恺的文字只有朱自清可以媲美。那么在国外的情况怎样呢？1943年，夏丏尊在上海读到日本评论家谷崎润一郎的新著《昨今》，其中有对中国文艺的评论，尤以对丰子恺的评价最为详细；他的散文集《缘缘堂随笔》也由日本汉学家吉川幸次郎翻译在日本出版。谷崎润一郎的这篇文章是有感于吉川幸次郎翻译出版丰子恺的《缘缘堂随笔》而写的。谷崎在文章的一开头就借用吉川先生的话把丰子恺的地位提升得很高。他写道：

《缘缘堂随笔》著者丰子恺的名字，在我国差不多没有人知道，我也还是于接到这本书的时候初听到的。这随笔是中国丛书中的一册，译者是吉川幸次郎。在《译者的话》中，有这样的话："我觉得，著者丰子恺，是现代中国最像艺术家的艺术家，这并不是因为他多才多艺，会弹钢琴，作漫画，写随笔的缘故，我所喜欢的，乃是他的像艺术家的真率，对于万物丰富的爱，和他的气品、气骨，如果在现代要想找寻陶渊明、王维那样的人物，那么，就是他了吧。他在庞杂诈伪的海派文人之中，有鹤立鸡群之感。"

谷崎的文章分成三个部分，第一部分推荐丰子恺并略述中国随笔之地位；第二部分为作者对丰子恺随笔的评论；第三部分作者不厌其详地介绍丰子恺随笔的写作内容。其中第二部分中谷崎先生写道：

如果说胡适氏的《四十自述》是学者的著作，那么这本随笔可以说是艺术家的著作。他所取的题材，原并不是什么有实用或深奥的东西，任何琐屑轻微的事物，一到他的笔端，就有一种风韵，殊不思议。……在这部译本里面，第一篇写"吃瓜子"，有十五页光景，我希望大家能一读。因为题材是中国式，能把这种些微的题材写得那样有趣，正是随笔的上乘（吉川氏的译文也很好），这恐怕是他最得意的一篇吧。可是著者的境地，决不仅限于这种方面，各篇都有情味与特色。我所喜欢者是下面的《山中避雨》。……全篇所记只五页，于短篇之中，富有余韵。……还有一篇叫《作父亲》，比《山中避雨》长两三页，诗趣横溢，非常的好。大概著者是非常喜欢孩子的人，这两篇以外，如《华瞻的日记》《送考》等，都写着儿女的事情。[94]

夏丏尊读到《昨今》，自然感到十分高兴。日本学者对他的这位学生、朋友有如此之高的评价，使他兴奋得立即动手把书中《读〈缘缘堂随笔〉》一章的有关文字翻译出来在《中学生》第67期上发表。夏丏尊的译者序言是这样记述的：

"八一三"以来，藏书尽付劫火，生活困苦，购书无资，与日本刊物更乏接触之机会。日昨友人某君以谷崎新著随笔集《昨今》见示，中有著者之中国文艺评，对胡适、丰子恺、林语堂诸氏之作品各有所论述。其中论子恺最详，于全书百余页中竟占十页，所论尚允当，故译之以示各地之知子恺者。余不见子恺倏逾六年，音讯久疏，相思颇苦。子恺已由黔入川，任教以外，赖卖画以自活。此异国人士之评论，或因余之迻译有缘得见，不知作何感想也。三十二年五月，译者，在上海。

夏丏尊的译文发表后，开明书店就把刊物寄给丰子恺看，接着叶圣陶又函请丰氏本人写一篇读后感。当时正值战争期间，丰子恺觉得为了一个敌国人所写的文章谈感想，似乎不甚谐调。但是在抗战胜利后的1946年4月11日，丰子恺还是写了一篇《读〈读缘缘堂随笔〉读后感》，除补应叶圣陶之嘱，更为了感谢夏丏尊，他在文中说："夏先生译文的序言中说：'余不见子恺倏逾六年，音讯久疏，相思颇苦……此异国人士之评论，或因余之迻译有缘得见，不知作何感想也。'为答复夏先生的雅望，我更应该写些感想。"[95]

丰子恺在这篇文章中除了对吉川、谷崎二位对他本人的赞美表示不敢领受，还说了十分令人回味的话："吉川和谷崎二君对我的习性的批评，我倒觉得可以接受，而且可以让我自己来补充表白一番。吉川君说我'真率''对于万物有丰富的爱'。谷崎君说我爱写'没有什么实用的、不深奥的、琐屑的、轻微的事物'；又说我是'非常喜欢孩子的人'。难得这两位异国知己！他们好像神奇的算命先生，从文字里头，把我的习性都推算出来。真可谓'海外存知己，天涯若比邻'了！"[96]丰子恺的这一表白，说明他对谷崎润一郎的这篇文章欣然接受。

丰子恺的这篇"感想"中有一段文字很有意味："我既然承认自己是孩子，同时又觉得吉川、谷崎二君也有点孩子气。连翻译者的夏先生，索稿子的叶先生，恐也不免有点孩子气。不然，何以注目我那些孩子气的文章呢？"丰子恺说："在中国，我觉得孩子太少了。"[97]

弘一法师圆寂以后，夏丏尊的身体亦日复一日地衰弱（当然，二者之间没有必然的联系）。尤其是1943年底夏丏尊被日本宪兵司令部捕去后，肺病复发，健康状况更为恶化。1945年，夏丏尊又患肋膜炎，到了1946年的春天，他的肺病终于加剧而危及生命了。

夏丏尊在生命最后两天里的情景，叶圣陶曾有《从此不再听见他的声音》一文记述："4月22日上午，去看丏翁。他朝里侧睡，连声呻吟。医生还没来，昨日医生说他心脏转弱，开了强心剂给他服下，又吩咐预备葡萄糖，将给他注射……将近11点，我要走了，朝他说明天再来。他望我一眼，勉力说出以下的话："胜利，到底啥人胜利——无从说起！"虽然舌头有些木僵，声音还听得清楚。那凄苦的眼神带着他平生的悲悯，使我永不能忘……我走了，从此不再听见他的声音。23日午后又去看他，他已经闭了眼睛，只剩抽气了。就在那天下午9时45分，他离开了我们的世界。"[98]

丰子恺得悉夏丏尊逝世的消息是在重庆。当时丰氏刚从重庆郊外迁居城中。三年多以前，他从遵义迁重庆，临行时接到老师弘一法师往生的消息，而今天，另一位老师夏丏尊又离他而去，消息都在他行旅倥偬的情况下传到。

1937年的秋天，丰子恺从南京回故乡，中途在上海下车，曾赴梧州路去看望夏丏尊先生。时值卢沟桥事件爆发不久，夏丏尊每说一句话，就叹一口气，临别之时，丰子恺说："夏先生再见。"夏丏尊则答曰："不晓得能不能再见！"果然，这就是师生俩的最后一面。闻悉夏丏尊逝世的噩耗之后，丰子恺很快写了一篇《悼丏师》长文，他觉得，类似夏丏尊之死，使"文坛少了一位老将""青年失了一位导师"这些话别人都已说得够多了，于是，他便着重追忆了他与夏丏尊的师生情缘，读来也格外令人亲切，其哀悼之情也特别深挚。在谈及他受弘一法师、夏丏尊的影响时，丰子恺以为"二十年间，常与夏先生接近，不断地受他的教诲。其时李先生已经做了和尚，芒鞋破钵，云游四方，和夏先生仿佛是两个世界的人。但在我觉得仍是以前的两位导师，不过所导的对象由学校扩大为人世罢了"。[99]

丰子恺最了解夏丏尊的为人处世："他看见世间的一切不快、不安、不真、不善、不美的状态，都要皱眉，叹气。他不但忧自家，又忧友、忧校、忧店、忧国、忧世。朋友中有人生病了，夏先生就皱着眉头替他担忧；有人失业了，夏先生又皱着眉头替他着急；有人吵架了，有人吃醉了，甚至朋友的太太要生产了，小孩子跌跤了……夏先生都要皱着眉头替他们忧愁。"最后，丰子恺自己也悲愤起来："八年来水深火热的上海生活，不知为夏先生增添了几十万斛的忧！忧能伤人，夏先生之死，是供给忧愁材料的社会所致使，日本侵略者所促成的！"[100]

夏丏尊的追悼会于1946年6月2日下午在上海玉佛寺举行。根据夏丏尊的遗愿，谢绝赙赠。治丧委员会推选几人组成夏丏尊先生纪念委员会，募集纪念基金，专赠于任职十年以上，成绩卓著，或在语文教学上获得创见的中学国文教师。"启事"上是如此说的："先生泉下有知，必将谓吾道不孤，惠同身受，而受之者亦可以得所慰藉，益加奋勉。"此基金颁发过一次，受奖者为姚韵漪女士。后因通货膨胀，物价飞涨而未能坚持下去。

第十节　沙坪小屋

丰子恺在日本结识的朋友陈之佛，此时正在重庆国立艺专当校长。他得知丰子恺正在遵义，就写信邀请丰氏前往该校共事。1942年11月，丰子恺告别浙大抵重庆沙坪坝，并于下旬在重庆夫子池举办了他的个人画展，展出逃难以来所作彩色人物风景画。

1938年3月，原国立北平艺专与国立杭州艺专在湖南沅陵合并，称国立艺术专科学校。学校的合并，带出的实际问题是原两校间复杂的人际关系。这种复杂的人际关系使得合并后的该校实际负责人林风眠于1938年6月辞职。此后，教育部委派滕固任校长，但滕固在努力了两年后，也因病辞职。接下来的校长是吕凤子，但两年后亦请辞卸任。吕凤子当时向教育部推荐了陈之佛。鉴于前任们的经历，陈之佛先是坚辞不就，但在当时的教育部长陈立夫的再三劝请和画家傅抱石等人的敦促下，他终于在1942年7月就任了校长一职。

丰子恺（右）与陈之佛（中）等合影

陈之佛上任后，首先想到的就是他自己的好友丰子恺。丰子恺与陈之佛的相识是在1921年的日本东京。丰子恺的女儿丰一吟《潇洒风神——我的父亲丰子恺》一书中有这样的记载：在日本"丰子恺也结识了几个好朋友，如后来成为著名工笔花鸟画家的陈之佛，成为口琴家的黄涵秋，成为名画家的关良等等。归国后一直同他们保持亲密的友谊"。[101]丰子恺与陈之佛的友情虽然有在日本相遇的前因，但真正能体现他俩"亲密的友谊"的则是他俩在国立艺术专科学校共事。当时，由于陈之佛坚信丰子恺的为人和能力，他居然打破常规，直接聘其为教务主任。1942年9月21日，陈之佛向教育部提交了推荐信函：

事由：为遴荐本校教务主任及总务主任并检呈履历祈核定由。

查本校三十一学年度教务主任一职，拟聘丰子恺担任，总务主任一职拟聘张东里担任，理合检同该员等履历表呈请核定，以便聘任；再本校因人选困难，未能依照规定加倍遴荐，仰恳俯察事实，予以通融，实为公便。

谨呈

教育部

计呈履历表一份。

国立艺术专科学校校长陈之佛[102]

从这封信函中可看出，陈之佛是将丰子恺列为了不二人选。然而，陈之佛这一破常规的决定也遭到了一些人的非议，以为他是在招纳亲信。为此，教育部为减少事端，曾要求补荐。然而，陈之佛却仍然推荐丰子恺为教务主任的第一人选。1942年11月19日，教育部批复了陈之佛的人事方案。至于丰子恺这边，他也欣然应聘。丰子恺的女儿丰一吟在解释此事时认为：丰子恺应聘国立艺术专科学校是出于两方面的考虑："其一，三个儿女在修文读毕浙江大学一年级后，听说重庆沙坪坝的中央大学外文系较好，浙大则重理工科，所以三女丰宁馨到湄潭续念浙大二年级数学系，由丰满陪去；而长女丰陈宝和长子丰华瞻则转学到重庆中央大学。他们初到重庆沙坪坝时，借住在陈之佛先生家里，后来住读。这一层原因使得丰子恺也想迁往重庆沙坪坝。其二是当时的星汉楼已不像初来时那么安静……星汉楼不可久留矣!"[103]1942年11月,丰子恺来到了重庆。初到重庆后,丰子恺一时未觅得住处,便先寄住在陈之佛的家里。不久,他与立达学园时的学生陈瑜清相遇,经陈瑜清的介绍又搬至风生书店暂住。最后,他便自建了"沙坪小屋"。

丰子恺住在陈之佛家的时候,得到了陈家的多方关照。为了表示感谢,丰子恺作画《米与豆》相赠。陈之佛则在画上题诗以答:"笔底烟霞未肯贫,客山携酒醉花茵。他年倘过章门路,沽酒江潭是故人。一片芦烟忆断鸿,还家三过白萍风。逢窗若展烟江看,帆影反疑在扇中。"[104]

丰子恺在该校担任教务主任一职时的详情,目前资料较少。2007年12月7日《嘉兴日报》有记者朱静燕所写的一篇访问稿,题目是《离休教师李长木述说他印象中的丰子恺——丰子恺对我而言,就是一个亲切的长辈》。文章一开头就引述了李长木的话:"我在解放前就读的国立艺术专科,丰子恺是我们学校的教务主任。"记者接着写道:"李长木在年轻时候与丰子恺有过几次接触。1944年,十九岁的李长木随哥哥李长之在重庆沙坪坝生活,当时哥哥在国立艺术专科学校教美学,和丰子恺是同事。'丰子恺是教务主任,陈之佛是校长,他们是很好的朋友、同学。'"接着文章引述了李长木的话:

> 因为我要学画,所以哥哥带我去拜访了他们。丰子恺没有架子,很尊重人,他送了一幅画和一幅字给我,我是晚辈,他抬头也写"仁兄长木"。

文章还写曰:"在重庆时,丰子恺经常到李长木哥哥家去,和他哥哥谈教学、谈艺术、谈时事,在李长木的印象中,他们都很健谈,谈的话题他听不懂也插不上嘴……1944年下半年,李长木以第五名的成绩考入国立艺术专科学油画。但遗憾的是,当他进校的时候,丰子恺不做教务主任了,由潘天寿继任。"

丰子恺在国立艺术专科学校担任了教务主任之职。但由于性情所致,他并没有把主要的精力投入其中。平时,他也只是给学生讲授艺术概论等课程。由于丰子恺看到学校内部的种种矛盾,也由于教育部并未在经费方面给予学校以足够的支持,又由于陈之佛对校长之职也有了犹豫，丰子恺遂决定辞职。1943年秋，他辞去了教务主任之职。丰子恺辞职后，陈之佛更萌退意。1944年3月，陈之佛辞去了校长之职。陈之佛辞职后仍回中央大学艺术系任教。抗战胜利后，他返回南京。

丰子恺辞去国立艺术专科学校教务主任的时间与李长木回忆其在该校任职的时间相差一年。估计当是因年久回忆有误。

1959年8月，人民美术出版社出版了《陈之佛画集》，该画集的编者居然就是丰子恺。丰子恺在编者序言里说："人民美术出版社将刊印陈之佛画集，因为我和他的相稔，嘱我担任编辑之责。他的作品很多，这里所选的22幅，只是其代表作的一部分。做这编辑工作的时候，之佛兄正远客波兰，我未能征求本人意见。然我确信他一定同意，又确信这些都是我国广大群众所爱读的画。"对于陈之佛的评价，丰子恺是这样写的："吾友陈之佛兄早年毕业于东京美术学校图案科，为中国最早之图案研究者。我和他同客东京的期间，曾注意他的重视素描，确知他对写生下过长年的功夫。他归国后，应用这写生修养来发扬吾国固有的民族风格的花鸟画，所以他的作品能独创一格，不落前人窠臼。他是采取洋画技法中的优点来运用在中国民族绘画中。换言之，是使洋画为国画服务。"

陈之佛在南京从事美术教学工作的时候也经常向学生介绍丰子恺的艺术和艺术思想。他认为，中国近现代的艺术教育，有一个十分重要的脉络：弘一法师李叔同——丰子恺——钱君匋。如果从这一脉络研究中国近现代艺术教育史，即把握了主线。此言当引起人们的高度重视。

丰子恺到沙坪坝后，初寄居陈之佛家，后又几度迁居，最终于1943年夏天在正街以西租地自建竹壁平屋，自命其为"沙坪小屋"。其实此屋是非常简陋的"抗建式"平屋，"篱笆之内，地皮二十丈，屋所占的只六方丈，其余算是庭院"。"抗建式"的平屋共三间，每间前后分为二室，共得六间，以此安顿一家老小或用作客堂餐厅。丰子恺在国立艺专虽任教授之职，但他自"沙坪小屋"建成之后，即辞去了教职，恢复了他战前的闲居生活，专以卖画写作为生。他以为读书作画、饮酒闲谈是他的性格要求，在他看来这样的生活才是最幸福的。在这期间，丰子恺也种豆、种菜、养鸽、养鹅，有时也与朋友们，如叶圣陶、傅彬然等一起饮酒叙旧，间或也往成渝一带走走。

丰子恺在"沙坪小屋"里终于迎来了抗战胜利的捷报，这比什么都重要。早在1944年的中秋节，他曾大醉酣睡。次日早晨醒来时，便在枕上填了《贺新凉》词一阕：

　　七载飘零久。喜中秋、巴山客里，全家聚首。去日孩童皆长大，添得娇儿一口。都会得奉觞进酒。今夜月明人尽望，但团圞骨肉几家有？天于我，相当厚。

　　故园焦土蹂躏后。幸联军痛饮黄龙，快到时候。来日盟机千万架，扫荡中原暴寇。便还我河山依旧。漫卷诗书归去也，问群儿恋此山城否？言未毕，齐摇手。[105]

　　丰子恺后来在《谢谢重庆》一文中提到此词的写作纯属偶然游戏，不料被他言中，到了第二年的中秋，日本果然投降。1945年8月10日后数天，他用宣纸把此词书写了数张，分赠亲友。以为胜利助喜。他自己也留下一张，贴在壁上，天天观赏。

　　1946年4月20日，丰子恺卖去"沙坪小屋"，迁居城里的凯旋路，这凯旋路的名字正合丰子恺当时的兴奋之情。他想到了马一浮的一首赠诗，其中说："清和四月巴山路，定有行人忆六桥。"然后道出了一衷心愿："我苦忆六桥，不得不离开这清和四月的巴山而回到杭州去。"[106]

注释：

1、41　丰子恺：《还我缘缘堂》，载1938年5月1日《文艺阵地》第1卷第2期。

2、3、4、5、6、7　丰子恺：《桐庐负暄》，载1940年《文学集林》第4期。

8　丰子恺：《辞缘缘堂二首》，收《丰子恺文集》（文学卷三），浙江文艺出版社、浙江教育出版社1992年6月第1版，第746页。

9　丰子恺：《避寇萍乡代女儿作》，收《丰子恺文集》（文学卷三），浙江文艺出版社、浙江教育出版社1992年6月第1版，第739页。

10　丰一吟：《潇洒风神——我的父亲丰子恺》，华东师范大学出版社1998年10月第1版，第185页。另据丰子恺1939年2月24日《教师日记》："月珠内姐自上海来信，殷勤为问，并寄其新生之孙照片。信末有云：'昨天看见无锡报载子恺兄在乱山丛之中步行万里，到达长沙。一撩长须，剃个干净。不知确实否？'阅信，全家大笑。抗战以来，江浙报纸屡载我之行止，而大都荒唐可笑。前浙江某报，曾标题曰'丰子恺割须抗战'。又有一报，云记者亲在开化见我'长须已去'。(实则我并未到过开化。) 上海某小报则曰'一根不留'。今无锡报又言'剃个干净'。当此国家危急存亡之秋，我之胡须承蒙国人如此关念，实出意料之外。"见《教师日记》，万光书局1944年6月第1版，收《丰子恺文集》(文学卷三)，浙江文艺出版社、浙江教育出版社1992年6月第1版，第93页。

11　丰子恺：《梅兰芳不朽》，载1961年8月14日《解放日报》。

12　引自韦人庆《记丰子恺抗日时期在宜山、环江、河池的生活片断》一文，载《广西广播电视大学学报》1998年第2期。

13　林衡夫：《邮票上的丰子恺画》，载1991年11月7日《浙江日报》。

14　事实上当时确有他人也在翻译《苦闷的象征》，如1924年1月7日、1月24日《艺术评论》第38号、第40号上就连载了汪馥泉的译文。

15　至于鲁迅和丰子恺的两个中译本，究竟哪一本更好，一些读者和鲁迅本人对此似乎有较为实事求是的评说。有一位与鲁迅交往颇多的人叫季小波，他同时也是丰子恺的学生。季小波先生在1989年12月20日的《文汇报》上发表了一篇题为《鲁迅的坦诚》的文章。文章说：作者曾在1929年读到鲁迅译的《苦闷的象征》后，感到译文佶屈聱牙，有些句子还长达百来字。于是他觉得还是丰子恺的译本"既通俗易懂，又富有文采"。季小波继而写道："我觉得在翻译的某些方面，鲁迅显然不如丰子恺，但鲁迅的文章却无疑是大家手笔。我出于尊敬鲁迅，想对他当面提出我的看法，但又怕过于率直而伤了'情面'。三思之下，决定还是写一封信向鲁迅'请教'。我在信中将厨川白村的原文(日文)及鲁译、丰译的同一节、同一句译文互相对照，提了我的意见，还谈了直译、意译和林琴南文言文译的不足之处。"过了几天，季小波收到鲁迅寄来的长达三页的回信。鲁迅不仅表示同意季小波的看法，认为他译的不如丰子恺译的易读，还在信中幽默地说："时下有用白话文重写文言文亦谓翻译，我的一些句子大概类似这种译法。"据季小波先生介绍，鲁迅的这封信未能保存下来，只在鲁迅日记中留下了这样一句："六月十一日昙。午后，同广平往内山店买《鉴赏画选》一帖，八十枚，五元八角。将周阆风信转寄达夫。复周阆风、季小波、胡弦等信。"

16　丰子恺：《假辫子——答〈漫画阿Q正传〉读者》，载于1947年6月10日、11日《申报·自由谈》。

17、20、21　舒群口述、廖倩萍整理：《我和子恺》，载《纵横》1996年第8期。

18、23、24、26、27、28、29、30、45、54、55、56、63、64、65、66、67、68　丰子恺：《教师日记》，万光书局1944年6月第1版。

19　丰子恺在1938年12月3日日记中记曰："下午四时正欲返家，校中得教育厅长秘函，谓蒋委员长明日来两江谒李宗仁之老太太，道经桂师，或入参观，嘱校方为整理……"见丰子恺《教师日记》，万光书局1944年6月第1版。

22 丰子恺：《教师日记》原序，万光书局1944年6月第1版。按丰子恺在序中自述，所谓"前五记"指《辞缘缘堂》《桐庐负暄》《萍乡闻耗》《汉口庆捷》和《桂林讲学》。

25 植恒钦：《教学民主，学风活跃——回忆桂林师范学生生活》，载《桂林地区教育学院学报》1988年第2期（校庆纪念专刊）。

31 笔者的两篇文章分别为：《丰子恺与曹聚仁的"绝交"》（收拙著《潇洒风神》，漓江出版社1987年4月第1版，第116页）、《一饭之绝——丰子恺与曹聚仁》（收拙著《新月如水——丰子恺师友交往实录》，中华书局2006年9月第1版，第74页）。

32 杨晓文：《丰子恺与曹聚仁之争》，收2005年丰子恺研究国际学术会议论文集《论丰子恺》，（香港）天马出版有限公司2005年12月第1版，第7页。

33 丰子恺：《劳者自歌·则勿毁之已》，收《缘缘堂随笔集》，浙江文艺出版社1983年5月第1版，第206页。

34、35   以上二信见曹聚仁《一饭之仇》，载1939年4月23日《社会日报》。

36 马一浮致丰子恺信，收《马一浮集》第二册，浙江古籍出版社、浙江教育出版社1996年12月第1版，第562页。

37 同上，第565页。

38、40   曹聚仁：《朋友与我》，收《我与我的世界》（下），北岳文艺出版社2001年2月第1版，第590页。

39 章桂：《忆抗战期间的子恺叔》，转引自丰一吟：《我和爸爸丰子恺》，百花文艺出版社2008年10月第1版，第47页。

42 丰子恺：《辞缘缘堂》，载1940年1月《文学集林》第3辑。

43 司马长风：《"艺术的逃难"》，载1978年4月28日香港《明报》。

44 参见若霖：《关于"因祸得福"》，载1938年8月16日《华美晨报·闲话今日》和《不必"诡辩"："武断"》，载1938年8月17日《华美晨报·闲话今日》二文。

46 柯灵：《拭去无知的唾沫》，载1938年8月19日《文汇报·世纪风》，笔名陈浮。

47 柯灵：《拭沫之余》，载1938年9月2日《文汇报·世纪风》，笔名陈浮。

48 柯灵：《抗战中的丰子恺》，载1938年9月28日《循环报》，笔名陈浮。

49 丰子恺：《桂林的山》，收《丰子恺文集》（文学卷二），浙江文艺出版社、浙江教育出版社1992年6月第1版，第189页。

50 丰子恺：《桂林初面》，收《丰子恺文集》（文学卷二），浙江文艺出版社、浙江教育出版社1992年6月第1版，第64页。

51、70、71   参见丰子恺：《"艺术的逃难"》一文，收《丰子恺文集》（文学卷二），浙江文艺出版社、浙江教育出版社1992年6月第1版，第167页。

52 参见丰子恺：《教师日记》，万光书局1944年6月第1版。另据应向伟、郭汾阳编著《名流浙大》一书《风流千古"缘缘堂"——艺术大师丰子恺》一文，除郑晓沧转述竺可桢邀请，同时浙江大学师范学院主任孟宪承亦相邀他早日成行，浙江大学出版社2007年5月第1版，第91页。

53 叶圣陶：《嘉沪通信》，载《收获》1983年第1期。此文又有言："子恺已在浙大得功课数小时，并兼训育职务，不日即往宜山。""子恺已到宜山，前日来信。彼本欲与马湛翁常在一起，孰知浙大之事成而马已离开。今后浙大将迁云南建水，子恺一行十余人，随往不便，留宜山又无意义，大是可虑。"

57 关于丰子恺应聘浙江大学的时间，应向阳、郭汾阳编著《名流浙大》（浙江大学出版社2007年5月第1版，第91页）一书介绍为1939年4月，而李曙白、李燕南编著《西迁浙大》（浙江大学出版社2007年5月第1版，第140页）则介绍为1939年3月。

58 应向阳、郭汾阳编著：《名流浙大》，浙江大学出版社2007年5月第1版，第92页。

59 马一浮致丰子恺信，收《马一浮集》（第二册），浙江古籍出版社、浙江教育出版社1996年12月第1版，第563页。

60 丰子恺：《横渠四句教附说》，载1938年6月1日《宇宙风》第69期。

61 丰子恺之子丰元草于1989年8月23日致笔者信曰："父亲当时是曾有为该校歌作曲之议，后未实现，改由别人作了。"

62 马一浮致丰子恺信，收《马一浮集》（第二册），浙江古籍出版社、浙江教育出版社1996年12月第1版，第565页。

69 叶圣陶曾言："浙大将迁黔，子恺只得携老幼随校同行。友朋之中，子恺颠沛最甚，然彼并不颓唐，可见其修养。"见叶圣陶《嘉沪通信》，载《收获》1983年第1期。

72 姜书凯整理：《丹枫红叶楼诗词集》，浙江文艺出版社2007年11月第1版，第190页。

73 同上，第191页。

74 李连昌：《丰子恺在遵义》，载《文史天地》2002年第6期。据该文，《子午山纪游图册》于1942年5月在遵义出版，毛边纸印刷，线装，编辑为赵乃康、丰子恺、李瑜，遵义孤儿院印刷厂石印，公开发行。

75 弘一法师致丰子恺信，收《弘一大师全集八·杂著卷、书信卷》，福建人民出版社1992年9月第1版，第191页。

76 丰子恺致夏丏尊信，收《丰子恺文集》（文学卷三），浙江文艺出版社、浙江教育出版社1992年6月第1版，第369页。

77 见1948年《弘化月刊》第84期上刊登的《大雄书局目录》。

78 以往文献均记载《护生画三集》出版于1950年2月，而该预告的文中却有

"第三集去年由本局出版以来"之言。在没有发现1949年《护生画三集》的版本前，只能认为此处的"去年"为农历。

79　李鸿梁：《我的老师弘一法师李叔同》，载《浙江文史资料选辑》第26辑，浙江人民出版社1984年6月版。

80　以上致丰子恺的三封信见《弘一大师全集八·杂著卷、书信卷》，福建人民出版社1992年9月第1版。

81　丰子恺致蔡慧诚信，载1941年《觉有情》第44、45期合刊。

82　1943年12月1日出刊的《慧灯》杂志（月刊）第2卷第9期冬季号刊载慈溪洪巢林遗著《学佛女郎》（中篇小说），有丰子恺所作的插图，编者注曰："丰子恺居士绘学佛女郎插图。"文前有作者小传，可知洪巢林其人与李叔同、丰子恺、马一浮等均有交往，是弘一法师研究和丰子恺研究中很值得关注的人物。小传写曰："洪巢林，讳允祥，号佛矢，慈溪洪魏村人，少负俊才，有奇气，入南洋公学特科，与天津李叔同、梓潼谢无量共研习，既卒业，东游日本，回国后，与戴季陶同主天铎报笔政，鼓吹革命，历任大夏北平各大学教授。弟子著籍者凡数千人，好佛学，与马一浮、徐文蔚深相契，修净土宗，尝云：禅宗之弊，莽荡而无归宿，我辈初心，勿近其藩，否则空腹高谈，人己两损，转不如净土之老实念佛也，其诗如老鹤孤嘹，幽兰独矣，记其赠弘一上人诗云：'吴江小阁看斜曛，青眼还因赏小文，三十年来如梦过，尊前突兀示僧身。''来劫龙华会上人，大千幻境人微尘，维摩说法文殊默，都是毗耶老病身。''烟水南游旧踪，圣湖会约冉和逢，世间车笠皆儿戏，誓毕残生礼大雄。'巢林嗜酒，蓬首电目，野服萧然，言谈雅令。望之如晋宋间人，任浙江省第四中学教职最久，著有悲华经舍诗文集数十卷，二十二年四月十八日圆寂。"

83　丰子恺致班侯信，收《丰子恺文集》（文学卷三），浙江文艺出版社、浙江教育出版社1992年6月第1版，第455页。

84、86　丰子恺：《为青年说弘一法师》，收《丰子恺文集》（文学卷二），浙江文艺出版社、浙江教育出版社1992年6月第1版，第142页。

85　朱镜宙致丰子恺函，见1947年12月1日《觉有情》半月刊第8卷第12号。

87　丰子恺：《〈弘一大师全集〉序》，收《丰子恺文集》（文学卷二），浙江文艺出版社、浙江教育出版社1992年6月第1版，第240页。

88　丰子恺：《我与弘一法师》，收《丰子恺文集》（文学卷二），浙江文艺出版社、浙江教育出版社1992年6月第1版，第398页。

89　夏弘宁：《夏丏尊传》，中国青年出版社2002年1月第1版，第227页。

90　丰子恺：《读丏师遗札》，载1946年《中学生》第177期。

91、92、93　夏丏尊1938年3月10日致丰子恺函，见丰子恺《读丏师遗札》，载1946年《中学生》第177期。

94 〔日〕谷崎润一郎：《读〈缘缘堂随笔〉》，夏丏尊译，收《丰子恺文集》（文学卷二），浙江文艺出版社、浙江教育出版社1992年6月第1版，第112页。

95、96、97 丰子恺：《读〈缘缘堂随笔〉读后感》，收《丰子恺文集》（文学卷二），浙江文艺出版社、浙江教育出版社1992年6月第1版，第107页。

98 叶圣陶：《从此不再听到他的声音》，引自夏弘宁、王洁主编《夏丏尊纪念文集续集》，上虞市文学艺术界联合会2006年1月印行，第327页。

99、100 丰子恺：《悼丐师》，载1946年5月16日《川中晨报》的《今日文艺》副刊第11期。

101 丰一吟：《潇洒风神——我的父亲丰子恺》，华东师范大学出版社1998年10月第1版，第74页。

102、104 崔卫：《陈之佛与丰子恺重庆交往考——兼谈抗战时期的国立艺专》，载《吴中学刊》（社会科学版）1996年第3期。

103 同101，第232页。

105 丰子恺：《贺新凉》，收《丰子恺文集》（文学卷三），浙江文艺出版社、浙江教育出版社1992年6月第1版，第754页。

106 丰子恺：《谢谢重庆》，载1947年1月《新重庆》月刊第1卷第1期。

第八章

卜居西湖时期

1946—1949

概述

　　1946年4月20日，丰子恺卖去沙坪坝小屋，迁居重庆凯旋路特7号开明书店栈房，候舟车返江南。4月23日，老师夏丏尊逝世。5月1日，作《悼丏师》。文中说："我所敬爱的两位老师的最后消息，都在我行旅倥偬的时候传到。这偶然的事，在我觉得很是蹊跷。因为这两位老师同样的可敬可爱，昔年曾经给我同样宝贵的教诲；如今噩耗传来，也好比给我同样的最后训示。"5月6日，致函广洽法师，表示有意赴北平卜居。后未果。7月3日乘汽车离开重庆，取道绵阳、广元至陕西汉中、宝鸡，在夏宗禹母家小住后至开封。卧病开封，盘川将绝。不得已，回郑州，下武汉。住开明书店，并举办个人画展以筹盘川。后乘江轮至南京。8月1日，上海《导报月刊》发行第1卷第1期。据"编者播音"："本刊主编任务已征得丰子恺先生的同意。即将抵沪，从下期起将以更新的姿态与读者见面，特此预告。"9月抵上海，暂居宝山路宝山里学生鲍慧和家。后去凭吊劫后的故乡。见故乡一切都变了，只是运河河湾没有变没，缘缘堂旧址一片废墟，草长过膝。在亲戚家痛饮数十盅，宿一夜，次日即离别故乡，去杭州另觅新巢。先住功德林旅馆，后在里西湖畔的招贤寺下榻，终又租得招贤寺旁一平房。10月14日至19日，在上海南京路大新公司（今中百一店）二楼举行个人画展，展出作品300余幅，画展收入用于杭州新居的装修及添置家具。10月27日至11月3日，在上海改造出版社举办画展。其间会见内山完造。11月9日在浙江吴兴县练溪小学讲学，并题写"崇本思源"匾额。12月，由万叶书店钱君匋出版了《子恺漫画选》，这是丰氏第一本彩色漫画册。

　　1947年2月，为立达学园筹募复校基金在上海举办画展，后去南京、无锡开个人画展。同年，又为故乡石湾小学重建校舍举行漫画义卖。3月11日，迁入杭州静江路（即今北山路）85号小平屋内，称"湖畔小屋"。梅花时节，在摄影家郎静山、摄影记者陈警聪及老友盛学明引导下去上海思南路访梅兰芳。丰子恺自谓："我平生自动访问素不相识的有名的人，以访梅兰芳为第一次。"在杭应邀参加两次画展，每次展出两幅。一次是浙江美术会举办，一次是省民众教育馆举办，专为招待外宾。两次画展，唯丰子恺的画每次被偷去一幅。丰子恺在报上发表《告窃画人》，公开召请窃画人，愿为补题上款云。12月请易昭雪医师拔除坏牙，后作《口中剿匪记》等散文。12月在杭州与子女立下"约法"。

1948年元旦，订润例。因物价飞涨，4月1日起调整润例，比旧例增加一倍。5月，偕女儿陈宝、一吟等再访梅兰芳，亦有文记其事。因物价暴涨，6月1日起再次调高润例。8月又在6月的基础上增加四倍。9月28日，率一吟到上海，与开明书店章锡琛（又名雪村）先生一家抵台湾。游阿里山、日月潭。在台北中山堂举行个人画展。10月13日晚上8时至8时15分在台北电台做题为《中国艺术》的广播讲演。在台北期间为《中国人报》题写报名。11月28日，率一吟由台湾到厦门，与来自新加坡的广洽法师在厦门南普陀寺相会。凭吊弘一法师讲律遗址，作漫画《今日我来师已去》。应厦门佛教协会请发表讲演，题为《我与弘一法师》。旋又应厦门大学请，发表讲演，题为《艺术的精神》。不久赴安海，住水心亭。后去泉州，下榻玉屏巷"同乐会"宾馆。凭吊弘一法师圆寂之地，在弘一法师生西的床上留影。参谒开元寺。在花巷民众教育馆举办个人画展，展出作品200余幅。又在明伦堂文化界欢迎会上发表以《人生的三个境界》为题的演说，在泉州大光明戏院演讲《广义的艺术》。自泉州返厦门时曾在石狮逗留。12月23日，应王凤池邀请，偕虞愚等赴石码。在石码中学参加"石码各界欢迎丰子恺先生大会"，并发表讲话。25日返厦门。

1949年1月5日，妻力民率次子元草、幼子新枚迁厦门，14日赁居古城西路43号，与黎丁家为邻。闭门三月，完成《护生画三集》创作。3月1日，丰氏自订"以画易米"润例。4月2日乘丰祥轮赴香港。在香港举行三次个人画展：4月15日、16日在花园道圣约翰礼拜堂，19、20日在思豪酒店，21、22日在九龙培正中学（同时发表演讲《青年对于艺术修养》）。在香港请叶恭绰为《护生画三集》题字。同时家属自厦门北上。丰氏本人则于4月23日由香港返回上海。到上海后，先住西宝兴路汉兴里（432弄）46号学生张逸心家，后在同一里弄内觅得一屋暂居。7月4日，应万叶书店主人、学生钱君匋之邀，为避轰炸而暂迁南昌路邻园村（43弄）76号万叶书店楼上。居邻园村期间，为万叶书店绘《绘画鲁迅小说》，选取《祝福》《孔乙己》《故乡》《明天》《药》《风波》《社戏》《白光》8篇，以一文一画对照。全书分4册于次年4月出版。7月，被选为"南方代表第二团"代表，列名"中华全国文学艺术工作者代表大会"，后因健康原因未到会。

第一节　重返江南

　　1946年7月3日，丰子恺踏上了还乡之路。他取道绵阳、广元、汉中、宝鸡、开封等地先抵达武汉。路途虽艰辛，但也能遇上得知他大名的百姓的协助。他在武汉，为了解决盘川，举办过画展，然后乘江轮至南京，9月间由南京乘火车到达上海。当他走下火车跨到月台上的时候，第一脚踏得特别重，好比同它握手。这时的北站，除了电车轨道依旧，其余的他都已十分陌生。

　　在上海，丰子恺在学生鲍慧和家住了几天，即赴故乡石门湾凭吊他当年的缘缘堂。他到石门湾后，其感觉像刚到上海一样。"只除运河的湾没有变直，其他一切都改样了。"[1]在石门，那些家乡父老还知道这是丰子恺回来了，但更多的人则不知他为何人。因近十年前他们都是孩子，如今皆已长大成人，这又使丰子恺大发"儿童相见不相识，笑问客从何处来"之感慨。这两句诗在过去只是读读，不料如今他自己竟做了诗中的主角。丰子恺从运河走向寺弄，又从寺弄转进下西弄，一路所见，尽是茅屋或废墟，他当年的缘缘堂已不知去向，只有一排墙脚石，表示这即是缘缘堂的所在之处。这一晚，他在一个同族人家中寄宿，次日便就离开了这销魂的地方。

　　关于丰子恺此次回乡，张森生曾提供过两则有关史料，现录如下：

　　一、抗日战争胜利后，丰子恺先生曾返故乡石门湾。他在那时写的《胜利还乡记》（后编入《缘缘堂随笔》），记下了他从上海"搭沪杭火车，在长安站下车，坐小舟到石门湾去探望故里"的见闻与感受。文章是在过了半年多后追记的，未记下"还乡"的日期。

　　近日读丰一吟女士所著《潇洒风神——我的父亲丰子恺》一书，她在"重返江南"一节中，记有"1946年9月25日，丰子恺的脚总算踏上了阔别十年的上海的土地"。在他的学生鲍慧和家里休息几天后，"便去故乡石门湾凭吊"毁于侵华日军之手的缘缘堂。（有的传记说是9月15

日抵沪的。)

我产生一个问题：丰先生是哪一天到达石门的呢？

我查阅了手头所有的丰子恺传记，如丰先生子女及学生六人合撰的《丰子恺传》及书后附"丰子恺年表"，以及陈星写的《丰子恺新传》、汪家明《佛心与文心——丰子恺》等书，也都只是说丰先生在上海住了"几天后"去石门，没有记下去石门的日期。

于是，我记起了在十年前参加《桐乡县志》编辑工作时，曾至省市的档案馆、图书馆查资料，那时在《新崇德民报》发现有关丰先生的史料，随即摘录下来。我就在我放卡片的抽屉里查找，果然发现了这张卡片。

《新崇德民报》1946年11月13日一版的报道题为《艺术家丰子恺回里探望故旧　旋即回返杭州》。开头介绍"艺术巨子、漫画家丰子恺，系本县石湾镇人"。"离别家乡已有十年。"接着具体记述"本月七日由沪至杭居留一天，九日下午四时抵崇德，宿于戚家。各友好闻讯，均前往探访，有求书联者接踵而至。十日上午，回石湾，凭吊已毁成一片瓦砾之缘缘堂并探望亲友。十一日至练市，为其甥证婚。事毕即赴杭州"。这就告诉我们，丰子恺先生是在1946年11月9日下午抵崇福镇，10日上午到石门，"这一晚到一个同族人家去投宿"（《胜利还乡记》），11日至练市后即赴杭州。

二、卡片中还记有另一则史料：1946年12月16日《新崇德民报》一版有一篇题为《丰氏为立达募金　在首都公开展画》的"南京通讯"，全文如下："本县著名漫画家丰子恺系上海立达学园创办人，五日偕该校陶戴良校长来（南）京下榻太平路开明书店，丰氏携有近作漫画三百余（幅），定于六日起至十五日止，在新街口社会服务处展览，将以所得画润为该校复校基金。该校二十余年来提倡生产教育，不遗余力，抗战时迁校四川隆昌，今将复校，而江湾及南翔校舍已毁于炮火，近闻该校已发动募捐，重建校舍，丰氏画展即为募捐之一种。"[2]

以上两则史料可供研究者在研究丰子恺生平及研究立达学园校史时参考。在杭州，丰子恺以写文作画为生。1948年元旦时他订立的"润例"是：

漫画（一方尺以内）每幅三十二万元。册页（一方尺）每幅三十二万元。立幅或横幅，以纸面大小计，每方尺三十二万元。（例如普通小立幅两方尺，即六十四万元。余类推。）扇面与册页同。指定题材者加倍，其余另议。

书润照画减半。对联四尺三十二万元。五尺四十万元，六尺四十八万元。指定题材者加倍。其余另议。

嘱件先润后墨，半个月取件，或寄件。漫画不须送纸，其余纸请自备，或附款代买亦可，外埠请附回件邮资。广告、祝寿、贺婚等字画，除特例外，恕不应嘱。

中华民国三十七年元旦

丰子恺谨订

通讯址：杭州静江路八十五号[3]

《导报》月刊（改造出版社发行）第1卷第1期出版于1946年8月1日，该刊标注的编辑为丰子恺。刊内有"编者播音"，述及该刊出刊的情况：

一、本刊原定7月1日出版，因了各种关系，竟拖延到今天，致劳预约订户纷纷函问，这是首先要向各地读者道歉的。但在这个短短的时间中，本刊正像一株花木似的已由客厅的花盘中，移植到野外的土地里，在一个至短的时间里，花木的本身也许呈现一点枯索的现象，但必须这样才能收到大量的新养分，泼剌地成长起来。希望本刊读者，今后更予以多量的同情与援助。

二、本刊的旨趣，在开宗明义第一章——发刊词里，已经交代清楚了，从下期起还预备增辟"文化人座谈会"和"读者的话"两栏，如果能够集众议而成洪流，那便是本刊的无上光荣了。

三、本期内承文坛名流各地作者赐撰的稿件很多，尤其对远东问题，国际路线，都详明地加以剖析，并恳切地指出今后的动向，俾作太平洋诸般问题的研究资料。其间有的或因了本刊脱期较久，在字句中失掉一点时间性，但我们认为这是确保在冷藏中的，并未损耗了它原有的鲜美，所以我们还是照原文发表在这里，希望原作者及读者们特别予以原谅。

四、本刊以极少的人力，与极微的物力来支撑这个严肃公正的刊物，在"海派"的环境中，也许会遭受到种种的困难与失败，本刊同人已预料及此，誓以坚决的信念不断的努力支撑到底，我们不敢说是挽回颓风，至少也不受这种风气的影响。

五、本刊主编任务已征得丰子恺先生的同意。即将抵沪，从下期起将以更新的姿态与读者见面，特此预告。

在各种丰子恺的史传资料中，有关丰子恺与《导报》月刊的介绍很少，而由他主编《导报》月刊，则更无详细的记载，但此事确是在这篇"编者播音"明白写着。

丰子恺曾与《导报》半月刊有来往，《丰子恺文集》（文学卷三）[4]中收录了他致该刊编辑的四封信，信中可知他经常向该刊提供漫画。丰子恺在1945年12月7日的信中说："一别九年，得示甚喜。嘱稿，兹寄上漫画数帧，可缩小用之，稿酬请由银行或邮局寄来可也。"在1945年12月31日的信中又说："弟久疏时事漫画，今承屡函催督，居然又逼出四题……随函附上。"在1946年3月10日的信中说："兹寄上画十幅，乃最近数周积得，内请以五幅转邓君，余五幅右上角有铅笔○者，投《导报》，但乃可由先生任意选定，不过有伊吕波歌文句之数幅，以登《导报》为宜。"如果《导报》半月刊即是后来的《导报》月刊，那么值得注意的是丰子恺写于1946年4月1日的第四封信，此信中的第一句即是："来示盼弟返沪，美意甚感！早归固所愿也。"因为以上所录"编者播音"中有"本刊主编任务已征得丰子恺先生的同意。即将抵沪，从下期起将以更新的姿态与读者见面，特此预告"之言，此可判定《导报》编辑有意在将《导报》改为月刊后由丰子恺担任主编。事实上，就在《导报》月刊的第1卷第1期上，丰子恺的作品十分丰富，除了仍有漫画（如《一时之雄也》《廿年来未有之晴明》《一江春水向东流》《东风满地春如海，欲向樱花问往年》等），还有散文《艺术的逃难》《沙坪小屋的鹅》《宜山遇炸记》等。[5]由于笔者目前存有的资料为《导报》月刊的部分复印件，尚难准确判定《导报》半月刊与《导报》月刊之间的关系，故此问题还有待于研究者继续研究。

第二节　居邻葛岭招贤寺

丰子恺对家乡毕竟有深厚感情。1947年，他为故乡石门小学的校舍重建而举行过漫画义卖。他也作过一幅抒发感慨的画：《昔年欢宴处，树高已三丈》，反映了他的怀念之情。然而，这里毕竟已不能是他的定居之地，就决定到杭州另觅新居。

在杭州，他先是在功德林旅馆暂住，后又下榻于西湖边上的招贤寺。一直到了1947年3月11日，他才住进位于招贤寺边上的一所平屋，即当时的静江路（今北山路）85号。对于租这样的湖畔小屋，丰子恺也费了不少心思。他在给友人夏宗禹的信中详尽做了介绍："杭州山水秀美如昔，我走遍中国，觉得杭州住家最好，可惜房子难找。我已租得小屋五间，在西湖边，开门见放鹤亭（即孤山林和靖放鹤处），地点很好，正在修理，大约一个月后可进屋……此屋租修约三百万元，连家具布置，共花五百万左右。上海画展所得，就用空了。"[6]

初返江南的丰子恺在艺术上的收获不少。1946年12月，钱君匋在万叶书店为他出版了第一册彩色漫画集《子恺漫画选》；1947年，他又先后出版了《又生画集》《劫余漫画》《幼幼画集》《音乐十课》；1948年初又出版了《丰子恺画存》。他也写了许多记述逃难生活的散文和一些儿童故事。这一切都意味着他将迎来一段平和的日子。

丰子恺在西湖边上的房子位于葛岭山下的招贤寺旁，大门正好对着孤山北麓的林和靖放鹤亭。因此，在丰子恺家的大门上写着这样一副对联：

> 居邻葛岭招贤寺，
> 门对孤山放鹤亭。

这显然是一副对仗巧妙的对联，给每一位到访者都留下了深刻的印象。

抗战胜利后丰子恺在杭州卜居的平屋

丰子恺最初来此看屋时，见此屋开门就对着孤山放鹤亭，便脱口而出："门对孤山放鹤亭。"这正好是一副对联的下联，他颇想补一句上联，写一副对子挂起来，但一时怎么也想不出来。[7]

有一天，上海开明书店老板章锡琛来访，他知道丰子恺已有一句下联，便随意和了一句："居近岳庙招贤寺。"此句虽还工整，但一句话中既有庙又有寺，犯了规格。于是对联还是难产。章锡琛回上海后，遇到了叶圣陶，他就把此事又告诉了这位对杭州并不陌生的朋友，叶圣陶就把"岳庙"改成"葛岭"，这就有了"居近葛岭招贤寺"之句，丰子恺最后定夺时又把"近"改成"邻"，大有长与湖山做伴的意味。一副门联，经友朋的反复推敲，于此终于诞生。

关于这副对联，也曾有别样的说法。丰子恺的学生钱君匋回忆道：

一天，我因事从上海来杭州访问恺师，在恺师的临时住所里共饮，当酒酣的时候，恺师忽然取出一副联语给我看：

居邻葛岭招贤寺，

门对孤山放鹤亭。

我一看连声就说：好联，好联！不禁拍案叫绝，互相共饮满怀。觉得此联对仗之工，写景之妙，一定是出于高手，便问：此联是不是出自吾师的手笔？

恺师呷了一口酒后，随后慢慢地说：不是，不是，这副联是章老板，章锡琛所撰的，此公不愧为绍兴师爷！锡琛不久前来此，见我的大门正好对着隔湖孤山的放鹤亭，东面又与葛岭山麓的招贤寺相邻，便脱口而出说了下联"门对孤山放鹤亭"一句，正寻思间他说有了，就是上联的"居邻葛岭招贤寺"。不用典故，完全白描，直是妙语！ 8

钱君匋先生的这段文字或许有记忆上的出入，或许是当时丰子恺介绍此事时的自谦，而把两句联语都归功于章锡琛的。实际情况可从1947年3月19日丰子恺致夏宗禹信中看出："开门对着孤山放鹤亭（西湖风景中心点）。我最初看屋时，脱口而出：'门对孤山放鹤亭'，正好是一副对联的下联，我想补一句上联，写一副对联挂起来，至今找不出……" 9 可见，此下联当为丰子恺本人所作。

小说家许钦文长丰子恺一岁，然他却愿意称丰子恺为"亲密的大哥"。这称呼里还包含了许钦文对丰子恺的感激和推崇。

许钦文曾因"无妻之累"入狱，出狱后即得到丰子恺的安慰。许钦文还写了他出狱后与丰子恺见面的情况：

"幸亏有令弟，"他对我说，"要是像我只有独个的，那末关进牢监以后，母亲怎么办呢？"

这使得我无话回对；是出于我所意料的。可是我很感动了，我知道：这是因为他已为我表了同情，注意我的遭遇，是"设身处地"的想过了；否则不会说出这种话来。但我同他，并没有什么浓厚的私人交情可言，以前只是为着元庆会见过几次，已经隔了七八年。他是在为"不幸者"表同情，却是深切的真情。

抗战前夕，许钦文去福建任教。不久，抗战爆发。胜利后，丰子恺与许钦文均卜居杭州里西湖，有幸再度相遇。一天，丰子恺去看望许钦文，发现他的家，徒立四壁，很是奇怪。经了解才知是因为抗战期间，许家无人照管，曾被抢劫一空，连门窗亦被拆去。许钦文的家底原本不厚，又为建立亡友陶元庆的纪念堂而负过债，如今弄得一家人共卧地板，吃饭也只能席地而坐。丰子恺当时也依靠卖画为生，生活并不宽裕，但他知道这情况后，又像大哥一样帮助了他。丰子恺立即为许钦文送去了一张饭桌和四张凳子，总算让许家几口能在桌面上吃饭了。许钦文对此非常感激，一直保存着这桌子和凳子，作为他与丰子恺友谊的纪念。

许钦文对丰子恺这位"亲密的大哥"怀有真挚的感情。丰子恺去世后，他写过《丰子恺先生杂记》；1984年夏，他在自己病重期间还写了丰子恺散文集的序文。他在这篇序言中说道："……丰先生一生忠于艺术事业，在漫画和随笔上大放光彩，造福社会不浅，实在是令人衷心钦佩而羡慕不已的。"

关于"无妻之累"这一段公案，在不同资料中有不尽相同的说法。许钦文本人写有《无妻之累》，[10]对事件做了较详尽的说明，丰子恺在晚年也有一篇随笔，题为《陶刘惨案》，[11]亦详细记述了这段往事，其中有一些记述与许钦文的说法不尽相同。据丰子恺的介绍，大致情形是：在抗战后，他回到杭州时，有人建议他买下一所房产，地点在断桥的下面，保俶塔的后面。这就是原先许钦文的房产，曾发生过一件惨案。（因家人反对，丰氏未购此屋。）惨案发生在抗战的前几年。丰子恺有位学生叫陶元庆，其妹叫陶思菫。许钦文是陶元庆的朋友。陶元庆去世后，许钦文在保俶山后面买了一块地建"元庆纪念室"，旁有两间小屋与浴室、厕所及厨房。元庆之妹陶思菫经常去纪念室玩，后索性迁住在纪念室边上的小屋里，并且还邀请一个女友刘梦莹同住。据丰子恺分析，当时许钦文是单身，陶思菫邀请刘梦莹同住似乎合理。于是，许钦文独居纪念室，两位小姐住在旁边的小屋里。然而不久后即祸起萧墙："许钦文出门去了。这一天大约是假日，两位小姐不去上学。陶思菫派老妈子到湖滨去买东西了。刘梦莹到浴室洗澡。洗好后，披着浴巾退出来的时候，陶思菫拿着一把刀等在门口，向她后颈上猛力砍了一刀。刘负痛跳出，陶持刀追出，两人在草地上追逐，刘终于力弱，被陶连砍十余刀，倒在青草地上的血泊中了。陶回进房间，吞了一瓶不知什么毒药水，也倒在床上了。"最后的结果是刘梦莹身中十八刀而死，陶思堇则自杀未遂。审讯时，陶思堇假装疯狂，不记得杀人之事。于是，许钦文成了重大嫌疑犯，亦被捕入狱，后被释放。至于陶思堇，据丰子恺介绍，抗战时监狱解散，陶嫁给了审讯她的法官。

笔者藏有杭州著名牙医易昭雪于1985年5月为纪念丰子恺的题词：

> 人生难得。想当年先生年过半百，我却未到而立之年。为先生"口中剿匪"，复装全口义齿，自此结下缘缘。屈指已逾四十寒暑，如今我将进入古稀之年矣！特此志之，书赠陈星仁棣。

柯城易昭雪

时年六十六

1989年5月

此事也须先从许钦文说起。当时许钦文也苦于牙病。有一次，他下决心请了一位牙医拔了坏牙，再镶上新齿。这不仅有益于进食，身体也好起来了。这位牙医就是易昭雪。一天，许钦文去丰子恺家，特意向丰子恺介绍了易昭雪，并竭力劝说丰子恺也去拔牙。丰子恺在许钦文的鼓励下，终于也请了易昭雪为自己拔除坏牙，再装上假牙，感觉也特别好。丰子恺请易昭雪拔牙后，一些名流纷纷请易昭雪治牙病。这些人中，有马一浮、张宗祥、刘开渠、莫朴和江丰等。从此，易昭雪的医术名扬江南。一直到了1949年后，也还有众多国家领导人专程到杭州请他治牙病。

丰子恺曾在1948年7月10日《浙赣路讯》第316期上发表过一篇《赠易昭雪牙医师》，直接讲述了他在拔牙之事上与易昭雪的交往情况。丰子恺爱喝酒，在大部分的时间里，他喝酒是较文雅的。他的酒量大，但强度并不大。他喝酒，喜欢两三碟小菜，细嚼慢咽，尽情品味，其情境，大概可以从他的漫画《草草杯盘供语笑，昏昏灯火话平生》中体会得到。然而，丰子恺也有"失态"的时候。1947年秋。他在拔除口中的坏牙时，按照医嘱，拔牙期间，不得饮酒，以免刺激伤口。这使丰子恺痛苦万分。当时他刚从内地返回杭州，花雕远胜于渝酒，每晚的"小酌"即调整到一斤。这样的酒瘾，一时要求他停止，岂能完全从命。他居然想出一个"偷酒"吃的办法，即用一根服药用的带有橡皮头的玻璃管，吸几滴酒，注射到喉头，然后直吞下肚。这样的吃法，酒液不会触及拔牙后留下的创口，又能暂时解脱酒瘾，虽不够滋味，却也聊胜于无。丰子恺对于酒的痴迷早在白马湖期间就已表现出来了。而在立达学园时期，要一次能喝五斤绍酒才能有入会资格的"开明酒会"，丰子恺也是其重要成员之一。丰子恺研究者叶瑜荪曾向笔者提供一则关于丰子恺致郑晓沧信札在杭州拍卖的信息，其基本情况是：浙江钱塘公益拍卖有限公司举办的"2004浙江钱塘中国书画艺术品拍卖会"于2004年7月9日下午在杭州华辰国际饭店开槌。第464号拍品是丰子恺致郑晓沧的一信札。书写于33×12厘米素笺上，全文共5行88字：

> 晓沧先生：昨夜湖楼畅饮，以诗佐酒，共入酩酊，为西湖增光不少！今晨弟本思走访，恐先生尚有宿醒，未便仃扰，即着小女一吟持柬代候，即祝晨安！
> "相逢意气为君饮，醉倒西湖垂柳边。"戏改唐诗，以博一粲。
>
> 三月六日晨弟子恺叩

据叶瑜荪先生介绍，他的朋友范汉光见到了原件，并鉴定为真迹。

郑晓沧为丰子恺在浙江省立第一师范学校的同学，原名宗海，1892年生于浙江海宁。1938年12月，时任浙江大学教务长的郑晓沧从广西宜山托马一浮转言，邀请丰子恺去浙大任艺术指导。郑晓沧曾长期居于杭州龙游路6号，担任过杭州大学教育系教授，浙江省教育学会名誉会长。上述之信札在《丰子恺文集》书信卷中未收，据丰一吟回忆，此信当是1947年春所写。当时丰子恺一家住杭州里西湖，两家交往较多。该信札拍卖底价2 000～3 000元，最终以9 000元成交。

且说丰子恺拔牙后还写了《口中剿匪记》《义齿》《拔牙记》等数篇关于拔牙的文章。丰子恺拔牙后的"偷酒"，无疑是生理上的要求，但他在拔牙后写的《口中剿匪记》，则意味深长。这篇散文写于1947年冬，是一篇思想性极强而艺术上又新颖别致的作品。他通篇运用了巧妙的比喻，发挥了奇特的想象。他将拔牙比成剿匪，历数官匪的种种罪行，其文笔风趣，形象生动，寓意也十分深刻。文中告诫人们：对贪官污吏"隐忍""孝敬"是要不得的；对他们讲仁慈、人情更是幼稚。唯一的办法是"兴兵伐纣"，来一次革命，对于我们国内的一大批官匪，若不把这批人物杀光，国家永远不得太平，民生永远不得幸福。只有把他们像清除坏牙一样肃清才能造就一批新人，他们"个个方正，个个干练，个个为国效劳，为民服务"。其中写道：

把我的十七颗牙齿，比方一群匪，再像没有了。不过这匪不是普通所谓"匪"，而是官匪，即贪官污吏。何以言之？因为普通所谓"匪"，是当局明令通缉的，或地方合力严防的，直称为"匪"。而我的牙齿则不然：它们虽然向我作祟，而我非但不通缉它们，严防它们，反而袒护它们。我天天洗刷它们；我留心保养它们；吃食物的时候让它们先尝；说话的时候我委屈地迁就它们；我决心不敢冒犯它们。我如此爱护它们，所以我口中这群匪，不是普通所谓"匪"。

怎见得像官匪，即贪官污吏呢？官是政府任命的，人民推戴的。但他们竟不尽责任，而贪赃枉法，作恶为非，以危害国家，蹂躏人民。我的十七颗牙齿，正同这批人物一样。它们原是我亲生的，从小在我口中长大起来的。它们是我身体的一部分，与我痛痒相关的。它们是我吸取营养的第一道关口。它们替我研磨食物，送到我的胃里去营养我全身。它们站在我的言论机关的要路上，帮助我发表意见。它们真是我的忠仆，我的护卫。讵料它们居心不良，渐渐变坏。起初，有时还替我服务，为我造福，而有时对我虐害，使我苦痛。到后来它们作恶太多，个个变坏，歪斜偏侧，吊儿郎当，根本没有替我服务、为我造福的能力，而一味对我贼害，使我奇痒，使我大痛，使我不能吸烟，使我不得喝酒，使我不能作画，使我不能作文，使我不得说话，使我不得安眠。这种苦头是谁给我吃的？便是我亲生的，本当替我服务、为我造福的牙齿！因此，我忍气吞声，敢怒而不敢言。在这班贪官污吏的苛政之下，我茹苦含辛，已经隐忍了近十年了！不但隐忍，还要不断地买黑人牙膏、消治龙牙膏来孝敬它们呢！[12]

第三节　佳朋善友

受到丰子恺接济的还有内山完造。自从内山书店在上海开业以来，它就成了中日文化交流的重要场所。同时，也正如内山完造说的那样："我心想，自己是一个幸福的人……经营的书店成功了，同时在日本与中国交了许多知心的朋友。"[13]丰子恺就是内山完造的一位知己。当时，国外的文学艺术书籍，许多是从内山书店引进的。丰子恺不仅常常是这些书籍的翻译者，而且还经常在闲暇时到内山书店里的那块特辟的休息之处，用一口漂亮而流利的日本话与内山先生交谈，有时喝一盅日本茶，吃一点日本点心，就像一家人那样，彼此亲密无间。

抗战胜利后，丰子恺有一次到上海，特地到内山完造家里拜访，并请内山先生代购一套20卷的《漱石全集》。其时，内山手头正好有此书，但这里面已经缺了3卷，只有17卷了。丰子恺是夏目漱石作品的爱好者，在思想上也与这位日本的著名作家有某些相似之处。丰子恺听到这种情况，还是毫不犹豫地说："就这样行啦。缺少的卷数，将来能够补齐的时候再寄给我吧。"于是内山完造开价法币17万元。丰子恺一听，便说："太便宜啦，谢谢！"当下付清书款。临别时，丰子恺再三对这位因中日战争而处境不佳的内山说："内山先生，你不要回去啊，就住在上海吧。这里有很多朋友，生活上不用担心，安心住下吧。"过了不久，内山完造又得到了3卷缺本中的一卷，并很快寄给了丰子恺，同时写明书价是1万法币。几天后内山完造就收到了丰子恺寄来的挂号信，里面是一张10万元的汇票，附言中写道："内山先生：《漱石全集》缺卷一册收到。这部全集实在过于便宜，因此奉上的10万元，尚希收下。"[14]

内山完造十分清楚。这是丰子恺趁付书款的机会在生活上帮助自己。当他从邮局拿到汇款时，禁不住流下了眼泪，回家后立即给丰子恺写了一封表示感激的信。他后来在《花甲录》中也讲："像丰子恺先生这样体贴人心，在日本人中是很难得看到的，在中国人中也是少见的，因此内心非常感激。"[15]

日本熊本大学西槇伟教授曾在东京内山书店发现丰子恺书信6封，为丰子恺寄给内山完造及其家属的信件。在这次发现的丰子恺给内山完造兄弟内山嘉吉的信中，丰子恺也提到了这桩往事，而且，有关《漱石全集》的故事还有后话。在1961年3月24日丰子恺寄给内山嘉吉的信中有言："又承惠赠漱石集五卷一册，已收到，谢谢！"这说明内山嘉吉仍在设法替丰子恺补齐缺本。"知我者，其惟夏目漱石乎？"丰子恺在《暂时脱离尘世》一文中曾倾吐了他对于夏目漱石文学和思想的共鸣，在晚年他还再次翻译了《草枕》，《漱石全集》成了他孤独晚年的精神安慰。随着国内外丰子恺研究的深入，丰子恺在中国现代文学和文化史上的重要，逐渐得到实证。丰子恺与近代日本文学、文化的联系，也定会在日后的研究中有更多突破性的成果。

　　在丰子恺的散文随笔里，可以发现一个耐人寻味的现象，即专写梅兰芳的文章较多，如《谈梅兰芳》《访梅兰芳》《再访梅兰芳》《威武不能屈》和《梅兰芳不朽》等。这在丰子恺的记人随笔里，除了写其恩师弘一法师李叔同，是仅有的。这本身就反映了丰子恺对梅兰芳的敬重。

　　丰子恺在20世纪20年代时曾看过梅兰芳的一次演出，那个时候，他还不曾爱上京剧，所以印象已很模糊，对梅兰芳也没有多少特别的感觉。但是30年代他居故乡缘缘堂时，偶然买了几张梅兰芳的京剧唱片，反复欣赏后，居然听出了滋味，大为梅先生的演唱艺术所震惊。此后，丰子恺不断地买回梅兰芳的唱片，没过多久，他的唱片箱里竟全都是梅兰芳的京剧唱片了。1947年初的梅花季节，丰子恺在上海天蟾舞台又一次欣赏到梅兰芳在《龙凤呈祥》中的演出，后又在中国大戏院续演，丰子恺一连看了五个晚上，成了一个不折不扣的梅兰芳迷。

　　抗战期间，丰子恺避寇内地。那时，他自己曾经因胡须问题引起过误会。说来也巧，关于胡须，又有一则他之于梅兰芳蓄须的评价。那时，丰子恺居重庆"沙坪小屋"时，一天，友人从上海寄来一张从报纸上剪下来的梅兰芳蓄须明志的照片，丰子恺极为欣赏，怀着崇敬的心情将照片贴在墙上；抗战胜利后又将此照带回江南，珍藏在书橱里。1947年春，丰子恺在看完梅兰芳的演出后，就主动前往拜访梅兰芳。当时他们并不相识。正如丰子恺自己所说："我平生自动访问素不相识的有名的

丰子恺（右一）、梅兰芳（右二）、郎静山（左二）和记者陈警暄合影

人，以访梅兰芳为第一次。"[16]丰子恺以为自己访问梅兰芳是受了宗教心的驱使，"是要看看造物者这个特殊的杰作的本相……去看看卸妆后的这架巧妙的机器的本相"。[17]这是一个阳春的下午，丰子恺在摄影家郎静山等人的引导下，初次造访了梅兰芳。这是一座闹中取静的洋楼，丰子恺与梅兰芳坐在了两只沙发上。擅长文字的丰子恺记下了他当时对梅兰芳的印象："照例寒暄的时候，我一时不能相信这就是舞台上的伶王。只从他的两眼的饱满上，可以依稀仿佛地想见虞姬、桂英的面影。我细看他的面孔，觉得骨子的确生得很好，又看他的身体，修短肥瘠，也恰到好处。西洋的标准人体是希腊的凡奴司（引者注：即维纳斯），在中国也有她的石膏模型流行。我想：依人体美的标准测验起来，梅郎的身材容貌大概近于凡奴司，是具有东西洋标准人体的资格的。"[18]梅兰芳也很高兴能见到丰子恺，在他俩的交谈中，丰子恺进一步了解到梅兰芳在沦陷期间是如何苦心逃避，又如何从香港脱险，也知道了一些他在日常生活中的难处。这次相见，他与梅兰芳留影纪念。次日，这张照片就刊登

在了《申报·自由谈》上。

1948年清明过后，丰子恺又到上海看梅兰芳的演出，在他看了《洛神》之后的第二天，终于又忍不住去拜访梅兰芳。这次访梅兰芳，他的长女丰陈宝和幼女丰一吟以及二女婿也一同前往。握手寒暄时，丰子恺发现梅兰芳似乎比去年更加年轻了。他脸面更加丰满，头发更加青黑，态度更加和悦。相比之下，丰子恺颇有感慨："我年龄比这位主人小四岁，而苍颜白发，老相十足；比我大四岁的这位老兄，却青发常青，做我的弟弟还不够。何况晚上又能在舞台表演美妙的姿态！"[19]与上一次带着宗教之心拜访梅兰芳不同，这次再访梅兰芳，丰子恺自称是带着一颗艺术之心去的。所以，他们的谈话也多在艺术方面。梅兰芳例举《打渔杀家》，如用身子的上下表示波浪的起伏，谈了京剧艺术的特色。于是丰子恺又联想到了他自己的意到笔不到的漫画，这似乎正与京剧相似。京剧表演中的开门、骑马、摇船，都没有真的门、马、渔船，全由观众自己去想象。想象出来的门、马、渔船，比实际的美丽得多。这好比他的人物漫画，有时偶有把五官描出的，相貌一确定，往往觉得不过如此，一览无余，而省去眼睛或耳朵，虽寥寥数笔，但观者可自己联想。丰子恺这回访梅兰芳，送给他一把亲笔题画的扇子，扇面上画的是苏曼殊"满山红叶女郎樵"的诗意图，并题写了李叔同先生在俗时写的一首赠歌郎金娃娃的《金缕曲》。据丰子恺说，这画和题书都是在一个精神饱满的清晨作成的，这样做表示了他对梅兰芳的尊敬。丰子恺这回暂住的是上海振华旅馆。访过梅兰芳的第二日，梅兰芳也到旅馆来回访。由于梅兰芳的到来，旅馆的茶房、账房们这才惊悟，住在这里的正是大名鼎鼎的丰子恺，于是纷纷去买纪念册，要求为之题言留字。[20]

1949年后，梅兰芳居北京，丰子恺每次赴京参加会议也总要与之会面。梅兰芳于1961年8月8日逝世。丰子恺曾怀着沉痛的心情到上海兰心剧院参加了梅兰芳的追悼会。此后又写了悼念文章。丰子恺写道：梅兰芳的"与世长辞，使艺术界缺少了一位大师，祖国丧失了一个瑰宝……"[21]这正是丰子恺对他的高度评价。

丰子恺在《湖畔夜饮》一文中记述了他与来访的郑振铎在湖畔小屋里喝酒的情况。此文中所记，明显是文人的酒相。

郑振铎到来之前，丰子恺就已经与四位来西湖游春的朋友在家里喝过了酒。"酒阑人散，皓月当空。湖水如镜，花影满堤。我送客出门，舍不得这湖上的春月，也向湖畔散步去了。柳荫下一条石凳，空着等我去坐。我就坐了，想起小时在学校里唱的春月歌：'春夜有明月，都作欢喜相。每当灯火中，团团清辉上。人月交相庆，花月并生光。有酒不得饮，举杯献高堂。'觉得这歌词温柔敦厚，可爱得很！又念现在的小学生，唱的歌粗浅俚鄙，没有福分唱这样的好歌，可惜得很！回味那歌的最后两句，觉得我高堂俱亡，虽有美酒，无处可献，又感伤得很！三个'得很'逼得我立起身来，缓步回家。不然，恐怕把老泪掉在湖堤上，要被月魄花灵所笑了。"[22]丰子恺发完了这段小醉微醺后的感慨后回到家中，便听说郑振铎来过了。次日，他到葛岭饭店去找郑振铎，不巧没有碰着。于是丰子恺留了一张名片，邀他正午或晚上来家里共饮。可是这天郑振铎根本就没有回旅馆，而是到了晚上八时径直再访丰家。此时，他俩各自都在晚餐时有过一斤酒下肚。

　　丰子恺与郑振铎已有十年未见面了，老友重逢，他们早已忘了肚子里还装有一斤酒。丰子恺说："我们再吃酒！"郑振铎也呼应："好，不要什么菜蔬。"夜饮之中，他们尽情话旧。丰子恺发现，此时郑振铎的豪饮，丝毫不减当年。于是他想到了旧事："我和CT共饮，另外还有一种美味的酒肴！就是话旧。阔别十年，身经浩劫。他沦陷在孤岛上，我奔走于万山中。可惊可喜，可歌可泣的话，越谈越多。谈到酒酣耳热的时候，话声都变了呼号叫啸，把睡在隔壁房间里的人都惊醒。谈到二十余年前他在宝山路商务印书馆当编辑，我在江湾立达学园教课时的事，他要看看我的子女阿宝、软软和瞻瞻——《子恺漫画》里的三个主角，幼时他都见过的。……CT用手在桌子旁边的地上比比，说：'我在江湾看见你们时，只有这么高。'她们笑了，我们也笑了。这种笑的滋味，半甜半苦，半喜半悲。所谓'人生的滋味'，在这里可以浓烈地尝到。……我说：'《花生米不满足》《瞻瞻新官人，软软新娘子，宝姐姐做媒人》《阿宝两只脚，凳子四只脚》等画，都是你从我的墙壁上揭去，制了锌板在《文学周报》上发表的。'"至于另一件"旧事"，丰子恺说在他们尝到了"人生的滋味"后又默默地干了两杯。于是他又回忆说在二十余年前的一天，他在上海日升楼前遇见郑振铎。郑氏切切地希望丰子恺能与他一起去喝酒。于是他俩就走到了新世界对面的晋隆西菜馆的楼上，点了两客公司菜，外加一瓶白兰地。吃完后算账的时候，郑振铎对丰子恺说："你身上有钱吗？"丰子恺说有，并掏出五元钱付了账。第三天，郑振铎到江湾来看丰子恺，并摸出十元钱要还给丰子恺。他的理由是："前天要你付账，今天我还你。"丰子恺坚持不收，以为"账回过算了，何必还我？更何必加倍还我呢"？但郑振铎坚持要还。正在二人推挪之际，坐在一旁的刘薰宇一把就抢过了这张钞票，说："不要客气，拿到新江湾小店里去吃酒吧！"于是大家赞成，号召了夏丏尊、匡互生、方光焘等七八个人，在小酒店里大吃一顿，待这张十元钱钞票吃完的时候，全体皆已烂醉。[23]

丰子恺、郑振铎此种喝酒法，可谓具有文人之味。但在丰子恺看来，他真正懂得吃酒，还是受了湖边的一位钓虾人的启发。那时，丰子恺经常在湖边看见一位中年男子蹲在岸上垂钓。他钓的不是鱼，而是虾。此人每次钓得三四只大虾后，就起身而去。有一天，丰子恺问他："何不再钓几只？"此人笑曰："下酒够了。"于是丰子恺跟着此人走进岳坟旁边的一家酒店。丰子恺自管叫了一斤酒、一盘花生米在他边上的桌子旁坐下。但见此人也叫一斤酒，却不叫菜。他取出瓶子，用钓丝缚住这三四只虾，拿到烫酒的开水里一浸，待取出时，虾已变红了。他向店里要得一小碟酱油，就用虾来伴酒，他吃得很省，一只虾要吃很长时间。丰子恺由此得出结论：此人是一个真正的酒徒。此后，丰子恺见到此人钓虾，就被他引起酒兴，也常跟着他到西湖边的岳坟去吃酒。丰子恺觉得，像钓虾人这样自得其乐的吃酒，尤为令人赞佩，直至晚年，他一想起此事，便也酒兴顿添。[24]

在丰子恺的湖畔小屋里贴着一首由丰子恺手书，数学家苏步青的赠诗：

> 草草杯盘共一欢，
> 莫因柴米话辛酸。
> 春风已绿门前草，
> 且耐余寒放眼看。[25]

此诗作于1947年春节前后，是苏步青专门写给丰子恺的。

20世纪30年代初，苏步青从丰子恺在浙江省立第一师范学校时的学长、数学家陈建功那里听到了丰子恺的名字。[26]苏步青对丰子恺的为人很敬佩，对其漫画也十分喜爱。1940年，苏步青终于有了一次与丰子恺见面的机会。当时，丰子恺的女儿林先在贵州遵义结婚，丰子恺的女婿正是苏步青的同乡，于是苏步青就成了男方的代理主婚人。此后，丰子恺与苏步青交往日深。

笔者存有苏步青于1987年2月8日致好友朱南田函的复印件。在这封信上，苏步青对自己认识丰子恺是这样说的：

（一）我早在30年代初期就从已故亲友陈建功教授处听到丰子恺先生的大名，因为他们两位都是在浙江杭州师范的前后同学。但首次与丰先生见面的时间是1940年，地点在贵州遵义。丰先生的一位女婿宋慕法系我平阳同乡，因此我作为男方的代理主婚人出席了结婚典礼。

（二）丰先生家中墙上贴的一首诗，按回忆是作于1947年一二月（春节前后），专门写给丰先生的。由于这部分的诗稿在"文革"中被抄去而丢失了，所以无从肯定写作的月份了。

（三）我于1952年由杭州调到上海，我和老伴经常到陕西南路丰家游玩，他家里日月楼是我们谈天说地之处，丰华瞻教授来复旦任教（当时是讲师），也是我介绍给学校的。丰先生当时正在翻译屠格涅夫著《猎人日记》，有时参考到日文译本，对个别辞句征求过我的解释。"文革"一开始，我们都是"牛鬼蛇神"，根本没有见过面。

1959年冬，我获得科学院颁发的科学奖时，丰先生送给我一幅祝贺画，落款是：种瓜得瓜，种豆得豆。"文革"中抄家，被拿走了。

（四）我给丰先生乞画诗，是在丰先生还不知道我要乞画，主动赠画的。所以我对此感受是很深的。

苏步青的那首诗刚写好，还未寄出，就收到了一幅丰子恺主动寄赠的画。丰子恺的赠画，是一幅以遵义生活为背景的《桐油灯下读书图》。得此画后，勾起了苏步青对遵义生活的回想，就又写了一首答谢诗连同乞画诗一并寄给了丰子恺。答谢诗写曰：

半窗灯火忆黔山，
欲语平生未得闲。
一幅先传无限意，
梦中争似画中看。

　　丰子恺收到这两首诗后，据"乞画诗"中"淡抹浓妆水与山，西湖
画舫几时闲"之句作画，又送给苏步青一幅《西湖游舸图》。这次，苏
步青不仅写了答谢诗，还作了一首题画诗：

一舸笙歌认夜游，
岚光塔影笔中收。
如何湖上月方好，
柳下归来欲系舟。

　　以上这些诗画往来皆是发生在1947年秋的事。对于苏步青以及他的
诗，丰子恺有极高的评价，他说："有了这诗，酒味特别的好。我觉得世
间最好的酒肴，莫如诗句。而数学家的诗句，滋味尤为纯正。因为我又
觉得，别的事情都可有专家，而诗不可有专家。因为作诗就是做人。人
做得好的，诗也作得好……樽前有了苏步青的诗，桌上酱鸭，酱肉，皮
蛋和花生米，味同嚼蜡；唾弃不足惜了！"[27]
　　苏步青在晚年为笔者写了丰子恺的纪念卡，所书内容即是当年挂在
丰子恺家里的那首赠诗：

草草杯盘共一欢，莫因柴米话辛酸。春风已绿门前草，且耐余寒放
眼看。解放直（之）前故友招宴湖上赋此绝句，后被录进《缘缘堂》集
中。今特重写作为对丰老之缅怀。

苏步青

1998年6月

　　丰子恺在杭州的这段生活，与马一浮在湖畔的重逢可谓是一件令他
欣慰的事。1946年5月，马一浮径直从重庆乘飞机至上海，然后回到杭

州，借里西湖的葛荫山庄为复性书院的临时院舍。刚回到湖山依旧，人事全非的杭州，他作《湖上寄怀巴中送别诸子》以寄感怀：

> 飞花语燕送归舟，回首巴山几日留。
> 旧蚀虫书将灭字，新裁堤柳已先秋。
> 倦来壁上看云起，梦入林间秉烛游。
> 胜有西湖湖水碧，照人行路不胜愁。[28]

刚回到杭州，马一浮跟丰子恺一样，他只得以刻字卖字来维持书院残局。到了1947年9月1日，他甚至登出了《蠲戏斋鬻字后启》。[29]丰子恺住的湖畔小屋距葛荫山庄很近，此时他俩的交往亦颇频繁。对于丰子恺的画，马一浮曾有过为之赞誉的长诗，然而他也认为有不足之处。他曾在观看了丰子恺的画展之后说过：丰画"笔墨痕迹太重，亦是未臻超脱，未能空灵。名家杰作，令人望去几乎不知是画，此乃空灵之妙也"。[30]马一浮对漫画也有他自己的见解："漫画重现实，艺术则以美为归宿。现实不必尽美，故漫画不足以言艺术。现实有美，亦有丑恶，艺术家须是独具只眼，加以别择。美者存之，丑者去之，乃能成其为名世之业、不朽之作。漫画则重在题记，意托讽刺，可以谋生而不可以传世者也。"[31]

马一浮的意见自是一家之言。我们没有看到丰子恺对马一浮这些见解的表态。但料想丰子恺在宏观上是会同意这种看法的。至于他自己，他不会因为马一浮有了这种意见而改变自己的艺术之路。因为丰子恺对自己的漫画创作有着独特的追求，而在事实上，他的许多漫画作品亦已成了不朽之作。

对于丰子恺那副"居邻葛岭招贤寺，门对孤山放鹤亭"的对联，马一浮以为还不够概括，所以他也赠一副篆字对联，上联为"天清"，下联叫"地宁"。马一浮给丰子恺居舍题字题联并不是第一次。"缘缘堂"的题字者是他，抗战时丰子恺住在重庆沙坪小屋时，他也题赠过这样一副对联："藏胸邱壑知无尽，过眼云烟是等闲。"丰子恺每一处较为长住的寓所几乎都有马一浮的题字或题联（新中国成立后丰子恺在上海的居舍"日月楼"中也有马一浮的题联），这多少表明丰子恺对马一浮的敬重和追随。

　　马一浮和丰子恺在西湖共住的时间约莫两年。1948年秋，丰子恺赴台湾旅游并办画展后就没有再回杭州居住。马一浮本有心在杭州恢复复性书院，后因币值下跌，加上他年迈体虚，只得做结束书院的准备。1948年秋，也就是丰子恺离开的时候，马一浮正式结束书院，并于同年初就已离开葛荫山庄，寄居于杭州的亲戚家中，直至1950年春，他应弟子蒋苏庵之请，从此定居西湖花港的蒋庄。

　　舒国华（1898—1965）是浙江东阳人，法政大学毕业。1937年入浙赣铁路局任职，居当年杭州里西湖静江路37号。根据1945年8月浙赣铁路东段管理处人事室编的《浙赣铁路东段管理处职员录》，舒国华为副处长，同时，舒国华还是《浙赣路讯》的副主编。他自印有《丰舒诗画集》，遐翁题封面。丰子恺与舒国华有一合影，丰子恺记曰："胜利复员返徼，居西湖之滨与舒国华先生为邻。重九五日，天朗气清，相约摄影湖畔，聊代登高。子恺识。十月廿七日。"陈季侃有《丰舒合作诗画集序》："诗三百篇，皆当时风土歌谣之作，降而为骚选，进而讲音律，藻饰弥工，天真斯漓；惟画亦然。古画先致力于造像铸鼎画壁，意在鉴戒，其后趋重布景写意，渲染为能，观感斯薄；是知文化造端，不作无益，虽艺能余事，亦求于人有益，而不求为人所玩，此诗画之所以可贵也。丰君子恺之画，夙负盛名，晚年专写现实，独辟蹊径，以当前景物，画现代衣冠，着笔无多，栩栩欲活；舒君国华，以文会友，以友辅仁，感哀乐于中年，借文艺以怡情；间喜咏诗，不假雕琢，自然清新；与子恺同居西子湖畔，羊何过从，既声音而气求，亦志同道合。每当酒酣耳熟，子恺辄写国华诗句，相视而笑，莫逆于心，积久斐然成帙；国华将付装池，问序于余。余惟潘画主题，至今以为美谈，彼徒以交谊使然，今兹两人所作，不求精工，自然天真，多写农村风趣与民生状态，白屋衡茅，三致意焉；诗既悱恻动人，画更发人深省，不独诗中有画，亦复画外有味，诚返真归璞，有益社会之作，而非潘王所可拟也。贤者当有额于余言。"该诗画集内有画20幅。

　　舒国华又有"东阳舒国华藏书画册"（即《省吾庐书画集》），叶恭绰题。丰子恺为该画集作了跋语，其中写道："国华先生酷爱文艺，胜利复员后居西湖之滨，与余为邻，公余之暇于山色湖光中欣赏书画，引为世上乐事，其所搜集与日俱增，今选五十页付装。胜利冠春首，因再为作以代跋。"画册有叶恭绰、丰子恺、马叙伦、沈钧儒、张宗祥、陆维钊等名家书画，其中丰子恺画共7幅。其后又有《省吾庐书画二集》，越国题。内有丰子恺画14幅；《省吾庐书画三集》，王荣年题，内有丰子恺画1幅；《省吾庐书画四集》，宾鸿题。内有宾鸿山水画数幅，有丰子恺题为《莫言千顷白云好，下有人间万斛愁》等画6幅。丰子恺还与舒国华合作了《蓬莱诗画集》，叶恭绰题，内有丰舒诗画40幅。特别需要说明的是，目前留存下来的10幅丰子恺的台湾题材的漫画作品，大部分就是由舒国华之子舒士安保存下来的（其中胡治钧也有两幅保存）。当时丰子恺分两次从台北将"台湾漫画"寄至杭州舒国华处，原有10余幅，部分散失。舒国华之子舒士安曾有《四时不谢之花》一文载于1988年1月20日的《浙江民革报》，他的介绍是："丰子恺伯伯与先父舒国华诗画结交、友情深笃。丰老伯1948年秋台湾之行，旅途创作，随画随写，赠我先父。岁月沧桑，原作均已毁损，幸我先父当年为其配诗影印集册，乃得于近年一一问世。已发表于国内外报刊者有《凤梨》《马路与车》《杵影歌声》《高车》《南国女郎》《台北双十节》《拥被吃西瓜》《莫言千顷白云好，下有人间万斛愁》八幅……建国后，丰老伯已是知名人物，而我父病衰困顿于乡隅，二人地位虽很悬殊，但丰老伯不忘故谊，时相存问，并检出中年时代二人合影，补题'与舒国华兄同客西湖重九登高合摄此影，屈指已二十五年矣。1973年9月，子恺'数行寄赠于我。先父于1965年谢世时，丰老伯手书'诗艺长存'以挽之，生死不忘，存殁共感。"

除了与像内山完造、梅兰芳、郑振铎、苏步青、马一浮这样的文化名流交往，丰子恺也十分照顾普通的民众。浙江省镇海县霞浦大胡人胡治均生于1921年5月27日，他早年在上海学生意，出师后当了小店员。由于爱好书画，胡治均在工余就爱读书看画。1947年，他偶然看到了一册丰子恺的《护生画集》，被画中的慈悲精神所感动。他开始注意收集丰子恺的漫画，由仰慕之心渐渐产生了"但愿有幸能见见他"的念头。一日，胡治均在上海觉林菜馆的墙上看到丰子恺的一幅题为《遇赦》的小画，画面上是一个孩子拖住一持刀杀鸡的成人。画旁一幅小对联曰："欲为诸法本，心如工画师。"就在他仔细欣赏这幅画的时候，一个陌生人走到他的身边。此人见胡治均观画如此认真，问他是否与丰子恺相识？当此人知道他只是敬佩后就表示，丰子恺现在住杭州，不久就要来上海，若想与他相见，他可以作为引荐人。胡治均十分欣喜，立即留下自己的住址。果然，不出一月，胡治均收到了此人的来信，说丰子恺已来上海，并定好时日，约他相见。

约见这天，胡治均来到丰子恺下榻的福建路振华旅馆，进了房门，只见一位年近五十，穿着长衫的长者，已经满面笑容地出来相迎。年仅二十多岁的胡治均一时感到很拘束，丰子恺却宽慰他不必紧张。胡治均介绍了自己的身世、家庭等情况，又说自己只是小学毕业，家贫辍学，才疏学浅，只是喜欢看丰先生的字画，对文学却是一窍不通。丰子恺听后对他说：喜欢文学的，不一定都是自己会弄文学的。临别时，丰子恺与胡治均相约，乐意相互通信。

初次见面，丰子恺在胡治均的心目中留下了美好的印象，他和蔼、忠厚，毫无名人大家的架子。于是，他迈出了与丰子恺交往的第一步。胡治均与丰子恺书信来往不久，丰子恺就称呼他为"治均仁兄"。丰氏平易近人，使胡治均鼓起勇气向他提出了拜师的要求。果然，没过多久，他就收到了丰子恺的来信，说他为人忠厚，愿为师弟之交，并以"仁弟"相称。几天以后，丰子恺寄赠了胡治均第一幅画《双松图》。从那时起，丰子恺赠胡治均的漫画、书籍颇多，只要是自己新作的漫画，大多都要多画一幅送给胡治均。到了1966年，丰子恺在胡治均那里的画已有300多幅了。胡治均对此也颇感荣幸。他曾说：齐白石自称"三百石印富翁"，我亦可仿称"三百幅画富翁"了。

然而自称"三百幅画富翁"的胡治均好景不长。1968年春的一天（当时正在"文革"期间），他跑到丰子恺家里，悲不可忍，失声痛哭："我对不起老师，未能保住您的画稿……"达观的丰子恺深知学生的诚意，仍是安慰他说："不要难过，如此大劫大难，谁有本事逃得过！只要人不死，就是大幸……老舍被他们逼死了，你听说了吗？死了就完了，我们却不能去死。我不死，还有手，我会给你再画的。"果然，丰子恺忍着多病的身体又开始为这位学生作画。关于此，胡治均曾有这样的回忆："谁知我下一次再去的时候，丰先生从抽屉中取出一只已经封好的信封交给我，要我在衣袋里藏好。我见上面写着我的名字，正想当面启封，先生急忙摇手制止，说：'回去拆。'我回家拆看，赫然是一张题为《初步》的漫画……《初步》的含义非常清楚，暗示先生决心要用他的手，从头开始创作了。"

此后，胡治均每次去看望丰子恺，照例可以得到一只丰子恺封好的信封，胡治均也照例不当面拆开。他每收到一幅画，都格外小心地保存起来。不到两年，竟然有了70多幅画了。丰子恺最后一次交画是1971年的秋天。丰子恺亲自糊制了一只可以装进70多幅画的大袋子，袋子上用炭条精写着"敝帚自珍"四个字，旁边注明："交治均藏。"袋子里还有一张丰子恺用流畅的书法写的《敝帚自珍序言》，其中写道："虽甚草草，而笔力反胜于昔，因名之曰《敝帚自珍》，交爱我者藏之，今生画缘尽于此矣。"

胡治均拜丰子恺为师近30年，在丰氏的熏陶下，再也不是不懂文艺的"门外汉"了。他能写一手酷似丰子恺的毛笔字，也能画仿子恺画风的漫画，还经常在报刊上发表文章。1989年12月，胡治均曾应邀到新加坡办过画展，且出版了《胡治均漫画集》。他算是无愧于丰子恺的弟子了。[32]

丰子恺在杭州住了半年多后，就应邀参加了两次画展。第一次是浙江美术会举办的，第二次是民众教育馆组织的。主办者当然知道丰子恺是能为画展添光的人物，于是派人前来借画，丰子恺各为画展提供了两幅漫画。

第一次画展时，丰子恺特意叮嘱借画者某君："这两幅画是我自藏的，请你好好保管，用毕交还。"可是画展闭幕后，此君垂头丧气地来见丰子恺，说丰子恺的两幅中的一张被偷了。此君虽说将追寻线索，但丰子恺毕竟大度，说："已经失了，也就算了，你不必追究。况且偷画与偷书偷花同类，非寻常扒手或贪污等可比，我就送了他吧。"第二次画展，另一位借画人某君是携了油印信件来的，似乎郑重其事。但因为有了第一次的教训，丰子恺开始不愿再借，但在此君一再保证负责的请求之下，丰子恺也就不再坚持。岂知，事后此君同样垂头丧气地来见丰子恺了，劈头就说："画又偷掉一张！"说着又拿出民众教育馆馆长的信来，信中说："因为先生名太大了，所以别人的都没有偷，单是偷先生的。"丰子恺先是不快，但很快就笑了，表示再次原谅。

事后，丰子恺的朋友们便对此二事发表了一些见解。有的说：这两个窃画人一定是偏好丰子恺漫画的人；有的说，说不定这是同一个人。而丰子恺的意见多少带有一些慈悲心肠，他说："我现在好奇心发，颇想知道：这人是谁，为什么肯为了我这张画，而不惜辛苦，不怕冒险，动手去偷？我仔细地想，他一定不是为利。若为利，偷画去卖，一定不偷我的画，而另偷别的名家的墨宝。因为我已定润格卖画，而润格不高，即使卖脱，所得也很有限，犯不着辛苦冒险的。结果不为利，那么难道真是偏好我这种'尝试成功自古无'的画，而无力出润笔，就不惜辛苦冒险。"于是丰子恺认为此人一定是"知己"，就写了一篇文章，表示愿意替他偷得的画题上一款"某某仁兄大人雅正"，以酬劳其辛苦和冒险。他诚招窃画人，说："这不是谎话，我以人格担保。如果这人拿了画来访，我立刻题款奉赠，决不扭送警察，也决不对外界任何人宣布'偷画的原来是某人'。"丰子恺为此人想得格外周到："你持画来访时，倘座上有外客，使你不便的话，你只说：'这画请加题上款某某。'不必说别的话，我就心照不宣了。至于我的地址，你大概是知道的。"[33]

　　此君后来是否真的来请丰子恺补题上款，似不得而知，但此事反映出来的丰子恺仁慈且又幽默的一面，令人感慨。

　　丰子恺还有特殊的朋友，那就是猫。丰子恺的老师李叔同爱猫，据说当年李叔同在日本留学时曾给家里发电报，电文中别的不问，唯独关心家中爱猫安否。丰子恺的父亲也爱猫，每次晚餐时总喜欢把一只老猫唤到跟前，与它分享食物。不知是受了老师的影响，还是继承了家风，亦或是秉性所致，丰子恺也非常爱猫，他曾说"猫是男女老幼一切人民大家喜爱的动物。猫的可爱，可说是群众意见……猫的确能化岑寂为热闹，变枯燥为生趣，转懊恼为欢笑；能助人亲善，教人团结"。[34]

　　丰子恺住在里西湖时，家中有一只名叫"白象"的爱猫。此猫的可爱，有丰子恺文字为证："白象真是可爱的猫！不但为了它浑身雪白，伟大如象，又为了它的眼睛一黄一蓝，叫做'日月眼'。它从太阳光里走来的时候，瞳孔细得几乎没有，两眼竟像话剧舞台上所装置的两只光色不同的电灯，见者无不惊奇赞叹。收电灯费的人看见了它，几乎忘记拿钞票，查户口的警察看见了它，也暂时不查了。"这只猫也谈"恋爱"，但它谈起"恋爱"来不像鲁迅家的猫，"恋爱"时在屋顶上怪声怪气，

丰子恺画笔下的文人与猫

吵得鲁迅不能读书写稿，以遭致鲁迅用长竹竿来打。"恋爱"后的白象，后来产下五仔，三只雪白，两只斑花，令家人都十分疼爱。但就是这样一只爱猫，有一天居然不见了。万分焦急中的丰子恺终于感到问题的严重。他特意写了两张海报："寻猫：敝处走失日月眼大白猫一只。如有仁人君子觅得送还，奉酬法币十万元。储款以待，决不食言……"

然而，白象终于没能再回来。过了两天，邻人说："前几天看见一只大白猫死在地藏庵与复性书院之间的水沼里，恐怕是你们的。"丰子恺闻耗"奔丧"时，已找不到猫的尸体。但他却大发感慨："猫不肯死在家里，自知临命终了，必远行至无人处，然后辞世……我觉得这点'猫性'，颇可赞美。这有壮士风，不愿死户牖下女儿之手中，而情愿战死沙场，马革裹尸。这又有高士风，不愿病死在床上，而情愿遁迹深山，不知所终。"

白象死后，丰子恺写了一篇题为《白象》的文章登在《申报·自由谈》上。文章发表后，许多读者都为丰子恺感到可惜，同时又你一只，他一只送猫给丰子恺。丰家子女倒也来者不拒，只只收养。每有客人来访，见这许多猫儿围在炭炉旁边睡觉，或用爪子洗脸，捉尾巴，厮打，互相舐面孔，都说"好玩!""有趣!"家中猫多了，自有"好玩""有趣"的一面，同时也带来许多麻烦。猫一多，猫食必将增加。有时猫吃不饱，便在家中四处觅食，淘气异常，家中大大小小的失窃"案件"屡有发生。当丰子恺意识到家中不安宁的根本原因是猫食缺乏后，就专门召集家人开了一次"讨论会"，探讨"猫的待遇问题"。会后，丰子恺下令：提高猫的膳食标准，每日买三千元猫鱼。[35]

丰子恺写过许多关于猫的散文，也画过许多以猫为对象的漫画，在为护生画《白象及其五子》配诗时写曰：

我家有猫名白象，一胎五子哺乳忙。

每日三餐匆匆吃，不梳不洗即回房。

五子争乳各逞强，日夜缠绕母身旁。

二子脚踏母猫头，母须折断母眼伤。

三子攀登母猫腹，母身不动卧若僵。

百般辛苦尽甘心，慈母之爱无限量。

天地生物皆如此，戒之慎勿互相戕。[36]

第四节　儿童文学创作

　　丰子恺在抗战胜利后还写了一些儿童文学作品。与丰子恺的大量以儿童为题材的漫画一样，丰子恺也有大量以儿童为题材的散文作品。丰子恺描写儿童，开始时并不是有意识地去创作儿童文学，他写儿童，是出于对儿童生活的向往。所以，如今要论述丰子恺的儿童文学创作，就有必要先澄清一个长期以来被混淆了的问题。

　　一些研究者对丰子恺的儿童文学创作存在着一个误解，即把他早期许多写儿童的散文归入儿童文学范畴中去。比较有代表性的提法是："丰子恺的儿童文学创作大致可以分为两部分，一是写儿童的，也就是以儿童为主人公，抒发对孩子的深情厚爱，对世态人情的感触。例如《儿女》《给我的孩子们》《送阿宝出黄金时代》等。这类作品虽然描述的对象是儿童，有的还纯粹以儿童的口吻来描述，例如《华瞻的日记》等，然而作品表达的感情仍然是成人式的，是作者深深陶醉于孩子世界的真情流露，并非完全是儿童式的，所以只能称之为写儿童的作品。"[37]有意思的是，与此几乎相同的论述还有台湾学者林文宝的说辞，他在《试论我国近代童话观念的演变——兼论丰子恺的童话》一书中也是这么说的："丰子恺的儿童文学创作大致可以分为两半部分：一部分是写儿童的，也就是以儿童为主人，抒发对孩子的深情厚爱，对世态人情的感触。这类作品虽然描述的对象是儿童，有的还纯粹以儿童的口吻来描述，然而作品所表达的感情仍然是成人的，这些作品大都写于三十年代。在这类作品中，始终贯穿着'爱'这一主题，情真意切，令人陶醉，而且将儿童生活细腻而真实地描绘出来，充满儿童情趣。"[38] 也有的论者甚至把丰子恺的儿童文学作品的范围放得更宽，居然把《儿戏》《穷小孩的跷跷板》这样的作品也列为儿童文学作品。[39]

然而，以上所论并不符合事实。关于儿童文学这个定义，目前在不同的理论著作中有着不尽相同的表述，但在有一点上却是一致的，即儿童文学是根据教育儿童的需要而专为少年儿童创作、编写的，适合他们阅读的文学作品。儿童文学的特殊性是由于它的特定的读者对象决定的。因而它具备两个基本因素，即教育的方向性和儿童的年龄特征。明确了这个基本概念后，就不难看出，丰子恺早期许多写儿童的散文并不完全属于儿童文学的范畴，所谓写儿童就是儿童文学这个结论显然是不能成立的。

诚如笔者在本著第六章中所述，丰子恺早期散文中写儿童生活，恰恰是因为思想上的苦闷、彷徨，他认为成人世界有不可超越的大自然的定理，有不可破犯的人为的规律，而在孩子的世界里没有这些羁网。[40] 他在《给我的孩子们》一文中说："我的孩子们！我憧憬于你们的生活，每天不止一次！我想委屈地说出来，使你们晓得。可惜到你们懂得我的话的时候，你们将不复是可以使我憧憬的了。这是何等悲哀的事啊！"[41] 他爱孩子，同时厌恶成人世界，这在《儿女》中表现得也非常充分，他写道："回想过去四个月的悠闲宁静的独居生活，在我也颇觉得可恶，又可感谢。然而一旦回到故乡的平屋里，被围在一群儿女的中间的时候，我又不禁自伤了。因为我那种生活，或枯坐、默想，或钻研、搜求，或敷衍、应酬，比较起他们的天真、健全、活跃的生活来，明明是变态的、病的、残废的。为什么会觉得与孩子们的生活相比是变态的呢？因为我在世间，永没有逢到你们这样出肺肝相示的人。世间的人群结合，永没像你们样的彻底地真实而纯洁。"[42] 像这样的作品，丰子恺分明是用成人的语言，成人的思想抒发对生活的感慨，用儿童的天真无邪却保有真实、纯洁来衬托成人世界的污浊与虚伪。是道道地地的丰子恺本人思想的真实写照。至于把《儿戏》这样的作品也列入儿童文学则更是没有道理。《儿戏》写于1932年，丰子恺从看报——孩子打架——上楼感慨这样的构思，讽刺了黑暗社会的人事关系与国际的无理纷争，从而得出这样的结论："看了孩子打架而又重新和好的情景后，觉得比看报上国际纷争直截明了得多。在文明的世间，人对人的交涉，总是用口的说话来讲理，而不用身体的武力来相打的。例如要掠夺，也必用巧妙的手段；要侵占，也必立巧妙的名义；所谓'攻击'也只是辩论，所谓'打倒'也只是叫喊。故人对人虽怀怨害之心，相见还是点头握手，敷衍应酬。"[43]可见，这样的文章显然不是儿童文学作品。

　　如果在丰子恺早期的文学作品中寻找儿童文学，《华瞻的日记》或许可以算是一篇。此文通篇以自己的孩子华瞻的口气，抒写了华瞻与邻居儿童郑德菱的真诚友爱以及华瞻的童趣、天真和富有幻想。《华瞻的日记》采用日记形式，并分成一二两节来表达华瞻和郑德菱建立友谊的经过，揭示华瞻那颗纯真的童心。丰子恺真正有意识地创作儿童文学，是在30年代。他先是在《新少年》《中学生》等刊物上发表过儿童文学作品，如《小钞票历险记》是他的一篇童话，连载于《新少年》第1卷第1—3期。作品通过一张小钞票的经历，揭示民生的苦状。抗战胜利后，丰子恺创作了较多的儿童童话和故事，像《伍元的话》《大人国》《油钵》《明心国》《种兰不种艾》《博士见鬼》和《毛厕救命》等都是较有特色的作品。在这些童话和故事中，丰子恺着力在培养小读者的理想、情操和提高鉴别美与丑的能力。由于经过了抗战的锻炼和艰苦生活的体验，丰子恺的写作态度积极且又不失严肃，其针对儿童而创作的作品也很有分寸，为少年儿童乐于接受。

　　例如《明心国》，作者写明心国里的人个个胸前挂着一面红色玻璃镜子，那是他们的心。这些人心里想什么，这镜子里就会显露什么，一点都不能骗人，这真是最好的人类社会。在这样的社会里，一定个个人坦白，个个人率真，个个人无事不可对人言，个个人天真烂漫。再如《伍元的话》，作者将伍元钱拟人化，用"伍元"为第一人称，借"伍元"的经历抨击了物价飞涨，以形象性的故事对少年儿童进行教育。丰子恺这时期的儿童文学创作题材较为广泛，除了以上所提到的作品，还有像鼓励儿童专心致志，坚定信心的《油钵》，有让儿童培养爱心的《猎熊》，有激励孩子相信科学、破除迷信的《博士见鬼》，等。这些作品，笔调平易，语言简练，使少年儿童受到了良好的教育。

　　丰子恺的儿童文学作品，与他在其他方面的创作相比，数量不算很多，有些作品看似也较粗糙。但是，丰子恺也有独到之处，他善于以一颗赤诚的童心去体察儿童心灵深处的奥秘，选择乐于为儿童接受的题材，使作品尽可能地与孩子的心灵接近。

1986年7月，香港山边社出版了丰子恺儿童故事的单行本《丰子恺儿童故事集》，收儿童故事十八篇，丰子恺的女儿丰宛音为此书作序言，序言中写道："这本书里的故事，极大部分是我父亲在抗战时期讲给我们听的。那时我们才十多岁。侵略者的炮火逼使我们背井离乡，到处流浪，受尽了苦难。但父亲始终坚信最后的胜利一定属于我们。他素性乐观开朗，一路上仍然和战前家居时那样，经常给我们讲故事。很多故事是逃难途中在舟车旅舍间讲的。到内地后，暂得定居，父亲虽然整天忙于文艺抗宣工作，但有空仍然经常给我们讲故事，还要我们听过后记下来，作为写作练习。"丰子恺的幼女丰一吟对此有细节上的补充，她也在《丰子恺儿童故事集》一书中有一篇文章，曰《父亲和我们同在》，文中写道："我依稀记得，其中一部分故事，正是父亲在我家的周末晚上讲给我们听的。抗战时期我家逃难到大后方，由于一路不断迁徙，我们兄弟姐妹的求学发生困难，父亲便用种种方法给我们补充教育。其中之一便是在周末为我们举行茶话会。从城里买五元钱的零食，我们团团地围坐在父亲身旁，边吃边听他讲话。过后我们必须把这些讲话按他要求用作文的形式记述下来交他修改。他称这些晚会为'和闲会'。按我们家乡话，'和闲'与'五元'的音近似。由于物价飞涨，不久，'和闲会'改名为'慈贤会'（'慈贤'与'十元'的音近似）。部分儿童故事，我们正是在这些会上听到的。"44丰子恺之所以在抗战胜利后把这些故事写下来发表，应该是为了让更多的孩子"听"到他所讲的故事。因为丰子恺本人对写儿童故事有自己的说明。1948年2月，儿童书局出版丰子恺的儿童故事集《博士见鬼》。丰子恺在代序中谈了自己的观点：

　　我小时候要吃糕，母亲不买别的糕，专买茯苓糕给我吃。很甜、很香，很好吃。后来我年稍长，方才知道母亲专买茯苓糕给我吃的用意：原来这种糕里放着茯苓。茯苓是一种药，吃了可以使人身体健康而长寿的。

　　后来我年纪大了，口不馋了，茯苓糕不吃了；但我作画作文，常拿茯苓糕做榜样。茯苓糕不但甜美，又有滋补作用，能使身体健康。画与文，最好也不但形式美丽，又有教育作用，能使精神健康。数十年来，我的作画作文，常以茯苓糕为标准。

这册子里的十二篇故事，原是对小朋友们的笑话闲谈。但笑话闲谈，我也不喜欢光是笑笑而没有意义。所以其中有几篇，仍是茯苓糕式的：一只故事，背后藏着一个教训。这点，希望读者都乐于接受，如同我小时爱吃茯苓糕一样。

既然谈到儿童文学问题，也应提到丰子恺在16岁时发表在1914年《少年杂志》第4卷第2期上的4篇寓言体短文。从这些短文本身而言，似乎很可以列入儿童文学作品。当时丰子恺只有16岁，想必他写这几篇文章的动因应是在老师等的鼓励下而作的文章练习，未必是在有意识地创作儿童文学。同理，丰子恺于1937年1至6月《新少年》第3卷第1—11期上发表过音乐故事11篇；于1936年1至12月在《新少年》第1卷第1—12期及第2卷第1—12期上发表过美术故事24篇，从文体和读者对象等因素而论，这些故事似乎也能归为广义上的儿童文学作品，但丰子恺自己是否认定他是在写儿童文学呢？也未必，或许是他在尝试用儿童的口吻来普及音乐和美术知识。这些都是值得进一步研究的问题。

第五节　宝岛风情

丰子恺曾被称为"三湾先生"，而他在西湖生活的这段时间又被称作"三不先生"，即一不教课，二不演讲，三不赴宴。他以闲居写文作画自乐。不过丰子恺是爱旅游的，1948年秋天，当开明书店老板章锡琛邀请他同游台湾时，他欣然地带着幼女一吟与章锡琛一家同登旅程。[45]

轮船行驶在破晓时的海面上，但见台湾岛的海岸越来越清楚。丰子恺透过上铺旁边的圆窗洞向外张望，预想着这海岸后面的市街、人物、山川、草木。他觉得，自己是以抗战胜利国的国民身份来此探望失而复

丰子恺与女儿丰一吟在台湾阿里山

得的台湾岛的，兴奋之情与沧桑之感充塞了胸怀。

丰子恺到了台北后，下榻于中山北路开明书店隔壁弄内的一个文化招待所。他在台北，见到了学生萧而化。10月的一天，他在中山堂举办画展，又见到了与他十分有缘的女作家谢冰莹。他与谢冰莹有缘，是因为他几次办画展，无论是在上海，还是在汉口、成都，谢冰莹每次都在场，这回在金秋时节的台北，他俩又见面了。

当时谢冰莹问他是否在台湾久住，丰子恺说：只停留一个时期。画展之后，还将应约为电台做一次题为《中国艺术》的广播演讲，然后再到台中、台南转转，找点写画的材料。谢冰莹又问："为什么不在台湾定居下来？"丰子恺说："台湾好极了，真是美丽的宝岛，四季如春，人情味浓厚；只是缺乏了一个条件，这是我不能长住的原因。"

"什么条件？"

"没有老酒！"丰子恺答得爽快，引来周围人一阵大笑。[46]

其实此言并非完全游戏。丰子恺到台湾后，即给在上海的弟子胡治均写信，信中说：他在台湾，备受旧友新知的款待，一切很好，但美中不足，此间酒味太差，难以上口。胡治均知道老师平时最爱绍兴黄酒，就在上海买了两坛绍兴酒，托人随船带到台北的开明书店。丰子恺为此特地举办了一次"绍酒宴"，一方面款待在台湾的朋友，一方面庆祝他初次踏上这块失而复得的国土。席间，宾主畅叙痛饮，尽兴品尝绍兴黄酒的滋味。

10月13日晚8时至8时15分，丰子恺在台北广播电台做了15分钟的广播演讲。他说：

台湾同胞在过去五十余年中，一定看惯了日本艺术。日本一切文化源出于中国。其艺术亦只是中国艺术的一小支流。今天我就把中国艺术的伟大性为台湾同胞略说一番：世界艺术，分为西洋与东洋两大类。西洋艺术重"写实"：例如西洋画，大都画得形象逼真，与照相近似。东洋艺术重"象征"：例如中国画，但用线条表出人物的神气，与实际完全不同。西洋画是重形似的，东洋画是重神气的。前者好比话剧，注重背景，凡事逼真。后者好比平剧（京剧），开门骑马，只做手势；服饰脸谱，奇形怪状，而神情活现。所以西洋画的肖像容易使人误认为真人；而中国画则全不逼真：例如仕女则削肩细腰，寿星则头大身矮，山水则重重叠叠，像飞机中所见。然而美女与老翁的姿态的特点，山外青山楼外楼的诗境，神情活现在纸上。故西洋艺术有"冒充实物"的嫌疑；而中国艺术则坦白大胆，分明表出这是画。这正是中国艺术独得的特色。故中国艺术在世界艺坛，占有特殊的地位。20世纪西洋画坛最主要的画风，叫做"后期印象派"。这画派的创导人自己说，是模仿中国艺术而创成这画风的。故中国艺术非常伟大。台湾天时地利都优佳，是理想的文艺领域。台湾的艺术同志倘能认明中国艺术的伟大性，而努力研究，一定能使中国艺术发扬光大。[47]

　　当时台湾刚从日本手中收复才三年，丰子恺用如此浅显生动的语言宣传中国艺术，当然具有十分积极的意义。

　　丰子恺这次在台湾，曾为《台湾人报》题报头。此事的见证者即吕正之先生。吕正之为当时《台湾人报》的总编辑，据他介绍，丰子恺那次在台湾，由女儿丰一吟陪同，住台北中山北路大正町五条通台北市一招待所。其时吕正之也住在那里。吕正之受中共地下组织的支持，正筹办一个替台湾人民说话的政治性半月刊《台湾人报》。吕正之得知丰子恺也住在招待所内，便前往拜访，并在介绍了《台湾人报》的筹备情况后，请丰子恺题写报头。丰子恺当即表示："好，我替你写！"随后，便郑重写下"台湾人报"几个大字。临别时，吕正之还送给丰子恺两袋牙粉。

　　《台湾人报》于1948年10月正式创刊。创刊号的头一篇文章就是吕正之所写的《说六百多万人要说要听的良心话》，谴责国民党当局不替

丰子恺（左一）、章锡琛（右二）等与高山族公主（左三）合影

台湾人民说话，更不为台湾人民办好事。刊物一发行，立即销售一空。此举激怒了当局，下令派武装警察查禁此刊。由于当局的禁令，《台湾人报》只出刊了这一期便被迫停刊。

由于刊物只出一期，因此一般人很少知道丰子恺还有这题字。吕正之先生是笔者的老师，目前，他已提供该刊的复印件，并有一份写于2006年7月7日的《解读1948年10月在台北出版的〈台湾人报〉半月刊创刊号》。吕正之先生说："1947年夏我就到孙鸣担任校长的台湾湖白沙乡的'白沙初级中学'任'代用教员'……后在台北九年制国民党学校任教，寄宿在台北市中山北路五条通的教育会招待所内，我与'教育会'姓谭的编译同居一室，这时这招待所内住的有广东省广州法学院到台湾的学生考察团胡理平等，有丰子恺先生与其女丰一吟，还有对国民党蒋介石深为不满的老同盟会会员陈以益。"（按：丰一吟《潇洒风神——我的父亲丰子恺》一书中说此招待所为"文化招待所"，而此处吕正之先生所说的是"教育会招待所"。招待所名称有别，提请研究者注意。）吕正之又写道："我在台北用笔杆子战斗不到一年，这些报刊，不易找到，幸而今年由上海复旦大学附中的特级教师卢元先生的帮助下找到了上海图书馆收藏台湾报刊的经办人王宗义先生，在今年6月23日见到他们收藏了58年的《台湾人报》创刊号……"在这份创刊号上，报头正是丰子恺所题。

根据该创刊号的版权页，可知其出版于1948年10月23日。发行人，卢启予；编辑人，吕正之；总经销处，中国书报发行所（台北市馆前路159号，电话：3033）。

第六节 "今日我来师已去"

1948年11月23日，丰子恺偕幼女由台湾抵厦门。他要做的第一件事就是去南普陀寺凭吊弘一法师的故居。

丰子恺在南普陀寺，意外地与广洽法师相遇。广洽法师在抗战爆发后去了新加坡，在这之前，他长期亲近弘一法师。他与丰子恺的结缘还是1931年的事。当时广洽法师读了丰子恺的散文集《缘缘堂随笔》后便通过弘一法师介绍开始与丰子恺通信。这次广洽法师是来厦门参加传戒大会的。他引导丰子恺参谒了南普陀寺弘一法师居处及其手种杨柳。参谒后，丰子恺百感交集，作了一幅《今日我来师已去，摩挲杨柳立多时》的画赠给广洽法师。丰子恺还在赠广洽法师的《弘一大师遗像》上的题词中写道：

先师弘一大师住世之日，与闽南僧广洽法师缘谊最深，曾约余来闽相见，以缘悭未果。戊子之冬，余从台湾来厦门，适广洽法师由新加坡返闽南，相见甚欢，而大师已于五年前往生西方，余见广洽如见大师。临歧写大师遗像赠广洽师，即请于星洲薝葡院供养，以志永恒之追思。丰子恺客厦门。

至此，丰子恺与广洽法师通信18年，如今始得相见，而且又是在他俩共同敬仰的弘一法师住过的南普陀寺，此亦可谓缘分。

1948年11月28日，丰子恺在厦门佛学会做了一次题为《我与弘一法师》的演讲。演讲中他提出了所谓的"三层楼喻"。

按丰子恺的看法，能够爬上三层楼去的人，他们做人很认真，满足了物质欲、精神欲后还不够，必须去探求人生的究竟。他们视财产子孙为身外之物，学术文艺是暂时的美景，连自己的身体都是虚幻的存在。为了不做本能的奴隶，他们要追究灵魂的源泉，宇宙的根本。当然，在登上三层楼的人中，有一些是从第一层直上第三层的，而有些连第一层都未停留。但丰子恺认为，弘一法师是一层一层登上去的。丰子恺又将做人比作喝酒，酒量小的，喝一杯花雕已经醉了；酒量大的，喝花雕嫌淡，必须喝高粱才过瘾。文艺好比花雕，宗教好似高粱。丰子恺自认弘一法师酒量大，自己酒量小。由于酒量小，脚力也小，不能追随弘一法师住在三层楼上，充其量只是勉强爬上二楼的扶梯，向三层楼仰望。丰子恺以为，弘一法师当时出家，完全出于"脚力大"者对人生追求的自然渐近，是一种人格的完满和升华。所以，与其说他的出家是诸种客观原因造成的，还不如说是主观性格促就的。这样说并不完全无视李叔同当时对社会状况的态度。在那种民族屈辱、内外交困、民不聊生的社会现实面前，有些人遁入空门可能是一种人生幻灭、悲观厌世的表现。但对有些人来讲，比如李叔同，他并不认为人生是无价值的；相反，在喧嚣的尘世之外，仍有积极的追求之所在。李叔同没有把进佛门视为人生幻灭的标志，他的行为仍是一种超越世俗价值观的悲壮的追求人生价值的表现。他向往佛教世界的深

丰子恺作《今日我来师已去，摩挲杨柳立多时》

广宏大，他在那里找到了属于他自己的而不是别人的归宿。

对于丰子恺这次厦门之行，1949年《佛教人间》第2卷第1期"佛教消息"专栏也刊出了一则题为《丰子恺居士到厦门——想举行一次"个人画展"，还要找寻弘一法师遗迹》的消息：

（本刊厦门通讯）说到丰子恺居士，本刊读者是不会生疏的，本刊封面及插图，就是出于丰居士的手笔，由于他的精心设计，将本刊社长"慈航"二字寓意在封面上，"慈航普渡"的画代表了本社社长之名字，使本刊生色不少，我们谨以至诚，在这里向丰居士表示谢意。

祖国有名的艺术家，他的画，在各报的儿童读物上是常见的，在中国现代画家中就很少同他那样的风格的，他是一个虔诚吃素信佛的居士，此次携了他的女公子一琴（引者按：应系"吟"）于卅七年十一月廿三日从台湾到厦门，他今年已五十一岁，看上去似觉还要老些，这也许是他饱经风霜的缘故，到厦门是住在南普陀寺，他对记者说，厦门的印象甚好，佛教的气急（引者按：似为"氛"字之误）很浓厚，他是弘一法师的高徒，是谁也知道的，他此次到厦门，一则因台湾的风俗习惯不合他的个性，再者想在这较为安定的地方，开一个个人画展，三则要顺便到泉州去，想独得一些关于弘一法师在承天寺的遗迹。

丰居士一到南普陀后的第二天，就替该寺的养正院画了一张弘一法师的画像，并在两旁写了一副对联云："须如有相皆非相，能使无情画有情"。从这副对联字里，可以看出弘一法师对他是如何的深刻了。

丰居士喜欢接近文化人和佛陀的四众弟子，他在厦门可能住一个时期，据他说：护生集一至三集的画稿，已从杭州寓所寄厦，希望能在厦门完成这部工作，以便付印，他在厦门何时开画展，地点在何处，尚未确定。

南国的环境，丰子恺似乎觉得并不比杭州逊色。他曾有意在此定居下来。1949年1月，他的家属们也先后抵达厦门，他们就在古城西路43号租屋住下。也就是在这时，丰子恺赴泉州谒弘一法师圆寂之地。他在泉州期间，受到当地佛教界的热烈欢迎。有一位居士拿出一封信给丰子恺看。此信正是当年他寄给弘一法师的，信上，"世寿所许，定当遵嘱"

八个字顿时跳至眼前。于是他发愿立即绘作《护生画三集》70幅。

　　丰子恺在厦门绘护生画，闭门谢客三个月。往常，他是靠卖画为生的。在这段时间，为了能静下心来，他破例停止刊布润例。比如1949年1月26日他在厦门给王凤池写信："……弟因二三两月作'护生画'第三集，故对国内暂不公开发表润例（《论语》等已停登），以期专心。"[48]他还在给大法轮书局编者苏慧纯的信中说：

慧纯道兄：

　　三日示奉到。弟作护生画三集，今已将半，大约四月底可完成。五月初即携赴香港，请叶恭绰老居士书写（诗文皆选古人作或由弟自作，叶居士专事书写，因彼来信言，衰老不耐构思作寄人诗故也）。五月底约可携全部书画稿返上海。尊处发心刊印，功德甚深。届时弟当将稿面奉，并面商刊印之事。第一二集流通甚少，各地均购请不到。（开明书店亦无力再印）能得吾兄宏愿，使三集一同行世，诚未劫之异彩也。觉刊寄杭州者，皆由家姊（亦皈弘一师者）收阅保存。弟离杭游台湾闽南，出门已四月余，尚须两月方可返杭。在途中亦时得阅读。今寄上醒世书二，可聊作书面之用。觉刊以后仍寄杭。因弟旋迹不定，反而易损失也。

　　即颂
道安

弟丰子恺叩　三月六日[49]

　　丰子恺还有致李圆净信：

圆净吾兄：

　　久未通问。弟去秋旅台湾，一住两月，而大局克变。遂转道闽南，访弘一法师故居及其生西处。闽南人士受法师感化极大，佛法空气十分浓厚，对弟之来，亦竭尽欢迎。因念今年，法师七十冥寿，法师住世时，曾与弟约，彼七十岁时作护生画三集七十幅（第一集五十幅，二集六十幅），八十时作四集八十幅，九十时作五集九十幅，百岁时作六集百幅。其信犹存。弟今来闽南，适逢其时，遂在厦门暂租一屋，（址为古城西路43号，租期六个月，大约五月归去）专为绘制护生三集，今已完成三分之一矣。在厦开一画展，买（卖）画所入，足供半年薪水之资，幸得放心作此"净业"，亦乱世之美事也。其诗大半选古人作，小半只得由弟自作（托人每不合意），今抄录自作数章奉上，如有佛教刊物要稿，可先发表之。画则尚在起稿中，大约四月中必可完成。

即颂时安！

弟丰子恺叩

四月中旬完成护生画后，即离厦返沪，或赴香港一行，未定。弟杭州寓中仍有家人留居。[50]

此时期的《觉有情》杂志，丰子恺画作甚多，有封面画、护生画和以往不为人知的佚画。[51]1949年3月1日《觉有情》第10卷第3期封面画采用丰子恺漫画《朱颜今日虽欺我，白发他年不让君》。1949年5月1日第10卷第5期封面采用丰子恺漫画《公道世间唯白发，贵人头上不曾饶》。1949年12月1日第10卷第6期封面画采用丰子恺漫画《后凋图》。1950年2月28日第11卷第2期封面采用了丰子恺的漫画《自渡渡人》。1950年3月30日第11卷第3期封面采用丰子恺漫画《勇猛精进》。1950年4月30日第11卷第4期封面采用丰子恺漫画《山鸡救林火》。1950年5月30日第11卷第5期封面采用丰子恺漫画《任重道远》。1950年7月30日第11卷第7期封面采用丰子恺漫画《如河驶流往而不返，人命如是逝者不还》。1950年8月31日第11卷第8期封面采用丰子恺漫画《倘使牛识字》。1951年第12卷第1期封面采用丰子恺无题漫画。1951年第12卷第2期封面采用丰子恺漫画《若乘船渡水，至当舍船去。形非神常宅，安得久长居？》。丰子恺创作精力旺盛，各类文画数量皆巨大，而漫画尤其如此。[52]《觉有情》中有大量丰子恺的护生画，如1939年10月15日出刊的第2期上有《难民之梦》，1939年11月1日出刊的第3期上有《突围而出，只身幸免》（此画在1943年10月1日出版的《觉有情》第5卷第3~4号也有刊载），1939年12月1日出刊的第5期上有《为念电网苦，救此小生命》（此画在1943年10月1日出版的《觉有情》第5卷第3~4号上也有刊载），1939年12月15日出刊的第6期上有《团圞》（此画在

1931年《佛学半月刊》的"佛诞纪念刊"上亦已刊出，画下有余了翁的题句："大家团圆头，人物固同体。安知无生活，不在啐啄里。"）1940年1月1日出刊的第7期上有《明月明年何处看》，1940年2月1日上刊有《昔日的照相》（此画在《海潮音》杂志上亦有），1940年5月1日第15期上刊有《接吻》，1940年5月16日第16期上刊有《客养千金躯》，1943年10月1日第5卷第3～4号（第99～100期）上刊有《此脚犹虐杀无辜之炸弹也》，等等。直到新中国成立初期的1950年，该刊上仍有丰子恺的护生画。[53]

护生画第三集应该绘70幅。但丰子恺绘完69幅后一时找不到画材。一天，丰子恺收到广洽法师来信，信中提到这样一件事：元宵节那天，广洽法师乘车进山。车中有一乘客带着五只被捆绑着的鸡，据说，这五只鸡是待宰杀，熟煮之后以助节日之乐的。有意思的是，这五只鸡一见到广洽法师，均瞪着眼睛"咯咯"大叫不止。用广洽法师的话说：它们分明是在求援。可惜它们有口不能哭。善良的法师实在不忍心看下去，表示愿意用钱买下它们，带它们到光明山的普觉寺，永远让它们免遭残杀之祸。丰子恺读罢此信，顿时感慨万千，同时立即铺纸，遂成一幅《幸福的鸡》，《护生画三集》宣告完成。

丰子恺完成了《护生画三集》后，根据章锡琛的提议，他给住在香港的叶恭绰先生写信，请求为画集题字，并很快得到允诺。于是，丰子恺于4月初亲自携画赴香港拜会叶恭绰先生。对于此事，李君毅先生有《丰子恺访叶遐庵》一文记之。文中写道："画稿绘写前，上海开明书店章锡琛先生向丰氏建议：'弘一法师圆寂后，当代最理想的护生画集题词人该是叶遐庵老居士；第

《护生画三集》封面

一，他崇信佛教，阐扬内典；第二，他年高德劭，功业昭彰；第三，他名重艺林，书法苍劲，国人无出其右。'上海诸文人及丰氏均称善。遂由丰先生函请叶先生。旋蒙复信答允，但言年老力衰（他今年六十九），不克撰作，只能书写，故撰作皆由丰先生任劳，费时两月有余，方告成功，最近亲携画稿到香港来交奉叶先生。"54

　　叶恭绰先生此时来香港已月余，就住在半山的一座四层楼上。丰子恺到香港的第三天，沈颂芳先生夫妇约了丰先生和李君毅一起去拜访叶先生。以下是李君毅在文章中记下的丰子恺与叶恭绰的对话和访问时的情形：

　　"十余年前在上海拜见后，暌违至今。这次小弟从厦门来港，携有护生画第三集，求老居士书写题词，以备印行，纪念弘一法师七十冥寿，谅老居士乐愿做这件功德的。"

　　"佛教功德事业，我十分乐意去做，但是，不知道有否时间限制。假如有时间限制，则恐衰老之躯，不能胜任。"

　　"没有时间限制的。只有七十篇题词待写，尽可在半年内或一年内写就，然后付印，不必着急。"

　　"那决不需半年一年，现世的事，不宜延宕。我每天写它两三篇，是可以的。近来因为年老多病，大字不能书写，小字还可勉强，只是雕虫小技，未免贻笑高人。"

　　老居士操着很清晰的北方官话，安详发言。言词间十分谦虚。

　　他自己因为病弱的关系，说话很吃力，故讲话甚少。到香港来，虽已经月，但绝少见客，这还是第一次。

　　关于弘一法师的遗著，叶居士十分关切。弘一法师原是律宗，今世修律宗者甚少，老居士问法师圆寂后，有没有弟子可承衣钵？

　　子恺先生说："堪承法师衣钵的，唯有二弟子，一为妙莲，上海人，一为传贯，福建人。这两位今均在泉州石狮福林寺闭关。我此次客游闽南，闻二人正在闭关，不便去访。而妙莲来函相邀。就到石狮相访。从楼下仰望楼窗内二僧，谈话约一小时余。法师遗著原稿，由他们两人保留。出家后，所用印章，有百余枚，亦由二僧保存，并曾将印章放在篮内，用绳挂下给我看。"

老居士说，法师遗著，应及早整理付印，以广留传。又说，法师出家前印章，藏在杭州西泠印社的岩壁内。出家后的印章，不妨也送西泠印社保藏。丰先生表示赞善。

大家谈起祖国目前的境况，遐翁对这往下坡路走的局面无限感慨，他老人家说：

"农村生活，真是苦得很，这是以前所想象不到的，总希望今后会走向安定繁荣，足衣足食的一天。"

大家谈到艺坛冷落，工作者无以为生，难言创作的苦况，他老先生又说："我们固然希望文人和艺术工作者能由国家来赡养，渐渐走上复兴的道路。"

遐翁书室中藏满图书，右墙边堆满着正待启用的丛书集成，其余便是遐翁所作的书画。他老先生画竹，早已名重艺林。刚好昨天报上登载叶老先生举行书画展览的消息，丰先生说：

"闻老居士将举行书画展览会，后生欣得机会观摩，无限高兴。"

"这不过是玩玩罢了，日子过得平凡，实在无聊得很，而且自己并没有根底，说不上什么。"歇会又说：

"在这个时候，事情十分难做，倘使有人还肯叫我做一个艺术家，也是一件不算坏的事情，所以自己也就无所谓了。"他就把近作的扇面拿出来给客人看。扇面上画的都是竹石，有几张是朱竹，笔法遒逸，题字苍劲，可谓"人画俱老"，这想是最近书画展的作品之一种。

笔者随身带着一个闪光相机，就在书房内为这难得的盛会拍了两幅照片。他日附刊在护生画第三集中，作为永久的纪念。

临走的时候，丰先生对老居士说：

"弘一法师遗志，护生画集要出六册，每十年一册，四五六集尚待完成，自恐形寿所不许，还打算在十年内抽空闲，提前制作，以实践法师的遗志。现在第三集已画成，还是未定稿。集子里所选的题词，都是我个人在闽南时选定的，一部分选古人诗，一部分还是我自己杜撰的，因为我不会作诗，第二集中我所作的皆由弘一法师修改，现在请叶先生也替我斧正，为了佛法请勿客气。若有不合用的，敢请函示，以便另选另撰，力求完善。"

老居士对于丰先生的请求，仍旧谦虚。答应在抄写的时候，附带校阅。使第三集成为一本完善的护生画！恭献与弘一法师，作为七十冥寿的寿礼。

护生画第三集现在已由丰先生以其慈祥恺悌之笔画好了，等待叶老居士书写题词和订正后，不久便要刊行济世了。集中画七十幅，先从大的动物画起，渐而及小的动物和植物，而皆归趋于戒除残暴，长养慈悲。其中"白鹅坟""放大镜下的蚂蚁""蜻蜓装义翅"和"雨后春草"，"剪冬青"等诸幅，词画并至，表现深刻，最能引起读者的恻怛之心的共鸣。第一二集中的护生，只指动物；这第三集则广及于植物。天地好生之德，在这集子里具体的表现了。[55]

《护生画三集》中的画绝大部分是赞颂动物对人类的好处的，也有用欣赏的眼光羡慕动物之间祥和与自娱生活趣味的。丰子恺用这样的表现手法反衬人间的暴行，提倡护生，追求人间和平美好的图景。

至于《护生画三集》中的诗，丰子恺在序言中说："这里的诗文，一部分选自古人作品，一部分是我作的。第一第二两集，诗文的作与写都由弘一法师负责。我只绘画。（第二集中虽有许多是我作的，但都经法师修改过。）这第三集的诗文，我本欲请叶恭绰先生作且写。但叶老先生回我信说，年迈体弱（他当年六十九岁）用不得脑，但愿抄写，不能作诗。未便强请，只得由我来作。我不善作诗，又无人修改，定有许多不合之处。这点愚诚，要请读者原谅。"

《护生画三集》另有叶恭绰、章锡琛两位先生的跋和序。其中章锡琛原本就与护生画有缘分。当初第一集、第二集护生画的印刷就是在他的美成印刷所印刷，由他的开明书店出版的。

丰子恺这回赴港，除了请叶恭绰先生书写《护生画三集》中的诗文，再一个就是要在香港举办画展。关于在香港办画展，早先就有香港友人提起，但当时丰子恺忙于其他事情，且以为赴港开画展当以作者在场方好，这样可以为订画人题款，方便爱好者。爱丰子恺的人确实很多。他是4月5日抵达香港的，原拟画展只在4月15、16日两天在花园道圣约翰礼拜堂举行，由于参观者众多，就又于19、20日在中环思豪大酒店续展。画展结束后，丰子恺被请到培正中学发表演讲，校方还特约将画展移到该校图书馆再展出两天。据统计，丰子恺在香港展出的计有立轴40帧、大册页39帧、扇面50件。可知，其规模还相当可观。丰子恺在香港一共逗留了19天，4月23日，他返回上海。

丰子恺这次回上海，其经过可参见他写给丁淼（即嘉树）、何葆兰的一封佚信。香港《当代文艺》第126期（1976年5月号）有何葆兰《怀先师丰子恺》一文。文中附有丰子恺于1949年致丁淼、何葆兰函。此信未收入《丰子恺文集》（文学卷三）。信的全文如下：

> 嘉树兄、葆兰弟共鉴：在港多蒙厚遇，心甚感谢。别后在穗三宿，时局突变，即飞返上海。且喜沪上平安无事。居民对战事已感麻木，但竞储粮食，以备困守之需耳。仆已顶购一屋，昨日迁入，地址"上海西宝兴路汉兴里46号"。此后通信直寄可耳也。到沪近二周，尚未见过林达祖居，望有信写告贤伉俪消息。杭州及嘉兴已成"外国"，音信不通。火车只达松江。秀沪车只达陆家滨（昆山南）。上海惟海空两路尚可通外埠。物价飞涨银元吃香，地摊到处皆是。离沪半年，不料一变至此也。顺颂
> 双安
>
> 弟丰子恺叩　五月十一日

此信透露了一条明确的信息，即丰子恺于1949年春返回上海是从广州乘飞机的，即所谓"别后在穗三宿，时局突变，即飞返上海"。这就是说，丰子恺在离开香港后先在广州住了三夜，然后飞上海。

丰子恺还曾赠予丁淼、何葆兰一件书法和一扇面。书法写的是："孤山寺北古亭西，水面初平云脚低。几处早莺争暖树，谁家新燕啄春泥？乱花渐欲迷人眼，浅草才能没马蹄。最爱湖东行不足，绿杨阴里白沙堤。"落款为："己丑暮春游香港倦旅里归，临行书此以赠嘉树贤兄葆兰仁弟，藉留遗念。丰子恺。"

何葆兰曾是松江女子中学的学生，1929年秋，丰子恺曾在此校兼课。[56]此外，何葆兰在文中还讲述了一段有关丰子恺当年在松江女子中学受欢迎的往事，很可以作为丰子恺传记的材料。何葆兰在文中说：

> 丰先生的课排在艺术组，但别组的学生也很多选了丰先生的课，我

就是文史组而又选了丰先生的一课"艺术论"。

丰先生第一次来授课,那时他只三十岁左右,那副老成持重,纯朴和蔼的风度,还像在我眼前一般。

……

一次,丰先生下课时,很多同学跟出教室,要走过操场时,操场上又有等着张望的很多同学,有的手持照相机。丰先生不知有没有感觉情形有点特殊,我就把预先有几位同学和我商量好的事告诉他,因为同学们要和他拍照留念,也要显显她们学到的摄影技术,请他一同和我们照相。

我们知道丰先生不是看重名利的,不是爱出风头而抢镜头的人,所以才有这样的安排。我一方面说明,一方面就拉着他招呼同学,你拍我陪,你陪我拍的有些混乱。丰先生只得由我们,但他对我说:"拍照要自然,拍照不要有'我在拍照'的心理,否则便要'石化',看上去很呆板。"这话我到现在还记得清清楚楚的,可惜时隔几十年,那些照片,一张也没能保存。

1949年8月28日,中华美术工作者协会上海分会举行成立大会,丰子恺为大会主席团成员之一。

注释:

1　丰子恺:《胜利还乡记》,收《丰子恺文集》(文学卷二),浙江文艺出版社、浙江教育出版社1992年6月第1版,第195页。曾载1947年6月24日《天津民国日报》,题名《还乡记》。1957年人民文学出版社版《缘缘堂随笔》收入此文时改为《胜利还乡记》。

2　参见笔者:《张森生提供有关丰子恺先生的两则史料》一文,收笔者《丰子恺研究学术笔记》一书,太白文艺出版社2007年7月第1版,第230页。

3　该"润例"见2003年3月15日《美术报》第4版。

4　《丰子恺文集》(文学卷三),浙江文艺出版社、浙江教育出版社1992年6月第1版,第434页。

5　在丰华瞻、殷琦编:《丰子恺研究资料》(宁夏人民出版社1988年11月出版)第488页中,编者误将《导报》月刊的第1期写为1948年8月1日。

6　1947年1月15日丰子恺致夏宗禹函,收《丰子恺文集》(文学卷三),浙江文艺出版社、浙江教育出版社1992年6月第1版,第418页。

7、9　1947年3月19日丰子恺致夏宗禹函，收《丰子恺文集》（文学卷三），浙江文艺出版社、浙江教育出版社1992年6月第1版，第419页。

8　钱君匋：《忆旧三题》，载1992年2月12日《文汇报》。

10　许钦文：《无妻之累》，收《钦文自传》，人民文学出版社1986年5月第1版，第49页。

11　丰子恺：《刘陶惨案》，收《丰子恺文集》（文学卷二），浙江文艺出版社、浙江教育出版社1992年6月第1版，第719页。

12　丰子恺：《口中剿匪记》，见《丰子恺文集》（文学卷二），浙江文艺出版社、浙江教育出版社1992年6月第1版，第254页。

13　［日］小泽正元著，赵宝智、吴德烈译：《内山完造传》，百花文艺出版社1983年3月第1版，第91页。

14、15　内山完造：《花甲录》（1960），转引自丰一吟等《丰子恺传》，浙江人民出版社1983年2月第1版，第158页。

16、17、18　丰子恺：《访梅兰芳》，收《丰子恺文集》（文学卷二），浙江文艺出版社、浙江教育出版社1992年6月第1版，第209页。

19　丰子恺：《再访梅兰芳》，收《丰子恺文集》（文学卷二），浙江文艺出版社、浙江教育出版社1992年6月第1版，第385页。

20　据王震编：《二十世纪上海美术年表》，上海书画出版社2005年1月第1版，第581页，1948年"5月4日"条目："丰子恺及其女为观梅兰芳演出专程至沪，住振华旅馆，访梅氏沪寓。翌日梅赴旅馆还访，一时观者群集，室为之塞。（《申报》）"

21　丰子恺：《威武不能屈——梅兰芳先生逝世周年纪念》，收《丰子恺文集》（文学卷二），浙江文艺出版社、浙江教育出版社1992年6月第1版，第545页。

22、23、27　丰子恺：《湖畔夜饮》，载1948年4月16日《论语》第151期。

24　丰子恺：《吃酒》，收《丰子恺文集》（文学卷二），浙江文艺出版社、浙江教育出版社1992年6月第1版，第790页。

25　丰子恺：《湖畔夜饮》，载1948年4月16日《论语》第151期。苏步青曾在抗战时期浙江大学数学系迁至贵州湄潭时倡议并组织过"湄江吟社"，举办诗会，创作诗词。参见应向伟、郭汾阳编著《名流浙大》，浙江大学出版社2007年5月第1版，第140页。

26　陈建功（1893—1971），1910至1913年就读于浙江官立两级师范学堂，浙江绍兴人，著名数学家。中国函数论研究的开拓者，与华罗庚、苏步青并称"现代中国数学三大家"。苏步青（1902—2003），浙江平阳人。1927年毕业于日本东北帝国大学，1931年获该校博士学位。1948年当选为中央研究院院士。1931—1952年任浙江大学数学系教授、系主任、教务长。1955年当选为中国科学院学部委员（院士），后任复旦大学教务长、副校长和校长。

28 马一浮：《湖上寄怀巴中送别诸子》，收《马一浮集》（第三册），浙江古籍出版社、浙江教育出版社1996年12月第1版，第413页。

29 马一浮：《蠲戏斋鬻字后启》收《马一浮集》（第二册），浙江古籍出版社、浙江教育出版社1996年12月第1版，第187页。

30 见《马一浮集》（第三册），浙江古籍出版社、浙江教育出版社1996年12月第1版，第1045页。

31 同上，第1040页。

32 胡治均于2004年9月18日晚8时58分在上海电力医院逝世。丰一吟曾有《悼胡治均先生》文发表在第50期《杨柳》（2004年9月）上。文章说："我无论如何没想到胡治均先生会走得那么早。他母亲是活过百岁的老人。胡先生今年才84岁。他戒烟已经几十年了，怎么会得气管癌！"由此可知，胡治均是因气管癌去世的。

33 丰子恺：《告窃画人》，收《丰子恺文集》（文学卷二），浙江文艺出版社、浙江教育出版社1992年6月第1版，第243页。

34 丰子恺：《阿咪》，载1962年8月《上海文学》第35期。

35 丰子恺：《白象》，连载于1947年5月30、31日，6月1日《申报·自由谈》。

36 丰子恺护生诗，收《护生画三集》，上海大法轮书局1950年2月第1版。

37 周小波：《丰子恺与中国现代儿童文学》，载1984年第4期《浙江师范学院学报》。

38 林文宝：《试论我国近代童话观念的演变——兼论丰子恺的童话》，台北万卷楼图书有限公司2000年10月第1版，第120页。

39 田碧洁：《浅论丰子恺的儿童文学创作》，载1985年第2期《克山师专学报》。

40 丰子恺：《儿童的大人化》，1927年《教育杂志》第19卷第7、8期连载。

41 丰子恺：《给我的孩子们》，载1926年12月26日《文学周报》第4卷第6期。

42 丰子恺：《儿女》，载1928年10月10日《小说月报》第19卷第10号。

43 丰子恺：《儿戏》，载1933年3月27日《申报》。

44 见《丰子恺儿童故事集》，香港山边社1986年7月第1版。

45 据王震编：《二十世纪上海美术年表》，上海书画出版社2005年1月第1版，第591页，1948年"9月18日"条目："丰子恺因好友邀请由杭携作品四十八件来沪，日内赴台北举办画展。（《申报》）"

46 谢冰莹：《悼念丰子恺先生》，载1978年5月1日、6月1日《内明》杂志第74、75期。

47 丰子恺：《中国艺术》，收《丰子恺文集》（艺术卷四），浙江文艺出版社、浙江教育出版社1990年9月第1版，第416页。

48 丰子恺致王凤池信，收《丰子恺文集》（文学卷三），浙江文艺出版社、浙江教育出版社1992年6月第1版，第463页。

49 丰子恺：《与苏慧纯居士》，载1949年4月1日《觉有情》第10卷第4期。

50 丰子恺致李圆净信，载1949年3月1日《觉讯》第3卷第3期上。《觉讯》在刊发丰子恺致李圆净信的同时，还刊发了11首护生诗。诗后又附丰子恺的附记："弘一法师住世之日曾与余约，法师七十龄时绘写护生画第三集，共七十幅。今年正为法师七十'冥寿'。余于元旦开始绘制。预计三个月完成。以上乃对照用诗之一部分。己丑元宵子恺记于闽南。"由此可知，信和诗均系李圆净在收到丰子恺的信和诗后交《觉讯》发表的。然而，不久以后，李圆净即投海自尽。

51 《觉有情》杂志于1939年10月1日创刊，编辑兼发行人为陈法香，上海大法轮书局出版，发行人为苏慧纯。该刊原为半月刊，自1941年1月起改为月刊。1951年7月起改为数期合刊，1953年2月停刊，共出246期。

52 丰子恺为佛教刊物所作封面或题封面甚多，如1947年《觉讯》第2期、第6期封面，1946年《佛教文摘》第1～6集封面为丰子恺题；1948年《佛教人间》第1卷第9期、1949年第2卷第1期封面采用丰子恺画作，并由丰子恺题刊名等。

53 《觉有情》1950年4月30日第11卷第4期刊有丰子恺护生画《有困难，有办法，有希望，荆棘可使变稻粱》，1950年7月30日第11卷第7期刊有《是日已过，命亦随减。如少水鱼，斯有何乐？》，1950年7月30日第11卷第7、8期刊有《夫人之生，斧在口中。所以斩身，由其恶言》，1950年第11卷第11期刊有《稊稗害禾，多欲妨学。耘除众恶，收成必多》《禁斩耕牛，生产日增。横笛一曲，赞扬仁政》，1950年第11卷第12期刊有《奴雀在瓶中，罗縠覆其口。縠穿雀飞去，神自随行走》，1951年第12卷第4期刊有《歌使世上不流血，须自席上不流血始》《良田千顷不如薄技在身》，1951年第12卷第8、9合期刊有《鹿生深山中，饮水而食草》，1951年第12卷第10、11、12合期刊有《世人重其身》。

54、55 李君毅：《丰子恺访叶遐庵》，载1949年4月12日香港《星岛日报》，又载1949年《觉有情》第10卷第5期。

56 丰一吟在《潇洒风神——我的父亲丰子恺》中记述："且说丰子恺在立达学园任职的期间，又在他校兼职，如上海艺术师范大学（前身即上海专科师范学校）、复旦实验中学、澄衷中学以及松江女子中学（1929年秋季始）等，工作十分繁忙。"华东师范大学出版社1998年10月版，第96页。

第九章

日月楼时期

概述

1950年1月23日，丰子恺迁至上海福州路671弄7号开明书店章锡琛先生旧宅。开始学俄文。6月，《漫画》月刊在上海创刊，任编委。7月，列席华东军政委员会第二次会议。出席上海市首次文学艺术工作者代表大会。上海市第一届文学艺术工作者联合会成立，任理事。本年为周作人《儿童杂事诗》作插图69幅，以一文一图之形式发表于上海《亦报》。

1951年4月，作为文艺界代表，参加上海市二届二次各界人民代表会议，并发言。开始阅读屠格涅夫《猎人笔记》和托尔斯泰《战争与和平》等俄文原著。译作《社会主义哲学对音乐的影响》（〔苏联〕摩伊孙可著）载本年《人民音乐》第2卷第3期。

1952年底译成《猎人笔记》，于次年4月由上海文化生活出版社出版，1955年11月改由北京人民文学出版社出版。

1953年4月，被聘为上海文史馆馆务委员。9月，与钱君匋、章锡琛、叶圣陶、黄鸣祥等筹款在杭州虎跑后山为弘一法师筑舍利塔。马一浮赴沪访丰子恺。12月，华东美术家协会筹备委员会成立，丰子恺为15位发起人之一。

1954年1月10日，弘一法师舍利塔落成，丰氏与马一浮等在塔前合影留念。该塔"弘一大师之塔"六个篆字为马一浮所题。2月12日，华东美术家协会筹委会召开第一次会议，选出刘开渠、赖少其、丰子恺为正副主任。4月27日，华东美术家协会正式成立。8月，患肺病与肋膜炎。9月1日，大病之后，合家迁居陕西南路39弄93号。因二楼室内日月明亮，取名"日月楼"，马一浮撰联奉赠，上联是"星河界里星河转"，下联是"日月楼中日月长"。丰氏在此定居，直至终老。本年曾游南京、苏州。

1955年居日月楼，专事著译。2月12日，华东美术家协会上海分会举行第二次理事会，根据全国美协决定，华东美协改组为中国美术家协会上海分会。7月，率眷游莫干山。

1956年北京外文出版社以英文、德文、波兰文三种文本出版《丰子恺儿童漫画》。此为丰子恺画册第一次由我国出外文版。6月10日致广洽法师函,透露所作《李叔同先生传》已寄浙江人民出版社。后未出版。7—8月,偕眷游庐山。11月,接待日中友好协会副会长内山完造。12月,当选为上海市人民代表,并出席大会。

1957年5月,平生第一次戏作小说《六千元》。6月,率一吟、新枚游镇江、扬州。编《李叔同歌曲集》,交北京音乐出版社。本年起,任上海市政协委员、上海外文学会理事。本年曾为新加坡弥陀学校作校歌,并被采用。

1958年1月,所编《李叔同歌曲集》出版,得稿酬1 150元,决定全部用于增修杭州弘一法师之塔。7月,由新加坡广洽法师在南洋募款,拟筹建杭州弘一法师纪念馆,由丰子恺主其事。拟定纪念馆筹备委员会15人名单如下:广洽法师、吴梦非、丰子恺、朱幼兰、黄鸣祥、罗良能、丰一吟、马一浮、黄炎培、叶绍钧、堵申甫、李鸿梁、刘质平、许钦文、宝云法师。后因故未能建立,决定将此款移作出版《弘一大师遗墨》之用。是年起,任第三届全国政协委员。被聘为《音乐译文》双月刊顾问。

1959年4月,赴京出席全国政协第三届第一次会议。会议期间受到周恩来总理的接见。是年夏,任中华书局新编本《辞海》编辑委员、艺术分册主编。是年以茅盾小说《林家铺子》为题材,作10幅情节漫画刊于《文汇报》。

1960年3月下旬,去北京出席全国政协第三届第二次会议,再一次受到周恩来总理的接见。6月,就任上海中国画院院长。上任前后曾作《满庭芳·上海中国画院成立》《画赞》《上海中国画院成立纪念书感》等诗词。7月,任中国对外文化协会上海分会副会长。9月,与葛祖兰、吴朗西、王宝良等赴万国公墓凭吊内山完造。11月15日上海市文化局邀请部分书法篆刻家举行座谈会,成立上海中国书法篆刻学会筹委会,丰子恺被推荐为18位委员之一。12月14日,该筹委会改组为上海书法篆刻研究会筹委会。12月17日,该筹委会举行第一次会议,丰子恺到会。本年完成《护生画四集》,朱幼兰居士题字,经广洽法师募款于次年初出版。

1961年4月8日,上海中国书法篆刻研究会成立大会在上海博物馆举行,丰子恺被推选为委员。同月,偕妻力民、女儿一吟游黄山。8月1日,开始为译日本古典文学巨著《源氏物语》做阅读准备。8日,梅兰芳逝世,丰氏前往兰心大戏院吊唁,并于14日《解放日报》上发表悼念文章《梅兰芳不朽》。9月7日,随上海政协参观团去江西,游南昌、赣州、瑞金、井冈山、抚州、景德镇等地。

1962年3月19日赴京出席全国政协第三届第三次会议。4月20日由京返沪。5月12日,当选为中国美术家协会上海分会主席,16日,当选为上海市文学艺术界联合会副主席。9日，上海市第二次文代会召开。丰子恺在会上做题为《我作了四首诗》的发言，提倡百花齐放、百家争鸣方针。5月下旬至6月，偕妻力民、女儿一吟游金华。秋，由中央新闻纪录电影制片厂拍成纪录片《画家丰子恺》。12月12日正式开始翻译《源氏物语》。7月28日，致函广洽法师，表示从是日起绘观音圣像100帧，广赠信善，以纪念弘一法师圆寂20周年。10月2日，参加上海佛教信众举办的"弘一大师生西20周年纪念会"，并在是日上午作为主祭人。10月5日，重阳，为弘一法师"生西"20周年，前往杭州虎跑祭塔。参加祭塔仪式的还有：郑晓沧偕夫人、田锡安偕夫人、朱幼兰居士、宝云法师、吴梦非偕夫人、吴中望、黄鸣祥、女儿丰一吟等。并摄影留念。

1963年3月14日（农历二月十九日，观音诞辰），游宁波、舟山、普陀。妻力民、子元草、女一吟同行。7月6日转赠广洽法师《弘一大师肖像》一幅（苏州画家费新我作，曾在南京展出，后由画家赠丰氏）。10月，再游镇江、扬州。11月10日赴京出席全国政协第三届第四次会议。12月5日由京返沪。

1964年8月，为泉州弘一法师纪念馆书"弘一法师故居"匾额。9月5日，发起刊印《弘一大师遗墨续集》。10月21日，护生画初集50幅重绘完毕，寄广洽法师。是年继续翻译《源氏物语》。

1965年6月初完成收集《护生画五集》诗文90篇，寄北京佛学院虞愚居士书写。7月至莫干山绘护生画第五集。后由广洽法师募款于9月在新加坡出版。9月29日致函广洽法师，就广洽法师拟将徐悲鸿作弘一法师像、国画马图，印光大师雕像送回国内发表意见："弟意：弘一大师油画像宜赠泉州大师纪念馆。法师到夏后，想必赴泉州？弟曾将所藏大师照片放大二十余幅寄该馆，油画亦归该馆为宜。印光大师雕像供养在苏州灵岩山最妥。悲鸿画马宜赠北京（闻有悲鸿纪念馆）。"11—12月，新加坡广洽法师回国观光。丰子恺陪同前往苏州、杭州，临别作《送广洽上人》诗。是年，日本古典文学巨著《源氏物语》全稿译毕。原稿寄北京人民文学出版社。

1966年3月，游绍兴、嘉兴、南浔、湖州、菱湖。妻力民、孙女南颖同行。6月，上海中国画院出现第一张批判丰氏的大字报。是年，"文革"开始。被迫到画院"交代问题"，每日来往奔波，夏中暑住院。

第一节 "星河界里星河转"

中华人民共和国成立后，丰子恺决定在上海定居下来。刚到上海时，他短时间内暂住在闸北西宝兴路汉兴里的学生张逸心家，不久在同一弄内觅得一屋落脚。7月4日，他应万叶书店主人钱君匋之请迁往南昌路43弄（邻园村）76号。1950年1月23日，他又迁入福州路631弄7号开明书店章锡琛先生旧宅。他在此一住就是四年半，一直到1954年9月1日，丰家迁居陕西南路长乐村的一幢西班牙式寓所，直至终老。

这幢西班牙式寓所很有特点：二楼有一个室内小阳台，阳台中部有一个梯形的突口，东南、正南、西南都有窗，上方还有天窗。丰子恺就选择了这个室内阳台作为自己的书房。他坐在室内，可以从天窗上看到日月运转。根据这个特点，丰子恺又给自己的新居取名为"日月楼"。名字取定后，他又顺口诵出一句下联："日月楼中日月长。"下联征上联，为此浙江大学教授郑晓沧拟了一句"琴诗影里琴诗转"，而马一浮则拟了"星河界里星河转"，并书写后送给丰子恺。这即是一直挂在日月楼中，陪伴着丰子恺晚年写文作画活动的名联：

> 星河界里星河转
> 日月楼中日月长

丰子恺同样没有忘记在寓所里挂上马一浮的其他书法作品。这回他挂在壁上的是马一浮自书的一首诗，其诗味十分甘美：

> 三月心斋学坐忘，不知行路长春芳。
> 绿荫几日深如许，尚有幽花冉冉香。

早在1926年，周作人针对丰子恺作插图的俞平伯儿童诗集《忆》作过一篇《〈忆〉的装订》，对丰子恺的画曾有过"赞"词。然而，那时的周作人，似乎更多的是对这种清新的漫画风格感到了一种新鲜的味道，并没有更多的激赏。抗战爆发后，周作人担任了伪职。尽管他的解释是因为一家老小都在北平，长途内迁实属不便。但是大多数人对他的行为未给予原谅。但是，丰子恺显然是对周

丰子恺在日月楼作画

作人有同情心的。丰子恺认为："周先生附逆不见得确实，不过因为他是个文人，易受攻击罢了。"[1]其实，丰子恺对周作人担任伪职的表态还有一次。舒群有一口述文《我和子恺》，文中提到他在抗战时期与丰子恺的一次谈话：

> 此刻，他往往要提及那念念不忘的"缘缘堂"。这座几乎以他毕生之力在故乡石门湾造起来的家园，是他整个物质的财产、精神的财富，犹如他的生命，却在"八一三"后，毁于日本的炮火中。讲到动心时，他落泪长叹："我今生今世再不能够重建第二个'缘缘堂'了！"还说："我出走是很犹豫的、很反复的，是舍不得的，我的书都在那里啊！我为什么最后下决心带着全家逃亡，把'缘缘堂'丢掉了、不要了呢？别人不理解周作人之所以做汉奸，我理解。周作人就是因为舍不得他北平的'缘缘堂'，因为舍不得，他就没有出走。日本人利用了他，由此变成了汉奸。这是前车之鉴，我无论如何不能做汉奸。精神的、物质的财产我全部丢掉，就是因为不能做汉奸！"[2]

从上述言谈中可知，丰子恺对周作人仍有理解之情，当然做汉奸的结局还是不能容忍的。应该讲，在那样的年代，丰子恺能对周作人的行为做出这样的评说，这已是很"抬举"周作人了。或许正是这种同情心，丰子恺后来还为周作人的《儿童杂事诗》作了插图。那是1947—1948年间周作人在南京老虎桥狱中写的72首儿童生活和儿童故事的风俗

诗，总称《儿童杂事诗》。1950年春，周作人已从监狱出来，暂居上海。由于当时周作人没有生活来源，偶得《亦报》编者唐大郎的照顾，将这72首诗在报上连载，署名"东郭生"。其时，丰子恺在上海文化界的地位是相当高的。但出于对周作人尊重，他居然很乐意为这些诗配了69幅插图（有3首诗未配画）。丰子恺的配图，是受《亦报》编者之请而作的，他的这些画与周作人的诗一样，如今都受到文化界的广泛赞赏。然而周作人似乎并不领情，他对丰子恺在他困难情况下给予的帮助很不以为然。周作人在一封信中十分清高地说："……来信所说东郭生的诗即是'儿童杂事诗'，记得报上的'切拔'订成一册，曾以奉赠，上边丰子恺的插画，乃系报馆的好意请其作画者，丰君的画我向来不甚赞成，形似学竹久梦二者，但是浮滑肤浅，不懂'滑稽'趣味，殆所谓海派者，插画中可取者觉得不过十分之一，但我这里没有插画本，故只能笼统的说罢了。近来该诗原稿又已为友人借去，里边的诗较好者亦不甚多，但是比起插画来，大概百分比要较好一点罢了。"[3]

作为与佛教有深缘的丰子恺，也经常接到有关邀请，撰写一些佛教有关的文章。如20世纪40年代上海大雄书局曾以《妙音集》再版过弘一法师的《清凉歌集》。1950年，上海佛教青年会少年部又将《清凉歌集》与其他名家的佛教歌曲结集为《海潮音歌集》。《海潮音歌集》共出版了二集，其中第一集于1950年由上海佛教青年会少年部编辑，大雄书局出版，其序言之一即由丰子恺撰写：

佛青少年部刊印海潮音歌曲，嘱作序言。我对佛教音乐并无深刻研究，没有什么话可说；关系较切的刘质平先生远在福建，少年部诸同志因时间匆促，未能请刘先生作序，希望我写一点，我只能就所知略为读者介绍。

昔年弘一大师与刘质平先生合作清凉歌集，大师作词，质平谱曲，开明书店出版，这是抗战以前的事。抗战时，该版毁于炮火，迄未重印。佛教徒欲歌颂如来的无量功德，而缺乏歌曲，诚为弘法上一大憾事。现在佛青少年部诸同志把清凉歌集中的歌曲从新排印，复加以其他名家所作的佛化歌曲，汇成一册，使佛教徒能欣赏吟味弘一大师出家后的音乐制作，以及颂赞佛的智慧光明，于艺术，于宗教均可得很大的启示，这确是一件胜事！

自来宗教与音乐有密切的关系，欧洲中世纪音乐，全部是歌颂基督教的，就是现在，基督教音乐还是普遍流行；而佛教传入中国数千年，与中国音乐不发生很深的关系，这恐是佛教不发达的原因之一。少年部诸君刊印这歌集，我相信对于佛教必有助转法轮的功效，是为小序。

1950年9月7日于上海

当时的佛教刊物也对介绍丰子恺有极大的兴趣。《觉讯》杂志自1949年第3卷第2期起设该刊编者丁鸿图辑录的"近代学者法喜录"专栏，陆续介绍有关与佛教有缘的学者。按辑录者的意思："录中诸学者，诚明识大道，因曾看佛经，故知佛法好。"该期杂志介绍了冯友兰、朱光潜、张东荪、陈铨四位，而该年3月1日第3卷第3期中则介绍马寅初、丰子恺、林语堂。介绍丰子恺一节的编者按曰："按丰氏为我国第一漫画家，兼精音乐、书法、文学，具全能之艺术天才。曾任开明书店编译，浙江大学教授等职。译有《现代艺术十二讲》《艺术概论》《孩子们的音乐》《生活与音乐》《音乐的听法》等。其创作有《子恺漫画》《护生画集》《再生画集》暨《音乐入门》《名画巡礼》《近世十大音乐家》《西洋美术史》《缘缘堂随笔》《缘缘堂自笔》……等，不及备裁。早岁负笈于杭州第一师范，曾从李叔同教授习艺术，复赴日深造。后李叔同氏出家为僧（即今万人崇仰之律宗大德弘一法师是也）。丰氏亦复从之受三皈为佛门弟子。师生情谊素笃，迄今同传为艺林佳话。丰氏持长斋，时绘佛像送人结缘。且作《护生画集》以勉人戒杀放生蔬食。观者触目惊心，收效殊宏。所作小品散文，清新隽永，恒寓佛理于其中而无说教色彩，令阅者潜移默化……"[4]按语后是编者摘录的丰子恺《无常之恸》等文中的段落。

丰子恺在新中国成立之初的日子看起来很安逸，但由于观念上的分歧，丰子恺的一些言论也曾受到误解。比如，1950年，丰子恺漫画遭到第一次批评。关于此事的详细情形，毕克官在《〈子恺漫画〉研究》一文中转述了钱君匋先生的一番介绍：

那是1950年天已热但还不太热的季节，上海美术界开大会。叫乘人

（引者按：上海话，人多之意）。地点在绍兴路7号中华学谊社三层楼大会场。我与丰先生一同出席。我坐他左边。会议先由解放区来的人介绍解放区的美术情况。之后，主席米谷请丰先生讲话。丰先生说：

"刚才各位同志对绘画的方向道路，为工农兵服务都谈到了，赞颂工农兵，这是必须的。但我以为，过去中国的梅兰竹菊，还是要搞的。因为一天工作很累，晚上回家要休息，梅兰竹菊也不可以抛弃，还有必要。为工农兵是大拳头，'四君子'利于恢复疲劳。"

丰先生讲完，许多人拍手。也有一些人不拍手。接着，有五六个人上台发言。对丰先生的发言进行激烈的批评，发言者有黎冰鸿、张文元等，说梅兰竹菊是老一套，已过时了，新时代要表现工农兵等等。丰先生对这突如其来的批评，身上汗都湿透了衣衫。散会后走在路上，先生说："我以后不谈美术了，让他们去吧！以后美术的会我也不参加了。"所以，以后他专心致志地搞翻译。丰一吟毕业后，有人动员她参加美协，丰先生不让她参加，说美协有美协的一套。后来上海美协成立，请丰先生当主席。丰先生说："叫我当主席是叫我当菩萨，我不多讲话。开会时，我就说我不会讲话，请沈柔坚同志（党员副主席）代我讲话。"[5]

钱君匋此番介绍中提到了一位当事人张文元。毕克官写道："发生在上海的这件事，事后美术界多有传闻。由于不符合中央的统战精神，听说华君武先生还特意代表官方向丰先生致歉，作了解释。所以，丰先生以后也就坦然得多了。这件事，张文元先生也以当事人身份作了介绍，有助于对事情始末的了解。"[6]虽然如此，但对丰子恺来讲仍受到了极大的伤害，有一时期甚至不愿再参与美术界的活动。1953年他在给夏宗禹的信中很直接地谈到了这方面的问题："美协，我等于脱离了。（他们还是常来邀我开会，我总是不到的。）因为二三年不作书画，与美术绝交了。华君武同志常常希望我再弄美术工作，看来不可能了！因为我手足眼都不及昔年，手因风痛动作不灵，脚不耐多走或多站，眼老花三百五十度了，如何弄画呢？（现在作画必须跑去写实，不能在房间中空想出来。）现在只对文学有浓厚兴味，爱读苏联小说。可是贫血症不给我多读。读了一二小时便头晕。"[7]身体状况不佳其实只是客观原因，主要还是丰子恺的心情受到了打击。只要他的心情好了，美术活动还是参与的，这在他此后生活中得到了证明。

然而总体来讲，丰子恺这些年的生活显然过得相当愉快。诚如他在1955年6月6日写给广洽法师信中的那样："祖国气象全新，与昔年大异，我等在新中国生活均甚幸福，真可谓安居乐业。仆前年曾发起为弘一法师在杭州虎跑寺建造石塔，已于去春落成，虎跑寺近亦由政府大加修葺，焕然一新。杭州最大寺院，如灵隐寺，亦已由政府重加修葺，上海静安寺等亦已全新……"

应该讲，在一个全新的社会里，丰子恺此时的思想确有时代的烙印。想当年，他离开桂林之前，舒群曾动员他去延安，但出于种种考虑，他没有去。而后来，他却有信写给舒群。据舒群在《我和子恺》中介绍："他决定不去延安，那么，去哪儿呢？这些年来，我无从知道。直到新中国成立的前后，我在沈阳忽然接到他从上海寄来的一封信，信很长，叙述了桂林别后，这些年他颠沛流离、苦不可言的动荡经历，特别提到他曾作过台湾之行。我不知道他的台湾之行是出于生活所迫而奔走，还是由于友情所诱而渡海？但至今还留有深刻而明确记忆的是，他对此行感到十分懊悔。信末表示，重返上海，志在追随先进的共产党人，决心为新社会尽以全力。"[8]

果然，在新中国成立的最初十余年里，丰子恺的笔下出现了一批歌颂新中国的文章。1957年7月11日，他在《乡土》上发表《一吟之病》，表达了对新社会的满心欢喜：

前天晚上，女儿一吟因久咳忽然吐血，吐了半痰盂。邻居的贾医生给她打止血针并服药，吐血停止了。然而第二天下午又吐起来，又是半痰盂。贾医生不在家。连忙叫救护车送广慈医院急诊室。把病人交给了医生，我透一口大气。开救护车的朋友来向我收车费，票子上写着一元二角。我惊诧地叫出："这样便宜？"他随口回答道："急诊应该便宜。"

这寥寥六个字的答语，引起了我无限的感动、兴奋和庆喜。我想：在解放前黑暗时代上海这万恶社会里，急诊正是趁火打劫的好机会，"急诊应该敲竹杠"！在八年前，我做梦也想不到从开汽车的人口中听到随便说出的"急诊应该便宜"这六个字！短短八年间的教养，已经使得这位开车子的朋友体会了新社会的道德，所以他能够随便地、不做作地说出这六个字来。在医生替一吟治疗的期间，我心中的兴奋和庆喜驱散了我这两天来的操心和忧虑。我确信她的病就会痊愈。

止血后，我走到病床的旁边，把这感想告诉病人，她的苍白的脸上现出微笑。我相信精神的安慰可以帮助治病，她一定可以起床来参加国庆。

五七年国庆前十日于上海

1957年11月1日《乡土》载丰子恺《"根深枝干强"》一文。全文300余字，可视为对一幅画的解说，全文如下：

去年冬天，工商业社会主义改造迅速胜利的完成，上海在短短的一个星期内，全市大小商店都由私营变成了公私合营，皆大欢喜。因此那时马路上锣鼓喧天，家家门上贴着大红的双喜字，好像全上海每一家人家都在作喜事的样子！那时候我曾经画一幅画，刊登在报纸上，以表示庆祝。画的是蓬勃生长的三枝春笋，画题叫作"一夜风吹一尺长"。因为这次的工商业社会主义改造完成的迅速，出乎意料之外，正好比春天的笋，春风吹了一夜，生长一尺；吹了七夜，已经高过人头，快变成竹了。

为了庆祝今年的国庆，我又画了一张画。画中的一株根深蒂固的参天大树，树下有许多男女老幼的人民正在向大树举手欢呼仰望，用以表示人民庆祝佳节的欢欣。八年来的新中国，在政治、经济、文化各方面的建设上都有了空前的飞跃进展，这八年实在抵得百年。因此我在这画上题两句诗："根深枝干强，八年高百丈。"

1959年1月1日香港《大公报》载丰子恺《新年大喜》一文。全文千余字，摘要如下：

1958年，国内出现了许多大喜事。其中一件大喜事就是全国到处成立了人民公社，很多公社已经实行吃饭不要钱了。公社就好像一个团圆的大家庭一样，社员和社员之间亲如家人。

数千年来，由于社会制度的不良，我们的祖先大家为了"衣食"两字而受尽苦楚。所以俗话说："人为财死，鸟为食亡。"水浒里有两句诗："人生衣食真难事，不及鸳鸯处处飞。"……今天，我国在共产党的领导之下，居然做到了人人"衣食无忧"。从此我们个个人可以放心安乐地生活，专心地从事工作，尽量地发挥各人的才能。这不是子孙万代的大喜事么？

……

我从前有一个图章，叫做"速朽之作"。凡是描写伤心惨目的景象的画，都盖上这图章，意思是希望这幅画"速朽"，即这些景象快快消灭。果然，不出二三十年，到了新中国成立，我这些画都"朽"了，这些景象都变成过去的恶梦了。我真高兴！1958年的全国"大跃进"，更使我万分兴奋！加之元旦在即，万象更新，但觉前途光明，幸福无疆！海外侨胞"每逢佳节倍思亲"，这时候缅怀祖国，一定笑逐颜开。敬祝新年大喜！

1959年4月25日香港《大公报》以《大团结，巩固胜长城——丰子恺填词表欢情》为题刊出丰子恺一文。全文千余字，文前标注："（本报北京22日专电）题：大团结。作者：政协全国委员会委员丰子恺"摘要如下：

我从上海到北京来参加全国政治协商会议第三届第一次会议。我在会场上心情异常兴奋，我的一双手由于不断地热烈鼓掌而发红了，现在写起字来有些异样。为什么这个大会使我这样兴奋呢？一则因为过去1958年的"大跃进"的辉煌成就，加强了我们对胜利的信心，使得个个代表和委员都确信前途是无量的幸福。二则因为这大会中出席着汉、彝、蒙、藏、维吾尔各兄弟民族的代表和委员，这是一个全民大团结的盛会。这大团结比万里长城更巩固，这大团结保障了我们前途无限的光明幸福……放在心里不表达是不可能的，终于填写了四曲"望江南"……

1961年元旦，丰子恺又在香港《文汇报》上发表《新上海光明幸福》，副标题是《昔为地狱，今变天堂》。文章以作者乘三轮车得到的礼遇和尊重，感叹生活的幸福。[9]

与以上诸多丰子恺的散文形成反差的是，丰子恺还在1957年5月，以自己过去耳闻目睹的一件真人真事为基本素材写成了他平生的第一篇小说《六千元》。丰子恺无愧是一位漫画大师，他这唯一的小说可谓是漫画家漫画式的小说，其幽默、诙谐、讽刺隐藏在字里行间，读后既令人大笑，又引人遐思。

　　《六千元》以较轻松的笔调，通过简单的几个场景，几个人物，生动而又入木三分地刻画了小伯伯、丁大囵以及S等人物的形象。情节不算复杂，主要写丁大囵为了还清由嫖、赌、吃、喝而欠下的债，偷去"恩人"小伯伯的六千元逃跑了。小伯伯为了不吃亏，想出一个在丁大囵老婆那里"吃出个六千元"的办法，最终死在肮脏不堪的亭子间里。丰子恺在描述的过程中，自始至终以幽默、诙谐的语言，轻松而又散文化的叙述，精练而又有特色的人物对话，从一个侧面揭露了帝国主义利用贩卖鸦片牟取暴利，危害中国人的恶行，画出了尔虞我诈的世态。作品的成功之处就在于其充分体现了小中能见大，弦外有余音的艺术特色。它与现代文学中众多的优秀小说相比，亦可谓是一篇不可多得的短篇精品。

　　特别值得推荐的是，丰子恺这篇小说的语言非常出色，可谓老练而又细腻，朴质而又优雅。例如写丁大囵抽鸦片，活脱脱现出了一个老鸦片鬼的贪婪形态：

　　吸完一筒鸦片之后，必须屏息静气，不使烟气泄漏一点；同时翻一个筋斗，使烟的效力由于这"旋转乾坤"的动作而普及于全身。

　　再看S挖耳屎的细节：

　　S正在用一根火柴杆子来挖耳朵，侧着头，歪着嘴，闭着一只眼睛，没有注意到小伯伯的行动。

　　丰子恺以一个漫画家的观察力，写出了生动的人物形象。具有强烈讽刺意味的语言还表现在小说结尾部分。小伯伯为了吃出一个六千元，最后却死在亭子间里，丰子恺写道：

S押送灵柩回到家乡，三奶奶对于别的事情却不甚伤心，最伤心的是小伯伯临终的时辰不知道。因为不知道时辰，不好写榜，不好印讣闻，不好刻墓碑。

　　这篇小说完成后，丰子恺并未立即发表，却在原稿上写有这样的文字："此乃平生第一次试作小说，游戏而已。"丰子恺逝世后，笔者将这篇小说介绍给《西湖》文学月刊发表。因为笔者同意丰一吟的观点："我曾是个京剧迷。看戏时，有时也颇欣赏一些名角唱反串的角色。论技术，这位演员原是唱青衣的，现在反串老生，自然不及专唱老生的人那么高明。然而正因为唱的是难得的反串，观众就很容易联想到原来的'正串'（恕我生造了一个词）。有这'正串'作为'后光'，就会使观众原谅他反串时的技术不到家之处而感到别有一番风味。"[10] 其实，就《六千元》的艺术性而言，笔者以为并不逊色于专业小说家的作品。

　　丰子恺回到上海的最初几年，他一直在为一件事而努力着，这便是他在致广洽法师信中提到的在杭州建弘一法师纪念塔。

　　按照丰子恺的本意，他是想在杭州建弘一法师纪念馆。为此，他也曾跟杭州的有关部门联系，后终因种种原因而改变计划。关于建纪念塔，这原本也是早就应该做的事，可因弘一法师生前曾嘱咐不得为身后事募化，所以佛教界内部亦不便违逆弘一法师之遗愿而自行募款建塔立碑。基于这种情况，丰子恺下决心独力立碑。消息传开后，钱君匋、章锡琛、叶圣陶、黄鸣祥、蔡吉堂等纷纷支持，终于合力于1953年9月开始在杭州虎跑后山为弘一法师筑舍利塔。

　　关于丰子恺等在杭州虎跑建弘一法师之塔，以往有一些文字介绍，其中丰子恺本人在《中国话剧首创者李叔同先生》一文中说："李先生的骨灰供在杭州西湖虎跑寺，十年不得安葬。前年，1954年，我和叶圣陶、章雪村、钱君匋诸君各舍净财，替他埋葬在虎跑寺后面的山坡上，又在上面建造一个石塔，由黄鸣祥君监工，宋云彬君指导，请马一浮老先生题字，借以纪念这位艺僧。并且请沪上画家画了一大幅弘一法师遗像，又请好几位画家合作两巨幅山水风景画，再由我写一副对联，挂在石塔下面的桂花厅上，借以装点湖山美景。（然而不知为什么，遗像早已被谁除去了。）为了造塔，黄鸣祥君向杭州当局奔走申请，费了不少的麻烦，好容易获得了建塔的许可。"[11]然而，以上所述，只是一个关于建塔的大略的情况。其实，关于此事，当时的《弘化月刊》曾有十分详细的记录。

1954年2月《弘化月刊》第153期中有二埋《弘一大师杭州虎跑寺灵骨石塔落成》一文，文章中所记述的一些细节为一般人所不知，而作者二埋写此文，目的正是保留这段史实。他在文章一开头就说："在弘一大师剃染处——杭州虎跑寺，建造的大师灵骨石塔，已经落成了，把据我们所知道的经过情况，报告给读者。"根据此文，可归纳以下若干建塔细节：

1953年春，丰子恺游虎跑，虎跑寺方丈宽愿法师告诉他："弘一大师灵骨由泉州送来的部分，已经五六年了，到今尚无碑志。这灵骨原来放在钵中，供在佛前。解放初，寺僧星散，深恐纷失，入城求堵申甫老先生设法埋葬。堵先生在戎马仓皇中去蒋庄求马一浮先生写'弘一法师灵骨瘗处'八字，勒一尺见方的石板，即将灵骨埋葬于寺后半山中，以石板复其上，至今已四年矣。""先师在日谆嘱，不得为身后事募化。因此宽愿无法立碑。"为此，丰子恺决心由他来筹资"自动"独立立碑，不进行募化。后同游者钱君匋亦表示愿意赞助，并表示立碑还不足以纪念弘一法师，应该建塔。

立于杭州虎跑的"弘一大师之塔"

丰子恺回上海后，章锡琛表示愿意出资，后叶圣陶获知信息，亦表示愿意出资，很快筹得1 500余万元（当时之货币），足以建塔。按马一浮之意见，此塔应依照永明延寿禅师塔式建造，杭州黄鸣祥自愿担任工程监理。

1953年秋动工，冬暮建成，共费资1 400余万元，余资数十万元，丰子恺拟再添补一些，用于铺地面水泥、造石凳两个。

1954年1月10日举行落成典礼。丰子恺、钱君匋先二日抵杭。参加典礼者有：马一浮、丰子恺、钱君匋、堵申甫、黄鸣祥、宋云彬、蒋苏庵、郑晓沧、张同光、周天初等20余人。典礼程序：绕塔、行礼、照相。礼毕，丰子恺在虎跑寺设素斋二席。丰子恺曾表示："我们希望，今后遇有机缘，再在塔下造一弘一大师纪念馆，将大师遗物供养馆内，由专定人员负责保管。但此乃一种希望，何时实现，能否实现，殊不可知。因我等资力有限，一时不能再捐，而我等恪守大师遗言，决不向人募化……""我们准备作一篇造塔经过及以后希望，刊印后，放在虎跑寺，让大家索阅。但因收支尚未决定，故须待开春水门汀及石凳完成，收支数目确定后再印。所以现在你们倘要报道，惟请根据上述情况略写一篇可也。"

作者二埋曰，他的此文即根据丰子恺此意而撰。他在此文的最后写下了一段十分有见解的文字："将大师的遗物供养馆内，由专人来负责保管外，还必须集中人才，能把大师的遗物遗著，整理、研究和发扬出去，这个工作是艰巨的，但不等于不可能，希望大师友好弟子乃至全佛教界、文艺界朋友们都注意这个工作和完成这个工作！"

除了上述建塔细节，事实上丰子恺在建塔之后还与广洽法师保持着联系。1955年9月11日他在致广洽法师的信中说："弘一法师石塔已于前年完成，但纪念馆迄今未能建设，因为国内人士大家很忙，没有余暇及余力对付此工作。又虎跑现已成为西湖风景区，僧人极少（有数人留住，皆卖茶为生），所以不宜立纪念馆。此事恐须将来再说。前年造塔，亦不得已而为之。因灵骨自福建请来，埋在寺后半山中，毫无碑记，我恐日久湮没，故约旧友三四人，出资修建。（共费人民币一千八百万元，合港币七八百元耳。）今附奉落成纪念照片一张，请保存留念可也。"[12]广洽法师收到此信，竭力敦促丰子恺努力实现纪念馆的建造，因为在此后丰子恺致广洽法师的信中，又谈到建纪念馆的种种进展情况。他在1956年6月10日的信中说，"弘一法师纪念馆，政府指定用虎跑钟楼为馆址""政府只表示准许办纪念馆，经费须由其生前老友募集"。[13]1957年6月17日信中说："杭州虎跑弘一法师纪念室，杭州政治协商会已提出，杭州政府听说已表示同意，但如何办理，何时成立，均不可知。"

丰子恺在此信中还说了完善纪念塔附近设施问题，应该是希望广洽法师给予资助，他说："惟塔在半山，后面山石泥沙常常被雨水冲下，最近已迫近石塔。需要开山，最好再造一亭子，设石桌石凳。现在只有一塔，别无点缀也。但国内私人经济均不太富裕，少有人能出资开山护塔。海外倘有信善宏法，诚善。但弘师生前不愿为自己募捐，故此事未可勉强，但俟胜缘耳。"[14] 果然，广洽法师很快汇款。同年 8 月 17 日的信中说："来示及港币 2 000 元，先后收到。法师馨钵资为弘一大师修筑塔墓，广大宏愿，至为感佩。先后共收到港币 3 000 元，合人民币 1 227 元。暂存银行，待月底弟赴杭察看，进行修筑。此款及弟所捐 600 元，拟全部用以开山及筑亭。"此信还提及："因纪念馆事暂时搁浅，且待日后政府有明令后开办。"此时丰子恺已获知建纪念馆一事已无望，故又说："所以我们所捐之款，可全部用以修筑塔墓也。"[15]（实际此后仍在努力）此后广洽法师复补寄钱款。1957 年 10 月 23 日丰子恺的信中说："石塔增筑，今已完成。"

有关弘一法师部分灵骨迁杭之事，1948 年 11 月 1 日出刊的《学僧天地》第 1 卷第 6 期上有性慈撰写的《弘一大师灵骨过沪供养记》，文中写道："……律师灵骨此次由刘胜觉居士自闽奉杭州虎跑寺供养，途经上海，我闻讯后，便邀同本市各佛教团体发起在本寺举行一个供养会……关于迎请律师灵骨来此情形，请刘胜觉居士向诸位报告。"刘居士受介绍后，继续步出致词：'这次由闽护送弘一律师灵骨去杭州虎跑寺供养，途经上海。承林居士介绍暂时供养在贵院，于心颇感欣慰！弘一律师灵骨依照他的遗嘱，本指定在闽南泉州的开元承天两寺进塔供养。因为杭州弘伞法师和杭州的居士们数次去电泉州向两寺商量，欲将律师灵骨分一部分在杭州虎跑建塔供养，虎跑是律师削发出家的常住，自然很是重要，可是泉州方面因为律师没有遗嘱，不敢答应。今年我从菲律宾回到泉州，听到这件事情，我认为这不比平常的请求，便向开元、承天两寺恳求，承他们的允许，各分出一部分来，于是我奉送到杭州来，律师在世的时候，他是不喜欢铺张的，所以这次他的灵骨到了上海，我也遵从他的遗志，不敢惊动各方。今天承诸位法师、诸位大居士参加举行供养纪念，在作为一个律师的皈依弟子的我，是应该感谢诸位的。'最后由来宾大醒法师致词：叙述律师生平道德，堪作后世模范，希望我们同学

1954年1月10日，"弘一大师之塔"落成典礼后，丰子恺（左七）与参加典礼者合影留念

们能步着弘一律师的后尘前进。"[16]据载，与刘胜觉一起护送弘一法师灵骨抵沪的还有刘质平。[17]弘一大师灵骨过沪后，刘质平与林子青二位又与刘胜觉一起将灵骨护送至杭州，暂存招贤寺，由弘伞法师代为保管。

塔身"弘一大师之塔"六个篆字由马一浮题写。1954年1月10日，丰子恺、马一浮、钱君匋等数十人冒雨参加了落成典礼。马一浮为此作了《虎跑礼塔诗》一首。诗有小序："虎跑弘一律主塔成，子恺约往观礼。苏庵有诗，余亦续作。"诗曰：

> 扶律谈常尽一生，涅盘无相更无名。
> 昔年亲见披衣地，今日空余绕塔行。
> 石上流泉皆法乳，岩前雨滴是希声。
> 老夫共饱伊蒲馔，多愧人天献食情。

此诗表达了人们对弘一法师的无限怀念之情。（此塔在"文革"时曾被推倒，后又重新立起。）

丰子恺虽爱戴弘一法师，但他却并不贪图占有弘一法师的文物。王勇则先生在2008年9月18日《人民政协报》发表了题为《丰子恺曾谢绝送上门的弘一法师真迹》一文。文章大意是：徐广中先生保存了李叔同的书信和字幅。1965年春，徐广中两次致函丰子恺，其一寄上李叔同印谱一册，请予甄别后妥处；其二寄上五件散杂的相关墨迹（其中三件为李叔同真迹），请丰子恺收藏。丰子恺收到后不久即回信曰："我私人不欲收藏，自己所有文物皆捐赠博物馆。况此物乃令祖遗物，应由你家保存或由你送公家保存最妥。"又云："书画公会报，乃六十年前物，今日难得。我已替你补好，请收藏。"据王勇则先生说："这特指1900年由上海书画公会所办的报纸刊登的《天涯五友图》照片剪报。"此外，丰子恺还在横幅上题记："弘一大师早岁遗墨，天津徐广中君所藏，虽残篇断简亦弥足珍贵也。乙巳暮春丰子恺拜观后题。"对于李叔同印谱，丰子恺也在回信中说："你集的一册，虽是少作，却是亲笔。"丰子恺后来将这些真迹"全部另封挂号寄回"。[18]丰一吟曾寄给笔者李麟玉先生于1965年6月7日致丰子恺的一封信。信中说道："子恺世谊同志：世交徐广中交来其令祖耀庭先生所藏弘一师印存一册，拟献给中央美协，日后如有机缘付印，尤师心愿云云。弟于此道是门外汉，且与中央美协毫无联系……一切统由吾兄酌定办理，广中与弟均感谢不尽也。"由此可知，徐广中与丰子恺的通信，当系李麟玉居中介绍。此信内容，可与王勇则文参照理解。

1951年，丰子恺与学生吴朗西也有过一次在图书方面的合作，即由吴朗西翻译的《童年与故乡》（挪威籍漫画家古尔布兰生作，此书收40篇散文，200幅漫画）由丰子恺书写文字后于该年6月由上海的文化生活出版社出版。吴朗西在译后记中是这么说的："再则本书原文，是由古氏手写出来制版印刷的，现在丰子恺先生因为爱好本书，不惜花费宝贵的精力时间，来写本书，使本书更加生色，我对子恺先生特别表示感谢。惟我的译笔实在拙劣，这是应当向原作者、子恺先生及读者十分抱歉的。"吴朗西的言语自然有自谦的成分。丰子恺在此书中也有"写者后记"，他说："古尔布兰生这册书，是自己作画，自己作文，自己写字的。写的字当然是德文。吴朗西兄把它译为中文，为要保存原书的特色，嘱我代为写字。我从来没有做过这种工作，但也居然鼓着兴趣写成了。……译文，朗西兄用很忠实的直译的笔法，但我书写的时候，为欲迁就中国语法的习惯，有几处把句法加以改造，有时添加几个字，有时减少几个字。写好后，朗西兄用原文对勘一遍，认为无妨，就此出版了。但是，假使有失之不忠实之处，那是我的责任，谨在此声明。"吴朗西本人曾有一篇题为《与丰子恺的一次合作》的文章，载于《吴朗西画传》（中国福利会出版社2004年10月）。文中亦记录了有关往事。

从严格意义上说，吴朗西本人并不是丰子恺的学生，但他的夫人柳静女士则是丰子恺在立达学园时的学生。但是，丰子恺于1922年曾在上海中国公学教过音乐，吴朗西当时也是该校的学生，只不过音乐课在一二年级才有，吴朗西当时已是三四年级的学生了。或许是这一层关系，又由于他的夫人柳静，吴朗西一直乐意称丰子恺为老师。在此后的岁月里，吴朗西与丰子恺也有较多的往还。吴朗西曾于1936年编辑《漫画生活》月刊，那时丰子恺的漫画风靡全国，可以想见，学生编辑漫画杂志，不会不倚重大名鼎鼎的漫画家丰子恺。吴朗西也帮助过丰子恺。1942年末，丰子恺赴重庆，借住在陈之佛先生的家里。后来，经学生陈瑜清的介绍，又租住了风生书店的楼上，继而又搬至刘家坟，最后迁至自建的"沙坪小屋"。这"沙坪小屋"的地皮，就是吴朗西介绍的。当时，柳静女士在沙坪坝正街上开了一家书店。为纪念立达学园的创办人匡互生先生，书店取名为互生书店，其店名就是丰子恺书写的。

关于漫画文化的交流，可记述的还有一件事。德国漫画家卜劳恩作有连环漫画《父与子》，获各国好评。1935年，吴朗西在《美术生活》杂志任编辑时就已购得此书，觉得有趣，他曾选了几幅在《美术生活》上刊登。1951年，吴朗西将自己珍藏的原版《父与子》拿给丰子恺欣赏，居然令丰氏爱不释手。丰子恺认为这样有趣的漫画最好能完整地介绍给中国读者欣赏，并认为这种无字漫画体裁可供我国漫画界参考。在丰子恺的鼓励下，吴朗西就将这本画集推荐给文化生活出版社。1951年6月，漫画《父与子》正式出版。

历史的原因，丰子恺也于1955年6月18日写有一篇批判胡风的文章《严惩怙恶不悛的胡风反革命分子》发表在1955年7月号《美术》杂志上，同时配有华君武的一幅漫画。此文未收入《丰子恺文集》。鉴于当时的国内形势，丰子恺写此文，当能为人理解，而从文章的风格上来看，也完全不像丰子恺一贯的文风，甚至可视为一种应付举动。但此文毕竟是一个历史的存在，值得研究者注意。

第二节　期文化之互交

丰子恺与印度有缘。20世纪20年代中期，丰子恺与匡互生等创办了立达学园。当时从白马湖畔的春晖中学也转来一些学生。在这些学生中，黄源和魏风江皆与泰戈尔有缘。黄源在到白马湖之前曾在南京读书，那时他在他所说的"学衡"派的大本营——南京梅园里见到了来中国访问的泰戈尔，也见识了徐志摩。另一位魏风江则与泰戈尔更有深缘，同时也与丰子恺有着直接的关系。

魏风江在春晖中学和后来的立达学园里都是丰子恺最喜爱的学生之一。1933年12月，魏风江受蔡元培的选派，要他到泰戈尔所在的印度国际大学作为第一位中国留学生。

就当时中国的情况而言，青年学生多热衷于留日、留欧，几乎没有人会想到要去印度留学。然而丰子恺却鼓励魏风江去，而且还经常给远在印度的这位学生写信，指点其学习的方法。其中有一封信中说："印度人民从古以来，在文学、音乐、舞蹈、绘画、雕刻、建筑等上的成就是异常丰盛的，要研究印度是研究不完的，你钻研印度历史文学志趣很高，但一个人精力有限，不能见猎心喜，兼顾各方，获其常识即可。"[19]

丰子恺关心学生，学生也没有忘记老师。魏风江十分敬佩泰戈尔的艺术成就，并由此想到了国内的另一位多才多艺的老师丰子恺。魏风江说："我诚意地想把中国的艺术家丰子恺和印度的艺术家泰戈尔联系起来。因为两老的绘画、音乐和文学在国内都是著名的，而教育思想更有许多共同之点。我觉得这种联系，由一个他俩共同宠爱的学生来牵线是最适宜的了。"[20]

那个时候，魏风江经常能收到从国内寄来的《东方杂志》《小说月报》等刊物。这些刊物上经常有丰子恺的漫画作品。魏风江就把漫画剪下来送给泰戈尔看，当泰戈尔看到丰子恺题有诗句的"古诗新画"后赞扬说："这是诗与画的具体结合，也是一种创造。"[21] 当泰戈尔见到那些"不要脸"的漫画后（丰子恺的许多人物漫画作品经常是不画眼睛、鼻子和嘴巴的，有时甚至连耳朵也不画，因此有人戏称"丰子恺画画不要脸"），又评论说："艺术的描写不必详细，只要得到事物的精神即可。你老师这几幅画，用寥寥的几笔写出人物的个性。脸上没有眼睛我们可以看出他在看什么；没有耳朵，可以看出他在听什么，高度艺术表现的境地，就是这样！"[22]

　　丰子恺与泰戈尔在艺术志趣上是一致的。正如泰戈尔欣赏丰子恺的漫画一样，丰子恺也非常喜欢泰戈尔的作品。有一次，魏风江把泰戈尔的两幅画寄给丰子恺。其中一张是画一个披头散发的妇女，合着双手，作祈祷状；另一张画是一个女子站在窗前凝视阴霾的天空。丰子恺对两张画均十分理解和欣赏。他写信给魏风江说："寄来泰戈尔的画，第一幅题意是'忧郁'，第二幅是'怅惘'。印度妇女在封建制度、宗教戒规和外来压迫下，过着悲惨的生活已经数百年了，泰戈尔是第一个人把印度妇女抑郁的形象用绘画表现出来的了。"[23]

　　据魏风江说，像这样的"牵线"活动，后来还进行过好几次。两位不同国籍的著名艺术家由一名共同的学生做桥梁来沟通艺术、交流情感的事迹，堪称一段艺坛佳话。有意味的是，丰子恺的学生魏风江成了泰戈尔的学生，而泰戈尔的学生洛克什·钱德拉（Lokesh Chandra）却来到中国师从过丰子恺，而且还翻译了丰子恺的《护生画集》。

　　丰子恺对印度的感情很深。1948年1月30日，甘地遇刺。消息传来，丰子恺敬绘一幅《圣雄甘地造像》，并题曰："捐己利群，舍身成仁。释迦以后，惟此一人。香花供养，为万世祈太平！"新中国

丰子恺作《圣雄甘地造像》

成立后，丰子恺仍然在热心地介绍印度的文化。1952年5月23日，印度艺术展览会第一次筹备会议在上海外滩2号抗美援朝分会举行，丰子恺参加了会议，会议决定由丰子恺、张骏祥各撰一文，在展览期间见诸报端。丰子恺撰写的文章题为《印度艺术展览介绍》，未收《丰子恺文集》。现据1952年6月《弘化月刊》第8卷（总第133期）上刊载的此文，录存如下：

印度是艺术史上的古国之一。印度艺术和中国艺术在过去有很多的关系。印度艺术到中国来展览，在中印文化交流上具有重大的意义。

印度艺术发达很早。释迦牟尼时代，即中国孔子时代，印度艺术已很进步。释迦在世时所筑石造建筑，如鹿野精舍、祇园精舍等，根据后人发掘出来的遗迹，可知其艺术已非常发达。阿育王时代，即中国秦代，印度的建筑、雕塑、绘画尤为发达。后人在华子城发掘出来的遗迹上，有阿育王时代的铭文，可以确证印度艺术在纪元前三世纪时的发达的盛况。阿育王造塔八千四百座，精舍、支提（即舍利塔）、佛菩萨像无数。锡兰王所造无畏山塔，至今尚存，高四十丈，为世界第一巨塔。

印度艺术所特有的式样，即犍陀罗艺术，是美术史上有名的艺术形式之一。纪元前后，印度的迦腻色迦王时代，印度艺术与希腊艺术相结合，形成一种特殊的样式，即犍陀罗艺术。迦腻色迦王曾经建造高七百尺的宝塔，高一百五十尺的巨像。建筑、雕塑、绘画，在这时代特别发达。所以后人发掘的遗物中，犍陀罗艺术为最多。

纪元初年，中国汉平帝时代，佛教始由印度传入中国。七世纪初，唐僧玄奘往印度求佛经。以后更有往还。在这些期间，中印文化艺术互相交流，互相影响。中国过去的佛教美术，便是受印度艺术的影响的。

现在印度艺术将在上海展出，我们可以在这展览会中看到这种美术史上有名的艺术，是很难得的机会。我们应该向主办这展览会的印度政府、印度驻华大使馆和筹备这展览会的全印美术工艺协会致谢！这展览作品共有四百十九点（原文如此——引者注），分为三部：第一部是印度现代画家的作品，凡二百六十一点（原文如此——引者注）。这些作品中表现着浓厚的印度民族形式和优良的传统。第二部是印度古代和近代的绘画的彩色复制品，凡七十八点（原文如此——引者注）。从著名的阿旃陀石洞的壁画，蒙兀儿的绘画，以至近代许多重要画家的作品，都有代表作。我们看到这部分，就像读到一部简明扼要的印度绘画史。第三部分是照片，凡八十五点（原文如此——引者注）。其中包括印度各时代的建筑，著名的画家、诗人、音乐家等的造像，各地风光，人民生活，古代和近代的雕刻，以及美术工艺等。这是内容很丰富的一个展览会。

中印两国国境相连，在历史上一向和平相处，在文化上早有交流。中华人民共和国成立以来，中印两国的关系更加增进，文化的交流也更加频繁。去年冬天，中国文化代表团访问印度，曾在印度各地举办中国文化艺术展览会。现在，印度艺术作品和印度文化代表团同时来到中国，印度艺术展览会在北京举行过之后，又在上海开幕。中印两国的人民，将因文化艺术的交流而更深地互相了解；中印两国人民的友谊，将因文化艺术的交流而更加增进，这是很可庆幸的事！

敬祝印度艺术展览成功！中印两国人民友好万岁！

印度艺术展览会于 1952 年 5 月 29 日在上海人民广场举行，由宋庆龄副主席剪彩并发表讲话。至 6 月 6 日止，参观者达 65 248 人。

1949 年后，主客观诸方面的原因，丰子恺决定以主要的精力从事苏联文化或俄罗斯文学方面的翻译工作。要做这项工作，就必须精通俄文，但他除了在日本学过一丁点俄文，几乎没有俄文的经历。然而对于学外语，丰子恺似乎有很高的天赋，五十三岁的他，居然毫不犹豫地攻读起来。

对于学外语，丰子恺在《我的苦学经验》一文中早就说过："语言文字，只不过是求学问的一种工具，不是学问的本身。学些工具都要拖长久的时日，此生还来得及研究几许学问呢？"[24]所以，丰子恺学外语追求速成。并创造了一种"二十二遍读书法"，其具体方法是：每天读一课新书，规定读十遍，并用笔画记在书上。第二天，读新课文时，先复习旧课文五遍，画上五遍的记号。再读新课文十遍；到第三天，读第三课时，也再复习第一课五遍，第二课五遍，再读第三课十遍；第四天，先复习第一课二遍，第二课、第三课各五遍……如此类推，直到每课都读了二十二遍，笔画加起来正好是一个繁体字的"读"字。

当年，丰子恺用这二十二遍学习法很快掌握了日文、英文，而且翻译了许多日、英文书籍。如今他攻俄文，选的是一本小小的《俄语一月通》。书中有30课，按规定是一天学一课，可他实际上一天不止学一课，很快就学完了。当然，丰子恺此时用的未必是二十二遍学习法，但其效率仍是很高。他当时在致夏宗禹的信中透露了若干学俄文的信息，可知他的学习既快，也十分艰苦。一封信中说道："除开会外，专门读俄文，近日正在读托尔斯泰《战争与和平》。我还不敢翻译，明年大约可以译点书，以助中苏文化交流了。"（1952年1月11日）另一封信中说："病中看了不少俄文书，马林科夫报告、斯大林经济论等，我都是从俄文直接读的。"（1953年1月4日）还有一封信中提到："医生说我学俄文用脑过度之故（当时丰子恺患脑贫血症——引者注）。但我不能放弃俄文，疗养期中每天早上也必温习若干时，怕忘记了。幸而没有忘记。"（1953年9月17日）[25] 可见，丰子恺的攻读俄文是下了大决心的。1952年底，丰子恺译完31万字的《猎人笔记》，耗时五个月零五天，并于1953年由文化生活出版社出版，后又由人民文学出版社列为"外国古典文学名著丛书"于1955年重新出版。从1952到1956年，他已从俄文翻译出版了十多册音乐美术参考书（部分与人合译），此外也从英、日文翻译了一些书籍。成绩之大，实令人赞佩。

丰子恺从事翻译工作，有时是与幼女丰一吟合作进行的。丰子恺爱子女众所周知，他的许多漫画作品直接以子女做描绘的对象，比如《瞻瞻的车》画的是他的长子，《阿宝赤膊》描的是他的长女，如此等等，不一而足。丰子恺自然也知道真正爱孩子是要让他们受教育，所以，他对孩子的读书学习极其重视。1933年他的缘缘堂在故乡石门落成后，他就隐居乡间读书作画，写文赋诗，在他看来，这是他梦寐以求的理想生活，然而，为了两个女儿的读书，他居然不惜金钱，另在杭州开设了"行宫"，为的是能让女儿就近在省城上学。丰子恺爱子女，而他的子女也十分争气，在他的三子四女中，皆学有所成：长子丰华瞻攻比较诗学，曾任上海复旦大学的教授；次子丰元草长期从事音乐出版，曾任北京人民音乐出版社编辑；幼子丰新枚通数国语言，曾任海外专利代表；

长女丰陈宝，中外文水平俱佳，曾任上海译文出版社编辑；次女丰宛音多年从教，曾长期供职中学；幼女丰一吟多才多艺，文学、书画、翻译兼通，曾任上海社会科学院副研究员；另有一女丰宁欣，虽非亲生，但丰子恺视同己出，此女亦曾在杭州大学数学系任副教授。

丰一吟生于1929年5月16日，她自幼多病，深得子恺先生怜爱。然而有意味的是，在子恺先生的子女中，唯有她选择了研习美术的道路。丰一吟于1943—1948年就读于国立艺术专科学校应用美术系，又长期守在丰子恺的身边，陪他办画展，合作搞翻译，看他作画，耳濡目染，受到了很深的艺术熏染。如今，丰一吟也成了人们乐道的丰子恺漫画的传人，同时也算得上是一位丰子恺研究的拓荒者之一。起初，她并不打算重新拿起自己过去的专业，况且她以前学的内容并不涉及人物画。一直到了1975年丰子恺去世以后，由于丰子恺的好友新加坡广洽法师的提议，鼓励她继承其父的遗志，光大子恺漫画的精神，她才终于下决心模仿子恺漫画的风格，做一个子恺漫画风格的继承者。当时广洽法师对她说：丰子恺先生留下来的作品已经不多，作为女儿，又擅长美术，应该继承父亲在艺术上的风格。不过，丰一吟自己也十分清楚，仿画只是她艺术道路上的第一步。但这第一步也是需要艰苦努力的，她需要掌握子恺漫画的笔触，领会画面的构图，等等。依样画葫芦还算容易，真正了解其精神实质就难了。经过十数年的磨炼，如今的丰一吟已能够较为老练地表现出子恺漫画的风格，并已在向自己创作的阶段过渡。可以这么说，如果丰一吟的第二步路走好了，那么子恺漫画传人的地位也就真正奠定了。我们祝愿这一天早日到来。长期以来，模仿丰子恺画风的人不少。一般来说有两种情况：一是喜爱丰子恺的绘画风格；二是受金钱驱动，假冒子恺漫画。就丰一吟来说，她继承父亲的画风自有特别的意义。她有绘画基础，又受到其父的影响，入门相对方便。她还有一个旁人难以企及的长处，即能写一手酷似她父亲的毛笔字（仿画易，仿字就难了）。她希望自己从模仿再到创作，形式是丰子恺的，内容则是她自己的，如此与时俱进，崭新的内容和大众喜闻乐见的形式相结合，使子恺漫画真正具有恒久的生命力。如今，丰一吟已经多次赴新加坡、菲律宾等地举办画展，并为佛教事业举行漫画义卖。

1945年7月，丰子恺在成都写过一首题为《寄一吟》的诗。诗曰：

最小偏怜胜谢娘，丹青歌舞学成双。

手描金碧和渲淡，心在西皮合二黄。

刻意学成梅博士，投胎愿作马连良。

藤床笑倚初开口，不是苏三即四郎。

　　诗中所提"谢娘"是东晋谢安之侄女，谢安极怜其才。丰子恺此诗中不仅对女儿一吟擅画能戏的才能感到欣慰，同时表达了他对幼女偏爱的情感。丰一吟爱艺术，丰子恺亦有意培养。1947年和1948年，他两次带着一吟访问梅兰芳，此后又带她赴台湾举办画展，意在增加见识，扩大眼界。20世纪50年代中期，这一对艺术的父女又开始合作翻译外国文学和艺术教育书籍。他俩合作的成果十分丰富，计有孔达赫强《中小学图画教学法》、霍兹《朝鲜民间故事》、华西那·格罗斯曼《音乐的基本知识》、格罗静斯卡娅《唱歌课的教育工作》、加尔基娜《小学图画教学》、梅特格天和车含娃《幼儿园音乐教育》、柯罗连柯《我的同时代人的故事》等。人们都想知道这父女俩是如何合作翻译的，为此丰一吟在1956年12月29日的《文汇报》上发表过《我们是怎样合译的？》一文。她介绍说："我们合译这部书（指《我的同时代人的故事》——引者按），不是各译一半，互相校勘，而是很密切地合译：每人备一册原本，相对而坐，每句都由两人商讨，然后由我执笔写上去……"丰子恺对与女儿的合作也十分欣慰。他画过一幅《日月楼中日月长》的画送给新加坡的广洽法师。画面上除了丰一吟还有幼子丰新枚，题词曰："余闲居沪上日月楼，常与女一吟、子新枚共事读书译作。写其景遥寄星岛广洽上人，用代鱼雁云尔。"丰子恺为自己能闲居小楼，与子女一起读书译作为乐。也许是这一对父女的因缘深了，丰一吟有意无意也对父亲的创作有了种种设想。比如丰子恺过去曾把自己的散文结集出版了《缘缘堂随笔》《缘缘堂再笔》等，丰一吟为此曾建议父亲应该再出版《缘缘堂续笔》。丰子恺觉得有道理，并在他去世前完成了写作。

　　大约从1961年8月开始，丰子恺投入了日本古典巨著《源氏物语》的翻译工作。以往，他虽翻译过不少日文书籍，但这次译《源氏物语》却是最为投入，并深感欣慰。

　　丰子恺早在日本游学的时候，就曾在东京的图书馆里看到过《源氏物语》的原著，因为那是日本古文本，读起来不容易理解。后来，他有过一本谢野晶子的现代语译本，读了之后，感觉上很像中国的《红楼梦》，于是爱不释手。为了《源氏物语》，他后来下苦功夫学过日本古文，曾把《源氏物语》的第一回《桐壶》读得烂熟。当然，尽管丰子恺喜爱《源氏物语》，但在当时，他并没有决心翻译它，也没有这个机会。《源氏物语》是世界上第一部长篇小说。自英国的瓦勒（Arthur Waley）于20世纪20年代初选译了这部巨著后，美、德、法诸国先后有了全译本问世。而在日本，用现代语译出的，也有谢野晶子、洼田空穗、谷崎润一郎、丹地文子等人。由于这部巨著卷帙浩繁（近100万字）、人物众多（出场人物达440多人）、情节复杂，加上日本古语艰深以及时代、环境等客观原因，长期以来在中国几乎无人敢于问津译事。

20世纪50年代末60年代初，人民文学出版社拟翻译出版一批日本古典名著，其中对较深奥的经典著作，出版社还专门约请了学识渊博、日文功底深厚的专家学者担任译者。《源氏物语》先由钱稻孙先生译成前五帖，后因故没有译下去。出版社遂又决定由丰子恺承担译事。丰子恺对承担这项艰难的工作似乎感到十分荣幸。他写了一篇随笔《我译〈源氏物语〉》，自豪地说："只有中日两国的文学，早就在世界上大放光辉，一直照耀到几千年后的今日。"又说："直到解放后的今日，方才从事翻译；而这翻译工作正好落在我肩膀上。这在我是一种莫大的光荣！"[26]他还因此戏填《浣溪沙》一首：

> 饮酒看书四十秋，功名富贵不须求，粗茶淡饭岁悠悠。
> 彩笔昔曾描浊世，白头今又译《红楼》，时人将谓老风流。[27]

根据丰子恺自己预计，这项工作可用3年左右的时间译毕，1965年可以出书。凭借他的勤奋，译著进度果然很快，到了1965年即大功告成。有记载，丰子恺在翻译《源氏物语》的过程中，曾借赴北京参加全国政协会议之便访问过周作人。[28]丰氏译稿的校记，周作人亦应人民文学出版社编辑之请对其进行过全面的鉴定。这从周作人日记中可以得到证实："人民文学出版社文洁若来访，请为鉴定《源氏物语》校记，辞未获免。"（1964年1月23日）又："2月27日开始阅《源氏物语》校记。"[29]

令人惋惜的是，他的译本准备出版的时候，"文革"狂飙突起，于是译稿一搁就是15年之久，直到1980年其上册才得以问世，先后分上、中、下三册由人民文学出版社出版。但此时丰子恺早已作古了。

20世纪七八十年代，在台湾也有《源氏物语》的中译本，译者是林文月。林文月，台湾彰化人，1933年生于上海的日本租界里。抗战胜利后，她随父母迁往台湾，最为亲近的老师是著名学者兼作家的台静农先生。她曾就读于台湾大学中文系。1969年，林文月赴日本进修一年，在京都大学人文科学研究所任研修员，后成为台湾大学的著名教授。

林文月于1967年在日本京都大学人文科学研究所进修时开始注意到《源氏物语》与中国古典文化的关系。她写了一篇《源氏物语桐壶与长恨歌》的论文，并试译了《源氏物语》的首帖《桐壶》，二文一并刊于1973年4月的台湾《中外文学》第1卷第11期上。因编者的鼓励，此后林文月用了五年半的时间译毕全书。她的译文分66期在《中外文学》上连载，平均每年出版一册单行本。到了1978年，5册书出齐，1982年又修订为上、下两册，仍由《中外文学》月刊社出版。林文月和丰子恺一样，具有扎实的中国古典文学和日文功底，这大概也是她敢于翻译《源氏物语》的基本保证。

丰、林二译本，水平都很高，却具有两种不同的翻译风格。两位译者的翻译观念和翻译手法有着明显的区别。丰子恺的译本讲求通俗易懂，并根据中国章回小说的习惯，常用"话说……"等语，书中诸多和歌，也大都变化为七言、五言等中国古诗形式。不过，丰子恺自己对此译法并无把握。例如他在谈到翻译和歌的困难时说"为了避免注解的杀风景，我有时不拘泥短歌中的字义，而另用一种适当的中国文来表达原诗的神趣。这种尝试是否成功，在我心中还是一个问题"。[30]与丰子恺相比较，林文月的译文尽可能保存了原著的精确旨意。在翻译和歌时，她尝试了一种近似楚歌体的三行形式，以别于中国传统的诗歌体裁，免除阅读时的时空错觉，因为这种类似俳句的形式可以使读者领略一种古雅的异国风韵（综合评判起来，这是一种顾及面较广的译法）。这里仅举二例便可见一斑：

丰译：

秋尽冬初人寂寂，
生离死别两茫茫。

林译：

逝者逝兮去者去，
生离死别两成空，
萧条暮秋兮独思虑。

丰译：

蒙君留我住，
一宿自当陪。
倘是闲花草，
余心决不移。

林译：

花丛兮谓五意，
请为旅宿试真心，
始知盛芳兮不移志。

可见，两种译法均能明确地传达寓意，而林文月的译文更为典雅庄重，既有中国古诗的韵律，又贴近日本风格。当然，林氏译文须辅以较多的注解，"杀风景"是事实，相比之下，丰子恺的译文则显得通俗易解。有关这两种译文的比较，林文月也曾在《源氏物语探究》第7辑中有过论述。其实，两个译本各有特色。从学术研究角度上着眼，当以林文月的译本为佳；若从通俗性角度上着眼，丰子恺的译本或许更适合一般读者的口味。

林文月与丰子恺从未有过谋面的机会。由于海峡的阻隔，丰子恺自然不知晓在台湾还有像林文月这样一位才女，而林文月在译兴正浓的时候，她也不知晓大陆已有一部中译本，而这中译本却因"文革"已静静地在出版社里躺了多年。林文月后来曾给笔者写过一封信，信中感慨地说："我所遗憾的是，丰先生其实比我早动笔，然因为晚出版，所以当年翻译时，未能参考……至于丰先生的译笔流畅，态度严谨，自是无话可说……"应该讲，林文月对丰子恺的译法并不十分赞同，但她却仍能自谦地作如是说，从一个侧面多少可说明她在治学上的严谨，待人上的谦虚。故此，对于《源氏物语》，这两代译者的两岸译事实堪称中国译坛的一段耐人寻味的轶话。

平心而论，人民文学出版社当年请丰子恺翻译《源氏物语》是很明智的。《源氏物语》一书受中国古代文学影响颇深，译者必须具备深厚的古典文学根基，此外，《源氏物语》又涉及音乐、绘画、书法与佛教等许多学科门类。这些作为美术家、书法家、音乐教育家、文学家和佛教徒的丰子恺来说都能够胜任。台湾的译本也是如此。林文月是台湾大学古典文学课的教授，有丰厚的古典文学研究成果，中国古典文学的修养甚深。她同时还是名满台湾的散文大家，其散文集《交谈》获1989年台湾文艺最高奖项。林文月早年报考大学时，竟同时被台湾大学中文系和台湾师范学院美术系录取，只是她最终选择了台湾大学中文系。加上林氏从小就读于日本人办的学校，后又赴日本深造，所以她具备了别人难以具备的翻译这本巨著的条件。

第三节　耳目一新

丰子恺自是一位受到各方尊重敬仰的人物。1949年后，在他的名下挂上了一大串头衔。至1959年末，他已担任了上海市文史馆馆务委员、中国美术家协会常务理事、上海美术家协会副主席、上海市政协委员、上海外文学会理事、全国政协委员、《辞海》艺术分册主编等各种职务。1960年6月，他受聘担任了上海中国画院首任院长，1962年起任上海美术家协会主席、上海市文联副主席。此外，他还是西泠印社社员、上海中国书法篆刻研究会委员。

丰子恺的头衔多了，少不了参加各种会议。其中，数次赴京参加全国政协会议，成了他难忘的经历。1959年4月，他首次赴京出席第三届第一次全国政协会议，并受到周恩来总理的接见。他每次去北京也都会见到许多新老朋友。他与俞平伯神交数十年，还是这时期在北京有一次见面的机会。他对与新朋老友的会见显然无限怀念。他在一封致常君实先生的信（1959年5月20日）中表示："回思在京近一个月，宛如一热闹之梦，事迹多不胜收。其中与新朋旧友之会晤，尤为印象深刻。"[31]

1961年秋天，丰子恺曾随上海政协参观团访问江西。他们先后到了南昌、吉安、井冈山、赣州、瑞金、兴国、抚州、景德镇等地。在南昌的烈士纪念堂参观，使丰子恺很受感动。他在《化作春泥更护花——参观江西革命根据地随笔》一文里说："江西人民用千百万生命来换得了胜利！这些烈士的血化作了革命的动力，激励了全国人民的心，取得了巨大的胜利。我瞻仰烈士纪念堂之后，想起了古人的两句诗：'落红不是无情物，化作春泥更护花。'这两句诗看似风雅优美，其实沉痛悲壮；看似消沉的，其实是积极的。这就是'化悲愤为力量！'我把这两句诗吟了几遍，胸中的郁勃才消解了些。"[32]所以，这些年来的丰子恺对今昔生活常做对比，从而对自己的未来也充满信心。1962年他在《丰子恺画集》的"代自序"的最后两首诗中便有了这种情感的表达：

> 当年惨象画中收，曾刻图章曰速朽。
> 盼到速朽人未老，欣将彩笔绘新献。
>
> 天地回春万象新，百花齐放百家鸣。
> 此花细小无姿色，也蒙东风雨露恩。[33]

在丰子恺众多的头衔中，于1960年6月上任的上海中国画院首任院长之职倒是有一点实际意义。丰子恺曾认为此职本该由刘海粟先生担任才较合适。于是他曾对刘海粟说："我的手都生了，只能算半个画家，不懂中国画怎么当院长？"[34]

刘海粟是了解丰子恺的，他俩的感情也很好。早在20世纪20年代，他俩曾同是《美育》杂志的编辑。刘海粟办的上海美术专科学校有一个旅行写生制度，他经常带领学生去杭州西湖写生，而那个时候，丰子恺也经常到杭州去，他俩几乎每年都有机会在杭州同游西湖，交流心得。所以当刘海粟听到丰子恺这么说后就鼓励道："你是老艺术家，老早就写过《西洋美术史》，对古画也懂，不但能当，而且一定要当好！"35刘海粟此言并非敷衍，他郑重地评价丰子恺："他是我国近代漫画开风气之先的人物。效法他的人极多，却没有一个人能和他相提并论。"36

刘海粟推崇他的漫画，对于他的学养和文学成就同样有很高的评价："子恺先生面容慈祥，银髯拂胸，有着教育家的仪表，学者的风度，对他的品德文章和各方面的成就，我一向是很尊敬的。《缘缘堂随笔》是一部风格突出的散文集，写得流畅冲淡，其味醇美，经得起反复咀嚼，真是了不起。在'五四'以来的作家林中，没有几个能和他并驾齐驱的。"37刘海粟还说："我与子恺的画风相去甚远，但从不为此妨害友情。我爱他的字画，更爱他的为人。"38

就丰子恺本人而言，他是希望自己能够成为一位自由职业者。所以，他曾向上海市文化局提出：院长之职可以接受，但不受薪水。文化局不同意他这个条件，但考虑到丰子恺的实际情况，同意他可以在家里工作，但仍致送薪水。无奈之下，丰子恺也只好接受。

丰子恺在这一时期受到了众多仰慕者的追随。生于1935年的美术评论家和文艺活动家朱晨光曾任《美洲华侨日报》文艺副刊主编和纽约伦理文化进修学院中国画教授，著有《浅谈剪纸艺术》《朱晨光画集》《王少陵》和《折叠法剪纸》等，旅居美国，并从1986年起多次应聘为中国有关高校的

丰子恺游莫干山时留影

客座教授或从事讲学活动。1988年，朱晨光与夫人等在纽约创建"国际文化艺术中心"，以弘扬中国文化艺术和促进中美文化交流。朱晨光的《晨光读画随笔》（四川美术出版社1998年8月第1版）为丰子恺题写书名。书中还有一篇题为《回忆丰子恺先生》的文章，文中介绍了他与丰子恺相识的过程："我和丰先生相识是在1957年上海美术界的一次活动中。他的身材不高，人也不胖，头发在高高的脑额上两边分开，耳朵较长，长胡须直拖胸前，一双炯炯有神的眼睛透过眼镜看人，显得庄重而慈祥。当我初次见到丰老时，由于生疏，对于这位美术界的前辈，自己似乎有点拘束，但一经谈话，立即使我感到他平易近人，在短短的接触中，给我总的印象是，丰老是一位和蔼可亲的老前辈，所以我就喜欢和他接近，而且一直是把他当作老师看待的。"朱晨光在文中说，他当年在上海时，创作了不少儿童题材的美术作品，得到过丰子恺的教诲："丰老不止一次地和我谈过，作为一个画儿童生活的美术家，要把作品画好，就非进入儿童的天地不可。他认为，儿童的世界和成人世界不一样，儿童有他自己天真、烂漫并富于想象的心理和特殊的感情。他还认为，最重要的是要把儿童的喜怒悲哀看成是自己的事……"[39]

丰子恺游扬州时留影

在朱晨光的《回忆丰子恺先生》中，还记述了他与丰子恺在"文革"时期的一次见面："自1959年我到广西大学任教后，就将近14年未和丰老会面。在中国'四人帮'猖獗一时的文化浩劫年代，我听说他在上海万人大会上用嘴含着自己的作品，手里还拿着作品，身上挂着黑牌，头上戴着高帽被批斗……那个时候我从内心感到难受，恨不得能去一次上海和这位久别的艺术前辈、老师谈几句知心话……1973年，我带一批学工艺美术的学生去江苏、上海等地参观实习时，我特地抽空去看望了这位久别的良师益友。一见面大家都异常高兴，他虽已年迈，但在谈话和记忆方面却十分清楚。我们畅叙了离别之情，我的来到引起了丰老抗战时在桂林的回忆。"丰子恺关心着在广西的陈烟桥、涂克、周其勋诸位好友，得知除陈烟桥，其他二位均安好，还评价道："陈烟桥和涂克都是很耿直的人。"[40]

在朱晨光《回忆丰子恺先生》一文中还附有一幅丰子恺赠他的书法作品，写的是白居易《钱塘湖春行》，落款："晨光贤台雅嘱。"

一般的青年学生中也有真心崇敬丰子恺的，其中潘文彦就是一个。潘文彦结识丰子恺先生是在1957年春，尽管他当时还是上海交通大学电力系的三年级学生，丰先生仍是收下了这位爱好文学的学生。关于潘文彦第一次拜访丰子恺的过程，潘文彦自己有《第一次拜访丰子恺》一文，文中写道："我怀着极崇敬的，但又惴惴不安的心给丰先生写去了第一封信，没有地址，烦请《文汇报》编辑转，谁料很快就收到丰先生的复信。信不长，多是鼓励学习的话，这封信使我欢喜雀跃，在几个知己同学的怂恿下，我决定拜访丰先生。"[41]接着潘文彦在文中介绍了当时与丰子恺先生见面的具体情形，尤其是这第一次的见面，潘文彦就获得了丰子恺的画作《满山红叶女郎樵》，还有题字："文彦仁弟惠存。"此后，潘文彦就拜丰子恺先生为师，与丰先生的交往也日益频繁，感情日深。尤其在"文革"期间，丰先生受到了无端的陷害，一般人不敢再与之亲近，而潘文彦却会利用每次回上海的机会主动去丰家陪伴丰先生。丰先生逝世后，潘文彦陷入了沉思：怎样才能向后人介绍丰子恺先生？怎样继承发扬丰子恺的艺术事业？他后来终于发了一个愿：编撰《丰子恺先生年表》。须知，当时"四人帮"尚未垮台，加上经过近十年的动乱，整理收集丰子恺的生平资料实在不是一件容易的事情。潘文彦在回忆这段经历时是这样概括的："彼时实为环境所不许，工作迟迟未能有所进展。秋风萧瑟，梧桐叶凋，一年辛苦，检点所作，仅书卡、编目、文摘而已。"正当潘文彦为此忧心忡忡之时，传来了粉碎"四人帮"的喜讯。于是他大喜过望，多方奔走，先后访问了刘海粟、刘质平、吴梦非、丰一吟、胡治均、裘梦痕、沈本千、陈瑜清、田雪庵、郑晓沧、丰桂、于梦全等一大批丰先生的亲朋好友，终于基本梳理出了丰子恺的生平线索，并于1977年着手整理、汇编成册，又自己动手刻印，多方征求意见，再做修改。1978年秋，弘一法师的弟子、丰先生的好友广洽法师从新加坡再度来华时，潘文彦将修改后的《丰子恺先生年表》赠送给广洽法师。广洽法师读后十分高兴，特意带回新加坡，并出资于1979年5月在香港出版，一时掀起了一股丰子恺研究的热潮，仅在香港，评论这份年表的文章就有20余篇。限于时代和条件，潘文彦编撰的《丰子恺先生年表》并非尽善尽美，但是我们应该感谢他为丰子恺研究所做出的无可替代的贡献。他的拓荒性工作，自有其特殊的意义。而对于潘文彦个人来讲，这份年表的出版，也表达了学生对老师的无限敬意。

从1954年搬入日月楼至1966年，丰子恺过了12年的安定生活。在这些年中，他几乎每年春秋都会出游，其中去得最多的当然还是他的第二故乡杭州。他每次出游归来，都有一些散文、漫画新作问世。这便是他在这些年间游记作品特别多的一个原因。

1956年7月，丰子恺在庐山住了十余天。他在庐山住的是一栋建于1904年的别墅，四周林木葱茏，十分安静。当年弘一法师曾在庐山大林寺住过，而弘一法师的老友陈师曾的家族在庐山也有松门别墅。丰子恺分别到此二地参访。对于这次的庐山之行，丰子恺作有《庐山游记》。

在这些年中，他也没有忘记纪念弘一法师。1957年，他编了《李叔同歌曲集》，交北京音乐出版社于次年1月出版。1957年是弘一法师逝世15周年，新加坡广洽法师辑集有关弘一法师在家时热心文教工作之论著在星洲出版《弘一大师纪念册》，丰子恺为之作序。1956—1957年间，他又连续写下了《中国话剧首创者李叔同先生》《先器识而后文艺》《李叔同先生的爱国精神》《李叔同先生的教育精神》等缅怀先师的文章。

1962年，由广洽法师捐款，丰子恺编《弘一大师遗墨》在上海印行，作非卖品刊行。1964年，丰子恺又整理当年夏丏尊编《李息翁临古法书》作为《弘一大师遗墨》的续集由广洽法师在新加坡募印发行。

关于编《李叔同歌曲集》，丰子恺自以为在当时的情况下，此举是为了保存世纪初的中国音乐文献。他在序言中表示"我选编这歌曲集的目的，主要是为了保存世纪初的中国音乐文献，不是专为供给青少年唱歌材料。因为这集子里所载的歌曲中，有一部分是不宜给青少年歌唱的。在旧时代，文艺界普遍存在着消极、悲观的情绪。李先生生在晚清的黑暗时代，所以他的歌曲中有几首含有感伤的、超现实的、出世的情绪（例如《悲秋》《长逝》等），是现代青少年所不宜歌唱的，只能当作过去时代的音乐文献来保存，然而也有积极的、乐观的、愉快的歌曲（例如《大中华》《春游》《春景》《冬》《秋夕》《送出师西征》《西湖》《采莲》等），适于作学校唱歌教材"。丰子恺在这本歌曲集的序言里还特意声明："这书所得的稿酬，将全部用在纪念李叔同先生的建筑物上。" 42

第四节　续作护生画

丰子恺在这些年间也没有忘记续作护生画的第四、第五集。《护生画四集》（80幅）于1961年初在新加坡出版。相对于前三集，《护生画四集》的印刷较为精美。丰子恺写信给广洽法师，对此做了赞美："寄下《护生画集》三十六册，已于前日收到，一半分赠朱幼兰居士，余者由弟赠送苏慧纯居士、戎传耀居士，及北京叶恭绰先生、杭州马一浮先生等，见者均赞叹印刷之讲究，可使读者心生欢喜。" 43

《护生画四集》出版后不久，广洽法师以及丰子恺的其他友人均建议提前绘作第五集护生画。丰子恺本人也有此意。他说："第五集，照理须在弘一大师九十冥寿时出版。但人世无常，弟倘辜负此愿离去婆娑，则成一大憾事。因此，催弟提早画第五、六（圆满功德）者，不乏其人。弟私心亦极想如此。" 44第五集护生画后终于在1965年8月下旬全部完成。9月即由广洽法师在新加坡出版。

说起《护生画集》，须提及一位名叫朱南田（1917—1988）的人。朱南田生前虽然不是一位在文化界的头面人物，但他长于诗词，爱好书画，在上海酿造厂退休后家居作诗，成就颇高。朱南田曾是丰子恺研究会的会员，曾收藏《续护生画集》原稿。20世纪50年代的一天，朱南田偶尔在上海广东路古玩店发现《续护生画集》原稿。出于对弘一法师、丰子恺的敬重，他决心将其买下珍藏。古玩店索价120元人民币，后以96元成交。然而，朱南田生活拮据，连96元也付不出来。他先预付20元定金，回到家里，毅然决然地卖掉了新买来的一只尚未用过的三人沙发，凑齐钱款后，勉成其事。朱南田得之欣喜，作五言诗一首："未识丰翁面，先联翰墨缘。护生心恻恻，祝寿意拳拳。画笔精而约，书风静若禅。沽资何处着，鬻椅凑囊钱。" [45]

1960年，丰子恺担任上海中国画院院长的消息出现在报纸上，朱南田见报后勾起了他20多年来的渴慕之忱。于是，他写信给丰子恺，请求一见。此后，他便成了丰子恺家的座上客了。朱南田向丰子恺谈起他购得的《续护生画集》原稿。不料丰子恺喜出望外，连称奇缘！原来，经丰子恺多方了解，《护生画集》一、三集的原稿转入大法轮书局苏慧纯居士之手，但第一集只留弘一法师文字，虽不完整，但丰子恺可以补画。但是，第二集原稿则遍访无着。朱南田遂将原稿携奉呈览，丰子恺喜形于色，以为沧海还珠，实为奇缘。此后，丰子恺一边续作护生画，一面写信告诉新加坡的广洽法师护生画一、二、三集已全部查到的消息。广洽法师发愿将护生画一至五集一并印制发行。丰子恺乃以商量的口吻请朱南田割爱。朱南田虽然对原稿视若珍宝，但师意不可违，乃慨然允诺，遂寄星洲。后来丰子恺对朱南田厚爱有加，赠画达30余幅，广洽法师也汇寄港币给予补偿。1985年，丰子恺逝世10周年时，《护生画集》的全部原稿由广洽法师从新加坡送回祖国，捐赠给浙江省博物馆珍藏。浙江省博物馆知道了朱南田卖沙发买画稿的事，对他大加褒奖，卖沙发买画稿的事从此传为佳话。

1962年秋，丰子恺患感冒，朱南田前往探望，见丰子恺正在病床上阅读《聊斋志异》。病后，丰子恺又以《聊斋志异》为题材，用阿英句作画，此后，丰子恺把此画送给了朱南田。1963年11月14日香港《大公报》载有维芳《丰子恺为蒲松龄画像》一文，介绍山东淄川蒲松龄纪念馆，写曰：

在这个纪念馆的东厢房里，最近陈列了上海国画院院长丰子恺的两幅作品，一幅是为蒲松龄的画像；另一幅则是丰氏为《聊斋·阿英》作的"插图"，画像有赞，"阿英"有题词，两者都是丰氏受"蒲松龄故居"之请而特地精心绘制的。

丰氏所作的蒲像，是根据当初江南画家朱湘麟的原画而改作的。朱画的是清代服装，而丰子恺则把它改为一个平民打扮，穿一件素色的长袍，上身加一件马褂，头戴一顶披肩大风帽，帽檐还缀上一颗宝石。他坐在一张靠背椅上，一手扶着椅档，一手执卷。图中人长髯巨眼，额上还有三绺皱纹，神态清疏。画家还在画上的空白处，题上四言八句的赞词：

"留仙高才，聊斋名美，笔墨生花，文思如绮。块垒满怀，化作狐鬼，万口流传，猗哉伟矣。"

这幅画像高七十五公分，宽三十四公分。是用彩色作成的。另外丰氏还从"聊斋"的"阿英"里，取其中的一段题词，也作了一幅彩色画。那原词是这样的：

"闲院桃花取次开，昨日踏青小约未应乖，嘱咐东邻女伴，少待莫相催，着得凤头鞋子即当来。"

从时间上可知，丰子恺于1962年秋在病床上阅读《聊斋志异》，后又以阿英句作画赠朱南田，此与山东淄川蒲松龄纪念馆索画有必然因缘。

据朱南田《我与子恺师的因缘》手稿，丰子恺与朱南田曾有一次关于诗词的长谈。朱南田手稿中是这样记述的："他说，我是喜欢白描诗的，并举例说，白居易的'野火烧不尽，春风吹又生'，自然流畅，可使妇孺皆知；而李商隐的'沧海月明珠有泪，蓝田日暖玉生烟'，含蓄虽深，未免过于晦涩，使人难懂。他又说，诗以言志，人离不开社会，言志也就离不开时代。所以写诗要有时代气息。并还问我有没有读过《龚定庵诗钞》《笤溪渔隐》《八指头陀诗钞》。我说只读过《龚定庵诗钞》。他建议可买来一读，以广视野。我读先生诗，有乐天的韵味，具时代之新声。其论诗然，作诗亦然。"

1965年，广洽法师回国观光，丰子恺陪同他游览了苏州、杭州等地。在杭州时，丰子恺特意安排了他与马一浮的会面。早先，通过丰子恺的介绍，广洽法师就与马一浮频频通信，多次向马一浮索求墨宝。1961年，马一浮患了白内障，但凡广洽法师之请，他总是乐意书写，并由丰子恺寄往新加坡，广洽法师也多次以钱物供养。1964年，广洽法师在新加坡出版了由丰子恺写序的马一浮手书的《弥陀经》。这次两人在杭州相见，马一浮写了一副对联送给广洽法师：

> 心香普熏众生安乐
> 时雨润物百卉滋荣

对联中嵌入的"普""润"二字正是弘一法师当年为广洽法师取的号。此次面晤，马一浮、丰子恺还与广洽法师合影留念。岂知这次便是丰子恺与马一浮的最后一次见面；而这次他与广洽法师告别，也同样是永远的告别了。临别时，丰子恺赋诗一首相赠：

> 河梁握别隔天涯，落月停云殢酒怀。
> 塔影山光长不改，孤云野鹤约重来。[46]

作为一位知名度很高的文化人，丰子恺的游踪也被人作为社会事件予以关注。1966年4月2日香港《大公报》就刊出题为《丰子恺春游嘉湖》的连载长文，文章开头就说："正是碧桃如火，柳丝含烟的江南春二三月的时节，漫画家丰子恺先生和夫人张力民（引者按：应为徐力民）女士，还有六岁的孙女南颖，一起前往嘉兴、湖州、菱湖等地旅行。"文章的作者潮音自述"与他一起度过了为期一周的旅行生活"，并以第一人称的身份记录了此番跟随丰子恺出游的观感。文章最后写道："我们在湖州度过了六个夜晚，时间虽短，但印象颇深刻。如果有人问丰子恺先生此行有何感想，我想他的七绝是最好的回答：飞英塔下小勾留，宾至如归客舍幽，鱼米丰饶沽酒美，人生只合住湖州。"[47]

1965年秋，丰子恺（右）陪同广洽法师（中）赴杭州访马一浮（左）时留影

第五节　山雨欲来风满楼

　　作为上海文化界的著名人物，丰子恺免不了要对一些文艺话题发表自己的意见。丰子恺在谈这些意见时，显然与他直抒胸臆的秉性很相符。

　　1956年，他写了一篇《谈"百家争鸣"》并于次年7月19日发表在《解放日报》上。在这篇文章中，他用美术上的譬喻来发表关于"百花齐放，百家争鸣"的意见。他认为"百花齐放，百家争鸣"就同美术上的"补色调和"一样："在文艺上，在学术上，尽管意见分歧，尽管花样繁多，然而因为异途同归，所以相得益彰。'争鸣'，表面上看似对抗的；相反，而实际上是互相补足的，互相调和的，就同红补足绿，蓝补足橙一样。"他又认为"百花齐放，百家争鸣"同构图法中的"多样统一"一样："在文艺上，在学术上，尽管各持一说，各成一家，然而具有共通的动机，符合共通的目标。"同年，他画过《城中好高髻，四方高一尺；城中好广眉，四方且半额；城中好大袖，四方全匹帛》，发表于1956年11月25日的《新闻日报》上。特定的历史背景似乎让丰子恺也想用漫画的形式来说几句话了。画面上是三个奇形怪状的女子，或是高髻，或是广眉，或是大袖。画题下又题曰：《后汉书·长安城中谣》。注云：改政移风，必有其本。上之所好，下必甚焉。"这幅画的讽刺意味是很明显的，丰子恺在题字中也已点明，即"上之所好，下必甚焉"。这里的"好"自然是画家不以为然的了，而"下必甚焉"的"甚"同样也是画家深恶痛绝的。"天真"的丰子恺很是为此画得意过一阵，甚至还专为此画写了一篇《元旦小感》以解释之。他在文中明确表明了他自己的期望："近来有些号召提出之后，我似乎看见社会上有许多同这三个女人一样奇形怪状、变本加厉的情况，因此画这幅画。"又说："我但愿1957年以后不再有这种奇形怪状，变本加厉的情况出现。"1957年后，国内出现的情况自然不能如画家所愿。但是还好，丰子恺总算未被戴上右派的帽子。1961年9月2日，《光明日报》发表了该报记者章正续、施怀曾撰写的《小中见大，个中见全——丰子恺谈漫画》一文，对丰氏的漫画给予肯定。1962年，中央新闻纪录电影制片厂为丰子恺拍摄了一部纪录短片《画家丰子恺》。

1962年5月9日，上海市第二次文代大会隆重召开。这是一个不平常的会场，气氛严肃而又热烈。每一位代表的发言都牵动着听众的神经。当时丰子恺已是上海美术家协会主席、上海市文联副主席，他的演说，自然格外引人注目。（该发言后来在1962年5月12日《解放日报》上发表的时候，题目为《我作了四首诗——在上海市第二次文代大会上的发言》）

丰子恺的发言十分简短，实际上只是解说他新近作的四首诗。为此他说："就同我的画一样寥寥数笔，不能作几小时滔滔不绝的冠冕堂皇的发言。"这四首诗是：

> 创作先须稳立场，丹青事业为谁忙？
> 名花从此辞温室，移植平原遍地香。
>
> 创作源泉何处寻？人民生活最关心。

繁红一树花千朵，无限生机在此根。

思想长兼技术长，士先器识后文章。
芝兰朴素香千里，毒草鲜艳弃路旁。

名言至理可书绅，艺苑逢春气象新。
二十年来多雨露，百花齐放百家鸣。

他对前两首诗未作详解，对第三首也只是稍微强调了一下思想与技艺的关系。可他把重点放在了第四首诗上，其意亦多少是针对当时的文艺现象的。所以他强调：

关于最后一句"百花齐放百家鸣"，我还有一点意见。百花齐放已经号召了多年，并且确已放了许多花。但过去所放的，大都是大花、名花，大多含有意义。例如梅花象征纯洁，兰花是王者之香，竹有君子之节，菊花凌霜耐寒。还有许多小花，无名花，却没有好好地放。"花不知名分外娇"，在小花、无名花中，也有很香很美丽的，也都应该放，这才是真正的"百花齐放"。再说：既然承认它是香花，是应该放的花，那么最好让它自己生长，不要"帮"它生长，不要干涉它。曾见有些盆景，人们把花枝弯转来，用绳扎住，使它生长得奇形怪状，半身不遂。这种娇揉造作，难看极了。种冬青作篱笆，本来是很好的。株株冬青，或高或矮，原是它们的自然姿态，很好看的。但有人用一把大剪刀，把冬青剪齐，仿佛砍头，弄得株株冬青一样高低，千篇一律，有什么好看呢？倘使这些花和冬青会说话，会畅所欲言，我想它们一定会提出抗议。

丰子恺就这样结束了他的发言。会场上的掌声长久而又热烈，谁都没有想到，这位平时言语不多，看上去平和悠然的丰子恺居然在会上做了如此振奋人心，措辞铿锵有力的发言。

8月，他又在《上海文学》第35期上发表随笔《阿咪》。随笔写的是他自家的一只可爱的猫。若是在今天，这样的讲话，这样的随笔不会有任何问题。但在当时，则极易惹出麻烦。巴金在他的《怀念丰先生》一文中回忆说："今天我还隐约记得的只是他在1962年上海二次文代会上简短的讲话，他拥护'百花齐放，百家争鸣'的文艺方针，他反对用大剪刀剪冬青树强求一律的办法，他要求让小花、无名的花也好好开放。三个月后他又发表了散文《阿咪》。这位被称为'辛勤的播种者'的老艺术家不过温和地讲了几句心里话，他只是谈谈生活的乐趣，讲讲工作的方法。他做梦也没有想到要'反'什么，要向什么'进攻'。但是不多久台风刮了起来，他的讲话，他的漫画（《阿咪》的插图——'猫伯伯坐在贵客的后颈上'）一下子就变成了'反社会主义'的毒草。"[48]事实上连同被批评的还有那幅《城中好高髻，四方高一尺；城中好广眉，四方且半额；城中好大袖，四方全匹帛》，理由是他不写工农兵形象，只写猫狗；不歌颂社会主义，反而去描写黑暗面。于是丰子恺干脆把精力投入到日本文学巨著《源氏物语》的翻译之中，以此亦可回避主观意识很强的创作。

需要一提的是，丰子恺其实很早就画过以"剪冬青"为题材的漫画。他有一幅《剪冬青的联想》作于1949年，本是《护生画集》第三册中的一幅护生画。此画以剪冬青树比为砍人头一样令人难以接受，以此来告诫人们要让生物自由地生长。丰子恺显然对此画较为满意，并将画意移之于文艺现象，进而以此为例在文代会上的讲话中发挥了。

丰子恺的这些言论和作品虽然遭到了某些批评，但是还算幸运，他没有像许多知识分子一样在历次政治运动中被牵连。不知是祸福循环，还是阴阳交错，他终于还是逃不过"文革"遭遇。

注释：

1　胡庆钧：《丰子恺先生在浙大》，1939年7月1日《宇宙风》乙刊第9期。

2、8　舒群口述、廖情萍整理：《我和子恺》，载《纵横》1996年第8期。

3　此信写于1963年4月4日，收《知堂书信》，华夏出版社1994年第1版。据2008年11月14日《文汇读书周报》《周作人手抄定本〈儿童杂事诗〉现场拍卖》报道，周作人《儿童杂事诗》已现场拍卖。又，唐大朗被称为上海的"小报文人"。此人交游颇广。新中国成立后，曾入《新民晚报》主编副刊。参见《人物》1988年第4期《话说上海"小报文人"唐大郎》一文。

4 此按语中所谓的《再生画集》当为《又生画集》；《名画巡礼》当为《西洋名画巡礼》；《缘缘堂自笔》当为《缘缘堂再笔》。

5、6 毕克官：《〈子恺漫画〉研究》，收毕克官《漫画的话与画》，中国文史出版社2002年1月第1版，第168页。

7 丰子恺致夏宗禹信，收《丰子恺文集》（文学卷三），浙江文艺出版社、浙江教育出版社1992年6月第1版，第429页。

9 在香港的报刊上，除了丰子恺自己的文章，也有一些关于他的评论和介绍，虽然谈不上密集，但一直以来，也算是一个热衷于刊登的题材。1959年1月1日《文汇报》和《大公报》分别刊出聚仁的《丰子恺的画》，1959年1月15日《新晚报》刊出高嘉的《丰子恺的真迹》，1959年4月25日《大公报》刊出报道《大团结，巩固胜长城——丰子恺填词表欢情》，1960年12月30日《大公报》刊出《丰子恺函台湾旧友》，1961年8月8日《新晚报》刊出霜崖的《试谈丰子恺》，1961年12月30日《文汇报》刊出陆国伟的《访老画家丰子恺》，1963年11月14日《大公报》刊出维芳的《丰子恺为蒲松龄画像》，1964年3月12日《新晚报》刊出豫园的《谈丰子恺》，1964年4月5日《大公报》刊出豫园的《记丰子恺》，1966年4月2日《大公报》刊出潮音的《丰子恺春游嘉湖》等。

10 丰一吟：《珍贵的六千元遗产》，载《西湖》文学月刊1984年12月号。丰子恺《六千元》即发表于该期《西湖》上。

11 丰子恺：《中国话剧首创者李叔同先生》，载1956年11月3日上海《文汇报》。此文亦于同年的《弘化月刊》12月号（12月25日出版）上转载。文中"李先生的骨灰供在杭州西湖虎跑寺，十年不得安葬"中的"十年"系指自弘一大师圆寂以来的十年，非指弘一大师灵骨护送至杭州的时间。根据史实，自弘一大师灵骨护送至杭州到建塔安葬，时间为6年。详见下文。

12 丰子恺致广洽法师信，收《丰子恺文集》（文学卷三），浙江文艺出版社、浙江教育出版社1992年6月第1版，第208页。

13 同上，第209–210页。

14 丰子恺致广洽法师信，收《丰子恺文集》（文学卷三），浙江文艺出版社、浙江教育出版社1992年6月第1版，第213页。

15 同上，第213–214页。

16 此处引文，其原文中有若干错字和标点符号不规范之情况，引述时已改正。

17 曹布拉：《命运的二重奏——弘一大师与刘质平》，西泠印社出版社2001年1月第1版，第128页。

18 关于此事，王勇则另有《徐广中与丰子恺的一次特殊交往》一文，载《钟山风雨》2003年第5期。文中所介绍的三件李叔同的真迹是：一、"八破图"，李叔同1895年在其故居意园中所画，上有一枚信封及一幅六折残扇面。信封上写有"内有要件，祈带至天津河东山西会馆南桐兴茂，面交徐五老爷耀庭篆开启"，下署"李叔同自津石山房寄"等字并加盖名印。二、李叔同所写之名帖和便函。三、李叔同于1896年所作祝寿帖，为魏楷"金石大寿，欢乐康强"。

19　魏风江，浙江萧山人。他所著《我的老师泰戈尔》一书系其晚年对在国际大学学习生活的回忆，并着重记述了他所了解的关于泰戈尔的情况。魏风江先生生前在他杭州的家中设了一个泰戈尔纪念室，室内陈列着许多泰戈尔的照片及资料。笔者曾经应邀到他的那间"陈列室"里参观。魏风江先生曾多次应印度政府的邀请赴印度参加各种文化交流活动，而印度首脑来中国访问，魏先生也一定会被请到北京与有关要员见面。此表明了作为泰戈尔唯一的中国学生的魏风江在中印文化交流中的重要性。

20　魏风江：《我的老师泰戈尔》，贵州人民出版社1986年8月第1版，第119页。

21、22　同上，第118页。

23　同上，第119页。

24　丰子恺：《我的苦学经验》，载1931年1月1日《中学生》第11号。

25　丰子恺致夏宗禹信见《丰子恺文集》（文学卷三），浙江文艺出版社、浙江教育出版社1992年6月第1版，第427-429页。

26、30　丰子恺：《我译〈源氏物语〉》，收《丰子恺文集》（文学卷二），浙江文艺出版社、浙江教育出版社1992年6月第1版，第611页。

27　丰子恺：《浣溪沙·途中戏作》之二，收《丰子恺文集》（文学卷三），浙江文艺出版社、浙江教育出版社1992年6月第1版，第787页。"《红楼》"即指《源氏物语》（《源氏物语》有日本的《红楼梦》之称）。

28　此事为丰子恺的学生潘文彦先生告知，并言为丰子恺亲口所述。但丰子恺之子丰元草认为此事有误。丰元草于2004年6月9日给笔者写信，曰："陈星同志：余连祥文中有一段文字是在上月来我处采访后所写。文中说到你在《丰子恺新传》中说丰曾借去北京出席政协之际前往拜访周作人，向周请教《源氏物语》的翻译问题。对此，我对余说，上述那次访问由我陪同，不是访周作人，是访钱稻荪（钱在敌伪时期曾任北大校长，是周作人的属下），向钱请教了《源氏物语》的翻译问题……"按：信中所说余连祥文系作者发表在2004年《鲁迅研究月刊》第4期上的《历史语境中的周作人与丰子恺》。丰子恺为翻译《源氏物语》向智者请教是如丰元草所述的这一次，还是另有其他，还是潘文彦先生（抑或丰子恺本人）叙述有误，待考。

29　周作人对丰子恺漫画的评价不高，对丰译《源氏物语》亦如此。他在1964年7月13日致鲍耀明的一封信中写道："……港地有涉及鄙人的文章，如刊在中立报纸上，而其人尚有理解如十三妹者，则愿意一读，若是太胡说一起（原文为'起'——引者注），则还是不看见为佳耳。'十三妹'最近论丰子恺，却并不高明，因近见丰氏源氏译稿乃是茶店说书，似尚不明白源氏是什么书也。"周作人此处说丰子恺的译本像"茶店说书"这显然指的是丰子恺译文的特点，他不赞成此种译法可以为人理解，更何况周作人的日文功底和对日本文化的了解是丰子恺也要向他请教的。但是说丰子恺尚不明白《源氏物语》是什么样的书，这就太过了。因为用这样的笔调翻译，是丰子恺有意为之的，也是他向来的翻译风格。周作人的哥哥鲁迅倒是谦虚大度得多（前已涉及，不赘述），并不像他那样有一种难以容人的清高。

31 丰子恺致常君实信，收《丰子恺文集》（文学卷三），浙江文艺出版社、浙江教育出版社1992年6月第1版，第445页。

32 丰子恺：《化作春泥更护花——参观江西革命根据地随笔》，收《丰子恺文集》（文学卷二），浙江文艺出版社、浙江教育出版社1992年6月第1版，第603页。

33 丰子恺：《丰子恺画集》代自序，上海人民美术出版社1963年12月版卷首，收《丰子恺文集》（文学卷三），浙江文艺出版社、浙江教育出版社1992年6月第1版，第789页。

34、35、36、37 刘海粟：《怀念丰子恺先生》，收《海粟黄山谈艺录》，福建人民出版社1984年5月第1版，第125页。

39、40 朱晨光：《晨光读画随笔》，四川美术出版社1998年8月第1版，第39页。

41 潘文彦：《第一次拜访丰子恺先生》，载2009年2月3日《嘉兴日报》，此文为作者《潇洒风神永忆渠》的节选，发表时题目为编者所加。

42 丰子恺：《〈李叔同歌曲集〉序言》，收《丰子恺文集》（艺术卷四），浙江文艺出版社、浙江教育出版社1990年9月第1版，第563页。丰子恺编《李叔同歌曲集》于1958年1月由音乐出版社出版。

43 丰子恺致广洽法师信，收《丰子恺文集》（文学卷三），浙江文艺出版社、浙江教育出版社1992年6月第1版，第264页。

44 同上，第313页。

45 此诗据朱南田1985年7月所作《我与子恺师的因缘》手稿，内中文字与朱氏曾写给笔者书信中的文字略有别。现依其手稿。

46 丰子恺：《送广洽上人》，收《丰子恺文集》（文学卷三），浙江文艺出版社、浙江教育出版社1992年6月第1版，第818页。诗有小序："乙巳深秋上人自星洲返国共扫弘一大师塔墓临别赋赠。"

47 潮音：《丰子恺春游嘉湖》，载1966年4月2日香港《大公报》。

48 巴金：《怀念丰先生》，收《随想录》（上），生活·读书·新知三联书店1987年9月第1版，第364页。

第十章

最后的时光

1966—1975

概述

1966年5月，"文革"开始。

1967年，坐牛棚，挨批斗。8月16日，在黄浦剧场接受专场批斗会。《打丰战报》出版。被关在上海美术学校数十天。

1969年改为在上海博物馆坐"牛棚"。秋冬，被带至上海郊区港口曹行公社民建大队从事三秋劳动。受风寒侵袭，渐渐得病。先是病足，行动不便，继而病肺，有热度。

1970年1月，留沪治病。2月，病转为中毒性肺炎，住淮海医院治疗。时值批判高潮，医院大门附近有批丰专栏。初时高烧不退，继之血压遽降，经抢救脱险。一个多月后出院，但肺病并未根治。此后不再坐"牛棚"，居家养病。是年，悄悄译出日本古典文学《落洼物语》《竹取物语》。是年夏，作《红楼杂咏》。

1971年，选平生漫画中自爱之题材，重作成套，名曰《敝帚自珍》，并作序，谓："……然旧作都已散失，因追忆画题，从新绘制，得七十余帧，虽甚草率，而笔力反胜于昔。因名之曰《敝帚自珍》，交爱我者藏之。今生画缘尽于此矣！"语虽如此，但因求画求书者甚多，仍日有所作，相继分送友人。是年起写《往事琐记》，后改名《缘缘堂续笔》。同年译出汤次了荣解释的《大乘起信论新释》。

1972年12月30日，得上海画院通知："审查"结束，结论为："不戴资产阶级反动学术'权威'的帽子，酌情发给生活费。"本年译成日本平安时代歌物语《伊势物语》。

1973年3月，由胡治均陪同赴杭州，探望三姐丰满（梦忍）。游灵隐，在大雄宝殿前摄影留念。过蒋庄马一浮先生故居（马一浮1967年去世），上吴山。《缘缘堂续笔》在杭州定稿。6月，应嘱在上海市书法篆刻展览会上展出书法一件。不久被当时上海市当权人物下令取去。11月26日致函黎丁，询问宋云彬、傅彬然、华君武、王朝闻、叶浅予、朱光潜、沈雁冰等老友情况。是年完成《护生画六集》的创作。12月，为新加坡妙香林撰对两联。

1974年1月，夏目漱石短篇小说《旅宿》重译译毕，原稿赠胡治均作纪念。记云："夏目漱石之《旅宿》，十余年前译成，交人民文学出版社刊行。今重译一遍，各有长短，此稿交治均保存留念。"8月13日，致函世交乡亲于梦全曰："我近中暑（上海室内三十三度连续七八天），患气喘症。服各种药，现已大体好全。"

　　1975年4月12—22日，由弟子胡治均、女儿林先等陪同，前往故乡石门湾，探望胞妹雪雪。居南深浜胞妹雪雪家。是年为山东聊城光岳楼撰楹联："光前垂后劳动人民智慧无极；岳峻楼高强大祖国文物永昌。"8月初，右手手指麻木，渐及右臂，初疑为中风，但每日热度不退。15日，得胞姐丰满逝世噩耗，悲不自胜，病势转剧。9月2日，经上海华山医院作胸部摄片检查，诊断为右叶尖肺癌，已转移到脑部。15日12时08分在上海华山医院急诊观察室逝世。9月19日，由上海画院发讣告，在龙华火葬场大厅举行追悼会。上海市文化局有关方面负责人沈柔坚到会表示悼念，并向丰氏家属徐力民女士做了慰问。中国人民政治协商会议全国委员会、中国人民政治协商会议上海市委员会、上海画院等单位送了花圈。送花圈的还有：陈望道、苏步青、郭绍虞、刘海粟、吴梦非、刘质平、唐云等。追悼会由画院负责人主持，画院革委会负责人致悼辞，30多年老朋友蔡介如氏代表生前好友致辞，丰氏长女丰陈宝代表家属致答谢辞。参加追悼会的有画院全体画师，有丰氏生前友好、私淑弟子及丰氏家属子女共百余人。追悼仪式结束后，哀乐声中，到会者怀着沉痛的心情，缓步绕过灵床，向丰氏遗体告别。1978年6月5日，上海市文化局党委做出复查结论，撤销原审查结论，为丰子恺先生平反昭雪。1979年6月28日，由上海市文化局、文联、画院出面，为丰子恺举行骨灰安放仪式，并将骨灰安放在上海烈士陵园革命干部骨灰室。

第一节　苦难境遇

　　1966年5月，"文革"开始。在这一年的3月里，丰子恺还游览了杭州、绍兴、嘉兴等地，不料回来未逾两个月，他就变成了一个被"专政"的对象，而且被列为上海市十大重点批斗对象之一。

　　丰子恺的"罪名"有许多是从他作品中来的，他有两篇文章被列为重大罪证。一篇是《代画》。此文作于1956年12月5日，发表于同月10日的《文汇报》上。文章对在马路旁看见电线杆子上靠着一架被穿上一根铁链、用一把大锁锁着的梯子的现象大不以为然，认为这是"人间羞耻的象征"。因为"我们的同类中，一定存在着表面雅观而内心丑恶的分子，因此马路上有这件东西的出现"。这才需要用锁来防盗。丰子恺并不以为自己的态度过于求全责备。他的目的是最终消灭这种现象。他在文章结尾处写道："烧了几支牡丹香烟，喝了一杯葡萄酒，忽然想出一个画题：'人间羞耻的象征。'太辛酸了，太丑恶了，要不得，要不得！隐约听见耳朵有恳切的低语声：'要得，要得！中国在进步，人类在进步，世界在进步。只要大家努力，这把铁锁终有一天会废除，这个人间羞耻的象征终有一天会消灭！'"[1]然而，此文在"文革"中被无中生有地变成了丰子恺"丑化新社会，攻击无产阶级专政"的证据。

另一篇文章就是前章所述的《阿咪》。此文的写作缘于《上海文学》1962年扩大版面，编者想到丰子恺，便前往约稿，于是他就写了这篇谈猫的《阿咪》，并在《上海文学》的8月号里登了出来。不久，文艺界中有一阵风刮来，说是刊物从1960年起，要做全面检查。《阿咪》一文中，有这样一段话："写到这里，我回想起已故的黄猫来了。这猫名叫'猫伯伯'。在我们故乡，伯伯不一定是尊称。我们称鬼为'鬼伯伯'，称贼为'贼伯伯'。故猫也不妨称为'猫伯伯'。"[2]然而正是因为这段话，刊物的检查结果认为，《阿咪》一文是影射，其用心恶毒。好在当时的丰子恺并未受到太多的刁难。无非是编辑部组织"消毒"而已。但"文革"开始后，《阿咪》在劫难逃。当时，有人印了《批判毒画毒文合辑》，俨然成了他"漏网大右派""反共老手"的第一手证据。他于1962年在上海文代会上的发言也没有被放过，说他"把革命文艺路线说成是剪冬青的大剪刀，这是疯狂抵制革命文艺"。

重罪之下，丰子恺一时不知所措。这一切确实来得太突然。他那只握惯了画笔的手，被迫写下了一张又一张没完没了的交代、检查、认罪书……尽管如此，大字报仍是铺天盖地而来……

被揪出去示众，在众目睽睽之下接受批斗，这对"文革"中的丰子恺来讲已成了家常便饭之事。几乎每一个人都在"文革"这场大闹剧中扮演各种不同的角色。这时，佛教思想在丰子恺的生活中起了无法替代的作用，他像一个参禅者冷眼看待千丈红尘中的一切。对于他来讲，坐"牛棚"就是坐禅，批斗就是演戏，过江游斗是"浦江夜游"，被审讯是上了一回厕所……

抗战期间，张乐平的成名作《三毛流浪记》尚未问世，其知名度并不高。但丰子恺对他却十分亲近，毫无名人的架子。有一天，他俩在一起喝酒，丰子恺刚才还是谈笑风生，但不一会儿却垂头依桌睡着了，最后还是由张乐平把他送回家去。在张乐平的眼里，丰子恺是一个彻底的纯洁、天真而又可亲的真正的艺术家。

张乐平先生曾给笔者讲述过一则故事："文革"的时候，作为上海市美术家协会副主席的张乐平经常陪着主席丰子恺接受批斗。这就像是戏剧中的主角和配角，两者缺一不可。一天，他俩在上海北站广场接受"小将"们的批斗。他们的眼前是成千上万举着"小红书"的绿衣人。那天的情景很是奇怪，人们不像以往那样把斗争的矛头指向丰子恺，而是冲着张乐平而来。为此他俩自己也在疑惑：莫非从现在起主角与配角的位置互换了？最后才弄明白，原来那帮无知的瞎起哄的"小将"居然把他俩的牌子挂错了脖子。说起这段故事的时候，张乐平的笑声中带着难以为人觉察的忧伤。

丰子恺在乡下劳动接受"改造"，为此他也有一段打油诗般的戏言："地当床，天当被，还有一河浜的洗脸水，取之无禁，用之不竭，是造物者之无尽藏也……"丰子恺总是尽一切可能向家人隐瞒自己在外面受的苦难。家人对他的这番苦心了如指掌，为了不伤害丰子恺的心，家人们总是尽量满足他的一切要求，尤其是每天一斤黄酒，总会设法向他提供。丰家的经济已十分紧张，工资被扣，家被抄，他的伙食标准越来越低，抽烟也由原来的"中华""前门"降为"阿尔巴尼亚"。当时，许多人选择了自杀之路，比如傅雷，比如老舍……但丰子恺没有走这条路。他曾说："老舍死了，死了就完了。"此言多少反映他对无常人生的坦然和对生活的追求。[3]

诚然，丰子恺当时的生活是十分寂寞而凄惨的。他有一则日记记述了他一天的生活：

六时起身
七时早餐
八时学习毛主席著作——反对自由主义、老三篇
十时休息，整理衣物，洗脚

十二时午餐

十四时学习毛主席语录

十六时休息，抄写思想交代

（二十时半就寝）

全日无客来

全日不出门[4]

那个时候丰子恺睡觉经常是不脱衣服的，此所谓"和衣而卧"。这种习性的养成实在也非常悲哀与无奈，因为当时他会随时被通知参加批斗。有过无数这样的经历，他便索性"和衣"入睡。有一段时期，丰家经济发生困难，妻子想到银行去取原本属于自己的钱款。结果钱不仅取不到，还被张春桥知道了，于是在大会上叫嚷："要有阶级斗争观念，要提高警惕！譬如反共老手丰子恺就很不老实，叫他老婆到银行取款。……要注意阶级斗争新动向！"[5]

有一次造反派闯入画院折磨他。但是，就在这样阴霾弥漫的时候，丰子恺有时也能得到一些精神上的安慰。比如有一次他在静安寺一带游街，有一位青年学生看到他胸前挂着的牌子是"丰子恺"，便一直追随着游街队伍。当游街结束时，青年人走近丰子恺，低声对他说："丰先生，我是很崇拜您的。"[6]

丰子恺的境遇终于因一场大病而有了"转机"。那是在1970年初，他因在乡下劳动受风寒。2月起患上了中毒性肺炎，不得不住院治疗。肺炎好转后，肺结核又长期与他纠缠。这一场大病，客观上救了他，因为他可以凭病假单在家全休了，此亦可谓因祸而得来的"福"。他用全部仄音作成一诗：

岁晚命运恶，病肺又病足。

日夜卧病榻，食面或食粥。

切勿诉苦闷，寂寞便是福。[7]

第二节 "暂时脱离尘世"

1972年底，丰子恺得到上海画院的通知，说对他的"审查"已经结束，结论是："不戴资产阶级反动学术权威的帽子，酌情发给生活费。"

这六七年来，丰子恺不曾离开上海，心里早已觉得气闷，如今这一"解放"，他立即于1973年3月作了杭州之行，算是对湖山的告别。

杭州是丰子恺的第二故乡。虽然在居住的时间上不能与上海相比，但丰子恺对杭州却有着特殊的感情。早年他求学于此，认识恩师李叔同于此，自己的艺术起步于此，设"行宫"于此，抗战胜利后又卜居于此。

对于丰子恺而言，宛若是在寂寞的荒漠中觅得了一块绿洲。这绿洲是生命延续的宝地，也是他艺术生涯中最后的一块寄托之所。1973年，丰子恺有致李道熙的一封信。此信《丰子恺文集》未收，资料来源是龚静染《小城之远——五通桥的历史记忆》一书。[8]文中录存此信，并附丰氏手迹。全文如下：

道熙仁兄：陶利鲲君携来大札，读后欣慨交心，欣者，仆虽年登七五，老而弥健；慨者，往事依稀仿佛，浑如梦境也。忆当年在五通桥相见时，足下乃一青年，今则已为壮年之人民教师，至可喜也。问陶君言，足下年来情况一切顺利安乐，至慰，仆亦托庇平安，"文革"中在中国画院（仆身任院长）检讨过去作品，颇得群众原恕，七零年即回家休养，直至今日，政府对我待遇优厚，生活毫无缺憾，春秋佳日，犹能出门游山玩水也。马一浮先生已于六七年在杭州病逝，此君无后，身后定有遗作，不知保存何处，然毫釐之物，过眼烟云，亦不足深惜。足下何时访沪，可图快乐，书不尽意。顺颂秋安。

弟　丰子恺叩

七三年十月四日

据龚静染《小城之远——五通桥的历史记忆》一书介绍，丰子恺于1943年春在四川五通桥写作《怀李叔同先生》时，李道熙曾去旅馆访问。像这样与旧友新知的淡定交流，可从一个侧面了解丰子恺当年的生活境况。他开始在这一种状态下从事艺术活动，尽管这样的活动在当时还不能公开进行，对于他而言，此乃"地下活动"，并逐步发展到作画、写文、翻译三管齐下的地步。

　　他也写诗，这个时候有了《红楼杂咏》34首，咏《红楼梦》中的34个人物，多少也是他对世相的一种看法；1970—1972年，他先后译出日本著名古典文学《落洼物语》《竹取物语》《伊势物语》，还于1971年译出了汤次了荣解释的《大乘起信论新释》。

　　1971年，一项新的创作活动在丰子恺的笔下进行了。这就是创作散文集《缘缘堂续笔》。这个计划早在50年代末由他的幼女丰一吟提出。因为丰子恺的散文一向以"缘缘堂随笔"而著称。以往曾有过《缘缘堂随笔》《缘缘堂再笔》，现在再有一个《缘缘堂续笔》就好了。丰子恺以为这个设想很好，但那时他忙于译事，一直没有实现，如今他却真的动手写作。《缘缘堂续笔》一共写了33篇。说来也别有意味，丰子恺在写这些散文时，正值社会动荡，诸害猖獗的年代，但他的文章，一篇篇几乎都把自己的感情寄托于遥远的往昔。其中像《旧上海》《歪鲈婆阿三》《算命》等是揭示旧时代陋习的；像《牛女》《酒令》《癫六伯》《王囡囡》《四轩柱》等是回忆家乡风土人情的；像《戎孝子和李居士》《陶刘惨案》等是记述旧友轶事的……这些随笔都写得质朴平易，像一位气度非凡、胸怀坦荡的长者在叙家常，可谓娓娓动听，令人神往。丰子恺把整个"续笔"设定在这样一种基调之下当然有他的寄托所在。为此《暂时脱离尘世》一篇可以给人们一些启示。

　　《暂时脱离尘世》是一篇颇能引起人们深思的作品。作品首先引用了日本作家夏目漱石小说《旅宿》中的一段话："苦痛、愤怒、叫嚣、哭泣，是附着在人世间的。我也在三十年间经历过来，此中况味尝得够腻了。腻了还要在戏剧、小说中反复体验同样的刺激，真吃不消。我所喜欢的诗，不是鼓吹世俗人情的东西，是放弃俗念，使心地暂时脱离尘世的诗。"丰子恺表示赞同夏目漱石的话，说他是"一个最像人的人"，并且认为人们喜欢陶渊明的《桃花源记》"就为了他能使人暂时脱离尘世"。初读此文，颇能让人觉得丰子恺是在宣扬一种暂时脱离尘世主义了。早在20年代，他的作品中曾有一种被人称之为飘然的格调和消极的情绪。像他早期的散文《渐》《大账簿》《秋》等作品里，多少流露出一种对人世的怅惘、不解、苦闷的哀叹。为此，他自己说他那时是一个悲观主义者。那么，晚年的丰子恺，他此时的超脱尘世的处世哲学正是对"文革"的最大蔑视。丰子恺是一位正直的艺术家，他不屑与恶势力同流合污。他在《暂时脱离尘世》一文里可怜那些随浊流而沉浮的人："今世有许多人外貌是人，而实际很不像人，倒像一架机器。这架机器里装满着苦痛、愤怒、叫嚣、哭泣等力量，随时可以应用。"做人应该如此吗？"不，做机器应当如此。"⁹作品告诉人们，他，丰子恺是不会做机器的。在严酷的现实面前，正直、真率的丰子恺即使不能公开地写，公开地画，但也决不会迎合那种丑恶的世相，更不会听任恶势力的摆布。

《暂时脱离尘世》是理解《缘缘堂续笔》的一个注脚。正直、直率的丰子恺在严酷的现实面前，蔑视淫威，坚持写作，把自己的作品提高到了一种令人感叹的境界。作为一代漫画家，丰子恺没有忘记对自己的漫画做一次最后的审视。1971年，他选择了平生漫画中自爱之题材，——重作成套，名曰《敝帚自珍》，并作了一篇序：

> 予少壮时喜为讽刺漫画，写目睹之现状，揭人间之丑相；然亦作古诗新画，以今日之形相，写古诗之情景。今老矣！回思少作，深悔讽刺之徒增口业而窃喜古诗之美妙天真，可以陶情适性，排谴世虑也。然旧作都已散失。因追忆画题，从新绘制，得七十余帧。虽甚草率，而笔力反胜于昔。因名之曰《敝帚自珍》，交爱我者藏之。今生画缘尽于此矣！¹⁰

1961年，《护生画四集》在新加坡问世。也许丰子恺自知世寿无多，《护生画五集》90幅在1965年8月就宣告完成，9月即在新加坡发行。至于最后的《护生画六集》100幅，这便是丰子恺于"文革"中在一无资料，二无自由的情况下通过"地下活动"于1973年完成的（1979年10月在香港出版。丰氏于1975年去世）。这种不为环境的挫折而停顿，不为病魔的侵扰而退馁的精神在"文革"期间是不可思议的。对于绘作

《护生画六集》，由于经过无数次抄家，丰子恺手头的书籍奇缺。有一天，他与朱幼兰居士谈起了作画之事，委托朱幼兰搜寻可供参考的资料。这位朱幼兰居士曾为《护生画四集》书写过文字，亦是与护生画有缘之人。朱幼兰是浙江省黄岩县人，1949年前在三井银行任会计，1949年后转入上海私立孟贤中学任总务主任，1955年调任上海第十五中学任总务主任，1972年后退休居家。朱幼兰两岁丧父，受其笃信佛教的母亲影响，17岁时即皈依高僧印光大师，法名智开，信奉净土宗，坚持茹素数十年。朱幼兰受命寻找资料后，很快就在家中尘封的旧书中找到一册《动物鉴》。丰子恺翻阅后笑曰：此书材料丰富，有此参考，画材不愁了。于是，丰子恺篝火中宵，仔细选材构思，鸡未鸣即起床，孜孜不倦地作画，不久百幅护生画圆满告成。丰子恺将画稿给朱幼兰看时，低声告诉他说绘《护生画集》是要担着很大风险的，自己为报师恩，为践前约，也就在所不计了！但对于题字，他不想为难朱幼兰，以为可以来日再议。朱幼兰听后，深感丰子恺的为人，时时想到的是别人的安全，唯独不考虑自己。在丰子恺为法轻身精神的感动下，就毛遂自荐，乐为宏法利生担此题字之风险。于是，《护生画六集》书和画，在艰难中提前于1973年完成了定稿。

《护生画六集》完成后，在当时的情况下，丰子恺绝对没有机会将书画稿寄给广洽法师，书信中亦不便提及。一直到了"文革"结束，广洽法师再次回国时才将画集携至新加坡，后在香港出版。丰子恺完成了《护生画六集》，标志着他与弘一法师共同制定的护生宏业的功德于此圆满。他把画稿交与朱幼兰保存。他可以安心地去见弘一法师了。1985年9月17日，广洽法师将他收藏的《护生画集》原稿捐赠给了浙江省博物馆。捐赠《护生画集》原稿仪式在杭州浙江省博物馆举行。捐赠时，广洽法师还将其保存的弘一法师和丰子恺两代画师的文房遗物双联盘一并捐赠给了浙江省博物馆。接受捐赠的是浙江省博物馆副馆长张良权。同时，丰新枚向浙江省博物馆捐赠的100幅丰子恺画作也一并在仪式上交接。参加这次捐赠仪式的有浙江省人大常委会副主任商景才、浙江省政协副主席汤元炳、浙江省文化厅厅长孙家贤等。丰一吟、丰新枚及茅威涛（法师与生长在丰子恺故乡的茅威涛是忘年之交）等也参加了仪式。杭州还举行了纪念丰子恺逝世10周年展览，展出内容主要是丰子恺的生平照片、著作、书画作品及部分杂志、图书的设计照片等。[11]

　　一面登山，一面这样想：

　　依理而行，则棱角突兀；任情而动，则放浪不羁；意气从事，则到处碰壁。总之，人的世界是难处的。

　　越来越难处，就希望迁居到容易处的地方去。到了相信任何地方都难处的时候，就发生诗，就产生画。

　　……

　　无法迁出的世界如果难处，那么必须使难处的地方或多或少地变成宽裕，使得白驹过隙的生命在白驹过隙的期间好好地度送。于是乎产生诗人的天职，于是乎赋予画家的使命。所有艺术之士，皆能静观万物，使人心丰富，因此可贵。

　　……只要能够如此观看自身所处的世间，而把浇季溷浊的俗界明朗地收入在灵台方寸的镜头里，也就够了。是故无声之诗虽无一句，无产之画虽无尺绢，但在能如此观看人生的一点上，在如此解脱烦恼的一点上，在能如此入于清界的一点上，以及在能建立这清朗的天地的一点上，在扫荡我利欲的羁绊的一点上——比千金之子，比万乘之君，比一切俗界的宠儿，都更加幸福。

　　以上是夏目漱石小说《旅宿》的开头部分文字。丰子恺对夏目漱石的钟爱异乎寻常。1958年，他翻译的《旅宿》收入《夏目漱石选集》（第二卷）由人民文学出版社出版；1974年1月，他又重译《旅宿》完毕。两次翻译，前后互不参照，像是有意重新体味作品的意韵。作品开头的这段借登山所想的为人之道应该是丰子恺最有体感的。尤其是这七八年来的生活和他的处世态度仿佛也都在这段文字中蓄含了。这便是丰子恺自喟的："知我者，其唯夏目漱石乎？"他将《旅宿》重译完毕，把译稿赠给了弟子胡治均做纪念。同时又记曰："夏目漱石之《旅宿》，十余年前译成，交人民文学出版社刊行。今重译一遍，各有长短，此稿交治均保存留念。"

　　"文革"前期，政治方面的原因，香港的报刊上也较少刊登有关丰子恺的文章，但从1972年开始，香港报刊上有关丰子恺的文章又多起来了，诸如李辉英的《丰子恺和丰子恺漫画》（载1972年4月2日《亚洲周刊》）、翁灵文的《笃佛乐道·丰子恺》（载1972年11月《明报月刊》）、蓬草的《丰子恺的随笔》（载1973年1月12日《中国学生周报1069期》）、刘以鬯的《记丰子恺》（载1973年5月1日《文林月刊》）、康培初的《丰子恺的散文》（载香港文学研究社1973年版《文学作家时代》一书）等均发表于1972—1973年间。也就是从这个时候起，香港出了一位丰子恺研究的著名学者卢玮銮（笔名明川、小思等）。在香港的文化圈里，只要人们提到她的名字，就会很自然把她与丰子恺研究联系在一起。笔者曾注意研读过1985年第3期《香港文学》上的《卢玮銮专辑》。此专辑大都是评论界对卢玮銮创作、学术研究的评介，几乎篇篇都有重点笔墨论及她与丰子恺研究的关系。可见人们对她从事的丰子恺研究的成绩是有公论的。

卢玮銮于1939年6月生于香港，从小受到过良好的文化教育。她从28岁起任香港《中国学生周报》专栏作家。1964年毕业于香港中文大学新亚书院中文系，获文学士衔；1965年毕业于罗富国师范学院，获教育文凭；1973年赴日本，任京都大学人文科学研究所研究员；1978年任教于香港大学中文系；1981年获香港大学哲学硕士衔；1979年起任教于香港中文大学中文系，为香港中文大学中文系教授。现已退休，但仍在香港中文大学办起了中国现代文学研究所。

1973年卢玮銮在日本京都大学人文科学研究所时，她就在同年6月的"国际东方学者会"上作为外籍学人演讲者做了题目为《从缘缘堂随笔看丰子恺的儿童相》的演讲。这是首次有学者在外国的讲坛上对丰子恺的文学创作进行系统的研究和论述。《从缘缘堂随笔看丰子恺的儿童相》是一篇4 000余字的论文。论者开头即提出：

在中国，如果提起丰子恺，人们往往称他是个著名的漫画家，而把他的随笔作品放在第二位。其实，如果严格说起来，真正能反映他性格的，他的随笔比漫画来得更具体更真实。

接着，论者分别以"'不隔'看儿童""'不染'的童心""可慨的成长""根本的回归"为题具体加以论述。

最后她在结语中曰：

许多人对丰子恺的文章，存了一种很深的误解，认为很幼稚。他自己早就说："我企慕这种孩子们的生活的天真，艳美这种孩子们的世界的广大，或者有人笑我故意向未练的孩子们的空想界中找求荒唐的乌托邦，以为逃避现实之所。但我也可笑他们的屈服于现实，忘却人类的本性。"的确，在一个扰扰攘攘的世界中，我们如果能够保持一种孩子的天真，即时刻有点儿童相是一件幸事。故丰子恺的儿童相是一种返回本性的积极方法，而不是消极的逃避。[12]

卢玮銮是一位治学严谨的学者。她在学术中，首先研究丰子恺是有原因的。她曾经说过："我最感兴趣的是丰子恺。自幼就看他的漫画，初中时候读他的散文，很欣赏他的为人，和他对天地万物的态度，实际上是喜欢他的人多于他的作品，不过通过他的作品可以更了解他的为人。"[13]由于推崇丰子恺的人品，她曾于1970年许下三宗心愿：一是为丰子恺写评传；二是把丰子恺的漫画逐一附一段文字；三是收集、整理丰子恺的漫画和散文，编成全集。经过多年的努力，卢玮銮在这三方面做了大量的研究工作并取得了可观的成绩。尽管她自己说："转眼九年过去，但这三宗心愿都只做了一小部分。"[14]但是，作为一个香港学者，在她从事研究工作的时候，内地还处在动乱年月，资料的收集很困难。在那种特定的条件下，她的努力和成绩尤为可敬可佩。1976年2月，她的《丰子恺漫画选绎》由香港纯一出版社出版；1979年10月，她整理、编辑的《缘缘堂集外遗文》由香港文学社出版，集中收了丰子恺未曾结集出版的散文42篇。有人评论这本《缘缘堂集外遗文》："论编校的谨严，也许是香港开埠以来所仅见的。"[15]此外，卢玮銮还写了《丰子恺早期绘画所受的影响》（载1974年8月《波文》1卷1期）、《本在人间的丰子恺》（收入卢玮銮《香港文丛》一书，香港汉华文化事业公司1987年版）等有见地的论文多篇，至于见诸报刊上的评价文章就更多了。《本在人间的丰子恺》匡正了丰子恺在香港期间的史料。《丰子恺早期绘画所受的影响》一文是卢玮銮写于1974年的一篇论文，较系统地考察了丰子恺早期漫画的形成演变。并对丰子恺漫画所受李叔同、陈师曾、竹久梦二的影响逐一做了较细的分析论证，较之以往乃至同时期他人论述丰子恺漫画的文章明显地深入了一层，也可以说是对丰子恺早期漫画研究的较早的一篇有理有据的学术论文，对后来的研究者影响颇大。比如大家知道李叔同是丰子恺的绘画教师，但他们二人的绘画风格并不相同，也难从二者的作品中觅出能够相联系的地方。然而谁也不能否认，丰子恺确实受到了李叔同的影响。那么影响在哪里呢？卢玮銮认为："李叔同给予丰子恺一些比绘画技术更重要的东西：一个艺术家的心灵。""丰子恺深深浸染在弘一大师的庄严认真，真诚坦荡的精神中。他接受大师给予的一切影响，养成美好的情操。""跟老师一样，他用'与天地造化之心同样深广的心，去看天地有情非有情的一切物类'，肯定'艺术家所见的世界，可说是一视同仁的世界，平等的世界。艺术家的心，对于世间一切事物都给以热诚的同情'。这是多么重要的开拓功夫！李叔同，完全为他做妥了！"[16]这种认识如果放到今天，或许并不会使人感到新鲜，但在当时，论者就从容地提出这样的见解，这是很难得的。卢玮銮的这篇论文，论点清楚，论据翔实，注释也十分完备，称得上一篇不可多得的力作。

香港报刊上有关丰子恺的文章很多，但具有研究性质的相对略少。除卢玮銮，较引人注目的还有两位，即司马长风和黄俊东。

司马长风是港版《中国新文学史》（分上、中、下三册，香港昭明出版社1975—1978年出版）的作者。曾写有《丰子恺的散文》（载《明报》1978年4月27日）、《艺术的逃难》（载《明报》1978年4月28日）等评论多篇。用散文的笔调来写文艺评论是他著文的特色。在司马长风的《中国新文学史》里收有两篇关于丰子恺的专论。一篇是中卷里的《丰子恺午夜高楼》，一篇是下卷里的《丰子恺的不朽篇章》。前者论述丰子恺《午夜高楼》和《手指》两篇随笔，并简略介绍丰氏生平；后者论述丰子恺抗战爆发后的散文。笔者在此不妨引述几段原文，读者即可大致了解其著文风格。

司马长风在《丰子恺午夜高楼》中引了一段丰子恺《午夜高楼》的开头文字后写道："丰子恺人恬静，画也恬静，文也恬静。《午夜高楼》便这样恬静地启幕了。"接着，论者又引述了一段丰子恺原文，然后写道："读这篇散文，好像午夜高楼，谛听清风飘来的洞箫独吹，袅袅乡愁，挥之不去。"

再如司马长风在《丰子恺的不朽篇章》中评论丰子恺抗战后的散文：

经过烽火时代的洗礼，丰子恺的散文达到圆熟的高峰。他的散文妙在自然。清如无云的蓝天，朴如无涯的大地，如春华秋实，夏绿冬雪。他的散文不但造词遣句清朴自然，题材意境也清朴自然。

他把巴金的散文与丰子恺的散文做比较：

巴金的《旅途杂记》，写烽火乱离间行旅苦况，虽已生动入微，但是与丰子恺的《辞缘缘堂》和《艺术的逃难》相比，便如路旁的小花与满园盛放的花卉了。

用感性的词汇做理性的评判是司马长风写评论文章的特色。不过穿插在这些漂亮的文字之间，他也有一些直白明了的意见。他认为在淡朴的风格上，丰子恺和落华生、废名近似，但丰子恺情调凄清，不像废名那么绿叶里间有红花摇曳；也没有落华生那点狂热，是这般自然与洒脱。他觉得丰子恺散文也有缺点，即"不大讲求结构，有些作品未免太散"。

司马长风评论作家及其作品善于采用比较的手段。以上所述他把丰子恺与巴金、落华生、废名相比，这里再看看他的另一段文字：

冯至的散文算是精纯了，但是在题材上偏爱小人物的悲哀，大自然的意趣，历史的感怀，生民的艰难；绝少揭露生命，展现生活；李广田的散文，比冯至切近人生，也更深入泥土，可是散文中的自我，依然多是观察者与旁白者；而丰子恺，则将散文与生活融浑一片，散文就是生活，生活就是散文。读他的散文，等于直接读他这个人。这类散文，写得不好，无非漫谈身边琐事，会一无是处，可是在深于音乐、美术，又笃于人伦情义的丰子恺，则化成清朴自然的诗与画。在现代散文园地里，树立了巍巍擎天的丰碑。

有鉴别有比较方能见到一个作家的独特风姿。司马长风著文的这种方法无疑是值得肯定的。然而，笔者在此不得不说，司马长风的文章中史料错误颇多。

比如《丰子恺午夜高楼》，论者说："1920年与同学徐力民女士结婚，1922年赴日本学美术，1923年回国……1931年丧母……1934年返乡里石门，建缘缘堂画室……"非常遗憾，司马长风所写的这些时间全错了。丰子恺与徐力民结婚是在1919年，他们是同乡而不是同学；丰子恺于1921年春赴日游学，而不是在1922年；丰子恺于1921年冬回国而不是在1923年；丰子恺于1930年丧母而不是在1931年；丰子恺于1933年春（一说于1932年秋）在故乡石门建起了缘缘堂而不是在1934年。

再如司马长风在《丰子恺的不朽篇章》一文中说："丰子恺的散文，在战前出版了很多单行本，可是战时战后除了《教师日记》竟无一本出版！直到1957年北京人民文学出版社总结性地集印作家散文时，才出版了《丰子恺文集》，辑有战时战后作品22篇。"此说仍然不确切。其一，1957年北京的人民文学出版社出版的丰子恺散文集的书名并不是《丰子恺文集》，而是仍然沿用《缘缘堂随笔》作为书名；其二，丰子恺在抗战时和抗战后还出版过《子恺随笔》《甘美的回味》《子恺近作散文集》《率真集》《丰子恺杰作选》等，其中也有不少作品即是写于抗战期间和战后。可能是司马长风没有见到这些版本，也可能是他轻信了丰子恺在1957年出版的《缘缘堂随笔》的《选后记》中的一句话："我在抗战前所刊行的散文集，有《缘缘堂随笔》《率真集》（万叶版）等。"丰子恺误将1946年10月出版的《率真集》当成是在抗战前的作品，恰恰在这部集子里收入了丰子恺战时战后的作品（战时战后出版的其他集子属旧作新刊）。

黄俊东（笔名克亮）是香港著名的书话家，《明报月刊》的资深编辑。他的许多文章虽然以书话的形式出现，但对丰子恺研究却有较高的史料价值。比如他写的《从丰子恺连环漫画集想起》（见明窗出版社1979年10月版《丰子恺连环漫画集》）、《丰子恺连环漫画集》（载1979年12月13日《明报周刊》579期）、《缘缘堂集外遗文》（载1979年12月《明报周刊》581期）、《九楼随笔中的丰子恺》（见黄俊东《猎书小记》一书，香港明窗出版社1979年12月版）、《丰子恺先生年表》（载1980年8月《明报周刊》）等都有必要觅得一读，以获取更多的信息量。就以《九楼随笔中的丰子恺》为例，《九楼随笔》是中国现代文人谢颂羔的作品集。谢颂羔其人一般读者不太了解，然只要读过丰子恺随笔《缘》的人大概不会忘记弘一法师在见到谢的一本书后便一定要见一见他的事。谢颂羔是丰子恺的朋友，丰子恺为其随笔集插画原本是情理之中的事情。然而不知什么原因，研究者们似乎很少有人知道《九楼随笔》中的丰子恺漫画。黄俊东则通过书话为人们做了详细的介绍。此外，作为一位资深编辑，他还在《明报月刊》上编发了许多丰子恺研究的文章，其频率之高，在香港诸多报刊中也是少有的，足以说明他在丰子恺研究上的热情。

《香港文学》在1985年9月号上有纪念丰子恺逝世10周年的专辑，集中发表了6篇文章，其中殷琦《关于丰子恺皈依佛教及"缘缘堂"命名的时间》一篇提出了她自己的见解。

香港在丰子恺作品的出版上也有过不少创举。除了数量多，还出版过一些有特色的书。比如1979年10月明窗出版社出版的《丰子恺连环漫画集》是一本首次结集丰子恺连环漫画的专集。1986年7月山边社出版的《丰子恺故事集》则是首次把丰子恺的儿童故事合而为一，成为一部集大成之著。此外，还应补充一点，即在1975年9月15日丰子恺去世后，由于中国内地仍处在"文革"期间，首先做报道、发表纪念文章的也是香港。这点只要参阅浙江人民出版社1983年出版的《丰子恺传》便很清楚。所以，香港在丰子恺研究中是占有突出地位的，值得人们高度重视。

在台湾，对丰子恺的文学和艺术也有一些关注。杨牧是台湾丰子恺研究中较有成就的学者、诗人和作家（原名王靖献）。20世纪70年代末，杨牧开始在创作和教书之余，编选中国现代散文名家的文集。他首先编选了《丰子恺文选》的第一集于1982年初在台北洪范书店出版。该文选的问世"得到文学艺术界，以及许多前辈宿学和热心的青年读者所鼓励"[17]。于是他又连续编选了三集，一年当中，将四集《丰子恺文选》推荐给了台湾读者。据编者自己说，他在编辑出版了《丰子恺文选》前三集后，"收到不少读者的信，有远自新加坡和美国寄出的，当然也有不少来自台北和全省的每一个角落；他们都对我们的工作勉励有加，有的更慷慨地指示新资料新消息，甚至径将珍藏的史料寄达"[18]。可见，杨牧编选的《丰子恺文选》已在各地产生很大的反响，受到了热烈的欢迎。杨牧为这套文选写了一个卷头，题目叫《丰子恺礼赞》。该文曾以《丰子恺的散文》为题在1980年1月5日台北《联合报》上发表。这是一篇颇有见地的学术论文，其中有关丰子恺散文的论述很值得回味。例如他对丰子恺散文的总体评价说：

丰子恺的文学创作探索局面甚为广大，但所有的作品都指向人生社会的同情和谅解，以赤子之心固定地支持着他的想象力和认识。他思考宇宙的奥秘，生命的本质，生活的趣味，社会的心理；他在儿童的世界里寻找哲学和美，在艺术的鼓吹里肯定人心的光明，提升精神的力量，为中国现代社会描绘祥和和智慧的远景。

他论丰子恺散文《山中避雨》：

《山中避雨》一文甚为谷崎润一郎所赞美，但谷崎喜欢的是文中的胡琴；我读此文，觉得出雨也好，茶店也好，胡琴也好，都不如一左一右欢喜兴奋的两个小女孩生动。不如村里围拢合唱"渔光曲"的青年可爱。他们齐唱欢笑，一时把这苦雨荒山闹得十分温暖。谷崎看出丰子恺的主题是音乐的力量；我却觉得音乐其实并不能使苦雨荒山温暖，是孩子们使它温暖。

他谈丰子恺的童话：

我们若将丰子恺的童话和叶绍钧的《稻草人》拿来比较，就难免觉得前者的坦荡乐观，终于才是我们生命的追求向往。

发前人所未发，更显示出研究者研究上的深度。杨牧在丰子恺散文的研究上是下了功夫的。而且笔者以为，杨牧对丰子恺的研究是带着一种极为虔诚的态度的，他有这样的表白："丰子恺的人格和文艺，初认者敬爱，深知者崇仰，体会愈多愈觉其超越博通，启发无穷。我个人有幸能在这艰难的时代，动手从事这件校读选辑的工作，通过文字和绘画以亲炙大师和平的智慧和民胞物与的风范，我从他那里汲取的知识和快乐，已经多多少少改变了我对于现实世界的态度和价值判断，也将影响我今后一生的思想行为。"[19]杨牧对中国现代散文流派有着自己的看法。他非常推崇周作人的散文，而在列举这一流派的主要代表人物时又首推丰子恺。[20]他在编就《丰子恺文选》后紧接着又编了周作人的文集，这件事本身也反映了杨牧对中国现代散文的看法。

应该讲，这20多年来在台湾地区发表的有关丰子恺的文章数量不少。1977—1978年间似乎是一次高潮，出现了刘绍唐《丰子恺》（载台北传记文学出版社1977年6月出版《民国人物传》二），以及1977年《雄狮美术》第7期上廖雪芳《丰子恺的人和画》、蒋健飞《一代漫画大师丰子恺》、潘元石《美与教育》等研究性的文章。这些文章虽有史料失误，却给人耳目一新之感。其他一些回忆文章也很有价值，如谢冰莹《悼念丰子恺先生》（载香港《内明》第74期、75期，1978年5月1日、6月1日）一文，为人们提供了丰子恺1948年秋在台北举办画展的详细情况。这是其他地区的研究者所无法了解的。

台湾地区丰子恺研究的又一个高潮是从1982年开始的。杨牧编辑的《丰子恺文选》在台湾地区掀起了一小股丰子恺热。这一年，杨牧首先在1月5日的《联合报》上发表长文《丰子恺的散文》（即收入《丰子恺文选》第一集的《丰子恺礼赞》一文），接着出现了古铮剑《日月楼中日月长——纪念丰子恺先生》（载《台湾日报》1982年12月27日）、严友梅《孩子看漫画》（载台湾《中央日报》1982年9月24日）、席慕蓉《永恒的盟约——读丰子恺的护生画集》（见席慕蓉《有一首歌》，洪范书店1983年10月版）等文章。此后，台湾的丰子恺研究和对出版丰子恺作品及丰子恺研究的著作的热情一直很高。例如在1985年丰子恺逝世10周年之际，《雄狮美术》就出过纪念专辑。到了20世纪90年代，随着书画交易的红火，有关丰子恺画作的辨析鉴赏性的文章也出现了，如《艺术家》杂志1993年12月号上就发表了王寿来撰写的《"缘缘堂"的故事——子恺画作真伪之辨》一文，较详细地论述了有关问题。

在台湾"中央大学"艺术研究所攻读研究生的黄兰燕用英文写成硕士论文：《FENG TZU-K'AI：HIS ART AND THOUGHTS》，共107页，其中包括参考资料清单及丰画36幅。林素幸曾在美国俄亥俄州立大学艺术史系读博士生，有论文《理性与感性：丰子恺与中国的现代化》（中英文），其博士毕业论文今已在大陆翻译出版。[21]如今，以丰子恺研究作为硕士、博士论文者时有所见，如高雄师范大学国文学系蔡琇莹硕士论文《佛心与文心：丰子恺生命风貌之探究》、林少雯的玄奘大学宗教学系硕士论文《丰子恺〈护生画集〉体、相、用之探讨》、东吴大学中国文学系张俐雯的博士论文《丰子恺及其散文研究》、东华大学国民教育研究所吴云凤的硕士论文《丰子恺图文创作中的儿童世界研究》等。

在图书出版方面，台湾地区的成绩也十分可观。1981年，林海音的纯文学出版社出版了一套《护生画集》；1987年，陈信元的兰亭书店出版了《丰子恺传》的台湾版（此由浙江人民出版社丰一吟等著《丰子恺传》删节而成）；1987年，渤海堂文化公司出版了文学禹编选的《丰子恺漫画文选集》（上、下两册）；1988年，丹青图书公司出版了《丰子恺论艺术》；1989年，海风出版社出版了黄济华《夏丏尊·丰子恺》；1990年文殊出版社出版了《佛天艺海》（笔者著）；1991年世界文物出版社出版了《闲话丰子恺》（笔者著）；1993年业强出版社出版了《青少年丰子恺读本》（笔者编选导读）；1992年佛光出版社出版了《人间情味丰子恺传》（笔者著）；1993年佛光出版社出版了《丰子恺的艺术世界》（笔者著）；1994年业强出版社出版了《功德圆满——护生画集创作史话》（笔者著）；等等。

综观台湾地区的丰子恺研究，尽管起步较晚，许多论著也不同程度存在着资料不足、失误较多的情况，但这项研究发展到今天已经取得了十分可观的成绩。笔者预计随着海峡两岸文化交流的深入发展，丰子恺研究将会更有作为。

第三节　大师去矣

在生命的最后几年里，丰子恺似乎是在有意安排每一件事情：作护生画最后一集，重译《旅宿》，绘《敝帚自珍》，赴杭州，回故乡……

1973年3月，丰子恺做了一次杭州之行，陪同他前往的是学生胡治均。这次他到杭州是住在胞姐梦忍家中。此地位于宝石山后，环境怡

1973年3月，丰子恺在杭州的最后留影

人。他经常临窗眺望眼前苍翠幽深的山色，聆听黄龙洞的泉声，有时附近艺术学校传来阵阵悠扬旷远的练习曲，仿佛又身处艺术生活的情境之中。丰子恺心里明白，这很有可能是他最后一次到杭州了。所以，他在学生的陪同下，几乎走遍了西湖的名胜。这次在杭州，前后约10天时间。对丰子恺来讲，这是一次极不寻常的出游。这不仅是"文革"以来他的第一次外出，同时也是他此生对杭州湖山的最后告别。这里的湖山，曾润泽过他的身心。

1975年清明节后，丰子恺又在女儿林先和学生胡治均的陪同下到了石门镇乡下的南深浜。丰子恺在故乡，其感受可从他写给儿子新枚的信中体会得出来：

我到乡下十天，他们招待周到，我很开心。只是来访的亲友甚多，应酬亦很吃力。送土产的很多，满载而归。胡治均照顾我，非常热心。他也收得许多土产。石门新建的石门镇"人民大会堂"，正在工作中，门额是我写的，每个字二公尺见方。
我写了许多张字去送人，是贺知章诗：
少小离家老大回，乡音无改鬓毛衰。
儿童相见不相识，笑问客从何处来。
我每次入市，看者人山人海，行步都困难。有人说我上海不要住了，正在乡下造屋，养老。如此也好，可惜做不到。[22]
……
我在乡，吃杜酒，是阿七自己做的，比黄酒有味。乡下黄酒也有，

与上海的差不多。乡下香烟紧张，我带了许多（前门牌）去送人，约有十条（一百包）。送完了，皆大欢喜……[23]

可知，丰子恺对此次故乡之行感到十分欣慰。他在信中还提到了饮酒。然而，丰子恺回上海后不久，他就与酒绝缘了。1975年夏的一天，胡治均去看丰子恺，并准备陪他喝酒，不料丰子恺说从此不吃酒了。胡治均不解。丰子恺只是回答说想试一试不吃酒的滋味。其实，丰子恺这回戒酒并非想试试不吃酒的滋味，而是他已得了不治之症，自知不能多喝了。这次戒酒，他坚持了两周，终于不敌酒瘾而开戒，只是酒量日减。

8月上旬，丰子恺的右手手指麻木，热度持续不退，继而右手臂也逐渐不能动弹……经上海华山医院检查，诊断出丰子恺患了右叶尖肺癌，且已转移至脑部。丰子恺刚到华山医院时，舌头已不灵便，说话讷讷。一天，张乐平也来医院就诊，一位好心的医生悄悄地告诉他丰子恺所在的观察室。此刻丰子恺已呈昏睡状态。张乐平含着泪水拉着他的手，难过得说不出一句话来，只能轻轻地摸一摸他。这便是两位老友的最后一面。

2005年9月15日上午，丰子恺逝世30周纪念大会在桐乡国际大酒店16楼大会议厅举行。出席纪念大会的有来自浙江省及上海市等地文化、艺术界的领导，丰子恺的亲属、学生和参加丰子恺研究国际学术会议的海内外专家学者，以及各地景仰丰子恺的来宾共200余人。在纪念大会上，丰一吟在代表丰子恺家属的发言中回忆了丰子恺当年病重和逝世的情形。此可看作较有价值的史料，现引录相关文字："今天是我父亲丰子恺逝世30周年的日子。30年前的此刻，父亲躺在上海华山医院神内科观察室的27号病床上。8月30日他刚进华山医院时，是在内科观察室。在解决了内科问题后，他的右手臂仍不听使唤。医生便诊断他为神经性的，就在9月2日这一天把他转移到神内科来。那时，我们家属稍稍放了心，以为神内科的病总好办些，不会是什么致命大病。为了排除其他疾病的可能性，医生叫他去拍肺片。谁知肺片拍出来，医生诊断他是肺癌！在当时，肺癌是属于不治之症，更何况医生说已经是晚期！据说，肺癌转移在左脑后，会压迫右手臂，使右手臂不能动弹。我们这才知道父亲的病因所在。全家悲痛万分。自从父亲进医院之后，我们子女日夜轮流值班。亲友纷纷前来探望。父亲虔诚的读者卢永高先生和父亲的好友蔡介如先生还帮忙抬过担架。卢永高先生在杂志上看到湖州有一个医生开的中药'东风汤'可以治癌，我们想让父亲试试。但家属要服侍病人，走不开，父亲的门生胡治均先生便自告奋勇去湖州买药。现在回想起来，那是病急乱投医。中药是需要长期服用的，当时病人连吃东西都已困难，几口汤药能挽救得了肺癌吗？可是我们子女和亲友的心情都是一样的，只要哪怕有一线希望，我们都要救活父亲！可是，天不假年，9月15日中午，父亲终于与世长辞！当时守在父亲身边的，是我弟弟丰新枚和我们小姑妈雪雪的儿子蒋镇东。镇东比较有经验，9月15日中午，他忽然告诉我弟弟说：'娘舅恐怕不行了！你赶快去打电话把他们叫来吧！'弟弟连忙奔出去，打公用电话通知了大家。当他急急忙忙回到父亲身边时，医生抢救无效，父亲已于中午12点08分永远离开了我们！离开了他的亲朋好友！离开了他的无数虔诚的读者！……"

1975年9月15日中午12时08分，丰子恺的心脏停止了跳动。

9月19日，由上海画院发讣告，丰子恺的追悼会由上海画院出面在龙华火葬场大厅举行。画院里的画师们凡是走得动的，几乎都来了。上海市文化局有关方面负责人沈柔坚到会表示悼念，并向丰氏家属徐力民女士做了慰问。中国人民政治协商会议全国委员会、中国人民政治协商会议上海市委员会、上海画院等单位送了花圈。送花圈的还有：陈望道、苏步青、郭绍虞、刘海粟、吴梦非、刘质平、唐云等。追悼会由画院负责人主持，画院革委会负责人致悼辞，30多年的老朋友蔡介如代表生前友好致辞，丰氏长女丰陈宝代表家属致答谢辞。参加追悼会的有百余人。追悼仪式结束后，哀乐声中，到会者怀着沉痛的心情，缓步绕过灵床，向丰氏遗体告别。在花圈当中，有一只用鲜花扎成的花圈格外夺目。送花圈的人因自己尚未摘掉"黑帽子"而不能前来，但他用刚领到的一个月的生活费托人买来了鲜花，扎成一个花圈，让学生送到追悼会现场——这是追悼会上唯一的用真花扎成的花圈。送这花圈的人就是刘海粟，为此，丰子恺的家属们在感动之余还惦记着刘海粟用什么钱去买粮。

1978年6月5日，上海市文化局党委做出复查结论，撤销原审查结论，为丰子恺先生平反昭雪。1979年6月28日，由上海市文化局、文联、画院出面，为丰子恺举行骨灰安放仪式，并将骨灰安放在上海烈士陵园革命干部骨灰室。

从1979年6月28日起，他的骨灰一直安放在上海龙华烈士陵园革命干部骨灰安放处。此后，丰子恺的亲属希望能"叶落归根"，此愿望于2006年3月11日得以实现。是日，丰子恺的第三代一行护送骨灰回到桐乡。护送者有：外孙宋雪君、乐岚夫妇，外孙女杨朝婴、培良夫妇，外孙杨子耘、雅芳夫妇，外孙女崔东明等。上午10时余，两辆汽车奔波近160公里，到达丰子恺故居缘缘堂。众人隆重地将丰子恺的骨灰送进缘缘堂正厅灵台上，正面放着丰子恺的照片，两侧是花篮，桌上放满供品，全体行三鞠躬礼。2006年4月22日上午，丰子恺的骨灰安放到南圣浜原来的衣冠冢内，与夫人徐力民及二位胞姐合葬在一起。墓地已由桐乡市人民政府修缮。

1998年11月18—26日，为纪念丰子恺诞辰100周年，由上海中国画院、上海市文化局、上海市美术家协会联合主办的丰子恺画展在上海中国画院举行。

2005年5月25日上午，丰子恺上海旧居"日月楼"挂牌仪式在长乐村93号门前举行。"文革"前，丰子恺居上海陕西南路39弄93号"日月楼"。"文革"期间，丰家空间被压缩，住进了数家人家。1978年，丰家通过文化局换房到漕溪北路。近年来，许多有识之士多次通过不同渠道

1979年6月28日丰子恺骨灰
安放仪式一瞥

要求恢复丰子恺故居，并对外开放，以作为上海市文化地标之一。在各方面的共同努力下，旧居于2010年3月19日正式对外免费开放，受到各界热烈欢迎。然而，由于种种原因，该旧居目前则是关闭状态。期盼此现象早日结束。

注释：

1　丰子恺：《代画》，收《丰子恺文集》（文学卷二），浙江文艺出版社、浙江教育出版社1992年6月第1版，第505页。

2　丰子恺：《阿咪》，收《丰子恺文集》（文学卷二），浙江文艺出版社、浙江教育出版社1992年6月第1版，第615页。

3　参见丰一吟：《我的父亲丰子恺》，团结出版社2007年1月第1版，第264页。有关丰子恺在"文革"中的遭遇，在此书中还有更详尽的记述。

4　此"日记"原稿现藏浙江省桐乡市石门镇丰子恺纪念馆。

5、6　同3，第263页。

7　丰子恺：《病中作》，收《丰子恺文集》（文学卷三），浙江文艺出版社、浙江教育出版社1992年6月第1版，第822页。

8　龚静染：《小城之远——五通桥的历史记忆》，天津教育出版社2008年7月第1版，第146页。

9　丰子恺：《暂时脱离尘世》，收《丰子恺文集》（文学卷二），浙江文艺出版社、浙江教育出版社1992年6月第1版，第662页。

10　丰子恺：《〈敝帚自珍〉序》，收《丰子恺文集》（艺术卷四），浙江文艺出版社、浙江教育出版社1990年9月第1版，第583页。此套漫画共有数套，分赠亲友。序中虽言"今生画缘尽于此矣"，但因私下求画者甚多，此后丰子恺仍日有所作，并相继分送友人。

11　有关广洽法师捐赠《护生画集》的报道可见1985年9月18日《杭州日报》、9月21日《文汇报》和9月29日《光明日报》。其中9月29日《光明日报》写道："在捐赠《护生画集》的仪式上……广洽法师同时还把他珍藏的李叔同、丰子恺两代画师的文房遗物'双联盘'也捐赠给了省博物馆。""丰子恺的儿子丰新枚也把珍藏的丰子恺的一百幅画捐献给省博物馆，省文化厅领导向他颁发了奖状和奖金。"

12　卢玮銮：《从缘缘堂随笔看丰子恺的儿童相》，载1974年12月香港《波文》1卷5期。署名：明川。

13　许迪锵：《卢玮銮访问记》，载《香港文学》1985年第3期。

14　卢玮銮：《缘缘堂集外遗文》编后小记，（香港）问学社1979年10月第1版。

署名：明川。

15　黎活仁：《卢玮銮与中国现代文学研究》，载《香港文学》1985年第3期。

16　卢玮銮：《丰子恺早期绘画所受的影响》，载1974年8月香港《波文》1卷1期。署名：明川。

17、19　杨牧：《丰子恺文选Ⅱ·编后记》，台北洪范书店1982年5月第1版。

18　杨牧：《丰子恺的散文》，载1980年1月5日（台北）《联合报》。

20　杨牧：《文学的源流》，台北洪范书店1984年1月第1版。

21　陈军译，书名为《丰子恺与开明书店——中国20世纪初的大众艺术》，太白文艺出版社2008年9月第1版。该书为作者2003年在美国俄亥俄州州立大学的博士论文。译者为杭州师范大学外国语学院副教授，亦为弘一大师·丰子恺研究中心的特约研究员。本书以丰子恺与开明书店为视角，探讨了丰子恺的艺术以及他与中国新兴出版业之间的关系和他如何利用出版社所提供的新艺术特色来提升自身的知名度、扩大影响力等问题。本书的特点是并不局限于专论丰子恺个人的艺术，诸如鲁迅、李叔同及中国现代艺术教育、艺术流变等亦有较多涉及。该著图文并茂，资料交代亦较详尽。

22　丰子恺致丰新枚信，收《丰子恺文集》（文学卷三），浙江文艺出版社、浙江教育出版社1992年6月第1版，第690页。

23　同上，第692页。

图书在版编目（CIP）数据

游艺人生：丰子恺传/陈星著. —上海：文汇出
版社,2020.8
　　ISBN 978－7－5496－3163－6

　　Ⅰ.①游… 　Ⅱ.①陈… 　Ⅲ.①丰子恺（1898—1975）
－传记 　Ⅳ.①K825.72

　　中国版本图书馆CIP数据核字（2020）第077129号

（文汇传记）

游艺人生：丰子恺传

丛书主编／周伯军
丛书策划／鲍广丽
丛书篆刻／唐吟方

著　　者／陈　星
责任编辑／鲍广丽
封面装帧／观止堂_未氓

出　版　人／周伯军

出版发行／文匯出版社
　　　　　上海市威海路755号
　　　　　（邮政编码200041）
经　　销／全国新华书店
排　　版／南京展望文化发展有限公司
印刷装订／上海新文印刷厂
版　　次／2020年8月第1版
印　　次／2020年8月第1次印刷
开　　本／720×960　1/16
字　　数／426千字
彩　　插／8
印　　张／29.5

ISBN 978－7－5496－3163－6
定　　价／88.00元